致　谢

感谢浙江省政府"钱江人才计划"项目和浙江省哲学社会科学规划项目的资助

张国清

浙江大学公共管理学院政治学系教授、政治学理论博士生导师：

主要著译作品有：

《中心与边缘》（中国社会科学出版社，1998）；

《后现代主义与社会科学》（上海译文出版社，1998）；

《无根基时代的精神状况》（上海三联书店，1999）；

《文化批评的观念》（商务印书馆，2000）；

《意识形态的终结》（江苏人民出版社，2001）；

《文化政治哲学》（北京大学出版社，2011）；

《黑格尔》（凤凰出版集团，2002,2009）；

《道德哲学史讲义》（上海三联书店，2003）；

《罗蒂和实用主义》（商务印书馆，2003）；

《后形而上学希望》（上海译文出版社，2003,2009）；

《原则问题》（凤凰出版集团，2005）；

《和谐社会研究》（人民出版社，2006）；

《当代科技革命与马克思主义》（浙江大学出版社，2006）。

智慧与正义

Wisdom and Justice

张国清 / 著

ZHEJIANG UNIVERSITY PRESS
浙江大学出版社

序 言

世上总是聪明的人多,但有智慧的人少;人间总是有正义感的人多,但行正义的人少。

一

智慧是本书的第一个主题。所谓"智慧",主要不是指人具有非凡的心智能力,比如,出色的记忆、感悟、运算、制作、模仿、复制甚至创作能力,而是指一个人总为一个整体的生存状态,保持理性的自我约束,遵守制度的纪律要求,拥有明确的人生目标,养成良好的生活习惯,掌握科学的学习方法,运用专业技能和人生经验,乐观地参与社会、服务社会、影响社会、领导社会。

"小时了了,大未必佳。"这似乎是绝大多数聪明者的宿命。许多人从小就被亲友誉为"神童",但无论多么"神灵",顶多也只是些"小聪明"。一个人如果误把聪明当作智慧,沾沾自喜于那点儿聪明,那么一到关键时刻,便会发现自己的小聪明不顶用,于是四处求助,却发现一切皆已晚矣。因此,我要告诉寒窗苦读的同学们:"我从不怀疑你的聪明,但我不知道你是否有智慧。游戏机前黑白颠倒、日夜鏖战的年轻人,大多是绝顶聪明的人。但是,硬要说他们有智慧,我和你一样,肯定会打上一个大问号。"

正义是本书的第二个主题。"正义是社会制度的首要美德,正如真实是思想体系的首要美德。"①这不是科学论证的结果,而是日常观察的总结。初看之下,这个说法是正确的。

---

① 这句话出自罗尔斯的《正义论》,其原文是:"Justice is the first virtue of social institutions, as truth is of systems of thought."(John Rawls, *A Theory of Justice*, *Revised Edition*, Cambridge, Ma: Harvard University Press, 1999. P. 3.)另一种译法是:"正义是社会制度的首要价值,正像真理是思想体系的首要价值一样。"参阅罗尔斯:《正义论》,何怀宏、何包钢、廖申白译,中国社会科学出版社,1988 年,第 3 页。

　　"正义",作为一个观念,萌生于原始人的平等观,形成于私有财产出现后的社会。在中国思想史上,"正义"一词最早见于《荀子》:"不学问,无正义,以富利为隆,是俗人者也。"不同社会或阶级的人对"正义"有着不同解释。柏拉图认为,有效分工的社会,形成了有序的社会等级,人们从事着不同的社会工作和服务。"无论是在挣钱、照料身体方面,还是在某种政治事物和私人事物方面……在做所有这些事情的过程中,他都相信并都称呼凡保持和符合这种和谐状态的行为是正义的好的行为,知道这种和谐状态的知识是智慧,而把只起破坏这种状态作用的行为称作不正义的行为,把指导不和谐状态的意见称作愚昧无知。"①正义就是每个人各司其职,做一个公民应当做的事。凯尔森认为,正义是一种主观的价值判断。马克思主义认为,作为人的社会实践,正义是符合社会发展要求和人民群众根本利益的行为。依据《辞海》对"正义"词条的解释,"正义"是"对政治、法律、道德等领域中的是非、善恶作出的肯定判断。作为道德范畴,与'公正'同义,主要指符合一定社会道德规范的行为。人们的行为是否符合历史发展规律和最大多数人民的根本利益,是判断人们行为是否符合正义的客观标准。"

　　"正义"不是一个属性单一的概念。在不同政治、法律和道德理论中,"正义"自身存在着众多说法。比如,"作为平等的正义"(justice as equality)②、"作为公平的正义"(justice as fairness)③、"作为忠诚的正义"(justice as loyalty)④、"作为惩罚的正义"(justice as punishment)⑤、"作为对等的正义"(justice as reciprocity)⑥、"作为互惠的正义",⑦等等。所有这些说法,在不同语境中,都有其合理性。假如认定"作为公平的正义"是"正义"的本义或原始含义,而其他有关正义的解释都是这个本义的变体或引申,需要给出充分的理由。

---

①　柏拉图,《理想国》,郭斌、张竹明译,商务印书馆,1986年,第172页。

②　Edward E. Sampson, "Justice as Equality", in *Journal of Social Issues*, Vol. 31, p. 45 - 64, Summer 1975.

③　罗尔斯:《正义论》,1988年,第3页。

④　罗蒂:"作为较大忠诚的正义",载罗蒂:《文化政治哲学》,张国清译,北京大学出版社,2011年,第47页。

⑤　Barbara Hudson, *Justice through Punishment: A Critique of the 'Justice' Model of Corrections*, New York: St. Martin's Press, 1987.

⑥　John Rawls, *Collected Papers*, edited by Samuel Freeman, Cambridge: Harvard University Press, 1999. p. 190.

⑦　林来梵:"互惠正义:第四次修宪的规范精神",载《法学家》,2004年第4期:第36—39页。

显然，除了正义，社会制度还有其他美德；除了真实，思想体系还有其他优点。那么，除了正义，社会制度还有什么美德？除了真实，思想体系还有什么优点？在社会制度中，正义和其他美德应当如何兼容？在思想体系中，真实和其他优点应当如何协调？上述问题是大有争议的。有些观点虽然不那么令人振奋，不那么迎合人对思想体系和社会制度的完美主义渴望，但仍然是重要的，值得我们认真地对待。

二

我们可以透过智慧看正义，也可以透过正义看智慧。把正义和真实联系起来的努力由来已久。在这个努力中，回顾人类的思想史，我们可以清晰地看到它从苏格拉底—柏拉图开始，经过康德，一直到罗尔斯的思想演变脉络。然而，罗尔斯的如下说法是难以成立的："一种理论如果是不真实的，那么无论它多么高雅，多么简单扼要，也必然会遭到人们的拒绝或修正；同样，法律和制度如果是不正义的，那么无论它们多么有效，多么有条不紊，也必然会为人们所改革或废除。"①它之所以难以成立，是因为罗尔斯对理论、法律和制度的判断，采取的是粗暴的非此即彼的方式。其实，理论的真实性，只是理论被世人接受或拒绝的理由之一，正如法律和制度的正义性，只是法律和制度被接受、修正或废止的理由之一。除了真实，还有许多拒绝或修正理论的理由；除了正义，还有许多改革或废除法律和制度的理由。一个理论，有其适用的对象和范围，一个社会制度，也有其适用的对象和范围。理论的真实性和社会制度的正义性是相对的，因为人类生活的社会基础就是相对的，人的能力、人的认识和实践手段、人与人交往的方式、人对人自身及世上万物的看法，包括对理论、社会制度的看法，都具有因人而差异、因时而差异、因环境而差异的相对性。

一个思想理论，一旦被人们长期接受，即使后来发现是错误的，也难以被简单地拒绝和抛弃；一个社会制度，一旦成为约定的习惯，被广大社会成员所认同，即使是不正义的，也难以被轻易地改革或废除。更多的情形是，有些真实的理论已经变得不合时宜，有些正义的社会制度也是如此。不是因为理论由真实变成了谬误，而

① John Rawls, *A Theory of Justice*, *Revised Edition*. P. 3. 其原文是："A theory however elegant and economical must be rejected or revised if it is untrue; likewise laws and institutions no matter how efficient and well-arranged must be reformed or abolished if they are unjust."

是理论的适用对象发生了变化。曾经被视为正义的社会制度,随着时代的变化、社会条件的变化,也会变成不再是正义的。因此,人类一直在推行与自己能力相匹配的理论和社会制度。这是一种历史主义的真理观和正义观。大卫·休谟、亚当·斯密、黑格尔、马克思、艾耶尔、卡尔·波普尔、以塞亚·伯林、托马斯·库恩、理查德·罗蒂、理查德·波斯纳等哲学家、经济学家、法学家、科学史家从不同学科证明了这一点。罗尔斯的那段话,虽然听起来悦耳动人,却忽视了理论和社会制度的历史性、相对性和发展性的特点。

三

康德说:"有两样东西,我对它们愈经常愈持久地加以思索,它们就愈使心灵充满日新月异、有加无已的景仰和敬畏:在我之上的星空和居我中心的道德法则。"①和康德略有不同,我的说法是,人活在世上,有两件事情是不可或缺的,一是对真理的求索,二是对正义的寻觅。康德提到的"两样东西"是存在的。无论"灿烂星空",还是"道德法则",都是"在那儿的"。一个高悬于人的头顶,一个深居于人的心中。它们引领和影响着我们,是我们不必做什么就有的。"灿烂星空",你只要一抬头就能看到;"道德法则",你只要一低头就能想到。但是,我说的那"两件事情",不是事先存在的,是要由我们去做出来的。求索真理,旨在了解世界的真相,达成人对知识的掌握和运用;寻觅正义,旨在探索社会制度设置的合理根据,成就人对正义的维护和伸张。无论真理还是正义,都是人努力地做的结果。

除了真理和正义之外,人肯定还有其他的重要目标。比如,除了真理(truth)之外,人还要求索真诚(truthfulness),探讨人与人和谐相处的方式;除了正义(justice),人还要寻觅效用(utility)或有用性(usefulness)。与真实相比,真诚是一个比较相对的概念;与正义相比,效用是一个更加可以衡量的概念。正义和效用在具体社会制度中的价值排序问题,真理和真诚在具体人际关系中的价值排序问题,并不像柏拉图、康德和罗尔斯认定的那样清晰明了。

在许多情况下,求索真理与寻觅正义,不是一回事。地球是否围绕太阳公转的问题,是一个同真理有关的问题;同性婚姻是否应当合法化的问题,是一个同正义有关的问题。我们从"地球的确是围绕太阳公转的"真理,得不出"同性婚姻应当合

---

① 康德:《实践理性批判》,韩水法译,商务印书馆,2000年,第177页。

法化"的正当理由。即使"地球围绕太阳公转"不是真的,我们也同样得不出"同性婚姻应当合法化"的正当理由。无论地球是否围绕太阳公转,它都与同性婚姻合法化问题无关。前者是科学问题,后者是道德、政治和法律问题。同性婚姻合化法需要与地球公转之类的真理无关的其他理由。

当然,在有些情况下,真理的确与正义有关,其至真理是正义的前提。假如通过广泛的社会调查和全面的历史考查,科学研究者得出结论说,同异性婚姻相比,同性婚姻也能给当事者带来幸福,其至比异性婚姻带来更多幸福。那么,只要出于中立的旁观者立场,根据这些数据,人们应当支持同性婚姻。如果我们真的找到了这样的数据,那么,撇开其他因素,比如传统的恋爱、婚姻和家庭观念,社会文明发展程度,人民思想解放和开明程度,相应的公共政策和司法体系,等等,它将是支持同性婚姻合化法的强有力证据。在这个时候,我们为了追求正义,我们需要某种与正义有关的真理的特别思想体系的支持。

无论求索真理与寻觅正义是否一回事,它们都与智慧有关。因为,作为具有真理之美德的思想体系和作为正义之美德的社会制度,都是人的作品,是人类智慧的结晶。如果说正义是社会制度的第一美德,真理是思想体系的第一美德,那么智慧是人的能力的第一美德。无论是追求真理还是寻觅正义,人的智慧都会给予最大的支持。

四

追溯历史,关于智慧和正义,大体上有两个传统。一个是古希腊苏格拉底—柏拉图开启的理性建构主义传统,中间经过笛卡尔、卢梭、莱布尼兹、康德,然后是施密特、海德格尔、科耶夫、沃格林、施特劳斯和哈贝马斯,一直到最近的罗尔斯和布鲁姆,虽然表面看来罗尔斯和布鲁姆是如此地水火不容。另一个传统是始于修昔底德和亚里士多德的历史经验主义传统,中间经过洛克、霍布斯、贝克莱、休谟、亚当·斯密、黑格尔和马克思,然后是韦伯、杜威、罗素、维特根斯坦、波普尔和伯林,直到最近的福柯和罗蒂,尽管表面看来黑格尔和马克思、波普尔和马克思是如此对立。[1]

本书将重点考查第二个传统,尤其是休谟以来的历史经验主义对智慧和正义的思考。本书由三个部分组成。第一部分主要讨论现代性、理性、科学和人类进步

---

[1]　关于智慧和正义,文学和艺术也构成了一个相对独立的传统,但它超越了作者的能力范围。

等话题。它从人类哲学智慧的一般发展过程入手,探讨了不同历史阶段的主要哲学贡献、哲学智慧与社会生活实践的关系、人的需要理论的重新设计、人性结构的重新解读,自成一体的中国哲学智慧及其局限性等专题。它对休谟、康德、黑格尔等人的人性论、理性观、历史观、思想史观作了专题讨论,主张现代性起初是一种哲学思想的成就,强调古典哲学在知识、人性、理性、人类进步等专题上的理论贡献。

第二部分主要讨论公民社会、国家和公共治理等话题。首先,它讨论了苏格兰启蒙在建构公民社会方面的渐进式路径的尝试,这是一条不同于欧洲大陆启蒙那种激进路径的比较温和的渐进式路径。这种尝试在哈奇森、休谟、斯密那里有具体而精致的论证,对美国建国产生了深远影响。其次,它讨论了斯密有关文明社会的四个隐喻。鉴于其在文明社会理论方面的杰出贡献,斯密应当在西方政治哲学史上占据一个比较核心的位置。同时,我讨论了"斯密的启蒙难题"和斯密的文明社会理论对建设公民社会的启示。第三,它以黑格尔的《法哲学原理》为蓝本,探讨了黑格尔的公民社会和理性宪政国家理论,指出自由与正义的和解是黑格尔政治哲学追求的目标。第四,它围绕民主、科学、权利、团结、宽容、和谐、社会希望等话题,讨论了杜威和罗蒂的政治哲学理论,呈现了实用主义政治哲学的理论偏好。第五,它还围绕真理、真诚等话题,讨论了社会失信现象产生的哲学根源,以及重新建立社会信任的途径。

第三部分主要讨论权利、权力、公共善和正义。首先,它讨论了伯林的"自由的两个概念"及其自由宪政理论,探讨了伯林有关难以兼容的善的见解和价值多元论思想,评价了伯林哲学思想对理解当代政治哲学的核心重要性。其次,它探讨了福柯的理性和癫狂学说,评价了福柯的知识—权力理论,指出了福柯对现代性内核批判的深刻性和片面性。第三,它探讨了利科的伦理诠释学、贝尔的"意识形态的终结"理论,以及罗蒂的视公务员为"民主和自由的仆人"的公仆哲学。这些政治哲学家从不同层面丰富了我们对政治哲学的思考。

五

我也将在本书中讨论社会变化、革命和改良、政治发展、社会建设、政府再造等话题,休谟、黑格尔、斯密、伯林、福柯和罗蒂是本书讨论的核心思想家。限于篇幅,韦伯、哈贝马斯、罗尔斯等重要哲学家的理论虽有涉及,但没有作为专题进行讨论。我想要阐明的主要见解有:

（1）人类社会的发展是极其缓慢的。其主要形式不是彻底的、激进的社会变革，而是渐进的、迂回的、改良的和试错的，以局部改进为主的，经历多次反复的。

（2）人类社会治理经验的获得是逐渐积累的，不是一劳永逸的，激进的社会变革或革命不是社会进步的主要形式，尽管在特定社会历史条件下，革命会不可避免地发生，但革命未必总是好事，革命的失败并不意味着社会变化的中止或倒退。

（3）在现代社会，社会治理必须以审慎的、理性的、科学的、民主的、法律制度框架下的方式来开展。

（4）不同社会和民族国家存在文化差异，但是人类社会发展的大致方向是明确的，不同社会和民族国家可以相互借鉴学习，社会治理的方式必须尊重和重视各民族国家的文化传统，但这不意味着对社会治理基本原则的无视。

（5）社会制度是人类文明的产物，有的会延续，有的会消亡。但是，制度中好的因素总会继续留传下来。在社会治理方面，所有美好的东西，最好以制度形式确定下来。

（6）政府和政治要依附于社会，服务社会。公民和社会是政府的主要服务目标，政府或公共部门的存在理由要在社会要求中得到认可。社会必须有明确的有关约束而不仅仅是监督公共部门行为的法律条款保障。

（7）民主、法制、自由、宽容是人类文明的基本遗产，属于整个人类，而不是哪个阶级或哪个国家的专利。

（8）后发展国家的社会治理能力仍有待提高，相信后发展国家的学习能力和创新能力，社会治理理论和实践的全面检讨将为之做出自己的贡献。

（9）游戏娱乐已经成为严肃的政治问题。泛游戏时代的正义问题，公共治理问题仍然是紧迫性的问题，对它们的讨论离不开互联网络实际高效运行这个一般背景，新生的年轻一代的声音将变得越来越重要。

（10）人的不幸，往往始于聪明和智慧的混淆。如果人只有小聪明，而缺乏大智慧，那么他们即使拥有真实的理论和正义的社会制度，它们也是空洞的、摆摆样子的。悬置真实的理论，架空正义的社会制度，这是人类的不幸。要想扭转这种不幸，就要寻求智慧和正义结合的可靠途径，最终落实为基本的制度安排，而不是寄希望于优秀个人的特殊品质或特殊团体的特殊品质。

（11）即使在泛游戏时代，民主仍然是最好的社会制度。民主的尊严（democracy's dignity）和专制的脸面（despotism's reputation）是此消彼长的。惟有民主条件下的公民尊严的必然维护，而不是臣民在专制强权面前的荣辱之争，才是智慧和正义得以结合的最佳状态。网络尽管有其固有缺点,但仍然能够为我们实现这种结合提供某个途径。从这个意义上说,网络民主是智慧和正义之完美结合的重要尺度。

六

鉴于现代意义上的智慧和正义的讨论,是以现代国家和政府、民主政治、产业革命、自由市场和公民社会的建立和发展为基础背景展开的。包括马克思主义创始者在内的西方学者在智慧和正义领域的主张成为本书考查的主要对象。

由于语言和文化的差异,我们对西方学者思想的介绍和批评,便存在翻译和理解问题。比如,国内学者对罗尔斯正义理论一些关键语句的译介,涉及对罗尔斯关键思想的把握。试看下面四段引文:

Each person is to have an equal right to the most extensive total system of equal basic liberties compatible with a similar system of liberty for all. [1]

每个人对与所有人所拥有的最广泛平等的基本自由体系相容的类似自由体系都应有一种平等的权利。[2]

Each person is to have an equal right to the most extensive scheme of equal basic liberties compatible with a similar scheme of liberties for others. [3]

每个人对与其他人所拥有的最广泛的平等基本自由体系相容的类似自由体系都应有一种平等的权利。[4]

Each person has an equal claim to a fully adequate scheme of equal basic rights and liberties, which scheme is compatible with the same scheme for all; and in this scheme the equal political liberties, and only

---

[1] John Rawls, *A Theory of Justice*, Cambridge, Ma: Harvard University Press, 1971. P. 302.

[2] 罗尔斯:《正义论》,何怀宏、何包钢、廖申白译,中国社会科学出版社,1988 年,第 302 页。

[3] John Rawls, *A Theory of Justice*, *Revised Edition*, Cambridge, Ma: Harvard University Press, 1999. P. 53.

[4] 罗尔斯:《正义论》(修订版),何怀宏、何包钢、廖申白译,中国社会科学出版社,2009 年,第 60－61 页。

those liberties, are to be guaranteed their fair value. ①

每一个人对平等的基本权利和基本自由之完全充分的图式都有一种平等的要求。该图式与所有人同样的图式相容。在这一图式中,平等的政治自由能——且只有这些自由才能——使其公平价值得到保证。②

Each person has the same indefeasible claim to a fully adequate scheme of equal basic liberties, which scheme is compatible with the same scheme of liberties for all. ③

每个人对于一种平等的基本自由之完全适当的体制都拥有相同的不可剥夺的权利,而这种体制与适于所有人的同样的自由体制是相容的。④

上面四段引文是美国政治哲学家约翰·罗尔斯在其三个主要著作中对"第一个正义原则"作出的四种表述,它们对理解本书主题是至关重要的。

在《正义论》中,在谈到第一个正义原则时,罗尔斯想要表达的意思无非是:每一个人都拥有平等的权利,享有可以与别人享有的类似基本自由兼容的"一整套最广泛的平等的基本自由"(the most extensive total system of equal basic liberties)。1971 年,《正义论》发表之后,受到了许多人的批评,包括他在牛津时的导师 H. L. A. 哈特。⑤"哈特提到了罗尔斯在第一个正义原则中处理自由的两个瑕疵。首先,在原初状态下,各方采用基本自由并且赞同基本自由优先性的理由没有得到充分的解释。其次,当基本自由发生冲突时,就具体化和调整基本自由而言,罗尔斯没有给出令人满意的标准。"⑥哈特认为,在罗尔斯第一个正义原则那里,"一整套最广泛的基本自由"(the most extensive total system of basic liberties)这个提法是有问题的,因为它表示最大化自由的范围。哈特认为,"在某些情况下,最大化自由的想法是没有意义的,因为在其他人那里,它导致了荒唐的或无法接受的后

① John Rawls, *Political Liberalism*, New York: Columbia University Press, 1996. P. 5.

② 罗尔斯:《政治自由主义》,万俊人译,译林出版社,2000 年,第 5 页。

③ John Rawls, *Justice as Fairness*: *A Restatemen*, *edtied by Erin Kelley*, Cambridge, Ma: Harvard University Press, 2001. P. 42.

④ 罗尔斯:《作为公平的正义——正义新论》,姚大志译,上海三联书店,2002 年,第 70 页。

⑤ 参阅 H. L. A. Hart, "Rawls on Liberty and Its Priority", in *Reading Rawls*, Norman Daniels, ed., New York: Basic Books, 1975, 230—52.

⑥ Samuel Freeman, *Rawls*, Routledge, 2007. P. 53.

果。"①结果,罗尔斯对第一个正义原则涉及"基本权利和自由"的限定量词短语作了修订。《正义论》修订版对《正义论》初版的表述也有所修订,用术语"scheme"取代了短语"total system",但仍然保留了表示"广泛性"之最高级的短语"the most extensive":"一套最广泛的平等的基本自由"(the most extensive scheme of equal basic liberties)。不过《政治自由主义》和《作为公平的正义:正义新论》的相关语句舍弃了最高级表达式"一套最广泛的"(the most extensive scheme of),而用比较稳妥的表达式"一套恰如其分的"(a fully adequate scheme of)取而代之。对此,罗尔斯本人有明确交待:"对这些原则的陈述与《正义论》中的陈述不同,它遵循了《基本自由及其优先性》一文中的陈述,载《坦纳人生价值讲座》,第 3 卷(盐湖城:犹他大学出版社,1982),第 5 页。对这些改变的说明见该演讲第 46—55 页。这些说明对于修正《正义论》中关于基本自由的解释是重要的,也是我力图回答由 H. L. A. 哈特在其刊于《芝加哥法学评论》(1973 年春季号,第 535—555 页)的批评性评论中提出的有力反驳所作的说明。"②

因此,要想理解罗尔斯第一个正义原则的准确含义,就需要把握两个关键点,一是术语"system"和"scheme"的关系,二是短语"the most extensive total system of"和"a fully adequate scheme of"的关系。在罗尔斯的《正义论》语境中,"system"和"scheme"可以通用,但他在受到哈特批评之后,尽管他在《正义论》修订版中继续使用"system"以保持其著作之基本观念的连贯性,但是在后面两个主要著作中,罗尔斯不再使用"system",而用"scheme"取代了它。如果说何怀宏等人把短语"total system"或"system"译为"体系"还勉强说得过去,那么术语"scheme",何怀宏等人译为"体系",万俊人译为"图式",姚大志译为"体制",就有点说不通了。于是,在译解罗尔斯原著的翻译实践中,短语"the most extensive scheme of equal basic liberties",何怀宏等人译为"最广泛平等的基本自由体系"。短语"a fully adequate scheme of equal basic rights and liberties",万俊人译为"平等的基本权利和基本自由之完全充分的图式"。短语"a fully adequate scheme of equal basic liberties",姚大志译为"一种平等的基本自由之完全适当的体制"。其实在这里,"scheme"是量词,而不是名词。因此,"scheme"不能译为"体系"、"图式"或"体制",而应译为"组"

---

① Samuel Freeman, *Rawls*. P. 53.

② 罗尔斯:《政治自由主义》,万俊人译,译林出版社,2000 年,第 5 页。

或"套"。"the most extensive scheme of"译为"一套最广泛的";"a fully adequate scheme of"译为"一套恰如其分的"。

尽管罗尔斯对有关平等的基本权利和自由的量词表达式作了修订,但是"基本权利和自由"的内容是清晰而明确的。罗尔斯在不同著作中对它们的表述是一致的。它们在数量上是有限的。罗尔斯列出的主要有五组,分别是:良知自由和思想自由;结社自由;平等的政治自由;保护人格完整和人身自由的权利和自由(包括工作自由和选择职业的自由、个人财产权);由法治所涵盖的权利和自由。其中,保护人格完整和人身自由是最显著的基本权利和自由。[1]

显然地,"the most extensive scheme of equal basic liberties"或"a fully adequate scheme of equal basic liberties"所要表达的意思是,基本自由和权利是一套"组合"。它们是基本的,为人人所拥有的,是良序社会的公民皆享有并相互认可的。它们有先后次序,但不存在价值上的主次之分。在基本的权利和自由之中,不形成一个等级序列,只形成一种并列或并存关系。相比之下,把"scheme"译成"体制"或"体系",显示了译者存在着对平等的基本权利和自由做出等级化和序列化解读的倾向;把"scheme"译成"图式",则显示了译者对罗尔斯政治哲学作康德主义解读的显著痕迹,都是对罗尔斯正义理论的误解。

下面是我对那四段引文的试译:

每个人都拥有平等的权利,享有一整套最广泛的平等的基本自由,那套自由兼容于为所有人皆享有的一套类似自由。

(Each person is to have an equal right to the most extensive total system of equal basic liberties compatible with a similar system of liberty for all. [2])

每个人都拥有平等的权利,享有一套最广泛的平等的基本自由,那套自由兼容于为其他人皆拥有的一套类似自由。

(Each person is to have an equal right to the most extensive scheme of equal basic liberties compatible with a similar scheme of liberties for

---

[1]　John Rawls, *Political Liberalism*. P. 291; P. 313; P. 338.

[2]　John Rawls, *A Theory of Justice*. P. 302.

others.①）

　　每个人都拥有平等的主张，享有一套恰如其分的平等的基本权利和自由，这套基本权利和自由兼容于为所有人皆享有的一套相同的基本权利和自由；在这套权利和自由中，平等的政治自由，并且惟有平等的政治自由，将保证其公平价值。

　　（Each person has an equal claim to a fully adequate scheme of equal basic rights and liberties, which scheme is compatible with the same scheme for all; and in this scheme the equal political liberties, and only those liberties, are to be guaranteed their fair value.②）

　　每个人都拥有相同的不可剥夺的主张，享有一套恰如其分的平等的基本自由，这套基本自由兼容于为所有人皆享有的一套相同的基本自由。

　　（Each person has the same indefeasible claim to a fully adequate scheme of equal basic liberties, which scheme is compatible with the same scheme of liberties for all.③）

　　无论如何，在政治哲学的汉语语境中，我们很难把"图式"与"体系"和"体制"作为同义词来通用。词语"system"和"scheme"，短语"the most extensive system of"和"a fully adequate scheme of"在罗尔斯正义理论中的翻译和理解问题，只是我列举的中国学术界研究西方学术时遇到的困难的一个片段。④

---

① John Rawls, *A Theory of Justice*, *Revised Edition*. P. 53.
② John Rawls, *Political Liberalism*. P. 5.
③ John Rawls, *Justice as Fairness*: *A Restatemen*. P. 42.
④ 我在另一个地方特别提到了中国法律和政治学界在翻译术语"affirmative action"时所遇到的困难：《英汉大词典》对这个词条的解释是"赞助性行动，积极措施"（陆谷孙主编，上海译文出版社，1993年，第30页）。有人译成"平权法案"，我认为不是很妥当，因为它是一项公共政策或公共措施（a public policy or a pubulic action）而不是一项法律或法案（neither a law nor a act）。另外几种代表性的译法是：（1）"积极行动"（波斯纳：《法律的经济分析》，蒋兆康译，中国大百科全书出版社，1997年，第964页）；（2）"积极补偿行动"（波斯纳：《法理学问题》，苏力译，中国政治大学出版社，2001年，第585页）；（3）"认肯行动"（桑德尔：《自由主义与正义的局限》，万俊人译，译林出版社，2001年，第281页）；（4）"优待措施"（德沃金：《至上的德性》，冯克利译，江苏人民出版社，2003年，第566页）；（5）"纠正歧视措施"（德沃金：《自由的法》，刘丽君译，上海人民出版社，2001年，第496页）。（6）"补偿性行动"或"补偿性活动"（德沃金：《认真对待权利》，信春鹰、吴玉章译，中国大百科全书出版社，1998年）；（7）"肯定性行为"（庞德：《法律与道德》，陈林林译，中国政法大学出版社2003年，第98页）。参阅张国清"译后记"，载德沃金：《原则问题》，张国清译，凤凰出版社集团，2008年。

我要举的第二个例子是美国哲学家理查德·罗蒂和德国哲学家尤尔根·哈贝马斯的关系。一个是美国新实用主义的代表,一个是德国法兰克福学派的传人,两人的学术分歧是清晰的。但是这不妨碍两位哲学家的亲密交往和友情。2007年6月8日,罗蒂不幸在美国去世。一年之后,哈贝马斯专门撰文,纪念他的美国同行,称赞罗蒂为"哲人、诗人和友人",其中一句话给人留下了深刻印象:"据我所知,在当代哲学家中,谁都比不上罗蒂那种与同事针尖对麦芒的较真劲儿,不仅如此,罗蒂数十年来一直以新视角、新见解和新花样与同事较着真。"哈贝马斯把两人之间的思想分歧表露得一清二楚,表面上看是否定罗蒂,实际上是在赞美罗蒂。但是,假如不看英文原文,而只读翻译过来的中文,当我们在罗蒂的一篇文章中读到这样一个句子时,我们肯定会怀疑,罗蒂和哈贝马斯的关系是否像人们想象的那样密切和友好:

> "为了表明差别,我会提到哈贝马斯在他的《现代性的哲学话语》中提出的两个区分(我发现这些区分毫无价值,因为它们试图讲述一个关于现代哲学史的故事)。第一个区分是哈贝马斯在他所谓的'以主体为中心的理性'和'交往理性'之间做出的区分。……他的第二个区分是在忠实于理性与寻求他所谓的'理智的他者'之间。"①

即使罗蒂和哈贝马斯的友情并不深厚,或意见完全相左,他不一定会给对方的主要学术贡献做出完全否定的评价。更何况,两人有相见恨晚、惺惺相惜的意思。罗蒂对哈贝马斯的哲学贡献肯定多于否定。请看罗蒂对哈贝马斯第一个区分的评价:

> "哈贝马斯认为,理性是交往的、对话的,而不是以主体为中心的、独白的;同意他的观点,就是要用对他人的责任代替对非人标准的责任。这就是把我们的视线从我们之上的无条件之物下降到我们周遭的共同体之中。这种替换能使我们平静地接受库恩的看法,即最好把科学家看作是

① 罗蒂:"普遍主义的高度、浪漫主义的深度、人本主义的限度",江怡译,载于孙伟平编:《罗蒂文选》,社会科学文献出版社,2007年,第397页。重点号为引者所加。

解决困难的人，而不是逐渐揭示事物本质的人。这有助于把我们自己限于追求微小的、有限的、短暂的成功，而放弃参与维持宏大事物的希望。"①

罗蒂对哈贝马斯的交往理性思想几乎是完全赞同的。哈贝马斯的交往理性思想同罗蒂的对话哲学是高度重叠的。直觉告诉我，罗蒂不会说哈贝马斯的东西"毫无价值"。那么，肯定什么地方出了问题。通过回去读英文原文，原来罗蒂是这样写的：

> To bring out the difference, I shall invoke two distinctions that Juergen Habermas drew in his book The Philosophical Discourse of Modernity—distinctions I have found invaluable in trying to tell a story about the history of modern philosophy. The first is the one Habermas makes between what he calls "subject—centered reason" and "communicative reason". — His second is between remaining loyal to rationality and seeking what he calls "an other to reason". ②

这句话的关键点是对英文词汇"invaluable"的理解。无论从这个语词的基本含义上，还是从这个词汇在罗蒂那段话的语境中，它的含义是明确的："1.无可估量的 2.无价的，非常贵重 3.价值无法衡量的"。它是罗蒂对哈贝马斯学术贡献的高度赞美而不是完全否定。那句话比较确切的译文应当是：

> "为了弄清这个差别，我要谈一下哈贝马斯在其《现代性的哲学话语》中提出的两个区分。我发现，就其对现代哲学史提出一套说法来说，这两个区分具有重要价值(invaluable)。第一个区分是哈贝马斯所谓的'以主体为中心的理性'和'交往理性'的区分。……他的第二个区分是忠实于理性与寻求他所谓的'理性的他者'之间的区分。"

---

① Richard Rorty, *Philosophy as Cultural Politics*, *Philosophical Papers*, Vol. 4, New York: Cambridge University Press, 2007. P. 77.

② Richard Rorty, *Philosophy as Cultural Politics*. P. 77.

我要举的第三个例子是,当我阅读我上面提及的罗蒂的同一篇文章引用英国哲学家以塞亚·伯林的一段话时,我便心生疑虑:

> "当我说毕加索比笛卡尔更为深刻的时候,……或者说卡夫卡是一个比海明威更为深刻的作家时,我不成功地用这个比喻试图去传达的究竟是什么呢? 根据浪漫主义者的看法(这是他们对一般性理解的主要贡献之一),我用深度是指不可穷尽,无法全部掌握。对深刻的作品,我说的越多,没有说出的东西就越多。毫无疑问,虽然我试图描述它们的深刻性内容,但一旦我说出来,无论我说得有多么长,显然都会有新的更深刻的内容。无论我说的是什么,我在最后都一定会留下省略号。"①

毕加索和笛卡尔,一个是西班牙现代画家,一个是法国近代哲学家。两个人要较量一下,看哪一位更加深刻? 就像拿冯友兰和郑板桥进行比较一样,这如何比啊? 细读原文,原来罗蒂引用伯林的原话是这样写的:

> "When I say that Pascal is more profound than Descartes…or that Kafka is a more profound writer than Hemingway, what exactly am I trying unsuccessfully to convey by means of this metaphor… According to the romantics—and this is one of their principal contributions to understanding in general—what I mean by depth, although they do not discuss it under that name, is inexhaustibility, unembraceability. . .[I]n the case of a work that is profound the more I say the more remains to be said. There is no doubt that, although I attempt to describe what their profundity consists in, as soon as I speak it becomes quite clear that, no matter how long I speak, new chasms open. No matter what I say I always have to leave three dots at the end. "②

---

① 罗蒂:"普遍主义的高度、浪漫主义的深度、人本主义的限度",江怡译,载于孙伟平编:《罗蒂文选》,社会科学文献出版社,2007 年,第 405 页。

② Richard Rorty, *Philosophy as Cultural Politics*. P. 83－84. 以及 Issiah Berlin, *The Roots of Romanticism*, Princeton, NJ: Princeton University Press, 2001. P. 102－103.

原来,译者把帕斯卡尔(Pascal)看成了毕加索(Picasso)。另外,译者忽视了"新的分歧"(new chasms)和"省略号"(three dots)的呼应关系以及两个"no matter"的联系。我把这个段落试译如下:

> "当我说帕斯卡尔比笛卡尔更为深奥的时候,……或者说卡夫卡是比海明威更为深奥的作家时,我正在不成功地尝试用这个隐喻想要传达的究竟是什么呢?……在浪漫主义者看来——这是他们对一般理解力(知性)的主要贡献之———虽然他们不以那个名义来讨论它,我所说的深刻,是指难以穷尽性,以难琢磨性……面对一个深奥的作品,我说的越多,有待于被说出的含义也越多。毫无疑问,虽然我试图描述它们的深奥性所持有的内涵,但是一旦我说出来,相当清楚的一点是,无论我说多久,都会有一些新的分歧发生。无论我说什么,我在最后总是不得不留下省略号。"

罗尔斯、罗蒂、哈贝马斯和伯林等是 20 世纪后半世纪最活跃的哲学家,认真阅读他们的著作,尤其是他们的第一手原著,是展开本书主题的重要内容。我不敢保证我的理解完全正确,但至少表示今天学术研究的不易。因此,我赞同国内有学者提出的"西方哲学研究的思想风险"问题,假如这种风险不是由于一目了然的翻译技能所导致,而是由深层的哲学理解甚至根深蒂固的哲学偏见所引发,则更应引起警惕。[①]

总之,智慧表示智者的伟大,正义彰显行者的高尚;智慧可以只事关个人的生存状态,正义则必定事关社会的基本善,需要基本的制度结构作保障。智慧和正义都需要"求是精神"。正如浙江大学前校长竺可桢教授敬告其学子那样:"你们要做将来的领袖,不仅求得一点专门的知识就足够,必须具有清醒而富有理智的头脑,明辨是非而不徇利害的气概,沉思远虑,不肯盲从的习惯,而同时还要有健全的体格,肯吃苦耐劳,牺牲自己努力为公的精神。这几点是做领袖所不可缺乏的条件。""智慧"和"正义",看似普通的两个词汇,蕴含着社会实践者的专门技能,凝聚着思想探索者的真知卓识。本书将努力还原智慧与正义相关话题讨论中涉及的关键术

---

① 参阅童世骏:"西方哲学的中国研究:思想风险及应对方法",载于《学术月刊》,2009 年第 9 期。

语的初始语境,呈现伟大著作家思想的本来面目,对原著思想作出理性解读,评价其思想贡献和局限。当然,在必要之处,作者也将加上自己的粗浅理解和初步看法。不当之处,谨请方家指正。

2012 年 7 月 31 日

于杭州求是园

目　录

第三编
权利、权力、公共善与正义

第一编
现代性、革命、理性与进步

引　言

　　"革命"是一个被人广泛使用的术语。革命的本义指政治革命和社会革命。后来的科技革命、产业革命等说法则是革命的转义。从哲学上讲,革命一般意指事物原有秩序和平衡被打破,发生重大波动,事物发展过程产生显著断裂,无法回到原来的状态。事物发生质的飞跃或变化,旧事物消亡,新事物诞生。革命就是辞旧迎新,是老朽事物迅速灭亡,新生事物不断涌现的过程。

　　政治革命是一种剧烈的社会变革,一般以流血、暴力、武装斗争的形式完成对根本社会制度的变革。"无论从革命这一概念的严格科学意义来讲,或是从实际政治意义来讲,国家政权从一个阶级手里转移到另一个阶级手里,都是革命的首要的基本的标志。"①革命导致统治阶级、国家性质、政权性质的变更,导致国家和社会秩序的重建。革命有两个基本要素:一是革命者必须挑战原有的政治权威,二是革命者必须使用暴力。因此,革命是对原有政权合法性的否定。政治革命不是统治者或统治阶级的简单更替,不是政府或政权的简单变更,而是根本的人类社会进步,是一次质的飞跃。

　　"革命年代(an age of revolution)始于 17 世纪。这场革命并非是历史无休止的循环,而是对现存社会秩序的颠覆,颠覆世界并在尘世间建立新的天堂,将世人从罪恶中挽救出来。"②政治革命是由多种因素造成的。一是原来政权和政府腐败,国家君主和统治阶级腐朽没落;二是社会生产力和生产关系发生剧变,社会财

---

　　①　列宁:《列宁全集》,第 29 卷,人民出版社,1985 年,第 137 页。
　　②　Daniel Bell: *The End of Ideology*, Cambirdge: Harvard University Press,2000. p. xii.

富和其他资源向着极少数社会集团聚集,广大人民群众享受不到由社会变革如产业革命带来的实际好处,社会面临严重的阶级对立;三是原来社会和政治秩序受到严重冲击和破坏,政府威信和国家权威一落千丈,社会处于分裂状态,缺乏基本的凝聚力;四是民族、种族、社会等级、宗教教派、性别、原居民和外来移民之间存在着明显的不平等,政府的相关法律和政策存在着明显的歧视,如此等等。

革命是被压迫的穷苦人民的事业。革命的对象一般是特权阶级和传统统治者。革命者一般会打出进步、平等、自由、博爱的旗号。虽然说"革命是被压迫者和被剥削者的盛大节日",①但是实际上,革命是人民群众的无奈选择,革命是绝望之下的人民群众不得不走的最后一条道路,是人民群众苦难的必然结果。

然而,革命的合法性或正当性也是需要得到有效辩护的。在现实的政治斗争中,并不是所有革命都是合理的和必然的。有些革命即使一时胜利了,但是由于其革命目标的基本错误,最终仍然会走向失败,革命的成功需要许多现实的条件。

在原有政权看来,或者在现存政府看来,革命是对合法政府的颠覆,革命者是现存社会政治和社会秩序的反叛者和破坏者。革命者与现存政权是不兼容的。因此,革命者都将面临被杀头的危险。不成熟革命的后果大多是,革命者被迫流放他国,成为威胁原有国家、政府和政权的反对势力。

不成功的革命也会成为社会动荡的重要因素,会削弱现有的政权,现有国家的国力,加速现有国家的衰落。

另一种值得关注的情形是,当革命势力与外来势力结合到一起时,革命会导致外族势力的入侵,有可能导致原有国家主权的丧失或损害。

久拖不决的革命,对所在国家、民族和人民,可能是一场严重的灾难。

革命者一般都会提出革命理论,来为革命进行辩护。历史上曾经产生一些伟大的革命理论家。在他们的思想的影响下,发生过一些伟大的革命。最著名的革命理论仍然是马克思主义的革命理论,即认为革命是历史的火车头,②革命直接推进社会进步,革命加速社会根本制度的变革。

有人还提出了职业革命家和革命领袖概念,职业革命家是以革命作为职业、为事业的人。革命领袖会研究革命的原因,召集革命追随者,打出鲜明的革命旗号,

---

① 列宁:《列宁选集》,第1卷,人民出版社,1974年,第616页。
② 马克思和恩格斯:《马克思恩格斯选集》,第1卷,人民出版社,1995年,第456页。

寻求革命的策略。革命领袖要用革命理论或革命思想把革命者武装起来,用革命纪律来约束革命者,以推翻现行政权,建立新的社会政治制度作为革命的基本目标。根据不同的社会条件,革命者会采取不同的革命策略或革命手段。像谋杀、暗杀、制造流血事件、开展武装斗争,建立革命根据地,等等,是重要的政治革命形式。其中,流血的暴力革命是政治革命的最基本形式。

但也有非暴力的革命形式,也就是说,革命者以非暴力的、和平抵抗的形式来表达自己的革命诉求,要求当局或现行政府满足革命者提出的种族、政治、社会、经济、文化、宗教、思想等要求。虽然革命者会采取各种革命策略,但是其基本目标是相似的,就是要求改变现行政治和社会制度,建立更合理的政府形式,甚至从根本上改变国家和政权的性质。

革命可以有全面的革命,也可以有单一方面的革命。前者主要表现为对社会基本制度的变革,一切都推倒重来,一切都重头开始。单一方面的革命则并不是如此,它承认社会政治制度在整体上的合理性,只是要求对现行政治社会制度某一方面进行根本性变革。

显然,革命并不一定是越全面越好,这要看具体情况。但是,革命的发生和发展是必然的或不可避免的。这不取决于个人的好恶。无论你喜爱或反对革命,一旦革命来临,你必须在革命面前做出明确的回答,表明自己对待革命的态度。当然,革命者并不总是站在合理性一边,每一个人都有做出自我选择的权利。

有些革命会半途而废。之所以如此,是因为这样的革命本身就不值得进行,或者说没有具备进行革命的充分而必要的条件。有些革命则因为没有正确的革命理论的指导,革命者凭一时热情,缺乏革命意志,经不住失败和挫折,最终使革命夭折。革命是一个持续的过程。革命有低谷,有相持,有高潮,也会渐渐衰亡。任何革命最终都会趋于停滞。

革命总是有局限性的。所谓革命的局限性,是指革命不能解决所有问题,有些问题不是靠革命或不断革命就能解决的。革命只是手段而不是目的。不断革命只会增加社会动荡和不稳定,不利于社会基本财富的积累,也不利于革命的国家在世界政治舞台上扮演适当的角色。

革命总是有代价的。革命总是会带来无法挽回的损失,比如一些伟大领袖、伟大思想家、伟大艺术家、发明家、科学家等等,因为参加或介入革命,导致他们过早地牺牲、死亡,给人类造成难以挽回的损失。革命还会导致原有社会基础设施的破坏。革命使整个国家处于战争状态，会直接地摧毁原来的生产基础，使一切经济活动为军事和政治斗争服务，使经济活动无法正常进行。革命容易简单化处理复杂的社会和政治问题。无论是革命的一方，还是被革命的一方，都容易走极端，中止其他的或第三方的折衷地解决社会政治问题的方案。

革命有可能被出卖、被收买，革命者有可能变节，从而败坏革命的声誉。在革命过程中，会有一些投机分子进入到革命队伍中来。尤其是当革命处于高潮时，当革命胜利曙光在望时，不同的社会势力都会介入到革命队伍中来，积极地影响革命，主动地分享革命果实。结果，即使在革命取得胜利之后，真正的革命者，尤其是广大人民群众，仍然成为革命的牺牲品，难以真正分享到革命果实。

革命还有一个代价是，一个领域的革命也会漫延到其他领域，导致革命的泛化或滥用，导致对一切社会价值的重新评估，甚至从根本上摧毁历史上遗存下来的宝贵的社会文化财富。

当然，革命会大大地激发人民群众参与社会变革的热情，大大地激发人民群众的创造力，使人民群众感受到自己是历史的真正创造者，有利于树立一种社会主人翁意识。革命的对象，或者被革命者也会渐渐地分化，也会因为革命的冲击而产生变化。他们虽然仍然站在革命的另一边，但是他们的顽固阵地也会渐渐地软化，其中一些社会势力会渐渐地同情甚至接近革命，虽然他们没有直接参与革命，但是他们会转而支持或默认革命。

革命一旦成功，革命者就要设法巩固革命成功之后产生的广泛的社会政治后果。如何巩固革命成果成为一个重要难题。从历次重要革命的经验教训来看，把革命成果以法律和政治制度的形式给予正当化、形式化、秩序化是最好的方式。也就是说，以立法、司法和行政的手段，以制度形式，巩固革命成果是最好的手段。比如把革命成果在国家的宪法中得到明确的阐述，以宪法和其他法律形式确保革命果实能够在最大程度上为广大人民群众所分享。

革命不能解决所有社会政治问题。革命总是有时间限制的，总是暂时的，总是会渐渐和缓下来的。但是，社会中仍然会存在各种各样不合理的现象，社会仍然需要不断地进步和发展。于是，像革命一样，改良也是促进人类社会发展和进步的重要动力。

改良与革命的一个重大差别在于，革命一般是以暴力方式，由社会下层或边缘阶级，通过推翻现行国家政权来进行的。而改良一般是以非暴力方式，由社会中间势力或主导阶级代表,通过改革现行社会政治制度来进行。

改良者往往是直接派生于当时的社会中上层阶级的,他们并没有脱离于传统统治者原来的政治和社会关系,没有与后者发生根本决裂和对立,他们希望在原来根本社会制度许可的或容忍的条件下,进行必要的社会改革。

改良是不流血的革命,是社会根本利益的重新调整。改良的结果,也并不是说所有的社会阶级都能够从改革中获得利益或好处。但是改革肯定有利于社会进步,有利于缓和社会矛盾,有利于解放生产力。

正如恩格斯说的那样,哲学革命是社会革命的先导。思想解放是社会变革的先声。无论是革命还是改革,都是社会进步的重要形式。其最终成果都要以制度形式得到保留和延续,否则,所有革命和改革都是徒劳的。

在这一编里,我将探讨哲学智慧的演进方式、中国哲学智慧的特点和局限性、近代社会政治革命相伴随的现代性观念、近代哲学启蒙、人性科学、意识的经验科学的兴起等话题,休谟、康德、黑格尔的思想得到了特别关注。

第一章

智慧、正义和哲学王梦想

哲学是对天真问题的认真思考。哲学首先是形而上学,就像中国哲学家赵汀阳的漫画揭示的那样,它是一种"云儿上学",一种"站在云端上"的思考。

智慧和正义是哲学的首要议题。

智慧和正义,不是不可琢磨的东西,它们最终会以基本社会制度或社会习惯的形式被固定下来,成为人类日常生活的内容,进入每个人生命成长过程中接受教育的内容,成为人类社会的伟大传统,为整个人类所分享。

困难的是,如何界定智慧和正义之研究或叙述的适当范围?哪些人和事应当纳入其中?哪些人和事可以忽略不计?这是见仁见智的事。在智慧和正义问题上的争论,虽是千人千面,莫衷一是,但仍然是值得去做的。

我们的努力,只是诸多尝试的一种,也只能是带有个人偏好的一种。

第一节　智慧和正义的共生性

黑格尔曾经说过,古代希腊是近代哲学的真正起源。古代希腊也是近代政治哲学的真正起源。政治哲学的基本概念和基本框架在古希腊哲学那里,尤其在苏格拉底、柏拉图和亚里士多德那里就已经基本提出和奠定。像正义、公正、民主、权利、正义的分配、公共的善等等核心政治哲学概念都得到了明确提出并且被清晰地阐述,虽然这些概念在当时的含义与现代政治哲学中的含义已有所变化。因此,从政治哲学历史上,当我们谈论政治哲学的一些重要概念,我们会一再地回到它的源头,一再地追溯到古代希腊。

需要申明的是古希腊哲学并不仅仅属于欧洲,属于西方,它同样属于中国,属于整个人类,是整个人类的精神遗产。我们今天研究哲学和政治哲学,正是站在现时代的全球化的语境之下来对一些基本的哲学和政治哲学问题提出我们的主张。

在这里,既要避免西方中心论的思想,又要避免东方本位论的思想。无论东西哲学都是对人类精神文化的巨大贡献。当然,就政治哲学而言,在源头上,古希腊的一整套政治哲学术语和体系显得比较完备而系统,并且由于柏拉图和亚里士多德的杰出贡献,这套体系能够在学理上得到比较连贯的和一致的阐明,更容易被后人所学习、继承、批判和发扬光大。

至少从苏格拉底开始,讨论智慧和讨论正义几乎是同时进行的。

古代希腊哲学家苏格拉底和诡辩家色拉叙马霍斯有过一场关于什么是正义的著名争论。色拉叙马霍斯的观点是:

> "正义不是别的,就是强者的利益。……每个政府都制定了对自己有利的法律:平民政府制定平民的法律,贵族政府制定贵族的法律,独裁政府制定独裁的法律,依此类推,并且一旦他们制定了这些法律,他们便告示天下:凡是对本政府有利的,也就是对百姓正义的;谁不遵守这一点,谁就是违法和不正义,他们就要惩罚谁。我的大好人,这就是我所说的在所有城邦都奉行的正义,正义就是执政者的利益,并且由此可以正确地推断出,正义在哪里都是一样的,正义就是强者的利益。"①

这是一种原始的功利主义正义观。苏格拉底大不以为然,并予以迎头痛击。他说:

> 我们建立城邦的目标并不是为了某一阶级的单独突出的幸福,而是为了全体公民的最大幸福;因为,我们认为在这样一个城邦里最有可能找到正义,而在一个糟糕的城邦里最有可能找到非正义。②

从"强者的利益",到"全体公民的最大幸福"。表面看来,只是范围的扩大,但实际上是权力的性质的改变。后来在英国哲学家边沁那里,正义又同一个功利原

---

① Plato, *the Republic of Plato*, *the Third Edition*, translated into English with *Introduction*, *Analysis*, *Marginal Analysis*, *and Index* by B. Jowett, Oxford at the Clarendon Press, 1888, p. 15.

② 柏拉图:《理想国》,郭斌和、张竹明译,商务印书馆,1996年,第134页。

则即"最大多数人的最大幸福"联系在一起,并且受到当代美国哲学家罗尔斯的全面批判。当然,这些都是后话。

人类有关正义的纷争由来已久,对其做出清晰而全面记录的,起码可以追溯到柏拉图的《理想国》。该书主角苏格拉底与其同时代人就正义问题开展过几场有名的争论。比如,苏格拉底同克法洛斯关于"正义是否欠债还钱"的讨论、苏格拉底同色拉叙马霍斯关于"正义是否强者利益"的争论、苏格拉底同格劳孔关于"正义是否好东西(善)"的争论,以及贯穿整个著作关于"智慧和正义的关系"的争论。这些争论与其说讲清楚了什么是正义,不如说揭示了正义涉及的诸多复杂层面。

就拿苏格拉底同格拉孔的那场争论来说,那场争论的原话是这样的:

格:苏格拉底,你说不论如何正义总是比不正义好,你是真心实意想说服我们呢,还是不过装着要说服我们?

苏:叫我自己选择的话,我要说我是真心实意想要这样做的。

格:你光这样想,可没这么做。你同意不同意:有那么一种善,我们乐意要它,只是要它本身,而不是要它的后果。比方像无害和欢乐的娱乐,它们并没有什么后果,不过快乐而已。

苏:不错,看来是有这类事的。

格:还有另外一种善,我们之所以爱它既为了它本身,又为了它的后果。比方明白事理,视力好,身体健康. 我以为,我们欢迎这些东西,是为了两个方面。

苏:是的。

格:你见过第三种善没有? 比如体育锻炼啦,害了病要求医,因此就有医术啦,总的说,就是赚钱之术,都属这一类。说起来这些事可算是苦事,但是有利可图,我们爱它们并不是为了它们本身,而是为了报酬与其他种种随之而来的利益。

苏:啊! 是的,是有第三种,但那又怎么样呢?

格:你看正义属于第几种呢?

苏:照我看,正义属于最好的一种。要想一个人快乐,就得爱它——既因为它本身,又因为它的后果。

格:一般人可不是这样想的,他们认为正义是一件苦事儿。他们拼着命去干,图的是它的名与利。至于正义本身,人们是后怕的,是想尽量回避的。

　　苏:我也知道一般人是这样想的。色拉叙马霍斯因为正是把所有这些看透了,因此才干脆贬低正义而赞颂不正义的。可是我恨自己太愚蠢,要想学他学不起来。①

Glaucon——said to me: Socrates, do you wish really to persuade us, or only to seem to have persuaded us, that to be just is always better than to be unjust?

I should wish really to persuade you, I replied, if I could.

Then you certainly have not succeeded. Let me ask you now: — How would you arrange goods-are there not some which we welcome for their own sakes, and independently of their consequences, as, for example, harmless pleasures and enjoyments, which delight us at the time, although nothing follows from them?

I agree in thinking that there is such a class, I replied.

Is there not also a second class of goods, such as knowledge, sight, health, which are desirable not only in themselves, but also for their results?

Certainly, I said.

And would you not recognize a third class, such as gymnastic, and the care of the sick, and the physician's art; also the various ways of money-making-these do us good but we regard them as disagreeable; and no one would choose them for their own sakes, but only for the sake of some reward or result which flows from them?

There is, I said, this third class also. But why do you ask?

Because I want to know in which of the three classes you would place justice?

In the highest class, I replied, — among those goods which he who would be happy desires both for their own sake and for the sake of their results.

Then the many are of another mind; they think that justice is to be reckoned in the troublesome class, among goods which are to be pursued for the sake of re-

---

①　柏拉图:《理想国》,郭斌和、张竹明译,商务印书馆,1986 年,第 44～45 页。

wards and of reputation,but in themselves are disagreeable and rather to be avoided.

I know,I said,that this is their manner of thinking,and that this was the thesis which Thrasymachus was maintaining just now,when he censured justice and praised injustice. But I am too stupid to be convinced by him.[①]

柏拉图和格拉孔的对话涉及到正义与善的关系的多个选项:

1. 正义是自善(goods for their own sakes)。(释义:正义因其本身之故而为善。正义本来就是善。正义是个好东西)

2. 正义是自善(本善)与后果善兼容的善(goods not only in themselves,but also for their results)。(释义:正义不仅是自在的善,而且是结果的善。正义不仅本身是个好东西,而且其结果也是好东西)

3. 正义是与自善不兼容的后果善(no one would choose them for their own sakes,but only for the sake of some reward or result which flows from them)。(释义:正义本身不是好东西,但正义的奖赏、回报或后果是好的。就正义本身而言,没有人会选择正义。人选择正义,不是因为正义本身是好的,而是因为由如此选择带来的后果或奖赏)

4. 正义属于诸善中最高的那一种善(in the highest class),是人们愉快地想要得到的善,既因其自善(正义本身之故),又因其善(正义)的后果(for their own sake and for the sake of their results)。(释义:正义是最好的东西,既因为正义本身是个好东西,也因为正义的后果,正义是人们最想要得到的好东西)[②]

格拉孔要苏格拉底在他列举的前三个正义与善的关系选项中选择一项。苏格拉底却提出了有关正义与善的关系的第四选项。第二选项和第四选项初看之下是一样的,实际上有着重大差异。苏格拉底对正义与善的关系给出了自己的解释,没

---

① Plato,*the Republic of Plato*,*the Third Edition*,p. 36~37.

② 鉴于苏格拉底和格拉孔就"善"和"正义"进行的上面几段对话与现有中文译本出入较大,我进行了重译并附上关键术语。参阅柏拉图:《理想国》,郭斌和、张竹明译,商务印书馆,1986 年,第 44~45 页;以及包利民:《古典政治哲学史论》,人民出版社,2010 年,第 149~150 页。

有落入格拉孔设计的圈套。

这里涉及与"正义"有关的多个"善"概念："正义的自善"、"正义的自在善"（"本善"）、"正义的后果善"、"与正义的自善兼容的正义的后果善"、"与正义的自善不兼容的正义的后果善"、"诸善中最高的善"、"由正义的自善带来的善的后果"。请注意，苏格拉底讲的正义是"诸善中最高的善"、"人们愉快地想要得到的善"，"正义的善的缘故"、"正义的善的后果"。上面这一小段话，涉及极其复杂的正义与善的概念关系。

与正义相比，人类对智慧的探讨和渴望更为持久而热烈，涉及的关系和问题也更加错综复杂。

要想建立一个正义的城邦，依靠的不是强权，不是强者的利益，而是智慧。在苏格拉底看来，以正义为基础建立的城邦就是善的城邦，必须同时具备智慧、勇敢与节制的美德。其中，智慧是正义城邦的首要美德。苏格拉底说："我在城邦中清清楚楚看到的第一件东西便是智慧。"智慧是一套治国方略，只有极个别哲学家和统治者才拥有智慧。

在苏格拉底的影响下，柏拉图借助知识和意见、表象和实在的区别，发展了以某种更直接的方式与事物的性质打交道的知识分子观念，构成了一个自上而下的知识和权力等级系统。每一类相应的人类活动、每一门相应的学科，都必须在那个等级系统中找到相应的位置。在那个系统中，哲学家曾经作为真理的拥有者或呵护者而居于最高的等级。从事经验研究或实证研究的科学家居于次一等级的地位。而从事艺术创作的诗人和文学工作者则居于更次要的地位。

到了启蒙时代，这种观念发生了一定的转变，哲学家和科学家的位置发生了更换。当时的人们把牛顿式的自然科学家当做知识分子的楷模。在 18 世纪的大多数思想家看来，了解自然科学所提供的自然图景显然应该导致建立与自然界相一致的社会的、政治的和经济的机构。像斯宾诺莎、维柯、康德这样的人文学者试图在社会科学和人文科学领域里创立一种类似于自然科学那样的严格科学。因而，自然科学被看做那个特别的部分。自然科学被当作是合理性和客观性的典范。

人们认定，"科学"、"合理性"、"客观性"和"真理"这样一些概念具有同等级别的含义。科学提供着刚性的客观真理，即作为与实在相符合的真理。哲学家、神学家、历史学家和文学批评家等人文科学家必须关心他们是否是科学的，是否有资格把他们的结论看做是真的。也就是说，它们是否具有合理性和客观性。

康德专门探讨了"未来的科学的形而上学是不是可能的"问题。在西方现代文化中,科学家代替在启蒙之前和之后曾分别由牧师和哲学家占据的位置,被看做使人类与某种超人类事物保持联系的人。

由于宇宙已被非人格化,美和善开始被看做主观的东西。结果,任何一种想在这种文化中占有一席之地的学科都必须向科学靠拢,使自己变得类似于科学的东西。这样,现代西方文化被分割成几个不同级别的部分。像物理学和数学之类的自然科学具有第一等级的资格,像经济学和社会学这样的社会科学具有第二等级的资格,像哲学和诗歌,文学批评之类的人文科学只具有第三等级的资格。而作出这种区分的根据是在硬事实与软价值、真理与娱乐、客观性与主观性之间的区分。按照这种文化观念,科学是整个文化的基础和标准。其他文化部门或领域必须在同科学的比较中求得其相应的地位。

因此,从一开始,智慧和正义具有共生性,哲学家的"智慧"、科学家的"真理"与政治家的"正义"("权力"或"权威")具有某种内在的联系。"哲学王"不仅是一个古老的思想传统,而且是一个悠久的人类理想。虽然在现实政治中真正的哲学王屈指可数,但是人们对把智慧和正义联姻的梦想从来没有中断过。

第二节　哲学的原初智慧

哲学对我们的学习、工作和生活有什么帮助吗？让我们从历史上第一位哲学家泰勒斯的故事说起。

泰勒斯(约前 625～前 547)是古希腊哲学家、数学家和天文学家。最早的唯物主义哲学学派米利都学派的创始人之一。他生于米利都,早年是商人,曾赴巴比伦、埃及经商,在那里学习数学与天文知识。他几乎涉猎了当时人类的全部思想和活动领域,被誉为"希腊科学之父"。在哲学上,他首先摆脱传统的神创论观点,提出并探讨了世界的本原问题。但他又认为万物都有灵魂,并以琥珀和磁石来证明。这是物活论的思想。他曾准确预测公元前 585 年 5 月 28 日的日蚀;利用日影及比例关系测得金字塔的高度。他的划时代的贡献是引入命题证明的思想。这标志着人类对客观事物的认识开始从经验阶段上升到理论阶段。孔子、老子缺乏这方面的知识。

哲学家很少亲自参与企业经营或公共事务管理,但也有例外。泰勒斯就是这样一个哲学家。他因提出"水是万物的本源"而成为历史上的第一位哲学家。他当时因为日夜关心天上的事而受到世人的嘲笑。据说有一次,他在观察天象时,一不小心,掉到了一个水进里,刚好在旁边路过的一位美丽女子,看到这位哲学家狼狈不堪的样子,便嘲笑他说:"泰勒斯想知道天上有什么,但脚下有什么,他却不知道。"哲学家连身边的陷阱都看不到,却想看清天上的事物,真是不自量力。嘲笑过后,人们都知道了这件事。大家认为,哲学家对人们解决实际难题于事无补。他们的存在,只是一个消极的证明:哲学家是无用的人,像泰勒斯那样,既好高骛远,又一无用处。后来世人给了哲学家一个外号:"用脑袋走路的人"。

为了证明自己,表明自己并非一无用处的人,泰勒斯做了一件令人刮目相看的事。有一年,他通过观测天象,预测到地中海地区将有橄榄大丰收。于是,他以低价大批收购了当时闲置的橄榄加工工具。第二年,橄榄果然丰收。人们需要大量的工具来加工橄榄,泰勒斯通过出租低价收购的加工工具而发了一笔大财。泰勒斯说,他之所以这样做,是为了向世人证明,哲学不像我们想象的那样不切实际,哲学家并不是一无用处的人。哲学家不赚钱,不是他们不会赚,而是那不是他们的主要目标。

美丽女子的笑声似乎有很强的说服力,她告诉世人,要当心哲学家,他们有可能引导世人走上歧途。哲学家的路可能是一条偏离正道、引向歧途的路。

哲学家似乎是一些一开始就想要脱离现实、超越现实、行为和思想都古怪的人。但这个故事的另一个寓意是,哲学家就是要走出一条与众不同的路来。做哲学研究,或者说,具有哲学的思想,拥有哲学家的智能,就得别出心裁,就得另辟蹊径,甚至离经叛道。哲学家的路,是一条在众人看来走不通的路,这条路的风险很大,但是回报也很丰厚。哲学家要想走出世俗陷阱,但是他们可能给人布下了一个更大的陷阱。这一点的确是要世人警惕的。

哲学智慧是一种超越常人思维和活动习惯的智慧;哲学智慧是一种创造性智慧,是要走出一条前人没有走过的新路。哲学家要做前无故人、后无来者、空前绝后的事。哲学家一般都是站在时代的最前沿,由于哲学家站得太高,看得太远,走得太快,他们的工作给人以"不切实际"的印象,普通人往往无法理解哲学家的工作。但是,真正要改变的,不是哲学家的立场,而是落后的世俗的观念。

笑到最后的,不是世俗,而是超越世俗的哲学家。哲学家一直想要走出世俗的陷阱,他们也有可能给人们布下更大的陷阱。这是我们需要警惕的。哲学家走出一条新路,但不等于说走出一条正确的路。新的路是事实,正确的路是价值判断。

当然,在历史上,像泰勒斯这样能够实现物质和精神双丰收的哲学家可以说寥寥无几。人的精神追求和物质追求是不能相提并论的。

第三节 哲学智慧的演进路线

哲学是一个大词。哲学是一门古老的学科。尽管人人都可以讲哲学,但是回顾哲学的发展史,真正伟大的哲学家并不多。德国哲学家雅斯贝斯写了一部《大哲学家》,被纳入该书的哲学家并不多。其中,中国只有两位,孔子和老子。哲学家是立法者。后人的思想都受到了这些立法者的影响。真正伟大的哲学家也许没有超过30位。讲哲学时跳不过这些哲学家,必须提到他们的思想。由于篇幅限制,我在这里只讲一个框架,有选择性地讲哲学家如何思考问题,如何看待世界。他们的思考为我们提供了哪些帮助是我们更需要关注的问题。这表明,在哲学这一学科里,创新和发展没有人们想象中那么容易。虽然人类发展史很长,但是哲学智慧的发展是及其缓慢的。

人自以为了解世界的真相,其实人多半只是生活在他们想象的世界中。世界到底是个什么样子,反而变得不重要。人纵使想象或虚构了并非真实的世界,仍然可以在虚构的世界里找到幸福、快乐、荣耀、财富甚至一切。假如他们不善于想象、虚构和杜撰,那么在多半情形之下,幸福、快乐、财富甚至人生所有美好的事物都将离他们而去。

假如我们能够既轻易接近世界的真相,又可靠获得幸福、快乐、荣耀、财富和人生一切美好的东西,当然最好不过。那么,这如何可能呢? 我们不妨从了解哲学智慧开始。

1. 哲学智慧的结构

世界观是人对世界的根本看法,哲学是系统的理论化的世界观。每个人都有自己的世界观,只有系统的理论化的世界观才是哲学。人们谈到哲学,都会对哲学做这样的描述。这些命题无疑是正确的。哲学是人自身对宇宙万物的根本看法,对世界、社会、人生的根本看法。

然而,人们对哲学智慧的看法有所分歧。我认为,哲学智慧是人们基于对世界基本结构和运行方式的猜想或认识,借助于某些具体方法或途径达成人自身的目标的智慧。哲学智慧是自我通过一定的手段,比如通过认识世界、通过关怀自我、通过想象、通过治疗来达成人自身目标的智慧。我试图用简单的图画来说明人类的进步是有规律可循的,是有框架的。如图所示,哲学智慧表现为人对付世界的四个基本策略的智慧,即认识、关怀、治疗和想象。我们可以借此来学习一般的哲学发展,展示东方人和西方人的思维差别。

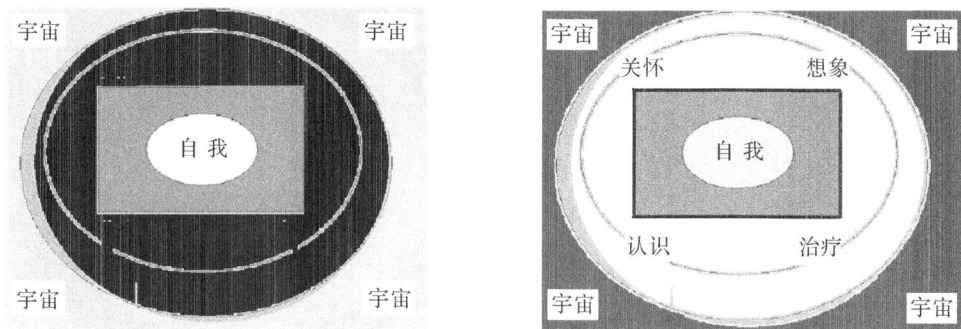

2. 古代哲学

自古希腊以来,"存在"与"虚无"、"表象"与"实在"、"现象"与"本质"的区别一直是西方哲学常识的一部分。西方传统哲学的大厦就是建立在这种区分的基础之上的。这种区分在前苏格拉底时期就已经萌芽,后来又成为柏拉图知识论的基本内容。按照柏拉图的理论,我们所面对的世界只是原型世界的一系列极不完美的复制。那个原型世界是超越于时间和空间之上而永恒地存在着的,并且只有借助于专门哲学训练之后的心灵活动,如"柏拉图式的回忆",才有幸去窥探它的真实面目。据此,柏拉图对各种知识作了一个划分,形成了一个自上而下的知识等级系统。其中最高的等级是原型世界本身,即柏拉图所谓的"理念世界"。柏拉图的学说奠定了西方哲学发展的基本方向和目标。从这个意义上讲,怀特海关于整个西方哲学的历史是对柏拉图理念论的一系列注释的提法是恰当的。

表象论的两个出发点是:心与物的区分;人具有发现事物本质的能力。人的主要任务在于在我们的真正本质中精确地反映我们周围的宇宙。"哲学的首要性不再是由于其最高的位置,而是由于其基层的位置。"[①]

古代哲学拟定了人类探讨世界运行和存在方式的基本框架,首先是区分了两

---

① Richard Rorty, *Philosophy and the Mirror of Nature*, Princeton, New Jersey: Princeton University Press, 1979. p. 132.

个领域,即自然界和人类社会,这一点中国哲学也做到了。然后又在人类社会中区分了私人领域和公共领域,这一点中国哲学一直做得不好。因此,古代哲学的核心贡献在于拟定世界运行和存在方式,探索宇宙的起源和边界,探讨存在和虚无的关系。自然领域、私人领域和公共领域遵循不同的原则,理清其相互关系是哲学的一大任务。这一基本的框架奠定了人类社会思考问题的出发点(如图所示)。

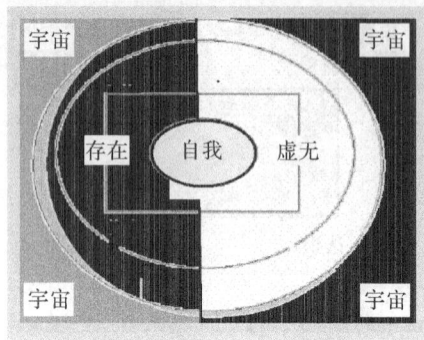

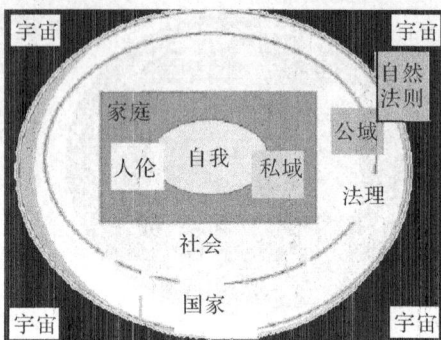

3. 近代哲学

德国古典哲学家黑格尔认为,笛卡尔"我思"原则的确立标志着近代哲学的真正开始。笛卡尔在近代哲学的创始地位类似于苏格拉底在古希腊哲学的创始地位。这是一种主体性哲学的真正开始。这种观点在整个近代哲学史界非常具有代表性。美国哲学家理查德·罗蒂对此也给予了认同:"从作为理性的心转向作为内心世界的心的笛卡尔转变,与其说是摆脱了经院哲学枷锁的骄傲的个人主体的胜利,不如说是确定性寻求对智慧寻求的胜利。"①显然,笛卡尔哲学引发的是一次哲学理性化和科学化的转向。自从笛卡尔之后,哲学家们探讨着一种严格的理性化、逻辑化、科学化的哲学。"科学,而非生活,成为哲学的主题,而认识论则成为其中心部分。"②笛卡尔的"我思"或主体性哲学构成了近代哲学的主题。

笛卡尔认为,人的心灵是知识的前提,人的意识活动是直接同"实在"打交道的活动。在当时,甚至像洛克、贝克莱和休谟这样的经验主义者也难逃它的诱惑。洛克认为,观念是实在的复本或表象,观念与实在相符合。贝克莱则只认定一个唯一的终极实在——上帝,并且认为当且仅当我们的思想符合上帝的思想时,我们才是在正确地进行思想活动。这样,他把认识活动归结为观念与观念的符合,从而滑向

---

① 罗蒂:《哲学和自然之镜》,李幼蒸译,商务印书馆,2003 年,第 48 页。

② 罗蒂:《哲学和自然之镜》,第 48 页。

了唯心主义。休谟在作出观念和印象的区分时试图避免唯心主义，但他最终还是陷入了怀疑论。因此，哲学家们担心，我们可能永远不知道实在究竟是什么东西。因为在我们和实在之间有一个屏障，一个由主体与客体之间，在我们的感官和心灵的构造与事物本身的存在之间的相互作用产生的现象的帷幕。康德在最大程度上揭示了那个帷幕的实际存在。进入 19 世纪以后，哲学家们认为是语言形成了这样一个屏障，因为我们的语言把可能并非内在于对象的范畴强加于对象之上。

相比之下，与这个近代哲学相对应的休谟哲学，即哲学的非科学化方向、日常生活化方向，却长期受到了西方哲学家的消极性评价。如黑格尔说休谟经验论是"洛克主义的完成"，"休谟接受了洛克的经验原则，而把它进一步贯彻到底。休谟抛弃了各种思想规定的客观性，抛弃了它们的自在自为的存在"①。休谟的怀疑论"在历史上所受到的重视，有过于它本身的价值。它的历史意义就在于：真正说来，康德哲学是以它为出发点的"②。列宁也说："休谟把我的感觉之外是否有什么东西存在的问题取消了。而这个不可知论的观点注定要动摇于唯物主义和唯心主义之间。"③

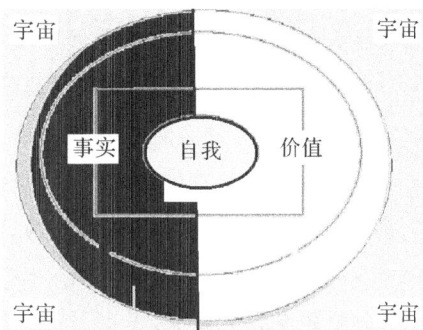

唯理论和经验论的对立，最终导致了近代哲学的危机。康德的理性批判哲学及其后的整个德国古典哲学都试图摆脱那个危机。近代哲学关注的焦点是事实与价值的关系。从事实（是）无法推导出价值（应当）。这个区分导致人们把社会制度看做人类基于某些原则的发明或建构。我们看得见的、跟人有关的，并非是不是的问题，而是应当不应当的问题。用英文来说即 to be 和 ought to be 之间的区别。例如，苏格拉底之死。价值领域是人类自己的发明创造。

近代哲学的核心贡献在于区分了事实（fact）和价值（value）。从事实如何推导出价值，是近代学术的一大难题。

4. 现代哲学

现代哲学由两大主流思潮即欧洲大陆哲学和英美分析哲学所组成。前者从生

---

① 黑格尔：《哲学史讲演录》，第四卷，贺麟、王太庆译，商务印书馆，1978 年，第 209 页。

② 同上，第 203—204 页。

③ 列宁：《唯物主义和经验批判主义》，人民出版社，1960 年，第 54 页。

命哲学、精神分析哲学、存在主义哲学、现象学运动发展到解释学、结构主义哲学和解构哲学。后者则从逻辑实证主义、日常语言哲学、科学历史主义、实用主义发展出认知哲学、心智哲学和语言哲学。两大哲学传统又存在着交叉重叠和相互渗透。用美国哲学家罗蒂的话来说：

> "分析哲学"和"大陆哲学"的区分是极其粗线条的，但它的确为哲学教授分类提供了一条捷径。要想了解一位哲学教授究竟喜爱分析哲学还是大陆哲学，只要看一看摆在其书架上的图书杂志就行了。如果她有许多黑格尔和海德格尔原著以及研究他们两人的著作，而没有戴维森或罗尔斯的著作，那么她也许愿意被人描绘成喜爱大陆哲学的教授，至少不愿意被人说成是喜爱分析哲学的教授。如果其书桌上堆满选自《哲学杂志》(*The Journal of Philosophy*)、《哲学季刊》(*The Philosophical Quarterly*)和《哲学评论》(*Philosophical Review*)等期刊的抽印本，那么她当是分析哲学家无疑了。①

现代哲学的核心贡献在于区分了事实(fact)和事件(event)，两者的最大区别在于是否渗透人的主观判断。我们甚至可以这样说，分析哲学偏好研究与"事实"有关的哲学问题，大陆哲学则偏好研究与"事件"有关的哲学问题。

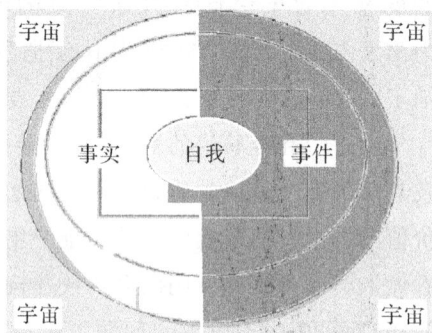

大陆哲学与英美分析哲学之间的思想分歧和对立可以在黑格尔和罗素对待休谟哲学的态度上找到源头，也可以在沃格林、施特劳斯和波普尔对待柏拉图以来西方哲学传统的不同态度上找到针锋相对的表现。由于波普尔在《开放社会及其敌人》一书中对柏拉图以来西方哲学传统进行了批判性清算，并且把那个传统作为现代极权主义的思想根源，沃格林和施特劳斯对波普尔极为不满，两人在1950年写了多封带有严重诽谤色彩的书信，并且合谋成功阻止了波普尔在纽约新学院谋求哲学教职的努力。

---

① 罗蒂：《文化政治哲学》，张国清译，北京大学出版社，2011年，第134页。

我们不妨读一下沃格林和施特劳斯谈论波普尔的书信。第一封是施特劳斯写给沃格林的信,第二封是沃格林给施特劳斯的回信:

我亲爱的沃格林:

……

您在什么时候可以告诉我您对波普尔先生的看法吗?他在这儿做了一次讲座,是关于社会哲学的,那简直不值一提:这是最过时、毫无生命的实证主义,试图在黑暗中吹口哨给自己壮胆而已,尽管冒充"理性主义",却完全不具备"理性地"思考的能力——真是差劲啊。我无法想象这样一个人写过什么值得一读的东西来,然而熟悉其作品似乎成了教授的天职。关于此君您能否说点什么,——如果您愿意的话,我会保守秘密的。[①]

致以最热情的问候。

施特劳斯

1950 年 4 月 10 日

亲爱的施特劳斯:

有机会向志趣相投的人讲几句有关波普尔的大实话实在是太好了,简直一天也不能耽搁啦。这位波普尔先生多年来并非一块绊脚石,而是必须从路上不断地把它踢出去的令人讨厌的一粒石子儿。老是有人向我提起他,说他的《开放社会及其敌人》是我们时代的社会科学杰作之一,这迫使我勉为其难地翻了翻这个著作,尽管我原本懒得去理它。您说得很对,熟悉这个著作的思想乃是我们的天职,因为它出现在我们这个领域;但是我宁愿另谋他职也不愿做这样的事,这根本是一个不应当写也不应

---

① 施特劳斯在信中评价波普尔那段话的原文是:"May I ask you to let me know sometime what you think of Mr. Popper. He gave a lecture here, on the task of social philosophy, that was beneath contempt: it was the most washed-out, lifeless positivism trying to whistle in the dark, linked to a complete inability to think "rationally," although it passed itself off as "rationalism"—it was very bad. I cannot imagine that such a man ever wrote something worthwhile reading, and yet it apears to be a professional duty to become familiar with his productions. Could you say something to me about that-if you wish, I will keep it to myself." (Leo Strauss and Eric Voegelin, *Faith And Political Philosophy*: *The Correspondence Between Leo Strauss and Eric Voegelin*, 1934—1964.)

当发表的著作。波普尔用这本书妨碍了我们最基本的职责,浪费了我们生命中本可以全神贯注地实现我们的天职的好几个宝贵小时,我觉得我可以毫无保留地说,这本书是厚颜无耻的、一知半解的废品。每一句话都很丑,但还是可以列出特别令人讨厌的几点。

第一,"封闭社会"与"开放社会"的表述取自柏格森的《道德与宗教的两个源头》(Deux Sources)。他没有解释促使柏格森创造出这些概念的那些难题,只是因为他觉得这些个概念听起来悦耳就予以取用;他只是随随便便地说,这两个概念在柏格森那里有着"宗教"的意味,而他对"开放社会"这个概念的使用更接近于沃拉斯(Graham Wallas)或者李普曼(Walter Lippmann)的"大社会"(great society)概念。也许我对这样的事过于敏感,但我不相信像柏格森这样可敬的哲学家发明概念只是为了给咖啡屋里无聊的人们提供谈资。还有这样一个相关的问题:如果说柏格森的开放社会理论经得起哲学与历史的检验(我事实上相信这一点),那么波普尔的开放社会观念则是意识形态的垃圾。单凭这一点,他本来应当尽可能审慎地讨论这个问题。

第二,对自己所在领域已经取得的成就视而不见,这一点在对待柏格森的态度上就已一目了然,这种无视充塞于全书当中。当我们读到他对柏拉图和黑格尔的思考时会留下这样一个印象,波普尔看起来很不熟悉与论题有关的文献——尽管他偶尔会引用某个作者。在有些情况下,比如在谈到黑格尔时,我相信他从未看过罗森茨维格(Rosenzweig)的《黑格尔与国家》(Hegel and the State)。而在有些情况下,他引用著作时似乎并不了解其内容究竟在说些什么。

第三,波普尔如此缺少哲学修养,如此热衷于意识形态争论,以至于他甚至没有能力大致准确地复述哪怕一页柏拉图的内容。阅读帮不了他什么忙,他太缺乏知识去理解作者所说的话了。于是就出现了一件可怕的事,他把黑格尔的"日尔曼世界"(Germanic world)译成"德意志世界"(German world),并由这种误译得出关于黑格尔宣扬德意志民族主义的结论。

第四,波普尔未曾做过弄清作者意图的文本分析;相反,他直接把意识形态的陈词滥调用于文本,武断地断定,说该文本在发表这些陈词滥调。有些地方特别搞笑,比如他说,柏拉图经历了一个进步——从《高尔吉亚》依稀可辨的早期"人道主义"进步到了《理想国》的某个其他东西(我不记得是"反动保守主义"还是"专制主义")。

简言之,波普尔著作是一个无可原谅的丑闻。从思想态度上看,它是不成功的知识分子的典型产物;从精神上看,我们非得用卑鄙、粗野、愚笨之类的语词来描述它;从技巧上看,它是半吊子的、毫无价值的思想史作品。

这封信不适合给那些没有资格的人看。但是在那些关心其真实内容的场合,那我会认为,通过沉默来支持这样一件丑行乃是对您所说天职的亵渎。

沃格林

1950 年 4 月 18 日

问题在于,尽管施特劳斯在信中答应只是私下交流,即"关于此君您能否说点什么,——如果您愿意的话,我会保守秘密的",承诺不会把沃格林的私信公之于众。但是实际上,施特劳斯的真实意图并非如此。沃格林也颇能心领神会,毫不客气地写下让人无话可说的评语,并加上致命的一句:"这封信不适合给那些没有资格的人看。但是在那些关心其真实内容的场合,那我会认为,通过沉默来支持这样一件丑行乃是对于您所说的天职的侵害。"于是,拿到信之后,施特劳斯马上把它呈交给了他的好友、法兰克福学派早期代表人物、正在纽约新学院担任哲学教授的库特·瑞芝勒(Kurt Riezler)。波普尔在新学院开讲座之后,瑞芝勒正在为是否任命波普尔在该校担任哲学教职拿不定主意。那封信让瑞芝勒立马打消了任命波普尔的念头,并认为幸得施特劳斯和沃格林两位友人相助,自己避免了一桩学术丑闻。

多年之后,在由美国政论杂志《国家评论》(National Review)发起的 20 世纪 100 部非虚构优秀作品评选中,波普尔的《开放社会及其敌人》名列第 6 名。《文明衰落论》作者阿瑟·赫尔曼(Arthur Herman)评价它是"20 世纪最优秀的政治哲学,揭示了柏拉图、黑格尔和马克思极权主义的根基"。

"如果您愿意的话,我会保守秘密的。"施特劳斯的特别提示是多么赤裸裸的出尔反尔,阳奉阴违!但谁又能想到,沃格林竟然心领神会地表示:"这封信不适合给那些没有资格的人看。但是在那些关心其真实内容的场合,那我会认为,通过沉默来支持这样一件丑行乃是对您所说的天职的**亵渎**。"这又是多么地配合默契,心照不宣。两位政治哲学家竟然有如此嘴脸!施特劳斯和沃格林如此合谋中伤自己的同行波普尔,是 20 世纪最大的学术丑闻之一。

我之所以提起波普尔新学院任职受阻这件事以及由此引出的其他事情,是为了向哲学学习者建议,阅读哲学家个人传记和私人书信,也是学习哲学的重要途径。

5. 当代哲学

沃格林和施特劳斯牵涉其中的波普尔任职遭拒事件在当时并没有让当事人感到难堪,相反,他们认为自己做的事是正确的。1973 年,事件的主角施特劳斯教授在芝加哥大学默默无闻地离开了人世。但是这件事并没有成为过去,因为它深深影响了施特劳斯的两大弟子,哲学家理查德·罗蒂和艾伦·布鲁姆,影响了各自的思想态度和学术生涯。我们也就顺势从现代哲学转入当代哲学尤其是政治哲学的讨论。

作为施特劳斯的弟子,罗蒂和布鲁姆是芝加哥大学同班同学。罗蒂几乎从来不说别人的坏话,即使在遭受别人严厉攻击时,他都表现出一副谦谦君子的风度,尽管他仍然坚持自己的思想主张。忠诚、尊重、同情和宽容甚至成为罗蒂政治哲学的主题。这与其读大学时的老师施特劳斯的过失言行有一定关系,以至于他有意拉开与施特劳斯的距离,并且发出"宁做真诚的仆人,不做真理的主人"的感慨,甚至他的主要作品都是以反思柏拉图—笛卡尔—康德哲学传统的过失作为主题的,无论在一般知识论方面,还是在政治哲学领域,都是如此。甚至可以这样说,罗蒂成为施特劳斯学派的叛徒,却成为波普尔哲学思想的传人,虽然罗蒂声称自己是杜威哲学的传人。这也是罗蒂后来在自传性文章"托洛斯基和野兰花"中一开始便说自己两面不讨好、里外不是人的重要原因。[1]

罗蒂把自己在芝加哥的求学经历描述成在施特劳斯引诱下,迷恋上柏拉图哲学,最终成功逃离引诱的故事。罗蒂生动地描绘了当时的求学情景:

> 在 15 岁时,通过躲进所谓的芝加哥大学哈钦斯学院……我想把托洛茨基和野兰花给予调和起来。我想要找到某个思想框架或审美框架,它

---

[1] 罗蒂:《后形而上学希望》,张国清译,上海译文出版社,2009 年,第 357～358 页。

将让我——借用我在叶芝那里读到的动人诗句——"在单纯的一瞥中把握了实在和正义"。我所指的实在，就是渥兹渥斯式的某些时刻，就是弗莱特布洛克韦尔村庄附近的那片森林（特别是一些有着珊瑚色根茎的野兰花和小巧的黄色女便鞋），我感到自己受到了某个神秘之物的触动，受到了其重要性难以言传的事物的触动。而我指的正义是诺曼·托马斯和托洛茨基都为之献身的东西，是弱者摆脱强者的解放。我既想成为一个有思想有灵魂的势利小人，又想成为一位充满人性的朋友——既想做一个与世无争的隐士，又想做一名追求正义的战士。①

列奥·斯特劳施……是曾经吸引了芝加哥大学最优秀学生（包括我的同学艾伦·布鲁姆）的教师。芝加哥各学院零星地散布着一些逃离希特勒政权的令人敬畏的博学的避难者，施特劳斯便是其中最受人敬重的一位。他们中所有的人似乎都赞成，假如一个人要想说明为什么他宁死不做纳粹，那么肯定得存在着某个比杜威认为的要深刻而重要的东西。这一切对于一位 15 岁少年来说是非常动听的。因为道德的绝对和哲学的绝对听起来有点儿像是我的可爱的野兰花——神秘、罕见、只为极少数人所知晓。

我决定主修哲学。我设想，假如我能够成为一名哲学家，那么我也许能够抵达柏拉图"分界线"的顶端，即"超越了各种假说"的某个地方，在那里，真理的光辉普照着得到了升华的聪明而善良的灵魂，那将是一片零星点缀着超凡脱俗野兰花的乐土。在我看来明显的一点是，抵达这样一个地方是每一个有头脑的人都梦寐以求的。②

在施特劳斯的训导下，成为柏拉图式的"哲学家"，曾经是罗蒂的梦想，但他最终从那个梦想中清醒了过来。他发现："每一个哲学家都会把他们的观点诉诸于一些初始原则，那些原则不一致于其他哲学家的初始原则，没有一位哲学家能够抵达'超越了假说的'那片莫须有之地。"③于是，施特劳斯由导师变成了诱拐者。黑格尔和普鲁斯特成为罗蒂的救主。"正是黑格尔和普鲁斯特共同具有的对于无法还

---

① 罗蒂：《后形而上学希望》，张国清译，上海译文出版社，2009 年，第 362～363 页。
② 罗蒂：《后形而上学希望》，第 363～364 页。
③ 罗蒂：《后形而上学希望》，第 365 页。

原的暂时性的令人赏心悦目的承诺——在其作品中特殊的反柏拉图因素——显得如此地令人称奇。他们两个似乎都具有把他们碰到的每一件事情全部编织成为一个叙事而毋须询问那个叙事是否具有某个道德寓意，无须询问那个叙事将如何出现在永恒事物之下的能力。"①不是柏拉图传统如何得到延续，而是如何创造出新的事物，讲述新的故事成为罗蒂关注的主要问题。

相比之下，艾伦·布鲁姆走着一条与罗蒂完全不同的道路，成为施特劳斯保守主义政治哲学学派的真正传人。1971年，罗尔斯《正义论》发表之后，引起了美国政治哲学界的广泛关注和讨论。诺齐克甚至说："政治哲学家们现在必须在罗尔斯理论的范围内工作，不然的话就要说出个理由。"②1975年，布鲁姆在《美国政治科学评论》上发表题为"正义：约翰·罗尔斯与政治哲学传统的较量"的评论文章③，把罗尔斯正义理论同古典政治哲学完全对立起来，说它存在三大基本错误：误解了霍布斯、洛克和卢梭的自然状态学说，误解了康德的道德哲学，误解了亚里士多德的幸福理论。他把罗尔斯正义理论贬得一无是处。布鲁姆批评《正义论》时所采用的基本策略和语言风格同当年施特劳斯批评波普尔的《开放社会及其敌人》时采用的伎俩如出一辙。

1987年，布鲁姆发表《美国精神的封闭》一书，论证了现代民主观念的起源，评价了马基雅维利、霍布斯、洛克、卢梭等启蒙思想家的思想得失，考察了当代美国思想与德国思想的联系，批判了美国社会盛行的虚无主义和文化相对主义，探讨了美国高等教育危机的成因和表现。通过反思现代性，批评美国民主制度，布鲁姆试图给美国政治和社会改革开辟一条新路。像施特劳斯一样，布鲁姆的方案是回到古希腊哲学传统，回到苏格拉底和柏拉图。为此，布鲁姆对20世纪60年代大学生运动颇多微词，强调高等教育应当回到精英教育的老路上去，保持大学学院的相对封闭性，通过研读经典，与伟大心灵对话，来造就心中装有公平正义等公共善的非急功近利的一代。那本书一经发表便在美国社会掀起轩然大波，一年之内发行量达到50余万册精装本，成为美国整个社会讨论和争论的焦点，大大刺激了美国民主制度的神经，其影响力盖过了所有其他政治哲学著作。

---

① 罗蒂：《后形而上学希望》，张国清译，上海译文出版社，2009年，第367页。

② Robert Nozick, *Anarchy, States and Utopia*, New York: Basic Books, 1974. p. 183.

③ Allen Bloom, "Justice: John Rawls versus the Tradition of Political Philosophy", in *American Political Science Review*, 69(2), June 1975. p. 648～662.

差不多同时，在公共哲学领域，德沃金、诺齐克、纽斯鲍姆、斯坎伦、桑德尔、麦金太尔、沃尔泽等哲学家也先后进入人们的视野，成为当代著名的哲学家。

另外，当代哲学的核心贡献在于区分价值（value）和隐喻（metaphor）。这个区分表明，人不仅依赖基本信念而生存，而且依赖想象力而生存。美国哲学家莱卡夫和约翰松提出的三大心智哲学命题值得关注：

心智生来是涉身的
The mind is inherently embodied
思维绝大多数是无意识的
Thought is mostly unconscious
抽象概念多半是隐喻的
Abstract concepts are largely metaphorical①

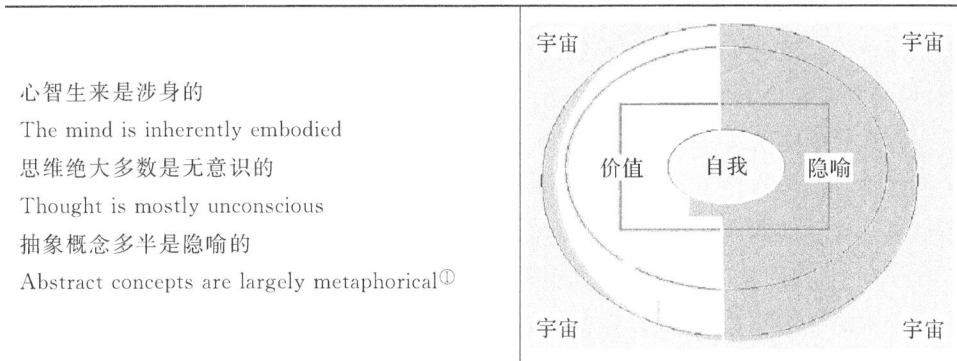

自从休谟区分事实和价值以来，人们总是徘徊在事物的真假判断和事件的价值判断之间。即使到了今天，整个经验主义、分析哲学甚至科学哲学传统仍然没有摆脱休谟的影响。人们先对事件进行真假判断，然后再对事物进行价值判断，真假判断是价值判断的基础。一个事物先是真的，即是真实地存在的，然后才可能是好的或坏的。本体论上的有和无，存在和非存在，是价值论上有善与恶、好与坏的判断的前提。

我在此提出一种新的有关事物的区分，它不以事实和价值的区分为前提，而以超越这个区分为出发点。我试图证明，事实和价值的区分，虽然重要，但它不构成我们对事物判断的基础，因为有的事物既不是事实，也不是价值，而属于第三种情形，我称之为"像"的情形。"像"是一种类比的存在样式，所有的事物都可以像什么，或不像什么。我们可以说，"毛主席像红太阳"，"他像慈善家"，"这只猴子聪明得像人"，"这个小孩聪明得像猴子"，如此等等。所有诸如此类的说法，只有量的程度差别，但没有质的本质差别。

"像……"只有恰当性问题，没有真假问题。可以说，所有"像……"都是真的。

---

①　George Lakoff and Mark Johnson，*Philosophy in the Flesh：the Embodied Mind and its Challenge to Western Thought*，New York：Basic Books，1999．p．3．

如果我们把这种"像……"说成隐喻，那么所有隐喻都是真的。这是以往哲学家对类比和隐喻的判断，即"所有隐喻都是真的"。但在我看来，"所有隐喻都是真的"，这不是在事实判断意义上说的，也不是在价值判断上说的，而是在隐喻意义上说的。

事实、事件、价值和隐喻是存在的四种主要形式。除了事实、事件和价值以外，隐喻构成第四种独立的存在样式。同事实、事件和价值相比，隐喻更加古老，也更加根深蒂固。或者说，存在和隐喻的关系比存在和事实的关系、存在和事件的关系，以及存在和价值的关系更加古老。

存在和隐喻的关系曾经被错误地纳入存在和事实、存在和事件、存在和价值的关系之中，或者，曾经被错误地看做前面的三种关系之一的引申。人们一般把隐喻看做表达存在的不成熟或不适当样式，当做幼稚的或孩子气的表达方式。

实际上，隐喻是离我们的本真存在最接近的表达存在的形式。这种形式不仅存在于不成熟的样式中，而且存在于成熟的样式中。当政治家、哲学家、科学家、宗教家、艺术家发现自己难以找到适当的语言来表达自己的思想或意见时，隐喻成为他们用来表达他们的思想或意见的最佳形式。

隐喻也成为我们进入存在、接近存在的最直接途径。在哲学史上，哲学家从来没有摆脱隐喻的影响。哲学家说出的重要思想，往往是一些隐喻。解读隐喻成为解读哲学家思想的重要途径。

第四节 创新和哲学智慧的物化

人摆脱不了人性，一种我们无论如何努力都在影响着我们的命运的神奇力量，一种我们与生俱来的介入万物结构和运行趋势的方式。人的行为伴随贪婪、恐惧、臆想、企图等超越理性准则的非理性因素。人会把直接的客观的事实放在一边，只理解和掌握自己希望理解和掌握的那部分信息或知识，企图让事物的运行符合自己的主观意愿。在充满风险的市场中，大多数人注定是失败者，只有极少数人能够例外，他们是市场的引导者，也是市场的先知。他们是把智慧和财富、机会和资源恰到好处地结合到一起的幸运者。他们是使创新智慧得到物化而找到了财富之道的人。

1. 创新的含义

美籍奥地利经济学家熊彼特（J. Schumpeter，1883—1950）在《经济发展理论》

(1912年)一书中提出了"创新"(innovation)概念。按照熊彼特的定义,创新就是建立一种新的生产函数,在经济活动中引入新的思想、方法,以实现生产要素新的组合。创新主要包括五方面内容:

第一,引入一种新产品或者赋予产品一种新特性;

第二,引入一种新生产方法,它主要体现为生产过程中采用新工艺或新生产组织方式;

第三,开辟一个新市场;

第四,获得新的原材料或半成品供应源;

第五,实现一种新工业组织。

2. 创新哲学

世界运行通过事物存在的四个基本样式:事实、事件、价值和隐喻来呈现,人的目标同那四个基本样式形成呼应关系,人实现目标的途径也完全受那些样式的约束。创新总是对应于以人为中心的事物存在的结构,创新是一项以"自我"为核心,又不断地超越"自我"的事业。创新活动必须与存在结构的四个基本维度或存在的四个基本样式相重合。

创新哲学就是把人对智慧的渴望和社会对财富的追求完美地结合起来的哲学。它通过人的智慧的物化或对象化,实现智慧和财富的联姻,来证明人的价值和创造力,促进人类文明进步和社会发展。创新哲学的关键在于找到一种战胜市场的方法。

泰勒斯不仅是哲学家,而且是成功的企业家或风险投资家。哲学家思考的是有关宇宙万物的根本问题,企业家思考的是有关企业的根本问题,领导者思考的是有关组织的根本问题。

哲学家只对自己的思想负责。哲学家只表达自己对宇宙万物的根本看法,不会强求别人赞成自己的观点。因此,哲学家的智慧,是发表自己意见的智慧,思想一旦发表,任务也就完成。当然,他的思想会影响整个人类对宇宙万物的基本看法。哲学家及其追随者形成一个流派,但他们在人数上是极少数。

哲学修养是人通过研究哲学而获得的对物、事和人的根本看法。哲学修养影响着一个人的世界观、价值观和人生观,影响着他的行为和思想,境界修为。哲学修养不是只有哲学家才能具备的,是每个愿意学习哲学的人都能获得的。

3. 波普尔和索罗斯的智慧传奇

波普尔是20世纪最伟大的哲学家之一。索罗斯是20世纪最伟大的投机家。

索罗斯在投资界是呼风唤雨的人物。他在世界各地游走,曾主导英镑暴跌和东南亚金融风暴,险些令港币制度崩溃。

卡尔·波普尔(Karl Popper,1902—1994)生于维也纳,伦敦经济学院逻辑和科学哲学教授,历史主义科学哲学流派创始人。波普尔被称为是同爱因斯坦相对论走得最近的哲学家,著有《研究逻辑》(1933)、《科学发现的逻辑》(1956)、《历史决定论的贫困》(1944)、《开放社会及其敌人》(1945)、《猜测与反驳》(1963)、《客观知识》(1972)等。他曾经坦言,自己的许多工作只是对爱因斯坦思想的哲学表达。他的哲学思想源自他对现代科学发展的深刻洞察。波普尔证伪理论是他的科学方法论,也是他的核心科学哲学主张。它主要由三个内容所组成:批判归纳主义、证伪理论和科学研究的逻辑。

乔治·索罗斯(George Soros,1930—),1930年生于匈牙利布达佩斯。1947年移居英国,就读于伦敦经济学院。1956年去美国,在美国通过他建立和管理的国际投资资金积累了大量财产。索罗斯号称“金融天才”,从1969年建立量子基金至今,他创下了令人难以置信的业绩,以平均每年35%的综合成长率令华尔街同行望尘莫及。他好像拥有一种超能量,左右着世界金融市场,成为世界金融市场最强有力的声音。

在伦敦经济学院期间,索罗斯选修过1977年诺贝尔经济学奖获得者詹姆斯·爱德华·米德的课程,但他本人认为没有从中学到什么东西。在索罗斯求学期间对他影响最大的是哲学家波普尔。他在波普尔指导下完成毕业论文,题目为“良知的负担”(The Burden of Conscience)。波普尔鼓励他严肃地思考世界运作的方式,尽可能从哲学角度解释这个问题。这为索罗斯建立金融市场运作新理论打下了坚实的哲学基础。大学毕业后,索罗斯做了几年投资工作,但仍然丢不下做哲学家的梦想。他一度告别华尔街,花了整整三年时间,潜心研究哲学。当他有一天早上发现自己看不懂前一天晚上写下的哲学思想时,决定放弃哲学,一心一意地做他的金融投机事业。

于是,世上少了一位哲学家,但多了一位世界级投机家。索罗斯是失败的哲学家,但又是成功的投机家。哲学研究深深影响了他的投机事业,他形成了自己独特的投资哲学,并应用于投机实践,终于成为世上最成功的投机家。

索罗斯作为当代世界头号投资家是当之无愧的。有的投资者也许会有一两年取得惊人业绩,但像索罗斯那样几十年一贯表现出色,却非常难得。他虽然也曾经历过痛苦的失败,但总能跨越失败,从跌倒的地方再站起来,而且变得更加强大。他就像金融市场上的"常青树",吸引着众多渴望成功的淘金者。

索罗斯个人财富不完全记录

年 份	个人财富(亿美元)	《福布斯》排行榜
2011	200	22
2009	110	29
2008	90	97
2007	85	80
2005	72	55
2004	70	54
2001	60	51

索罗斯考察过华尔街,发现以往经济理论是不切实际的。他认为金融市场是动荡的、混乱的,市场买卖决策不是建立在理想假设基础之上的,而是基于投资者的预期。数学公式控制不了金融市场。人们对任何事物能实际获得的认知并不都是非常完美的,投资者对某一股票的偏见,不论其肯定或否定,都将导致股票价格的上升或下跌。市场价格并非总是正确,总能反映市场未来的发展趋势。它常常因投资者以偏概全的推测而忽略某些未来因素可能产生的影响。

4.索罗斯投资哲学

"开放社会和封闭社会"假说 法国哲学家柏格森是"开放社会"和"封闭社会"这两个术语的提出者。波普尔把它改造为一个完备的假说。索罗斯很好地应用了这个假说。其主要思想是,社会或组织越是封闭,越是导致财富、资源、信息、机会等市场要素流通的堵塞,导致市场风险的成倍增长,为金融投机提供了攻击目标。一旦机会成熟,当封闭社会被打开一条缝隙之时,投机家便会蜂拥而米,抓住这一机会,攻击封闭社会的各个漏洞,使之在开放社会面前暴露无遗。在国际投机基金的攻击之下,封闭社会原来聚集的财富将被洗劫一空,最终走向崩溃。因此,投资的最高境界是一种制度性投资,社会动荡给投机家提供了千载难逢的机会。越是封闭的社会,这样的机会便越大。比如,今天的纽约、香港、上海和深圳交易所都是投机家的好去处。通过操纵香港或美国的股市,即可影响中国大陆股市。投机家不需要进入中国内地,他们只需要在美国和香港操作即可。美国和香港是双边股市,买卖都可赚钱,中国股市主要仍然是单边股市。而且,中国股市的股票交易采取 T＋1 制度，不可当日买卖。可见，中国的股市不是真正意义上的自由市场的股市，是被制度控制的，是政治意义上的股市，漏洞非常明显，很容易被投机家操纵。社会越是封闭，风险越大，越是投机家的好去处。

"理性不及"假说　由波普尔提出，索罗斯加以运用。孔子说，"过犹不及"。理性不及(Irrationality)是人的一种认识状态。人以为自己已经达到了对事物的全面认识和完全控制，实际上人只是部分地认识和控制了事情。这种部分认识和部分控制的状态，就是理性不及状态。如果说，人的完全无知状态是 0，人的完全认识状态是 1，那么，理性不及，或者人的实际认识状态 T 介于 0 和 1 之间。即，$1 > T > 0$。人的认知是不完美的，投资者对某一股票的偏见，不论肯定或否定，都将导致股票价格上升或下跌。市场价格并非总是正确的、总能反映市场未来发展趋势，它常常因投资者以偏概全的推测而忽略某些未来因素可能产生的影响。

"价值渗透"假说　事实和价值的区分是英国哲学家休谟的一大功劳。现代西方哲学的另一大成就是区分事实和事件。事实(Facts)是不可变更的，但事件(Events)是可以被重新解释的。事件渗透了价值(Values)。因此，事件 F 是事实 E 加上价值 V。即 $F = E \cdot V$。而一组事件则是事实、价值和观念(Ideas)的总和，是多种因素相互影响的结果。同样的信息在传播过程中，会受到不同的评估，产生不同的甚至完全相反的影响力。

"预测造就未来事件"假说　并非目前的预测与未来的事件吻合，而是目前的预测造就了未来的事件。投资者在获得相关信息之后做出的反应并不能决定股票价格。其决定因素与其说是投资者根据客观数据作出的预期，还不如说是根据他们自己心理感觉作出的预期。投资者付出的价格已不仅仅是股票自身价值的被动反映，还成为决定股票价值的积极因素。

"盛衰周期"假说　哲学讲事物的自生自发性。事物是波动发展的，有高峰，有低谷。高峰和低谷是可以被预测的。由于市场的运作是从事实到观念，再从观念到事实，一旦投资者的观念与事实之间的差距太大，无法得到自我纠正，市场就会处于剧烈波动和不稳定状态，容易出现"盛—衰"序列。

股票市场本身具有自我推进现象。当投资者对某家公司的经营充满信心，大笔买进该公司股票。他们的买入使该公司股票价格上涨，于是，公司的经营活动也更加得心应手。公司通过增加借贷、出售股票和基于股票市场的购并活动获得利润，更容易满足投资者的预期，使更多投资者加入购买行列。当市场趋于饱和，日益加剧的竞争挫伤了行业赢利能力,市场的盲目跟风行为推动股价持续上涨,导致股票价值被高估,而变得摇摇欲坠,直至股票价格崩溃。索罗斯将这种开始时自我推进,最终自我挫败的关系称为"互动作用"。它导致了金融市场盛衰过程的出现。

索罗斯认为,一个典型的盛衰过程具有如下特征:

(1)市场走势尚不明朗,难以判断;

(2)开始过渡到自我推进过程;

(3)成功地经受了市场方向的测试;

(4)市场确认度不断增强;

(5)在现实与观念之间出现偏离;

(6)发展到颠峰阶段;

(7)出现与自我推进过程相反的步骤。

由于世界的不完备性、知识的不完备性,所有知识都是假设,迟早要被证伪。由于信息不对称,市场最终会选择方向。投资者要认识到形势变化的不可避免性,及时确认发生逆转的临界点。当某一趋势延续时,为投机交易提供的机遇大增。对市场走势信心的丧失使得走势本身发生逆转,而新的市场趋势一旦产生,就将按自己的规律开始发展。

投资的赢利之道就在于推断出即将发生的预料之外的情况,判断盛衰过程的出现,逆潮流而动。因此,智慧和财富不像人们想象的那样难以转化。完成那个转化,要求智慧拥有者参与实际的社会生产环节,找到财富和智慧的最佳结合点。泰勒斯通过垄断生产工具垄断了特定产业和客户。选择智慧转化为财富的时机非常重要。智慧者拥有可靠的预见力,是智慧转化为财富的关键。

第五节 人的需要、心智结构及其他

1.人的需要和心智结构

左图为马斯洛的需要层次理论图式,右图为我提出的需要关系理论图式。同马斯洛需要层次理论相比,需要关系理论不是一种自下而上的层级递进关系,而是一种并行递进的关系。各层次需要相互间不构成冲突,而形成并行关系,兼容关

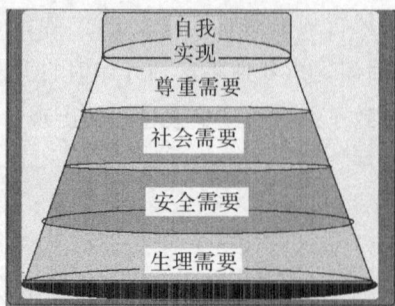

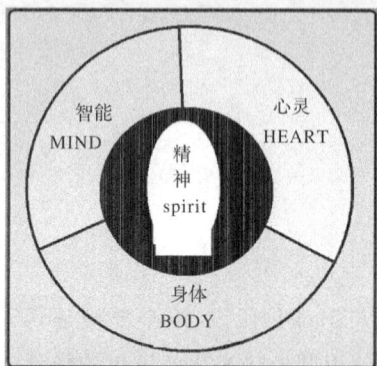

人的四种需要和关系

↗ 精神需要：意义和贡献，能留下遗产

↗ 智力需要：学习和成长，有一技之长

↗ 心灵需要：关怀和仁爱，友善和尊重

↗ 身体需要：生存和健康，长寿和强壮

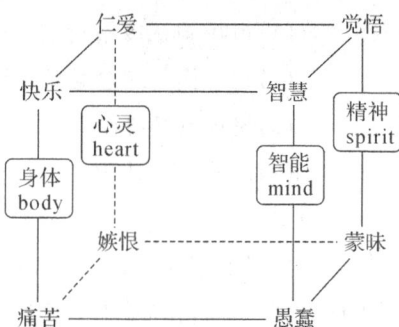

系,相互促进关系。

　　按照我提出的人的需要平行理论。低层次需要的满足不是高层次需要满足的条件。属于身体的八戒那样的色欲(酒囊饭袋)之乐,并不相悖于属于精神的唐僧那样的大彻大悟之喜。既然一个需要与另一个需要的关系是并行关系,而不是递进关系,这从根本上取消了需要的层次高低区分。

　　它也解决了长期以来关于人性善或人性恶的争论,提出了一种人性成长理论和自我完善理论,强调人性成长和自我完善是一个永远进行着的过程。这样的人性结构也从根本上解决了以塞亚·伯林提出的"善"与"善"的多元价值冲突问题,为良好的社会制度安排提供了哲学论证。

　　于是,人的能力开发,只存在程度差异,不存在性质差异。这为人与人之间的平等提供了强有力的哲学论证。就像在《西游记》中那样,我们虽然不一定达到八戒那样快乐,沙僧那样善良,悟空那样聪明,唐僧那样觉悟,但是我们与他们的差异,只是程度的差异,而不是本质的不同。

　　2.人的四种能力

　　寻求身体快乐的能力;寻求心智聪明的能力;寻求心灵幸福的能力;寻求精神

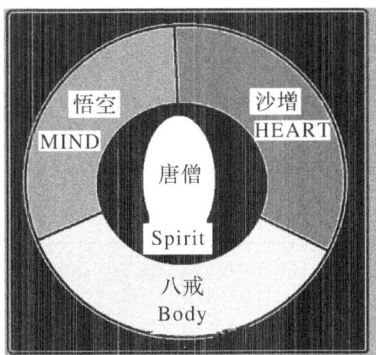

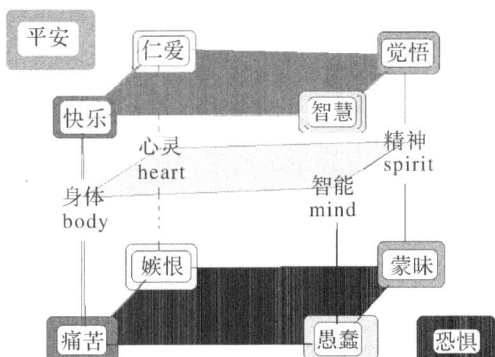

觉悟的能力。

拥有健康强壮的身体。培育在身体中寻找各种快乐。

培养去粗取精、去伪存真、由此及彼、由表及里的认识方法,做到"古为今用,洋为中用",既讲实事求是,又讲变通创新。这是一种科学探索的精神,旨在养成一种学术专业技能(academic skill)。

在面临艰难险阻时被激发起来的想象力和创造力,发明和创造出伟大的科学艺术作品,改善人类生存条件,提高人类生活质量,给人类生活以美好享受的能力,一种创造力(creative skill)。

在面临困难时表现出来的英勇无畏,坦诚友善,愿意协商和合作,具有契约精神,遵守承诺和约定,尊重他人,包括尊重他人人格尊严和专有权利,具有正义感和同情心等品格。这是一种社会交往和沟通的能力(social skill),也是一种领导力(leadership)。

根据人的需要关系理论,人是一个统一的整体。人是身体、智能、心灵和精神的统一体。一个完整的有机组织只是人的不同功能的变体。相应地,人的心智结构由四个方面组成:身体、智能、心灵和精神。它们各自具有不同的发展方向和目标。

3.哲学智慧的特点

哲学是以自我为核心,又不断超越自我的事业。去认识世界,认识自我,关怀自我,治疗自我,想象自我。以自我为核心来和世界宇宙发生最基本的关系。

哲学智慧必定涉及对正义的思考,涉及对社会基本结构和制度安排的思考。哲学智慧是哲学家在思考哲学问题时表现出来的思想性智慧。

哲学智慧是一种原创性智慧。哲学家的存在主要是一种思想存在。只有通过创造自己的哲学思想体系,使自己的哲学显得与众不同,在哲学思想史上占有一席之地,才能体现哲学家的创造性价值。

哲学智慧是一种战略性智慧。

哲学家是理论战略家。哲学要求人们以联系的、发展的、全面的、和谐的、同情的、富于想象力的观点看问题。

哲学智慧是一种集成性智慧。

哲学智慧是一种博弈性智慧。

哲学智慧是一种应景性智慧。

哲学智慧是一种超越性智慧。

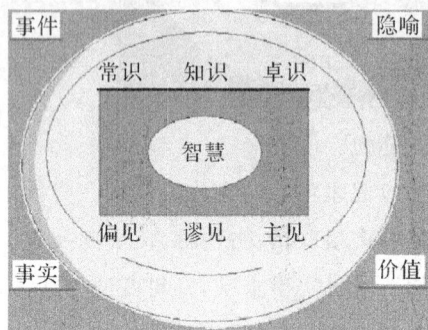

哲学智慧在哲学目标的实现过程中得到了具体体现。常识(Common sense)人们都具备,知识(Knowledge)通过学习就能获得,卓识普通人很少具备。偏见较容易被改造(对应常识),谬见难以改造(对应知识),主见是个人的独特见解,与卓识相关。主见有可能是偏见,有可能是谬见,但是必须是个人的看法。多数人生活在知识和谬见中间。对现实的生活工作学习状态进行质疑,进而提升。

卓识需要超越常识和知识,主见需要提防偏见和谬见。它们需要哲学智慧的帮助。比如,以今天中国基础教育为例。社会上流行有关基础教育的三大谎言,必须一一予以戳穿:一是"人生不应输在起跑线上";二是"教育要趁早";三是"人的潜能是无限的,多开发多受益"。受到三大谎言的误导,许多家长为了不让孩子输在起跑线上,从一开始就给孩子教育以大投入、早投入,把教育当成一场人生大赌博,把子女逼上了绝路。实际上,人生本来就没有什么起跑线。一些家长却非要其孩子从幼儿园或小学开始,就开展马拉松式的人生长跑,牺牲了孩子的童年和少年,牺牲了家庭幸福,尽管偶尔有来自学校或社会的些许称赞。但是以输赢的赌徒心态来看教育,从一开始就把教育引向了错误的方向。

4.减法智慧

哲学具有批判性智慧、建设性智慧、治疗性智慧、想象性智慧。其中,建设性智慧和想象性智慧,是哲学家所谓的"加法"智慧;批判性智慧和治疗性智慧是"减法"

智慧。在某些情况下,执著是一种错误,坚持也不值得赞许。"退一步海阔天空"。"治大国若烹小鲜","过犹不及"。"完满不是目标,而是陷阱"。减法智慧的关键是,你不能解决的问题,就不是你的问题,你不应当试着去解决,而应当试着去放弃。人生不必十全十美,事业不必十全十美,爱情也不必十全十美。人不必追求完美无缺,而是更多地接受世界的缺陷,社会的缺陷,人的缺陷。

5.学习哲学的目标

哲学的目标也就是人的目标,是人的在世存在要实现的目标。哲学智慧就是教导人如何去实现那些目标的智慧。

第一目标:**认识外面的世界**。从"认识眼前事物"到"认识宇宙万物"。认识现象背后的本质,揭示事物的普遍规律,把握世界运作和存在的方式。

第二目标:**实现自我认识**。从"认识你自己"到"认识所有生命",认清人的本质,认清人在世界上的独特地位。

第三目标:**实现自我关怀**。从"关心你自己"到"关心所有的人",认清人的需要,认清哪些东西是人应当追求的东西,是人应当去建立的东西。

第四目标:**实现自我治疗**。从"治疗你自己"到"治疗所有的心智",控制人的"七情六欲",探讨一种"治疗性"哲学智慧。与前面不同的是,它使用的方法不是建构,而是化解。

第五目标:**实现自我想象**。从"想象你自己"到"想象所有的事物",人以虚拟的方式,得到充分的展示和呈现,把虚拟世界尤其是隐喻世界当做人的存在的本质方面。

6.哲学与爱情:以贝特兰·罗素为例

罗素无疑是 20 世纪伟大的天才哲学家。在哲学上,罗素克服欧洲大陆哲学艰涩、隐晦、含混、朦胧的语言风格,提倡清楚、明白、简洁的逻辑原子主义哲学。这种哲学影响了整个 20 世纪。罗素的《西方哲学史》是所有哲学学习者的入门书,罗素的散文入选标准英文教材,他和怀特海合著的《数学原理》开辟了当代数学研究新领域。除了罗素,在当代学术界,谁都做不到同时在哲学、数学、文学三大领域做出如此杰出的贡献。

那么,作为天才的哲学家,罗素的生平事迹又如何呢? 透过《罗素自传》,我们可以看到哲学家罗素非常生活的一面。比如,罗素在其中对他的爱情生活着墨较多:"我寻求爱情,首先因为爱情给我带来狂喜,它如此强烈以致我经常愿意为了几小时的欢愉而牺牲生命中的其他一切。我寻求爱情,其次是因为爱情解除孤寂——那是一颗震颤的心,在世界的边缘。俯瞰那冰冷死寂、深不可测的深渊。我寻求爱情,最后是因为在爱情的结合中,我看到圣徒和诗人们所想象的天堂景象的神秘缩影。"①罗素曾经为了与第一任妻子艾丽丝结婚,为了爱情而不惜与家庭决裂,甚至愿意放弃生育下一代。罗素在自传中提到了影响他生活的多位女性:与他保持多年恋情的奥托兰、在牛津邂逅的爱好文学的无名女孩、第一次世界大战时的和平主义者康斯坦丝·马勒森夫人、学生多萝·萝林奇、与罗素一起访问中国后来成为他第二任妻子的多拉小姐、美国布林·莫尔学院教员伊丝迪,等等。这些罗曼史娓娓道来,极富浪漫气息。

罗素有一颗纯洁而善良的心,这在他与怀特海一家的关系中得到了清晰表露。罗素在哲学界的名声始于同怀特海合著的《数学原理》。遗憾的是,他和怀特海花了10年完成的《数学原理》在出版上并不顺利,他们要各自倒贴50英镑才能出版,那倒贴部分很可能由罗素私自承担了下来。而他并不富有,主要靠写作维持家用。在同怀特海合作《数学原理》时,罗素曾私下接济怀特海一家:"我捐出了我能得到的所有资金,有一部分甚至是借的。"②罗素把这个秘密一直守护到1952年。

罗素曾目睹怀特海妻子一次非同寻常的病痛,"痛苦之墙似乎把她和一切人、事隔开,突然间每个人灵魂的孤独感让我受不了……我突然感到脚下的地面坍塌了,觉得自己落到一个完全不同的地方。"③这件事改变了罗素,使他变成了坚定的和平主义者。它使罗素看到,除了数学推崇的"精确性和分析"以外,他还应当关注人的神秘情感,比如对孩子的爱,对弱者的关切。这种关切不可能依靠数学,而只能依靠哲学或文学,依靠直接参加社会实践和公益活动。从此以后,虽然因此几次被投进监狱,但他仍不改变自己的和平主义信念,而那个信念的核心是对人类、对弱者的同情心。由于罗素在社会活动中时时表现并且实践他对普通民众、人类苦难的关切和同情,像杜威和萨特一样,罗素成为20世纪的良心。

讲到罗素哲学,便不可不提到维特根斯坦。维特根斯坦因罗素的积极提携才得以脱颖而出。一战前夕,青年维特根斯坦在友人引荐下到剑桥三一学院师从罗素学习数学原理,罗素一见之下视为天才。罗素曾经抱怨维特根斯坦经常夜半时

---

① 罗素:《罗素自传》,第一卷,胡作玄、赵慧琪译,商务印书馆,2002年,第1页。
② 罗素:《罗素自传》,第209页。
③ 罗素:《罗素自传》,第204页。

分来找他,"像一头野兽在我的房间踱来踱去,踱上三个钟头,烦躁不安。"①有一天维特根斯坦又来找罗素,问罗素自己是不是一个白痴。罗素问他是什么意思。维特根斯坦说,如果自己是白痴,就去开飞机,如果不是白痴,就去研究哲学。罗素便要他写点哲学文字试一试。维特根斯坦果然写了一篇哲学论文交给罗素。罗素只读了第一句话便断定维特根斯坦是个难得的天才。罗素还就此事认真地问过同事G. E. 穆尔。穆尔说维特根斯坦是一块研究哲学的料,其理由竟然是:"因为他对我讲的课似乎困惑不解,而从来没有另一个人是这样的。"②罗素是维特根斯坦《逻辑哲学论》的第一个读者。1919年圣诞节,罗素同维特根斯坦在荷兰海牙用一个星期时间"逐行地讨论了"那本书。③ 可以肯定,是罗素发现了20世纪的天才哲学家维特根斯坦。

总而言之,对爱情的渴望,对人类苦难不可遏制的同情心,对智慧的追求,这三种纯洁但无比强烈的激情支配着罗素的一生。在我看来,罗素之所以最终能够成为20世纪伟大的哲学家,最根本的一点是,罗素哲学与人类的现实生活在总体上是密切相关的,甚至是同一的。罗素就是哲学。罗素的生活,是真正哲学家的生活。

参考书目

柏拉图:《理想国》,郭斌和、张竹明译,商务印书馆,1996年。

罗素:《西方哲学史》(上卷),何兆武、李约瑟译,商务印书馆,1963年。

罗素:《罗素自传》,第一卷,胡作玄、赵慧琪译,商务印书馆,2002年;第二卷,陈启伟译,商务印书馆,2003年;第三卷,徐奕春译,商务印书馆,2003年。

波普尔:《开放社会及其敌人》,郑一民等译,中国社会科学出版社,1999年。

康德:《未来形而上学导论》,庞景仁译,商务印书馆,1982年。

---

① 罗素:《罗素自传》,第二卷,陈启伟译,商务印书馆,2003年,第146页。
② 罗素:《罗素自传》,第146页。
③ 罗素:《罗素自传》,第147页。

第二章

中国哲学智慧及其局限性

这里讲的中国哲学主要指中国社会近代转型之前的中国古典哲学。易、道、儒、法、佛诸派构成中国哲学的主体。中国哲学的智慧和局限在其中得到了初步表现。

第一节　中国哲学的一般特点

中国哲学主要是一种生活哲学，一种人间哲学，一种为个人学习、生活和工作提供指导的哲学。

在区分私人领域和公共领域方面，中国哲学一直没有做好。人的家庭生活和社会生活遵循的准则是不同的。前者是人伦关系，后者是法理关系。中国古代哲学要人们在家庭生活和社会生活中遵循同一法则，视君臣如"父子"，视官员为"父母官"，视百姓为"子民"，是一种重大的知识局限。这种知识局限在今天仍然影响着中国人的学习、生活和工作。

在以自由原则主要是思想自由和个体自由原则为前提的哲学体系中，中国传统哲学是被排斥在那个体系之外的。我之所以把它纳入进来，是因为从社会治理的角度来看，中国传统哲学仍然不失为一种独特的且有自己的适用性或有效性的公共哲学。这种哲学对宇宙、自然人伦、社会关系、生存和生命的思考，有其独特的价值和魅力，自成一个相对完整的体系。在中国哲学思想指导下培育和发展起来的中国文官制度，对处理权利和权力的关系，解决有才能者的出路，实现其政治与社会抱负，维持社会层级或科层的流动性、有序性和公平性，维护社会稳定，曾经起过决定性的作用。在漫长的中国封建君主政治中，相对开明的君主体制和完全开放的文官制度，是几千年中华文明的维持和延续，并且促成其不断改良、发展和进步的重要制度因素。

在社会治理模式的设计中,中国哲学指导下的家庭、社会和国家一体性和完备性模式,在前现代社会一直具有高度的有效性和可持续性。当然,随着现代性的自由原则的被承认,随着现代法权观念的确立,家庭、社会和国家的一体性和完备性模式已经受到广泛质疑。市场经济观念的确立,实际上是个体法权作为调整一切社会关系的现代法制体系的建立。现代法制体系的核心思想是现代契约理论。家庭、社会和国家,或者公民、公民社会和国家,都只是那个体系中相对独立的一个个环节,形成一种有着不同社会功能和权利、责任、义务的社会主体。

在今天,国家权力至上或公权至上或主权至上的观念正在受到挑战,公民权利的保护和维持成为焦点,国家权力或公权的监督和约束成为常态,有限政府的要求成为必然。所有这一切,其实都可以在中国传统哲学中找到思想根源,只是我们没有认真研究或认真对待罢了。

当然,中国传统哲学、中国传统文官制度、中国传统社会治理理论,如何与现代科技文明、政治文明、法治文明、社会文明相融合,吸收并且融入自由、民主、公平、正义、宽容、和谐等现代文明观念,仍然是一个重大的理论和实践课题。

第二节 中国哲学的主体框架

一、《周易》智慧:确立以天地为基础的宇宙秩序

"易"的由来:

1.《易》卦始于伏羲。

2."古者包牺氏(伏羲)之王天下也,仰则观象于天,俯则观法于地,观鸟兽之文与地之宜,近取诸身,于是始作八卦,以通神明之德,以类万物之情。"(易·系辞下)

"易"的释义:

1."日月为易。"(《参同契》)

2."日月为易,象阴阳也。"(《说文》)

《易》的主旨:

1."《易》以道阴阳。"(《庄子》)

2."《易》者,阴阳之象,天地之所变化,政教之所从生。"(郑玄《六艺论》)

《易》的作用:

1."夫易开物成务,冒天下之道。如斯而已者也。是故圣人以通天下之志,以定天下之业,以断天下之疑。"(《易·系辞上》)

2."易道周普,无所不被。"(郑玄《周易注》)

3."《易》有圣人之道四焉,以言者尚其辞,以动者尚其变,以制器者尚其象,以卜筮者尚其占。"(同上)

4."《易》弥纶天地之道。"(同上)

5."《易》之为书也,广大悉备,有天道,有地道,有人道。"(同上)

"有天地,然后有万物;有万物,然后有男女;有男女,然后有夫妇;有夫妇,然后有父子;有父子,然后有君臣;有君臣,然后有上下;有上下,然后礼义有所错(措)。"(《易经》)这段话清楚地阐明了人类从自生自发的自然状态向井然有序的文明状态的演进。

《易》的意义:

1."天行健,君子以自强不息。地势坤,(君子以)厚德载物。"

2."不学《易》,不可以为将相。"

3."《论语》二十篇,乃全《易》注脚,而可以无大过一语,足以括《易》之全。"(清·焦循)

《易》为天地立法,为世事立法,为人伦立法。《易》确立了一种根本的秩序观,确立了中国人的基本思维方式。

二、儒家智慧:确立以"礼"为基础的人伦秩序

"夫礼者,所以定亲疏,决嫌疑,别同异,明是非也。"(《礼记·曲礼上》)

"子曰:非礼勿视,非礼勿听,非礼勿言,非礼勿动。"(《论语》)没有规矩,不成方圆。"礼"涉及做人做事的细节,确立了一种明确的秩序感和距离感。

"道德仁义,非礼不成,教训正俗,非礼不备。分争辩讼,非礼不决。君臣、上下、父子、兄弟,非礼不定。宦学事师,非礼不亲。班朝治军,莅官行法,非礼威严不行。祷祠祭祀,供给鬼神,非礼不诚不庄。是以君子恭敬、撙节、退让以明礼。"(《礼记·曲礼上》)"国有四维,一维绝则倾,二维绝则危,三维绝则覆,四维绝则灭。倾可正也,危可安也,覆可起也,灭不可复错也。何谓四维?一曰礼,二曰义,三曰廉,

四曰耻。"(《管子·牧民》)

三、法家智慧:确立"以人为本"和"以法治国"的公共秩序

"夫霸王之所始也,以人为本,本治则国固,本乱则国危。"(《管子·霸业》)

"政之所兴,在顺民心;政之所废,在逆民心。"(《管子·牧民》)

"法者,民之父母也。法者,天下之仪也。法者,天下之至道也,圣君之实用也。不明于法而欲治民一众,犹左书而右息之。"(《管子·明法》)

"威不两错,政不二门,以法治国,则举错而已。是故有法度之制者,不可巧以诈伪;有权衡之称者,不可欺以轻重;有寻丈之数者,不可差以长短。"(《管子》)

"威势独在于主,则群臣畏惧;威势分于臣,则令不行。故明主之治天下也,威势独在于主,而不与群臣共。故曰:威不两错。法政独出于主,则天下服德;法政出于臣,则民不听。故明主之治天下也,法政独制于主,而不从臣出。故曰:制不二门。"(《韩非子·有度》)

"国无常强,无常弱。奉法者强,则国强,奉法者弱,则国弱。"(《韩非子·有度》)

"凡治国之道,必先富民。民富则易治也,民贫则难治也。国多财则远者来,地辟举则民留处。仓廪足则知礼节,衣食足则知荣辱。为国不能来天下之财,致天下之民,则国不可成。"(《管子》)

四、道家智慧:确立"以弱胜强"的生存秩序

"人之生也柔弱,其死也坚强。草木之生也柔脆,其死也枯槁。故坚强者死之徒,柔弱者生之徒。是以兵强则灭,木强则折。强大处下,柔弱处上。"(《老子·七十六章》)

"知人者智,自知者明。胜人者有力,自胜者强。知足者富。强行者有志。不失其所者久。死而不亡者寿。"(《老子·三十三章》)

五、佛家智慧:确立"普度众生"的生命秩序

生命轮回(又称"六道轮回")。一切有生命的东西,如不寻求"解脱",就永远在"六道"(天、人、阿修罗、畜生、饿鬼、地狱)中生死相续,无有止息。

人生苦海。六道轮回都有生苦、老苦、病苦、死苦、怨憎会苦、爱别离苦、所求不

得苦、五阴盛苦。如此，六道轮回可以说苦多于乐，所以人生苦海。

业有三报。"业有三报，一现报，现作善恶之报，现受苦乐之报；二生报，或前生作业今生报，或今生作业来生报；三速报，眼前作业，目下受报。"（《涅槃经》）

普度众生。佛说，众生平等，众生皆可成佛。但又说，佛度有缘人。即使每个人都有机会成佛，也不是最终都能成得了佛的，有缘的幸运儿才行。潜在可能性是一回事，现实机遇又是另一回事。

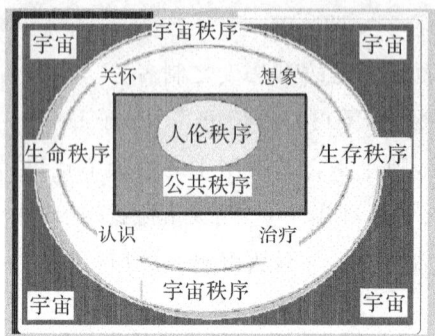

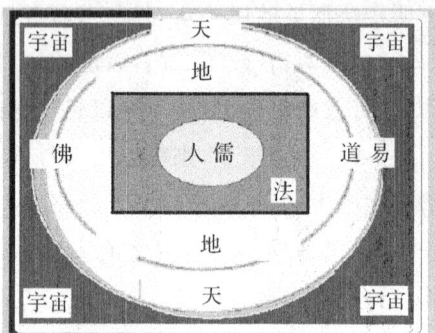

中国哲学的贡献

从上面的两个框图可以看到，中国哲学最终落实为一个自成系统的涉及人伦秩序、公共秩序、生存秩序、生命秩序和宇宙秩序的思想体系。从这个体系建构的时间顺序来看，是从宇宙秩序（易）、公共秩序（法）、生存秩序（道）、人伦秩序（儒）到生命秩序（佛）；从其价值排序来看，或者说从不同哲学学派在中国人日常生活中占据的位置来看，依次为儒、法、道、佛、易。自成体系的中国哲学存在的问题是，人伦秩序和公共秩序高度重叠，人伦与法理界限的模糊甚至取消。宇宙秩序和生存秩序在认识起源上的同源和在知识结构上的同构。这个系统大多是基于日常经验观察和思想觉悟，最终都是为日常生活服务的。综合的整体论的思考成为主要特点，分析的原子论的思考成为其软肋。它不是像古代希腊哲学那样的一套公理体系，其中虽有一些科学观点的偶然闪烁，但最终熄灭于日常的功用需求和生活习惯。这也是后来中国哲学在现代转型中一直偏爱欧洲大陆哲学，而忽视英美分析传统的原因。

第三节　李约瑟难题

英国李约瑟博士（Joseph Needham，1900—1995）是中国科学技术史研究专家，撰写了多卷本《中国科学技术史》。李约瑟在 20 世纪 30 年代末开始认真思考科学与社会的关系,以中国科学技术史作为主要研究对象。1942 年他来到中国进行实地考查,同许多中国一流学者进行接触,他思考的问题日益明确而清晰。1944 年,中国科学社庆祝成立 30 周年,李约瑟出席在贵州湄潭举行的年会,发表《科学与中国文化》的演讲。在演讲中,他首次批评了一些西方和中国学者此前提出的关于中国古代没有科学的论证。他说中国古代哲学非常接近于科学解释,中国人的发明创造对全世界产生了巨大影响。因此,基本的问题是,为什么近代实验科学,以及与之相关的理论体系产生在西方而不是在中国? 李约瑟清楚地提出了"李约瑟难题":

> 为什么在公元前 2 世纪至公元 16 世纪之间,在将人类的自然知识应用于实用目的方面,中国较之西方更为有效? 为什么近代科学,关于自然界假说的数学化及其相关的先进技术,只是辉煌而短暂地兴起于伽利略时代的欧洲?

20 世纪五六十年代,李约瑟反复强调这个历史问题的重要意义。1976 年,美国经济学家肯尼思·博尔丁明确提出"李约瑟难题"这一说法,后来经过美国科学社会学家雷斯蒂沃的归纳和科学史家席文等人的质疑和回应,"李约瑟难题"学说不胫而走,引起中国学术界尤其是中国科技史界的广泛重视。

"李约瑟难题"不是李约瑟的首创。早在 16 世纪末,第一个把西方科学传统介绍到中国的耶稣会士利玛窦考察当时的中国科学之后,对中国天文历算停滞不前的现象发出了疑问,并从中国社会习俗和科举制度方面来探讨导致这一现象的原因。

到了 18 世纪,欧洲启蒙运动时期的一些先进思想家和科学家也注意到了这一现象。当时的莱布尼茨注意到了这一点。莱布尼茨曾经写信给清帝康熙,建议在中国建立科学院,并且希望沙皇彼得大帝出面支持,充当中国与欧洲文化交流的桥梁。遗憾的是,虽然当时已经有科学工作者在中国从事零星的科学研究,但是中国没有采纳他的建议,建立近代意义上的科学研究院。

莱布尼茨在《中国近事》序言中指出:全人类最伟大文化和最发达文明汇集在大陆的两端,一边是欧洲,另一边是中国。中国是一个文明古国,她与欧洲面积相当,但人口已超过欧洲,在日常生活和经验地应付自然的技能方面,双方不相上下,各自具备通过相互交流使对方受益的技能。莱布尼茨认为,中国与欧洲相互补充,能够组成世界文化:中国在日常生活、实践伦理和治国方略上,在实践哲学方面占有优势;欧洲在思维缜密性和理性思辨性方面,在思辨哲学方面,略胜一筹。中国盛行自然宗教,而欧洲风行天启宗教。两者都迫切需要理解对方,有必要通过相互交换学者深入研究对方的文化。因此,他建议双方互派文化使团,以基督教传教士交换中国文化使者。莱布尼茨的计划没有成功,但这是当时西方最杰出科学家、思想家和哲学家主动向东方文化学习和借鉴的一次行动,是近代国际学术与文化交流思想史上的重要一章。重要的是,莱布尼茨对当时中国与欧洲之间的差异和差距有着清醒的认识。①

到了清代中期,中国科学停滞的原因开始引起欧洲人的注意,一些启蒙思想家开始注意这个问题。比如,黑格尔在《哲学史讲演录》中专门讨论过中国文化和中国哲学,对其过于世俗和世故的倾向作出了批评:"中国人和印度人一样,在文化方面有很高的声名,但无论他们文化上的声名如何大,典籍如何多,在进一步的认识之下,就都大为减低了。"②

黑格尔对中国文化和科学提出的批评主要有这样几点:第一,中国在宗教、科学、国家的治理、国家的制度、诗歌、技术与艺术、商业方面有杰出的贡献。第二,中国与欧洲相比,在上述诸方面的内容上有着重大差异。第三,中国像欧洲一样,有伟大的天才,"东方的诗歌中并不是没有天才,天才的伟大是一样的,但内容却与我们的内容不同。"③第四,东方的诗歌,就形式论,发展得很成熟,但内容却局限在一定的限度内,不能令人满意。第五,"我们也感觉到无论他们的法律机构、国家制度等在形式方面是发挥得如何有条理,但在我们这里是不会发生的,也是不能令我们满意的,它们不是法律,反倒简直是压制法律的东西。"第六,"当人们让他们自己为形式所迷惑,把东方的形式和我们的形式平行并列,或者还更爱好东方的形式时,内容不同这一点,在作这类的比较时,是值得普遍注意的。"④"中国是停留在抽象

---

① 参阅陈爱政译:《德国思想家论中国》,其中有莱布尼茨《〈中国近事〉序言》和《论闵明我的两封信》,江苏人民出版社,1995 年。

② 黑格尔:《哲学史讲演录》,第一卷,商务印书馆,1983 年,第 118 页。

③ 黑格尔:《哲学史讲演录》,第一卷,第 119 页。

④ 黑格尔:《哲学史讲演录》,第一卷,第 119 页。

里面的,当他们过渡到具体者时,他们所谓具体者在理论方面乃是感性对象的外在联结;那是没有逻辑的、必然的、秩序的,也没有根本的直观在内的。"[1]在这里,黑格尔实际上明确指出了近代中国科学技术落后的两个关键原因,是"内容的落后"和"制度的落后"。

进入 20 世纪,有关中国近代科学技术何以落后的问题一再引起国内外学者的注意。1915 年,任鸿隽在《科学》杂志创刊号著文《说中国无科学之原因》,揭开了现代中国学者讨论这一问题的序幕。20 世纪二三十年代,竺可桢等科学家开始探讨中国实验科学不发达、化学虽始于中国但中国在科学研究上何以落后等问题,提出了与"李约瑟难题"相似的问题。改革开放之后,"李约瑟难题"更是成为学术界关注的焦点。

第四节　中国近代科技落后的原因分析

只有置于当时的特定历史背景之下,我们才能清晰地表述"李约瑟难题",只有站在世界科学技术发展史的宏大背景之下,我们才能思考和分析明清之际中国在科学技术研究上逐渐落后于欧洲的原因。

1. 李约瑟难题首先是一个制度难题

"科学生产知识,但是支撑科学的制度发挥了实质性的功能:使理性知识得以发展。当科学动力受到阻碍时,理性也会遭受厄运。"[2]在谈到中国科学逐渐落后的原因时,人们往往忽视科学研究制度建设对推动科学技术研究的产生和发展所起的决定性作用。

近代中国科技落后的根本原因是缺乏科学研究的严格制度,没有形成科学研究相对独立的机构和制度,那种机构和制度以公民社会的形成和成熟为基础,以近代大学学院的建立为标志;由于战争,更由于缺乏严格的制度保障,科学研究的连续性一再遭受破坏,形成不了科学研究的传统。直到 19 世纪末,近代意义上的大学才开始在中国创立起来,其中,天津大学前身北洋大学堂创办于 1895 年,为中国第一所近代大学;浙江大学前身求是书院创办于 1897 年;北京大学前身京师大学

---

① 黑格尔:《哲学史讲演录》,第一卷,商务印书馆,1983 年,第 132 页。

② 希拉·贾撒诺夫等编:《科学技术论手册》,盛晓明等译,北京理工大学出版社,2004 年,第 32 页。

堂创办于1898年。

在科学研究制度缺位的情况下,期待科学研究的持续进行,当然只能是一种幻想。需要指出的是,这种制度不是政治制度,不是由政府来主导和管制的,而是施行科学家共同体自治的。欧洲近代意义上的大学始建于12世纪,如索邦大学(即后来的巴黎大学)、牛津大学、剑桥大学等等。这些大学尽管与当时的教会有着密切的联系,但是它们逐渐得到了世俗力量的支持。"在许多日耳曼国家中(尤其是在普鲁士),在大英帝国,在法兰西,刚开始进行的工作并不是要改变现存学校和大学的性质,而只是想为一些成年人提供另一类学徒身份,主要是因为贫穷,这些人几乎享受不到这样的机会。'人民'的子女将接受某种虽然卑微但比较现代的技能,凭着这些一技之长,他们将变得更有用,更不依赖'国家',他们因此将更清楚地认识到自己的智力因素,自己的人力'资本'。"①把人民当做国家的人力资本,当做国家的财富,要通过专业的职业技能训练,全面提高这一资本的"质和量",于是,1763年普鲁士颁布了基础教育计划,要对全体国民实施基础教育。这是一个雄心勃勃的国民教育计划,是近代欧洲的伟大发明。近代教育和近代科学便起着一种相互支撑的作用。建立近代科学研究制度必须具备几个重要条件,一是要有强有力的社会需求,要有相应的社会生产和生活发展水平作支撑;二是强大的外在社会文化冲击和压力,科学研究交流和竞争机制为制度创新提供了动力和活力;三是要有特定的社会力量和社会阶层的形成,科学研究机构只能是社会的民间机构,它虽然从属于政府,但它不受政府的直接领导,政府不得过多干涉科学事务。这样的制度迟迟没有在中国建立起来。

2. 李约瑟难题也是一个历史难题

历史的机遇会决定历史的方向,对一些偶然的历史机遇的把握非常重要。在历史上,中国在引进、培育和发展近代科技方面,并不是一直没有机会,比如,对中国近代科学的发展来说,莱布尼茨与中国的主动亲近具有象征意义,可以说是一次千载难逢的机遇,但是非常遗憾,中国最终错过了这次机会。

这样的深刻教训需要进行认真总结。其中重要的一条是,莱布尼茨时代的中国是明朝衰落和灭亡之后的中国,实际上是中国封建制度走向终点的中国,但是,当清朝统治者统一中国之后,它在观念上没有一种面向近代世界的眼光。相对于

---

① Oakeshott, M.: *On Human Conduct*, Clarendon Press. 1975. p. 307.

清统治者而言,在他们面前的先进文化仍然是中国延续了数千年的传统封建文化,而不是更加遥远的源于欧洲的资本主义文化。因此,莱布尼茨的建议只能是一个无法得到积极响应的建议,因为他和当时的清王朝的官员们生活于很不相同的世界里,虽然像他提到的那样,它们之间的差异具有互补性,但是这种互补性不是空间意义上,而且是时间意义上,或者说,它们更多的是一种替代关系,而不是一种并列关系。可能甚至连莱布尼茨也没有想到,这种并列关系最终演变为对抗关系,因为封建主义和资本主义是两个难以并存的制度,中国封建制度是一种"垂而不死"的制度,难以积极地向资本主义的方向发展,中国是被动地被纳入到近代世界的资本主义体系之中的。

3. 李约瑟难题还涉及对古代汉语言的评价问题

显然,古代汉语缺乏一套普遍适用的科学语言,缺乏像古希腊哲学思想那样的普遍性话题和表达方式,缺乏对研究对象的客观具体准确的描述,虽然产生了一些天才的科技工作者,虽然有伟大的发明,但是没有形成系统的理论框架。中国读书人都愿意把更多的时间花在认识古典典籍上,他们使用的语言仍然是一套非自然化的艺术语言或文学语言,对语言文字的简单模仿和书写成为一门专门艺术,但这只是在形式上日臻完美的艺术。个人书法艺术成为国家选拔人才的重要标准。很难想象,从这样的艺术追求和熏陶中能够萌芽近代意义上的自然科学知识。在中国传统文化中,科学和技术在其中占据的比重有限,即使许多在当时处于领先的学科,只属于作坊式的工匠文明,并且长期停滞于那个阶段,没有获得进一步发展。比如,明朝时期,随着资本主义的萌芽,虽然表现出自然科学兴盛的迹象,但是国家内战和外敌入侵彻底扑灭了近代科技文明的火种。

4. 李约瑟难题也是中国社会的阶级构成和评价问题

由于中国社会是一个高度一统的社会,政府对社会团体有着严格的政治管制,在技术和政治之间具有严格的一致性,技术以服务政治为最终目标,技术的发展取决于政治需要,也满足于政治需要。科学和技术只是政治的一种手段,而不是社会生产和生活的主要手段。而政治对技术的要求总是有限的和片面的,以统治者的主观意志为转移的。因此,科学技术在社会制度和国家政治中的派生性地位,决定了科学技术的发展只能是短暂的。在以政治评价为终极评价的体制之内,以"政治正确"为唯一标准的体制之内,以"试错"和"反复验证"为特点的科学研究工作便难以获得整个社会的认同。相比之下,"1763 年,拉·查拉泰已经在他的《论国民教育》中主张：国民子女是国家的财富。虽然这个学说起初只涉及到'穷人'，但是到了后来，随着有关国家品质的这种理解流行起来，它渐渐推广到所有的'臣民'。的确，在欧洲的任何一个国家，这个受其政府管理的、义务的统一的公民教育计划已经囊括了所有其他教育活动，其范围可以看作是国家品质观念力量的指数。"①

5. 李约瑟难题也是一个科技评价机制问题

中国古代文明中的科技成就主要是技术发明方面的成就。这些技术文明基本上不是统治阶级有目的的创造，而是普通民众的直接发明，是工匠文明，但是，需要指出的是，工匠文明的主体是在当时的政府许可和管制之下的艺术家和技术人员。政府直接参与的对瓷器、纺织、造纸、火药、农业、建筑等领域科技成果的垄断或评价，尤其是对一些工艺的官方专营方式，对国营和民营的不平等评价体制，使中国科技文明停止于政府主导或特许之下的工匠文明和经验文明，在这些领域的新技术、新工艺和新成就的推广速度和推广程度受到重大限制。结果，一旦失去官方的支持或特许，一项科学技术便会陷入生存和发展的危机之中，缺乏持续发展的动力。

6. 李约瑟难题也是一个科技人才培育途径的难题

传统中国有科举制度，但没有科学制度。我们应当实事求是地评价科举制度在推进中国政府官员培育、选拔、录用、考核体制化方面上的积极作用，但我们也应当清醒地认识科举制度对科学制度的建立造成的消极后果。中国有完备的科举制度，但是科举制度是选拔政府官员的制度却不是选拔科学研究者的制度。科举制度由国家垄断，传统的中国有一套完整的政府官员录用和考核制度，但是缺乏一套完整的科学家培育和录用考核制度；缺乏纯科学研究，中国科技文明终止于工匠文明；缺乏近代意义上的大学学院制度，缺乏对科学研究和技术人才的系统培育。

7. 李约瑟难题也是一个有关科技工作者的公民权利的保护问题

在缺乏对公民发明专利的法律保护的条件下，政府或社会强势团体可以轻易地获得甚至抢夺公民的专利，公民基本权利没有保障，难以让科学工作者获得参与社会活动的平等机会，难以形成让天才脱颖而出的公平机制。科学建制初期却是一种典型的民间行为，是市民社会中的学术自治活动。由于科举制度的过于完备和强大，中国的科学研究制度长期无法得到建立和发展。在市民社会得到有效发

---

① Oakeshott, M.: *On Human Conduct*, Clarendon Press. 1975. p. 307.

展之前,在公民基本权利得到有效的法律保护和应有尊重之前,科技的健康发展只能是一个梦想。

8. 李约瑟难题涉及古代文明的发展方向问题

当时的中国文化能否自行缓慢地孕育近代科技成就的问题。在当时的国际科学界实际趋于开放和交流的条件下,中国长期缺乏在科技领域的跨越界国的、国际之间的、广泛的民间的学术交流。

在这一方面,科学研究刊物制度就显得至关重要。只有定期学术期刊的存在,才能形成一个真正相对独立的学术共同体,才能凝聚成一个长期的学术力量,形成共同关注的学术焦点和研究对象,提炼出共同体的学术话题。学术刊物制度能够取代科学家个人的零星的发明的不足,让科学成果以最直接最快的速度得到发表和传播。科学是交流的产物,中国文化在科技上形成了一个自我封闭的体系,与近代西方科技处于不同的话语体系之中,无法形成有效的对话和交流。这也是导致它落后的重要原因。

9. 李约瑟难题涉及的还有一个问题是,国家大一统对科学研究活动的多重影响问题

国家统一的好处当然不用多说,但是在封建专制之下,国家一统导致对人们思想言论的全面管制和约束。在中国,由于文化传统的同质化和相似性,由于科举制度的全面渗透,近代科学文明难以有立锥之地。一旦科学研究者的言行、科学研究的结果存在不利于官方的情形,就会面临很大的政治风险和生存风险,很可能导致无处躲藏的结局。这一点同近代欧洲的科学家遭遇形成了鲜明对比。在近代欧洲,并不是所有的君主都是开明的,但是我们的确看到了一些开明的君主,他们对保护欧洲早期科学研究的有效开展发挥了积极作用。欧洲本身一直不是一个统一体,无论在政治、经济、法律、文化、宗教方面,都是如此,多元化的社会和政治现实为科学研究者提供了适合于他们生存的政治空间,为他们发展科学提供了无限的可能性,我们很难想象,近代欧洲一次又一次思想运动在中国会是一个什么结果。我并不是说国家的分裂有利于科学研究的开展,但是,多民族国家的分治的确有利于科学研究者的自治。科学家是需要交流和流动的,中国大一统的现实使得这种流动变得极其艰难。

10. 同上面的问题相联系,李约瑟难题涉及中国科举制度之下的文化教育单一性现实,语言的统一和文化教育的单一标准也会对科学观念的产生造成多重影响

在欧洲近代科学和技术的发展过程中，我们往往忽视的一个重要方面是，当时的科学家曾经接受了比较全面的文化教育，这是一种文化多样性背景之下的教育，他们往往从小就受过良好的古典文学和文化方面的教育，同时掌握多种语言。由于欧洲多民族、多文化、多语言的现实，当时的科学家往往能够吸取各个民族最优秀的文化和思想成果。出版自由则为他们最迅速学习掌握当时的先进思想观念和科学成就提供了条件。

11. 李约瑟难题最后涉及的一个问题是科研经费的来源和投入的问题

基于个人经验的工匠文明是一种自生自灭的文明，不仅动荡的社会外部条件会影响到它的生存和发展，而且工匠自身的偶然意外也会导致已有成果的失传。在科研经费完全自给的情况下，科研活动的外部性成为重要的特点。在中国传统社会中，国家、政府、行会、商会甚至企业在科研上不确定的投入方式，表明中国传统社会零星的科研活动具有随意性的特点，即使没有外部动荡社会的消极影响，也会因为经费的短缺难以维持和继续。尤其在基础科学研究领域，它是一种免费的公共产品，却需要研究者投入大量的时间、精力和财富，且需要几代人的艰苦努力，单单依靠个别研究者的个人努力难以达到科学研究的目的。这一点说明，科学研究是一项需要重大投入的活动，它与物质条件的结合是多么重要。

先进文化不一定会产生先进的科技，而先进的生产力和生产方式必然会产生先进的科技。这种生产方式就是当时资本主义的生产方式。中国在生产方式上的落后，使它最终在各方面日益暴露出其被动和落后。最终只能通过一系列彻底的全面的革命，来为中国科技的全面发展铺平道路。

总而言之，中国近代科技之所以停止不前而逐渐趋于落后，最根本的原因在于它是"前学院的"，它缺少默顿提到的科学的四项精神特质，即普遍主义、公有性、无私利性、有组织的怀疑。李约瑟难题表明，科学研究的制度保障和法律保障，科学研究的系统理论和基础学科支撑，完备的民间社会的发育，政府对科学研究的宽容和支持，科学工作者国际之间的积极交流和对话，连续稳定的社会环境，鼓励优秀人才脱颖而出的激励机制，公开发表和批评科学研究成果的学院评价机制，社会、民间组织、政府和国家对科技研究的长期支持，所有这一切都是发展科学技术的重要条件。

参考书目

李约瑟:《中国科学技术史》,第一卷,中国科学出版社,1990年。

黑格尔:《哲学史讲演录》,第一卷,商务印书馆,1983年。

张国清:《当代科技革命与马克思主义》,浙江大学出版社,2006年。

第三章

休谟、康德和现代性的观念

休谟(David Hume,1711—1776)哲学是一套日常话语,其目标不是使哲学变得更加科学些,成为"科学的科学",而是把哲学引向日常生活,引向常识。休谟放弃了对形而上学的渴望,放弃了哲学知识的普遍化努力,却对现代性的世俗生活进行了直接辩护。诚如查尔斯·泰勒指出的那样:"像启蒙思想家一样,休谟反对宗教和大部分传统形而上学。但是,这种反对的基础是因为这些观念导致我们轻视因而也压制我们自身的本性。"[①]在休谟那里,当神圣的世界失落之后,我们不需要一个形而上学的世界去给予补偿。当宗教和神学衰落之后,我们不需要关于绝对知识的哲学去给予取代。我们只拥有一种知识,关于人性的知识,这种知识源于经验也终止于经验。这种知识是与世俗化了的现实生活密切结合在一起的。

罗素称英格兰哲学家休谟为哲学家当中最重要的人物。休谟的怀疑论和不可知论是英国经验主义哲学的逻辑结果。休谟把经验论原则贯穿始终,把所有知识限定在经验范围之内。休谟提出了一种著名的怀疑论,否认规律的客观性,把所有知识都归结为主观的经验知识,一切都是心理习惯的产物,一切都是主观的约定。休谟提出了"知识的可能性"和"理性能力的范围"的问题。这些问题是典型地反形而上学的。结果,他尽管保持了经验论哲学的前后一致,却使它陷入难以置信的谬误之中。休谟以后的哲学家都不得不来回答他提出的问题。什么是人性?什么是理性?什么是知识的范围?等等,对这些问题的思考构成现代性观念的重要出发点。休谟是一个承上启下的人物。休谟打破了哲学家的自信美梦。休谟对康德产生了重大影响。他的哲学通过康德而具有了世界的意义。

---

① 泰勒:《自我的根源:现代认同的形成》,韩震等译,译林出版社,2001年,第527页。

第一节　休谟和人性科学

1771 年,休谟出生于英格兰的爱丁堡。他生活富裕,聪明早慧,少年老成,12 岁进入爱丁堡大学学习法律,15 岁离开大学,18 岁开始构思《人性论》。1739 年,当《人性论》前两卷出版时,休谟才 28 岁。1740 年,《人性论》第三卷出版。休谟曾多次访问法国,结识卢梭、狄德罗、霍尔巴赫、达兰贝尔等法国名流。除了《人性论》,休谟的主要著作有《人类理智研究》(1748 年)、《道德原理研究》(1751 年)、《关于自然宗教的对话》(1779 年)。

休谟是一位天才哲学家。从表面上看,休谟与马克思有许多相似之处。两人学的都是法律,都对哲学有浓厚兴趣,都有诗人气质,都有极其优美的文采,两人以相同的年龄出版其最重要的著作(马克思也在 28 岁时出版了他的最主要著作《共产党宣言》),以相同的年龄去世。不过,两人之间存在着一个根本的不同点,那就是休谟是资本主义的辩护者,他对资本主义的未来充满着自信和赞美。而马克思是资本主义的全面批判者和终结者。

休谟想要创立一个完整的科学体系。休谟在《人性论》"引论"中指出,一切科学都离不开以"人性"作为研究对象,各门具体科学最终都涉及"人性的"某个方面。人性论则是从总体上来研究"人性"的科学,是一切科学的唯一稳固的基础。所以他把自己的哲学著作取名为《人性论》。休谟的《人性论》共有三卷,第一卷"论知性",实际上讲的就是他的不可知论,是他的人性论哲学的基础;第二卷"论情感"和第三卷"论道德",是他对人性论基本原理的阐述。

休谟把人的一切知识通称为知觉。知觉可以分为两类,印象和观念。印象是当下的生动活泼的感觉,观念则是过后对于印象的暗淡的摹本。知觉和观念只存在强度的差异和量的差异。休谟认为,"一切一般观念无非是附加在某个个别名词上的个别观念,该名词让这种观念得到比较广泛的意义,使它在相应的时候回想起和自己类似的其他个体。"而一切观念,无论多么概括和深刻,最终都是原始印象不同组合的结果。这一观点明显地来自贝克莱。贝克莱否定感觉的客观来源,认为"存在就是被感知","物是感觉的复合"。休谟则对人的知觉、观念之外的任何存在都持怀疑态度。他认为我们所能知道的只是自己的感觉,至于感觉之外,不管是物质实体还是像上帝这样的精神实体是否存在,经验都不能告诉我们什么。我们只能对它们保持沉默。

休谟把自己的这个观点称为怀疑论。这种怀疑论一方面影响了整个近代哲学，尤其是德国古典哲学，它确立了近代哲学的基本哲学问题，即认识的可能性和范围的问题。另一方面影响了整个现代西方哲学，尤其是其反形而上学的倾向。现代西方哲学对形而上学的拒斥可以直接地追溯到休谟。后来的维特根斯坦在《逻辑哲学论》中几乎原原本本地重复了休谟的观点，即"对于不该说的东西，我们应该保持沉默"。

休谟把所有的哲学关系区分为七种：类似、同一、时间和地点关系、量或数的比率、任一性质的程度、相反和因果关系。这些关系又可以划分为两大类。其一是仅仅依存于观念的关系，它们是类似、相反、性质的程度和量或数的比率。其二是观念虽无变化而能使其改变的关系，它们是空间时间关系和因果关系。只有第一类关系给人确实的知识，然而这类知识都是概然的。

休谟进而提出了著名的因果关系理论。他对感觉之外的任何存在持怀疑态度，并进而对外部世界的客观规律和因果必然性持否定态度。他认为，所谓原因和结果，只是两个经常相互连接并且依次先后出现的现象，在人的经验中的经常联系，由于这样的经常联系，在人们心中就形成一种习惯性的推论。根据休谟的这一理论，一切超越于经验之上的理论都是不可靠的、可错的，都存在着被否定的可能性。

休谟通过不可知论，把人的认识限定在主观经验的范围之内，根本否定客观真理。这却为宗教信仰留下了地盘。休谟把知识划归科学，把信仰划归宗教。我们拥有着经验的知识，然而很可能是错误的知识。我们拥有着信仰，其根据却不是来自理性的论证。休谟保持了科学知识和宗教信仰各自的纯粹性，他让科学和宗教各得其所，并相安无事。后来的康德基本上没有跳出休谟所划定的这个思想框架。

在休谟《人性论》中的一个重要观念就是对于自宗教改革以来西方近代世俗人性观念的充分肯定。在休谟的话语中充满着对于资本主义制度的充分肯定。休谟毫不隐讳地把对财富、权力和享乐的追求与对贫贱的鄙视看做是人的本性。他承认人性中自私因素的本质性和合理性。他说"财富的本质就在于获得生活中的快乐和舒适的能力"，"没有东西比一个人的权力和财富更容易使我们对他尊敬；也没有东西比他的贫贱更容易引起我们对他的鄙视"。休谟对于世俗权力和财富的认同，实际上是替新兴的资本主义制度进行露骨的辩护。

在"引论"中,休谟解释了他写作《人性论》的主要目的和方法。休谟在这里批判了形而上学,对康德产生了直接影响。我们看到,康德在《未来形而上学导论》中几乎复述了休谟的基本见解。休谟的见解主要有:

1. 以往的哲学缺乏前后一致性。

2. 以往的哲学忽视研究方法。

3. 前人没有把握哲学的关键问题,只在枝节问题上浪费时间和精力。

4. 对形而上学持怀疑态度。

5. 所有科学都与人性有关,是对人性某一方面的阐述。

6. 所有科学都可以归结为四大学科:逻辑、道德学、批评学和政治学。

7. 人性科学是所有科学的唯一基础。

8. 人性科学必定建立在经验和观察基础之上。

在《人性论》第一卷第三章"论知识和概然推断"里,休谟对他的因果关系理论和经验主义知识理论作了详尽阐述和论证。这些论证归结起来主要有以下同点:

1. 所有知识都是经验知识。

2. 经验知识以两种形式呈现,一是印象,二是观念。

3. 我们的全部观念都由印象复现而来。

4. 因果关系是经验意义上的知识关系。

5. 关于因果的一切推理都来自于印象。

6. 一切概然推理都不过是一种感觉。

7. 所有的知识都是心理习惯的产物。

休谟是一位承上启下的转折性人物。在近代和现代西方哲学中,我们可以经常发现休谟哲学的影子。休谟和法国启蒙运动代表人物卢梭曾经发生过激烈的争论。那场争论实际上代表着西方哲学和社会发展的两个不同方向。休谟和卢梭也实际上成为影响西方近代和现代社会发展的两个最重要人物。罗素对两人作过有趣的评价："休谟和卢梭之间的争吵成了象征,卢梭癫狂,但是有影响;休谟神志清醒,却没有追随者。后来的英国经验主义者未加反驳就否定了他的怀疑论;卢梭和他的信徒们同意休谟所说的任何信念都不是以理性为基础的,然而却认为情高于理,让情感引导他们产生一些和休谟在实践上保持的信念迥然不同的信念。德国哲学家们,从康德到黑格尔,都没消化休谟的议论……整个 19 世纪内以及 20 世纪到此为止的非理性的发展,是休谟破坏经验主义的当然结果。"①因此,休谟的不可知论代表着反理性主义的方向。休谟实际上否定了形而上学的可能性。康德对休谟的解答,只是在更精密形式中对休谟观点的复述而已。

第二节　康德、理性和知识的范围

现代性哲学的典型形态是德国古典哲学。德国古典哲学的创始者是伊曼努尔·康德(Immanuel Kant,1724—1804)。在世上万物之中,有两个最根本的领域引起了康德的终身关注,一个是浩瀚无际的宇宙星空,一个是崇高至上的道德法则。而他的哲学主要的也是关于这两者的规律及其相互关系的系统探讨。康德因创立先验唯心主义而在人类思想发展史上占据了极其重要的地位。

康德属于大器晚成的哲学家。1781 年,《纯粹理性批判》第一版出版时,康德已经 57 岁。1783 年,《任何一种未来形而上学导论》出版;1785 年,《道德形而上学的原理》出版;1786 年,《自然科学的形而上学原理》出版;1787 年,《纯粹理性批判》第二版出版;1788 年,《实践理性批判》出版;1790 年,《判断力批判》出版。他接着发表了《只在理性限度之内的宗教》(1793),《道德形而上学》(1797)和政治哲学方面的两篇重要论文:"论一种普遍的说法:在理论上可以为真,但在实践上行不通"(1795)和"论永久和平"(1795)。1798 年,他的最后一部著作《论官能》出版,康德已经 74 岁。②

康德称自己的哲学为批判哲学。所谓"批判"指的是理性成为万物的唯一尺度,一切事物都必须接受理性的审查。并且这种批判进而成为理性的自我批判。我们一般称康德哲学为先验的主观唯心主义哲学。它主要由四部分所组成,即本

---

① 罗素:《西方哲学史》(下卷),何兆武译,商务印书馆,1982 年,第 211 页。

② 参阅 John Rawls, *Lectures on the History of Moral Philosophy*,Cambridge: Harvard University Press,2000. p. 143～144.

体论上的二元论,认识论上的现象论和不可知论,伦理学上的自由意志论、善良意志论和自律论,以及美学上的非功利趣味论。

康德在本体论上既承认有一个外在的客观的世界存在着,那个世界能够脱离人的主观性而存在,他称之为自在之物。但他又认为自在之物永远在人的视野之外,是人的认识能力所无法达到的。康德明确地划分了两个世界。一个是在人的主观的视野之外的世界,那个世界的唯一特性是客观实在性。那是一个除此之外没有任何规定的世界。另一个世界是在人的主观的视野范畴之内的世界。那个世界能够为主体所知。然而其形式、其规律是由人赋予的。因此,知识永远都只能是主观的知识、现象的知识。

康德把真正的知识规定为普遍和必然知识。他同意唯理论者的观点,认为在自然科学中,如在物理学和数学中,存在着这样的知识。因此,他承认自然科学是能够成立的。他又同意经验论者的观点,认为真正的知识是关于现象的经验知识,而不是关于事物的本来面目的知识。因此,他承认超越于经验世界之外的,关于物自体的知识,即形而上学是不可能的。我们只能认识我们所经验到的知识。知识由两个环节所构成,一个是先天的先验形式,即理性所具有的整理知识的能力,一个是后天的经验材料。所以,康德承认有必然的普遍的知识。但是这种普遍性和必然性不是来自事物本身,不是来自事物的客观性,而是由主体,由理性赋予给事物的。所以,康德的知识是主观的知识。知识的内容来自经验,但是,知识的形式来自先验的认识能力。康德承认存在着自在之物,我们能够思考和想象自在之物,但是他否认我们能够认识自在之物。

《未来形而上学导论》是《纯粹理性批判》的简写本。在这部著作中,康德对他面临的主要哲学问题,以往哲学流派,主要是经验论和唯理论的优缺点作了清晰的阐述。

康德所面临的一个主要问题是:"科学的形而上学是否可能?"康德考察了当时已经成熟的且获得重大发展的物理学和数学。他论证了自然科学是可能的。但是,康德经过论证,归终证明,一种科学的形而上学仍然有待于被建立起来。

我们在这里引用康德《未来形而上学导论》的"导言"和"前言"来展开有关讨论。在"导言"里,康德主要讨论了写作目的:"我的目的是要说服所有那些认为形而上学有研究价值的人,让他们相信把他们的工作暂停下来非常必要,把至今所做的一切东西都看做是没曾做过,并且首先提出'像形而上学这种东西究竟是不是可能的'这一问题。"①康德提出了形而上学是不是科学的问题。康德一针见血地提出,在哲学领域里存在着各种弄虚作假和哗众取宠的人物。他说:"其他一切科学都不停在发展,而偏偏自命为智慧的化身、人人都来求教的这门学问却老是原地踏步不前,这似乎有些不近情理。同时,它的追随者们已经东零西散,自信有足够的能力在其他科学上发挥才能的人们谁也不愿意拿自己名誉在这上面冒风险。而一些不学无术的人在这上面却大言不惭地做出一种决定性的评论,这是因为在这个领域里,实在说来,人们还不掌握确实可靠的衡量标准用以区别什么是真知灼见,什么是无稽之谈。"②因此,提出一种科学的哲学观,或一种科学的形而上学是一项迫在眉睫的工作。

在《导论》的"前言",康德主要探讨了以下几个问题:

1. 关于形而上学的源泉

康德认为,形而上学的知识不同于经验科学的知识。康德说:"形而上学知识这一概念本身就说明它不能是经验的。形而上学知识的原理不仅包括公理,也包括基本概念,因而一定不是来自经验的,因为它必须不是形而下的(物理学的)知识,而是形而上的知识,也就是经验以外的知识。这样一来,它就既不能根据作为真正物理学的源泉的外经验,也不能根据作为经验心理学的基础的内经验。所以它是先天的知识,或者说是出于纯粹理智和纯粹理性的知识。"③形而上学知识是"纯粹哲学知识"。

2. 关于先天综合判断的论述

康德提出了真正的知识,即先天综合判断知识的可能性问题。康德认为,唯理论关注先天的演绎知识,关注知识的形式方面,但在知识的内容方面却缺乏创新;经验论关注后天的经验知识,关注知识的内容方面,但是在知识的普遍性和必然性方面缺乏说服力。前者为分析判断,后者为综合知识。两者各有优点和缺点。康德试图克服两者的缺点,综合两者的优点。于是他提出了"先天综合判断"命题。康德认为,先天综合判断是可能的,在数学和物理学领域里人们取得的科学进步实际上证明了它的存在。

---

① 康德:《未来形而上学导论》,庞景仁译,商务印书馆,1986年,第3页。
② 同上。
③ 康德:《未来形而上学导论》,第4页。

3.“形而上学究竟是可能的吗?”

这是《导论》的总问题。康德现在面临的问题是,先天综合判断在哲学领域、在形而上学领域是否可能。康德最终证明形而上学是不可能的。我们的认识只能停留在经验的世界里、现象的世界里。我们不能获得绝对真理,关于本质的世界的知识是不可能的。康德否定了世界最终的可知性。他把这个领域留给了信仰,为宗教留下了地盘。

第三节　康德的主体性道德哲学

道德哲学是康德哲学的重要组成部分。在《实践理性批判》、《道德形而上学的原理》、《道德形而上学》、《历史理性批判》等著作中,康德对道德哲学作了开创性探讨,是休谟之后的伟大道德哲学家。

在《道德形而上学的原理》中,康德对道德法则作出了精辟分析。通过对道德性概念的剖析,康德完成了对道德法则的分析。康德认为,道德性蕴涵在我们对行为及行为表现的品格的道德价值的日常判断中。《道德形而上学的原理》旨在“寻求和确立道德的至上原则”。这项研究“构成了一个整体,并且将脱离于任何一个其他的探索”。为了寻求这个原则,不应设定它是人性科学的组成部分,而是从分析入手,从剖析蕴涵于日常道德价值判断中的基本原则开始。

重建激进自由的道德主体性是康德哲学的主要动机之一。康德提出了一种自主、自律的主体性道德哲学。它既是对启蒙运动个人主义自由观和社会契约理论的批判,又构成黑格尔法哲学的直接理论来源。康德试着通过先验论证来规定主体。康德不把主体规定为向内心注意呈现的被给予物,而是规定为我们必须断定它那样地存在着的某物,它认可了我们拥有的对象的经验图式。先验论证试图从经验回溯到经验主体:为了拥有我们确实拥有的经验,我们必须是什么。通过这种方式,它断言关于主体本质之类的事情决不可能在经验的对象中被找到。因此,主体不会被由在内省中被给予的现象所消解,既为观察自我奠定基础,又为观察外在世界奠定基础。主体是观察者而非被观察者。但是主体的这个领域只有通过推论才能被达到:如果经验是可能的,那么经验就是像主体结构的东西。这样,通过先验论证,康德证明,经验主体是一个统一的“我思”主体,伴有自我的所有表象。

首先,经验世界分离于终极实在。经验世界部分地从主体、精神那里获得它的样式,这些结构可以通过先验论证得到考查;由于经验世界的样式部分是由我们给予的,我们对作为自在存在事物的样式不能得出任何结论。自在之物成为纯粹假设,不是具有实质性内容的事实。康德保持纯粹形式的主体性的前后一致,但是主体性所衍生的经验世界与终极实在的分离是难以容忍的。实际上,康德和笛卡尔一样,没有对近代基本哲学问题给出令人满意的答案。

其次,康德的主要兴趣在于主体的道德自由,即人应该从他自身的意志而不是从任何外在来源来引导出道德知觉。在《实践理性批判》中,康德提出了这样的观点:就我们的思辨理性无法让我们走得更远而言,我们是幸运的。假如我们可以令人信服地看到上帝并且看到不朽的前景,那么我们将总是既诚惶诚恐又充满希望地行动,并且决不可能发展出关于职责的内在驱动力,那个驱动力是道德生活的顶巅。康德提出了他的道德自由观。道德将完全地分离于幸福或快乐的驱动力。道德法则是绝对的。它无条件地束缚着我们。但是我们的幸福的对象全都是偶然的,其中没有一个可以是无条件义务的根据。这个根据只有在意志自身中才能被发现,在束缚我们的某物中才能被发现:因为我们是理性的意志,而不是出于其他理由的意志。

第三,康德主张,道德法则必须具有先验的约束力。它不可能依赖于我们所欲求的对象或我们所实施的行动的特殊性质,而必须是纯粹形式的。在受纯粹形式法则决定的过程中,束缚着自我的完全是一个准理性意志,自我宣布自我独立于所有的自然思考和动机,独立于统治它们的自然因果关系。这种独立性就是自由。在激进意义上,自我是自由的;不是作为自然存在,而是作为纯粹道德意志,自我是自我决定的。

第四,康德道德哲学的核心见解是,在道德意志自我决定的激进意义上,合乎道德的生活等同于自由。自由即自律。对"合乎道德的生活"的任何偏离,根据外在考虑,根据嗜好,甚至对最令人愉悦的善行的嗜好,根据权威,甚至高贵如上帝的权威,而作出的任何意志决定,都注定是"他律"。道德主体必须做到举止得体,动机得当,必须只因道德法则自身才受到尊敬。道德法则是理性的意志。这种道德生活见解不仅导致高扬主体性的自由,而且导致有关虔敬或宗教敬畏的新见解。令人敬畏的微妙之物不仅是上帝,而且是道德法则自身,是理性命令。因此,不是当他们祷告的时候,而是当他们以道德自由活动的时候,人最接近于上帝,最接近于要求无条件地敬奉的事物。

第五，道德生活是一场永恒的斗争。作为自然存在物，人必须依赖于自然，具有欲望和嗜好。那些欲望和嗜好无法迎合道德要求，道德要求在纯粹理性方面具有不同的来源。理性和嗜好之间的终极妥协是得不偿失的。康德从来没有真正解决这个问题。为此他一再受到黑格尔的嘲讽。

问题是，有道德的人的部分义务在于努力求达完美，扬弃嗜好的驱动，达到神圣状态，使我们偏离道德法则的欲望的可能性不再产生，我们将总是乐意遵守道德法则。但是，在尘世里，这种神圣性是不可能的，相反，我们将面对为达到完美而斗争的无止境任务。

第六，康德谈到了道德哲学的不足之处。就把我们的义务和责任教给我们——告诉我们什么是我们的义务和责任——而言，道德哲学是多余的，因为我们已经知道这些义务和责任。康德的见解对后现代主义者关于道德哲学对现代常规生活影响的考虑产生了重大影响。后来的美国哲学家罗蒂和法学家波斯纳都采纳了康德的这一见解。[①] 康德写道：

> 人们难免奇怪的是，在普通人的知性中，实践判断力竟远在理论判断力之上。对理论判断力来说，普通理性如果敢于无视经验和感性知觉，那么它就要陷入不可理解和自相矛盾之中……对实践判断力而言，普通知性却只有把一切感性动机排除在实践法则之外，判断力才能表现自己的优势……最重要的一点在于，和哲学家相比，普通知性甚至更有把握些，因为普通知性和哲学家掌握的原则是一样的，哲学家的判断反而因纠缠于一大堆……不相干的事情而偏离了正确的方向。[②]

第七，康德认为，道德哲学家试图给日常生活以道德指导是冒昧无礼的，道德哲学家的作用在于使我们注意到道德法则潜在于我们的自由理性中。他认为，对这一点的充分自觉激起了遵守道德法则的强烈愿望。这个愿望是独立于概念的愿望：作为理性的人，我们根据理念来行动的愿望。我们的自由理性既是理论的又是

---

① 参阅 Richard A. Posner, *Overcoming Law*, Cambridge：Harvard University, 1995；以及 Richard A. Posner, *The Problematics of Moral and Legal Theory*, Cambridge：the Belknap Press of Harvard University Press, 1999.

② Immanuel Kant, Groundwork of the Metaphysics of Morals, trans. H. D. Paton, New York：Harper and Row, 1964. P. 403.

实践的。根据理性，我们是自由的。那个愿望借助于我们的自我观念得到了表现。康德寻求自我认识：不是求是非，而是求自由，求愿望。

第四节 善良意志和德性的力量

康德对纯粹意志的探讨有点像先验逻辑的做法。先验逻辑研究使得关于对象的综合先验知识成为可能的所有认识论条件。我们在数学和物理学的第一原理中找到了这样的知识。康德认为，纯粹实践理性是存在，它自身有能力独立决定关于我们的意向和自然欲望的意志。

理论理性和实践理性的差异是，理论理性研究给定对象的知识，先验逻辑确立了使得这些对象的综合先验知识成为可能的原则；实践理性关注我们如何使得关于那些对象的概念相一致。康德考察的纯粹意志原则是实践理性原则。在他看来，那些原则能够有效地抛开各种意向和自然欲望而独立地决定我们的意志，把它引导给它的先验对象，那至高无上的善。他认为自己开辟了一个新天地。

康德认为，人不拥有纯粹意志。因为纯粹意志是受实践理性原则指导的选择性力量。受欲望驱使，它是一种选择性力量。它选择许多对象欲望中的一个欲望来行动。

康德想要研究纯粹意志原则，确定具有充分选择权的纯粹意志的人的行动方式，明确作为受实践理性原则指导的东西，人的欲望结构究竟是什么。康德承认欲望有心理力量。但他坚信，人具有选择意志，但人是讲原则的。我们有能力驾驭和评估独立于对象的欲望。

人的道德力量是一种独立于欲望或不为欲望所动的能力。它源于善良意志。善良意志是符合责任的行为的意志，不是出于意向或出于责任的行为的意志。一个出于责任的行为，其道德价值不取决于它所要实现的意图，而取决于它被规定的准则。它不依赖于人意欲达到的愿望（目标、事情或目的）的实现，而依赖于行为所遵循的意志原则。

善良意志唯一遵循的法则是道德法则。尊重，就是承认善良意志的原则是一个法则，承认它直接地决定我们的意志，而不管它是否符合我们的意向。道德意义上讲的尊重，不是对人的尊重，而是对道德法则的尊重。人要从属于那个法则。善良意志是其行为符合责任的意志，那种行为不是出于意向，而是出于对道德法则的尊重。

有两个人曾经大大地影响了康德的思想,一个是休谟,一个是卢梭。前者影响了康德对于认识论问题的思考,即知识有可能性问题的思考,后者则影响了康德对于人的自由问题的思考。卢梭让康德懂得该如何尊重人。卢梭曾经教诲他,在这个世界以内或以外,除去善良的愿望以外,没有绝对的善。一种愿望为尊重道德法则、或关乎义务的意识所决定,则是善良的。出自倾向、爱好、冲动的行动,则不是道德的。行动要成为道德行动,就必须不顾这种冲动,纯粹出自对道德法则的尊重。而且,道德的行动只求动机,不顾后果。只要行动者的动机是善良的,结果是否幸福或完美都无关紧要。

康德试图建立一种绝对的道德法则,这种法则与个体的身份没有关系,而只与个体的动机相关。由道德法则主导,不受冲动、自私欲望和嗜好支配的人,是真正自由的。人尊重道德法则,是人的主体性的真正体现和完成。道德命令是人的真实自我的表现,是人的本质的表现。道德法则表现的是人的最内在自我,道德命令是人自己设定的也是自己必须遵守的命令,是每一个人的命令。人要求自己遵守道德法则。这是他的自律。因此,道德意识蕴涵着意志自由。这种自由不是外在强加于人的,而是人的自觉自愿选择。这是人高于自然的生活,高于动物的生命的根本所在。

这样,康德通过论证,终于确立了道德的至上原则(道德法则)。通过剖析我们在有关行为的道德价值的日常判断中发现的基本原则,它从普遍的常识性道德知识开始,向哲学知识运动。康德让我们永远保持着一种对人的纯粹性的向往,使我们认识到,我们做正当的事,不是为了一世的或永恒的幸福,而是因为那是正当的缘故。

第五节　在休谟和康德之间

休谟是一个承上启下的人物。休谟以后的哲学家都不得不来回答他提出的问题。休谟打破了哲学家的自信美梦。休谟对康德产生了重大影响。他的哲学通过康德而具有了世界的意义。但是我们对休谟哲学的理解又不能局限于康德对休谟的理解方式和认可程度。休谟和康德其实存在着很不相同的哲学思想的倾向和动机。康德对休谟的误读实为近代哲学中的一桩最大的公案。罗尔斯说:

休谟怀疑论的关键是……它是某种生活方式的组成部分。在与传统宗教生活方式的比较中,休谟完全明确地看到了这种生活方式。因此,休谟并没有简单地抛弃那种宗教:他用一种生活方式取代了它,而他似乎从来没有抛弃过那种生活方式。①

康德承认休谟的怀疑论打破了自己的独断论美梦。在 1768 年写给青年赫德尔的一封信中,康德对休谟作出了非同寻常的评价。他在信中写道:

我极其欣喜地预见到了这样一个时刻的即将来临,到那时,你的成熟的精神将不再受你年轻情感的温和冲动的驱动,你将抵达一种安详的境界,你将充满着一种平和的心情,那是哲学家的思辨生活,那种生活恰好是神秘主义者梦想的生活的反面……我满怀信心地预见到了展示你的天才时期的来临,这是所有心灵状况对其拥有者和世人最有益的时期。以我的理解,在这个时期,蒙田将屈就于卑微的低层,而休谟则雄居于至上的顶巅。②

虽然在新版《牛津哲学辞典》中,我们看到了这样的评论:"其实休谟对康德第一个批判的影响是相当轻微的。"③但是休谟对康德的思想影响,进而对整个现代西方哲学的思想影响是明确的。

首先,休谟哲学是哲学日常语言学派的古典人物。休谟在近代就完成了一次重大的哲学转向,从形而上学哲学转向日常生活话语,转向世俗世界。遗憾的是,休谟所揭示的真理要经历了两个世纪之后,才逐渐被人们所认同。

其次,休谟是一位承上启下的转折性人物。休谟对形而上学的批判,对知识范围的限定,对康德产生了直接影响。我们几乎可以看到康德在《未来形而上学导论》中几乎复述了休谟的基本见解。虽然休谟打破了康德的独断论美梦,但是康德仍然没有放弃对"科学的形而上学"寻求。康德的哲学尝试违背了休谟怀疑论的初

---

① 罗尔斯:《道德哲学史讲演录》,张国清译,台北左岸文化出版社,2004 年,第 70 页。

② 罗尔斯:《道德哲学史讲演录》,第 240 页。

③ 参阅 *Oxford Dictionary of Philosophy*,Simon Blackburn(ed.),Oxford University Press,New York,1996 关于 Kant 词条的解释。

衷。康德后来发展出一整套"辩证"思维方式，其实都是试图回答一个问题，超越于经验之外的知识的可能性或"形而上学知识的可能性"。

第三，康德的努力虽然不很成功，但是大大地刺激了他之后的哲学家们的自信心和尊严。因此，近代哲学的发展似乎更加偏离了休谟所指出的日常生活化的方向。

第四，休谟重视日常生活的重要性、常识的重要性，但是他没有把常识和理性对立起来。他反对理性的至上性和普遍性，但他不反对理性。这一点从休谟和卢梭的关系也得到了证明。休谟和卢梭曾经发生过激烈的争论。那场争论实际上代表着西方哲学和社会发展的两个不同方向。休谟和卢梭也实际上成为影响西方近代和现代社会发展的两个最重要人物。英国哲学家罗素在《西方哲学史》中对两人作过有趣的评价："休谟和卢梭之间的争吵成了象征，卢梭癫狂，但是有影响；休谟神志清醒，却没有追随者。后来的英国经验主义者未加反驳就否定了他的怀疑论；卢梭和他的信徒们同意休谟所说的任何信念都不是以理性为基础的，然而却认为情高于理，让情感引导他们产生一些和休谟在实践上保持的信念迥然不同的信念。德国哲学家们，从康德到黑格尔，都没消化休谟的议论……整个 19 世纪内以及 20世纪到此为止的非理性的发展，是休谟破坏经验主义的当然结果。"[①]

第五，休谟的不可知论代表着反理性主义的方向。休谟实际上否定了形而上学的可能性。康德对休谟的解答，则是在更加精密的形式中对休谟观点的复述。诚如罗尔斯指出的那样："休谟对现代科学和传统宗教与被接受的道德信仰之间的关系问题实施了一种激进的解决方案。康德不会接受休谟的解决方案……康德和休谟有些相似之处。康德也被我们的道德判断的多样性和冲突所苦恼；他指出，我们大家共同拥有的他称作'共同的人类理性'是我们或多或少地依据相同方式作出判断的；甚至哲学家也无法拥有不同于普通人类理性原则的（道德）原则……康德又一次像休谟一样地认为，科学和道德相似：假如对休谟来说，它们包含着感性和感觉形式，那么对康德来说，它们都是理性形式，一个是理论理性，另一个是（纯粹）实践理性。当然这与休谟的怀疑论存在着根本的对立；但是其要点是，与把科学看做是理性的而把道德看作不是理性的现代观点——例如，维也纳逻辑实证主义——相比，像休谟一样，康德没有把科学提高到不利于道德思想和判断的地步。当然，康德调和科学与传统宗教以及被接受的道德信仰的方式从根本上对立于休

---

① 罗素：《西方哲学史》（下卷），何兆武译，商务印书馆，1982 年，第 211 页。

谟的方式。"①

第六，当代西方哲学中的一个重要转折是语言转向。这个转向源于休谟的常识性思维方式。休谟对形而上学语言的治疗，对人的实际生活的清醒意识，对人性基本倾向的明确认同，对人类的超人类（神圣）渴望的明确否定，对现代分析哲学的贡献，仍然有待于我们深入挖掘。

最后，由于康德对休谟哲学的严重误读，使得形而上学哲学在历史上增加了100多年的寿命。毕竟，形而上学哲学是一个应该完结的话题。这种完结虽然在马克思、海德格尔、维特根斯坦、罗蒂等人那里一再地以不同的形式出现，然而，在休谟那里总是存在着一种关于它的最健康、平和而清晰的样式。

通过对休谟和康德的重新解读，我们呈现了一个古典形态的现代性哲学话语，并将揭示出这套话语同现在人们正在讨论的现代性话语关系：如果说，"形而上学"是一个多余的问题，那么休谟已经出色地抛弃了那个问题。如果说"形而上学"不是一个多余问题，那么康德已经出色地解决了那个问题，尽管一个从经验论出发，另一个从先验论出发。因此，无论从何种意义上讲，"形而上学是否可能的？"问题在哲学史中都应该不是一个再值得我们给予追问的问题。我们应该跳出从休谟对康德的影响来评价休谟，而应从休谟对当代哲学的影响和启示来评价休谟。假如我们这样做了，我们便更加地接近了真正的休谟哲学。

总而言之，休谟是一位激进的怀疑论者和无神论者。休谟的哲学思想对后世产生了重大影响，康德承认正是休谟使他从独断论睡梦中醒悟过来。休谟对情感的倚重和对理性的批判使他成为现代西方哲学中的转折性人物。

参考书目

休谟：《人性论》，关文运译，商务印书馆，1991年。

康德：《道德形而上学的原理》，苗力田译，上海人民出版社，1986年。

康德：《实践理性批判》，韩水法译，商务印书馆，2000年。

康德：《纯粹理性批判》，蓝公武译，商务印书馆，1960年。

罗尔斯：《道德哲学史讲义》，张国清译，上海三联书店，2003年。

---

① 罗尔斯：《道德哲学史讲演录》，第70～71页。

第四章

黑格尔、概念隐喻和意识的经验科学

学习先人思想本身就是一项重要的哲学训练。凭着对人类思想成就全面深刻的把握,黑格尔建立了一个庞大的哲学体系。他在建构哲学体系时表现出来的独特哲学思维方式,尽管受到现代哲学家的批评和排斥,仍然是我们学习哲学的重要途径。黑格尔在《精神现象学》(马克思称赞它是黑格尔辩证法思想的发源地)中表现出来的独特思维方式,值得我们认真借鉴。

第一节 回忆和异化:逻辑的他者

黑格尔《精神现象学》的主题是如何实现由表象向概念过渡的问题。表象是概念的前提。黑格尔在现象学中主要探讨意识的经验、意识的存在形式,即意识的经历、经验和体验;图像、图画和形象;意境、境界和心态,等等。这种探讨为后来的黑格尔哲学体系奠定了基础,也为后学者探讨现代性话题奠定了理论框架。这个主题决定了,表现主题的思维方式不仅为逻辑的概念思维,而且有非逻辑的表象思维。由于黑格尔探讨的是概念的前史,因而表象思维往往起主导作用。《精神现象学》有一种独特的表述方式。它借助两个要素实现:回忆和异化(内在化和外在化)。这两个要素是研究现象学的关键。

长期以来,在国内的黑格尔研究中,由于人们对《逻辑学》的过分强调,对概念辩证法的过分强调,忽视了对黑格尔其他领域的研究,包括对《精神现象学》的研究。现在,这种局面已大为改观。在我国,《精神现象学》研究已得到重视。可是一个明显事实是,有些学者还是用研究《逻辑学》或《哲学全书》的态度和方法来研究《精神现象学》,忽视《精神现象学》和《逻辑学》及《哲学全书》的几个根本性问题。

首先,黑格尔是研究概念的哲学家,其哲学的中心概念是概念本身。问题是:

"概念自何而来?"有些学者囿于传统成见,总是直接与概念打交道。他们到处查找概念,猎取概念,按照《逻辑学》方式,罗列概念,从大到甲、乙、丙,小到一、二、三,完全是三一式的意味,却忽视了本质性问题。我们认为,概念自何而来问题,黑格尔正是在《精神现象学》里提出并解决的。

其次,黑格尔在《逻辑学》和《哲学全书》中所使用的方法是概念的辩证法,但是在《精神现象学》中是否也如此呢? 在《精神现象学》中是否存在着别的方法呢?

第三,《精神现象学》研究各种意识的经验和经历,研究精神运动的现象和规律。它同《逻辑学》或《哲学全书》所研究的现象和规律是否一样呢?

弄清上面的问题是正确理解黑格尔整个哲学体系各部分关系,评估《精神现象学》地位的基本前提,也是正确理解黑格尔对现代性之理解的一个重要方面。

第二节　从表象到概念

《精神现象学》首先是为了解决概念来源问题而作的,它的主题就是由表象而达概念的过程。《精神现象学》的中心概念是"意识的经验"。黑格尔称现象学为"意识的经验的科学"。黑格尔在其序言中说:"这部《精神现象学》所描述的就是一般的科学或知识的这个形成过程。最初的知识或直接的精神,是没有精神的东西,是感性知识,为了成为真的知识,或者说,为了产生科学的因素,产生科学的纯粹概念,最初的知识必须经历一段艰苦而漫长的道路。"[①]他在《逻辑学》里也说道:"在《精神现象学》中……这条道路经历了意识与客体的关系的一切形式,而以科学的概念为其结果。"[②]当概念产生时,"《精神现象学》就终结了"。[③] 因此,《精神现象学》所要探讨的对象是意识的诸多经验形态,是意识经历的表象世界。当这个世界转化为概念世界时,现象学也就终结了。概念是现象学的终点,又是逻辑学的起点。

现象学所展示的是意识的经验的领域。在现象学中,意识的经验不是从心理学而是从认识论展开的,但它不是概念的辩证法,而是概念的前史的辩证法。黑格尔以批判的眼光来审视意识的经验的各阶段,意识的经验的各阶段在自我展示中

---

① 黑格尔:《精神现象学》(上卷),贺麟,王玖兴译,商务印书馆,1983 年,第 17 页。
② 黑格尔:《逻辑学》(上卷),杨一之译,商务印书馆,1982 年,第 29～30 页。
③ 黑格尔:《精神现象学》(上卷),第 24 页。

陷入无法摆脱的深渊。对现象学而言,意识或精神没有得到积极的后果。即使到了现象学最后一章,"绝对知识",黑格尔也没有给予现象学以全盘肯定。因为绝对知识在现象学中只是以表象的形式显现的,而黑格尔认为,真正的思辨哲学只有以概念的形式表现出来才是最真实的。黑格尔在序言中说,精神现象学"之所以是科学的一部分,是因为精神的实际存在作为最初的东西不是别的,仅仅是直接性或开端,而开端还不是向开端的返回。因此直接的实际存在这个因素就是科学的这一部分所据以有区别于其他部分的规定性"①。

黑格尔之所以特别强调"直接的实际存在",强调概念前的表象,就是为了反对当时德国哲学界空洞肤浅的形式主义,以阐明科学概念的真正来源。不同于康德形式主义的三一图式,黑格尔强调内容与形式、表象与概念的统一。他认为,根本不需要给具体内容补加上一个形式主义的东西;具体内容本身就是向形式主义的过渡,不过这里的形式主义已非那种外在的形式主义,因为形式就是具体事物所固有的形成过程。黑格尔说:"康德的三一体,在康德那里还只是由本能刚才重新发现出来的,还是死的,还是无概念的。"②又说,对康德三一体公式的"这种外在的空洞的应用,则被称之为构造,——不过这种形式主义的情况是和任何一种形式主义一样的"。黑格尔称这种建构活动所依据的工具是无生命的图式,是一种真正的幻象,它仅仅给予感性事物以概念的假象。在黑格尔看来,虽然康德把空洞的形式主义图式看做先天构架,外化运用到外在世界,产生所谓的"人为自然立法"事件,但是康德无法解决这个图式的来源问题。

费希特遵循康德的三一体,自我——非我——自我和非我的统一(绝对自我),撇开了自我的历史及其现实性的三段论演绎,同样是形式主义的。黑格尔把这种三一体讥之为"一具遍贴着小标签的骨架"或"一家摆着大批贴有标签的密封罐子的香料店";谢林则主张直接同"绝对",同"上帝"打交道,而不闻问"绝对"、"上帝"是如何产生和发展的。在当时德国哲学界,黑格尔试图把人类的历史和现实性同哲学发展的历史和现实性联系起来进行研究,且以对人类的历史和现实性的考察作为对哲学发展的历史和现实性考察的基础。黑格尔的这种尝试第一次全面地体现在《精神现象学》中。

① 黑格尔:《精神现象学》(上卷),第 23 页。
② 黑格尔:《精神现象学》(上卷),第 32 页。

《精神现象学》是一把通向概念的梯子。《逻辑学》和《哲学全书》是作为《精神现象学》的概念化而得到的。所以，表象世界是概念世界的前提。《精神现象学》是《逻辑学》和《哲学全书》的前提。黑格尔之所以写一本大部头的现象学著作，就是为了强调表象的重要性。

第三节　表象世界和隐喻世界

表象世界也是隐喻世界。只看到表象世界的重要性而看不到表现表象世界的手法的重要性也是片面的。

学术界认为，哲学思维是概念思维，他们在表象思维和概念思维之间划了一条不可逾越的鸿沟，甚至把表象思维从哲学中完全驱逐了出去。如果把这种见解应用到《精神现象学》，那么对《精神现象学》的主题就会作出纯粹概念的逻辑学解释。这同黑格尔写作《精神现象学》的意图以及《精神现象学》实际研究对象和使用方法是不相符的。

展示表象世界的主要方法是前概念的，概念隐喻在其中扮演着重要角色。概念隐喻是对"意识的经验的科学"对象的形象表达。概念隐喻是表象思维的直接结果。表象思维是《精神现象学》的独特思维方式。它有这样几层含义：

（1）表象思维的对象是表象世界；

（2）表象思维是前思辨哲学的思维方式，隐喻概念是其重要手段；

（3）思辨哲学产生之后，它是与概念思维并存的非逻辑的表象思维。它既是概念思维的前提，又是概念思维的并列者、陪伴者；

（4）概念隐喻先于抽象概念而存在，在表象概念提升为抽象概念后，隐喻概念一直陪伴着抽象概念，仍然是哲学思维的重要手段。

从现象学的真实内容可以看出，黑格尔不仅大量运用诗意直观的表现手法，而且他关于精神形态的精彩描绘，直接来自于文学艺术领域的原形。甚至可以说，正是运用了这些诗意的表现手法，才使得精神现象的一种形态向另一种形态的转变成为可能。《精神现象学》呈现的是一个丰富多彩的隐喻世界。

当然，黑格尔对当时流行的"直观而诗意的"思维是持批判态度的。但是这并不意味着他对表象思维是一味排斥的。黑格尔说得很明白："同样地,现在有一种自然的哲学思维,自认为不屑于使用概念,而由于缺乏概念,就自称是一种直观的和诗意的思维,给市场上带来的货色,既不是诗又不是哲学的虚构。"[①]黑格尔所反对的是"由思维搅乱了的想象力"以及由此而作出的任意拼凑。黑格尔不否认恰当的隐喻和合理的想象,否则他怎么会出尔反尔地在这里引用一个隐喻呢?"给市场上带来的货色……一些既不是鱼又不是肉……",这不是一个直观的隐喻吗?

黑格尔在其哲学著作中,尤其在《精神现象学》中,对隐喻、反语、双关语、讽刺等表现手法的运用不是偶然的。表象思维作为寻求真理的必要前提居于同逻辑的概念思维一样重要的地位。它们是交互为用、互相引发的。黑格尔是研究概念的哲学家,但没有抛弃概念之外的东西。黑格尔正是在《精神现象学》中给予表象世界以及表现它的方法以在哲学中存在的必要地位。如果没有表象思维,《精神现象学》就不成其为精神现象学了,没有表象世界就不会有后来的概念世界。没有概念隐喻,就不会有后来的思辨概念。即使在概念世界里,黑格尔还是使用着诗意的思维,使用着丰富的隐喻。比如,那新的日出,使精神世界焕然一新的日出;那黄昏,密那发的猫头鹰起飞的时刻;那姗姗来迟的哲学老人,人们是不会忘怀的。

第四节　回忆、隐喻和概念的他者

界定《精神现象学》主题,肯定表象思维在《精神现象学》中的地位,必然产生对《精神现象学》主题的展开及运行规律的重新认识。从《精神现象学》的序言和导论、起点、展开和结局来看,它本身是以谜语的形式构成的体系。隐喻、反语、双关语、发现、逆转、回归相呼应,与著作的谜语结构融为一体。整个体系这座大厦的拱顶石,环节安排和术语运用所依据的,正是"拓展——回归"运动。这种运动方式将是我着重给予分析的对象。

马克思说过,《精神现象学》是黑格尔哲学的真正诞生地和秘密,是黑格尔的圣经。对那个"秘密"究竟是什么存在着不同的理解,有人把它等同于黑格尔哲学的合理内核,即否定的辩证法,有人则把它等同于黑格尔哲学中不合理的唯心主义的那一面,即非批判性和神秘主义。其实,"秘密"很可能有多个方面,是多方面糅合

---

① 　黑格尔:《精神现象学》(上卷),第47页。

成的一个全体。对于秘密的揭示允许我们从不同的角度去进行。

我认为,《精神现象学》主题之自我展示过程中"拓展——回归"运动方式,以区别于《逻辑学》和《哲学全书》中"肯定——否定——否定之否定"运动方式,旨在说明前者是现象学的意识的经验性运动方式,后者是《逻辑学》或《哲学全书》的概念的逻辑性运动方式。尽管黑格尔本人没有这种提法,但是"拓展——回归"运动确实是贯穿于现象学之中的。"拓展——回归"运动本身有一个前提,就是黑格尔关于意识的二重性观点。黑格尔说:"但是那自在的存在和知识之间的区分已经通过这样的事实呈现出来,意识毕竟知道有一个对象,某物是自为的存在;知识,或作为对象的意识的存在,是自为的另一个要素,这种区分作为一个事实呈现出来,考察建立在这种区分之上。"①这是黑格尔的重大发现:意识具有两个要素,在任何意义下或以任何方式都不可能由其一推出其他,任何一个要素都不是另一个要素的基础。这是意识原始存在的两层含义,也是指意识的二重性。存在着对象意识和对象意识的意识。这是黑格尔哲学与谢林哲学的根本区别。它使黑格尔摆脱了对谢林哲学的依附而走向独立,《精神现象学》是黑格尔哲学的独立宣言。

如果不理解并时时记取黑格尔对意识二重性的区分,不理解这种区分的意义,那么将无法了解黑格尔思想的基础。意识原始存在的二重性是黑格尔考察所有意识的经验形态的基础。在现象学中,每一种经验都试图消除意识存在的二重性。现象学各个意识阶段的任何一种关系都是一种尝试,想把实际存在于自在意识和自为意识两要素之间的联结意义有系统地陈述在一个单纯的概念里,经验的每一次尝试都表现为意识的二重性存在的特殊形式。没有意识的二重性,就没有经验事物。借助于意识两要素的不平衡,意识在自身内旅行。对这种不平衡,黑格尔在导论中用"辩证运动"来表示。其意思是说,意识不可能一下子把握在它面前的两个要素,它要么是对对象的感受,要么是从已经认识了的对象出发对自身的感受。G.米勒说:"在现象学中,辩证的过程,在任何水平上,都是绝对世界自身在我们中的相对意识之间的一种活生生的对话。"②

美国 Emory 大学维尔纳教授特别强调意识二重性在《精神现象学》中的重要性。我认为,这个意识的二重性辩证运动就表现为意识的经验的"拓展——回归"

---

① 黑格尔:《精神现象学》(上卷),第 60 页。
② 中国社会科学院哲学所编:《国外黑格尔哲学新论》,中国社会科学出版社,1982 年,第 190 页。

运动。现象学中意识的经验的"拓展——回归"运动,不是一个"正——反——合"的过程。新的自在存在不是对意识的两要素的综合,而是向新的直接性的回归。新的对象的产生,是新的起源,新的立足点。黑格尔说:"这种情况在这里表现成这样:由于当初作为对象而出现的东西替意识降低到它的认识对象方式的水平;并且由于自在变成了自在的一种为意识的存在,后者现在是一个新的对象,因此一种新的意识形态产生了。"①

黑格尔在《精神现象学》最后一段对整个作品进行总结时,称它是精神回忆的历史,是一个画廊。在那段话中,他多次提到一个重要的术语"回忆"。对于"回忆",《精神现象学》中译本脚注是这样解释的:"德文 Erinnerung 原是'回忆'、'记忆'的意思,但 Erinnerung 在这里有'使内在化'、提高为'内在东西'的意义,黑格尔在这里是指把经验总结、提高、上升为内在逻辑规律。"②我们认为,黑格尔在《精神现象学》的最后一段话强调回忆的重要性,其用意不仅不是指"把经验总结、提高、上升为内在的逻辑规律",而且恰恰相反,"回忆"的对象是一幅幅图画,一个个画廊。而内在逻辑规律不可能是图像、图画、意境、心态等等。黑格尔在现象学结尾所描述的领域,仍然是形象或表象的世界。像"各各地"、"王座"、"圣餐杯"、"孤寂的上帝"、"翻涌的泡沫"等等,这一系列隐喻都是对精神王国的形象描绘。这是一个精神王国的画廊,但是其形象性由于翻译的缘故和译者的理解而淡化了。在这里,回忆并不是局限于为了形成内在逻辑规律,回忆在这里具有这样几层含义:

首先,回忆产生了梦幻一般的历史,恰似一个晚上一个孤独的生灵玄思时呈现在他面前的一系景象;其次,回忆又是一种系统的能力,它不仅是对画面和意境的保存,而且是将它们内在化的过程,是图像的内在化过程,这个过程是主体教养和熏陶的基础;第三,回忆又是一个达到绝对知识的过程,在这过程中产生了一系列实在的假象,通过假象精神才触摸到绝对知识;最后,回忆还有一种组合能力,它把一系列假象组合成一个全体,这个全体是精神王国的骷髅地、坟墓。到此,《精神现象学》便告结束,而另一个王国,黑格尔称作阴影的王国,逻辑的王国便产生了。因此,回忆的多重含义也向我们展示了《精神现象学》向《逻辑学》和《哲学全书》的过渡。

---

① 黑格尔:《精神现象学》(上卷),第 61 页。
② 黑格尔:《精神现象学》(下卷),第 274 页。

"回忆"是意识的经验的"拓展——回归"运动中的一个本质性要素。黑格尔称现象学是一次"发现的远航"。意识或精神的经验的历史,最伟大之处即在"发现"。"发现"是"回归"的前提,它同"自觉"(意识)、"自我意识"(自我发现)有密切的关系。G. 米勒说:"在现象学中,整个哲学是人类灵魂承担意识它的世界和在自身中意识它自身的航行和经历中,才发现自身的。人类这种意识每一个步骤和方面,按照上升的方向和下降的方向都在自身中发现一种人类持续的可能性。人类意识的失败和无能,正像它的胜利和成功一样,是现实的和重要的。最终,人类得到绝对的自我理解,即它的所有方面和形式都属于其回忆的生活,并且它的整体中的相互斗争,相互制约的命题和观点重新发生了。"[1]

发现的远航、回忆的历史、精神王国的画廊,都是在相似意义上表现《精神现象学》主题的。"发现"和"回忆"是在相似意义上使用的。回忆是高级的发现,"回忆把这经验保存了下来,并且回忆是内在存在,而且事实上是实体的更高形式。"[2]维尔纳说:"回忆是现象学最关键的东西。"[3]

但是维尔纳忽视了《精神现象学》的另一个关键要素,那就是意识和精神的"外在化","精神被外在化在时间里了"。[4] "外在化"这个术语具有异化、离异、疏远、遗忘、游离、陌生、让渡、表达、显示等含义。它也构成"拓展——回归"运动中的一个本质性要素。只有外化了的精神才是现实的精神。黑格尔在序言中说:"精神的力量只能同它的外在表现那样强大,它的深度也只能像它在自行展开中敢于扩展和敢于丧失其自身时所达到的那样深远。"又说:"我们的问题的关键,本在于不让最好的东西继续藏在内部,而要让它从这矿井里被运送到地面上而显露于日光之下。"[5]传统上,人们对"外在化"或"异化"的研究侧重于一种社会和历史现象的分析,没有把它作为一种同"内在化"或"回忆"相对应的表现方式来看待,强调它具有心理学、心智哲学或认知科学的价值。

内在化过程(回忆)和外在化过程(异化)是意识的经验的两个本质性环节。相对于意识原始存在的双重含义,这两个环节也是相互并存,互相引发,但不能从其

---

① 中国社会科学院哲学所编:《国外黑格尔哲学新论》,第 195 页。

② 黑格尔:《精神现象学》(下卷),第 274 页。

③ Donald Phillip Verene, *Hegel's Recollection: a Study of Images in the Phenomenology of Spirit*, Albany: State University of New York Press, 1985. p. 3.

④ 黑格尔:《精神现象学》(上卷),第 6 页。

⑤ 黑格尔:《精神现象学》(上卷),第 47 页。

一推出其他的。所以,我比维尔纳更进一步认为,"回忆"和"异化"(内在化和外在化)是《精神现象学》的关键。黑格尔说:"如果我们试回顾一下,什么是意识以前算作属于自己的东西,什么是意识现在算作属于自己的东西,什么是意识以前认出属于事物的东西,什么是意识现在认为属于事物的东西,那么我们就会看出,意识以交替的方式,时而把它自身,时而又把事物认作这两方面;时而认作纯粹的不包含众多的单一体,时而又认作一个消融为诸多独立的质料和特质的集合体。通过各种比较于是意识就发现,不仅它自己对真理的认识包含着向外把握与返回自身这两个环节,而且毋宁真理或事物也以这两种不同的方式呈现自身。"[①]正是"内在化"和"外在化"这两个经验的本质性要素使得《精神现象学》有别于《逻辑学》和《哲学全书》。"回忆"和"异化"说明了意识的经验得以运行的内在机制,它们和前面提及的意识原始存在的二重性(不平衡性)一起构成了意识的经验的"拓展——回归"运动。

总起来说,意识的"拓展——回归"运动由以下三个要点组成:

(1) 黑格尔对意识原始存在双重含义的区分是整个精神现象学的基础。

(2) 建立在意识的双重性基础上,意识的经验过程始终包含两个方面:回忆和异化(或内在化和外在化)。回忆是一个内在化过程。异化则是一个外在化过程。

(3) 由于意识的经验的二重性,其表现过程便也具有了二重性:回忆要借助于图画,借助于表象把经验的对象予以保存,予以内在化,成为自身的一个要素;同时经验的另一方面,即异化的方面,外在化的方面,却每每外在化自身。

黑格尔说:"意识总是经常一再地忘记了它的经验,每每从头重新经历同样的过程。"又说:"在这个新的世界,精神必须无拘无束地从它的直接性开始,并再次向成熟运动,好像过去的一切都已丧失干净,而且好像它从以前精神的经验中没有学到任何东西。"[②]精神是很健忘的,黑格尔在其他地方也曾谆谆教导过,历史告诉人

① 黑格尔:《精神现象学》(上卷),第 82 页。
② 黑格尔:《精神现象学》(上卷),第 71 页。

们，人们从来没有从历史中吸取过教训。这样，回忆和异化、内在化和外在化，发现和遗忘，便构成了意识的经验的"拓展——回归"运动的主要内涵和特征。

第五节　隐喻、想象力和知识

指出现象学的关键是内在化的回忆和外在化的异化，以及提出意识的经验的"拓展——回归"运动方式意味着，思辨知识以回忆和异化为前提。关于思辨命题，黑格尔在序言中讨论道，判断的内容在其中经过主词而达谓词，需要具有思维能力，这些能力并非自在地是逻辑学的，它们也不能设定逻辑形式。这些能力不是反逻辑的，不是不合逻辑的或反逻辑的或不合理性的。它们是思辨知识的忠实伴侣。但是出于本性，它们不具有思辨的命题形式。回忆通过隐喻、智巧和图画来进行；它使我们易于接近图像的整个画廊。借助于那画廊，意识生发出它存在之系列中各种起始之点和再起始之点。因此，去回忆和去把对象异化并不是去形成一个命题，而是去形成一幅图画、一种意境、一种心态。图画不是命题。所以，图画、意境、心态、体验等是现象学经验的具体展示，是回忆和异化的表现方式。我们把"拓展——回归"运动和由表象而达概念的现象学主题就一致起来了。

通过揭示《精神现象学》主题以及其运动方式，我们得出以下结论：《精神现象学》主要探讨的不是概念辩证法，而是概念的前史。概念的否定的辩证法不是唯一的方法，甚至不是主要的方法。哲学思维不排斥表象思维。新哲学的发祥地在于对精神自身的历史的重新学习和总结。思辨哲学的产生必须经过形象的表象世界阶段；要达到哲学的思辨，必须经历非思辨的形象塑造；要把握哲学真理，必须首先把握其他科学领域的知识和真理；要振兴哲学，唯一的途径是展开对现象领域的全面研究。像黑格尔说的那样，对感性、知性、自我意识、理性、精神、宗教、伦理、艺术诸多精神现象的研究是达到哲学真理的必要前提。要理解《逻辑学》和《哲学全书》，必须首先认识《精神现象学》，它们的关系在时序上不能颠倒。

通过对《精神现象学》主题以及呈现方式的研究，我看到，黑格尔对意识经验的内在化和外在化给予了同等关注，把意识经验的历史全部纳入了进来，大大拓展了哲学研究空间。隐喻世界是概念世界的前提，《精神现象学》是《逻辑学》的前提。隐喻是概念的前提。概念是隐喻的意外文字化。这就把黑格尔的精神现象学同美国哲学家罗蒂提倡的隐喻理论联系了起来。哲学家偏好的是升华为超越纯粹人类的普适框架的普遍主义隐喻,文学家和诗人则偏好人类灵魂最底层的浪漫主义隐喻。但是人类新思想的源头不是概念本身,而是一些偶发的可遇不可求的转瞬即逝的想象力。罗蒂采纳诗人雪莱的主张来阐明隐喻和概念的关系,想象力和知识的关系。雪莱拓展了"诗"的含义,说诗是"想象力的表达",诗"与人类的起源同生"。① 诗是"某种神圣的事物……既是知识的圆心,又是知识的圆周;它理解一切科学,而科学必定求助于它。它既是一切其他思想体系的根,也是它们的花。"② "正如启蒙运动强调和神化了理性一样,雪莱和其他浪漫主义者强调和神化了想象力。"③

总而言之,我们从浪漫主义角度来解读黑格尔哲学的起源,人类的心灵历史成为黑格尔哲学的重要思想来源。黑格尔成为福柯的先驱。黑格尔没有走得像雪莱那么远,但他承认诗的作用,隐喻的作用。由于精神现象学是一种意识的经验的科学,黑格尔的研究同当代心智哲学家莱卡夫提倡的有关心智哲学的三个命题具有呼应关系:心智是天生涉身的(The mind is inherently embodied),思维是绝大多数无意识的(Thought is mostly unconscious),抽象概念是多半隐喻的(Abstract concepts are largely metaphorical)。④ 当然,莱卡夫的心智哲学是在当代认知科学的支持下获得认证的,而黑格尔的精神现象学更多的是一种哲学猜测。但是我们仍然可以看到,黑格尔思考哲学问题的方向和思路是正确的。

参考书目

黑格尔:《精神现象学》,贺麟、王玖兴译,商务印书馆,1983 年。

黑格尔:《小逻辑》,贺麟译,商务印书馆,1980 年。

罗蒂:《文化政治哲学》,张国清译,上海译文出版社,2011 年。

---

① Percy Bysshe Shelley, "Defence of Poetry," in *Shelley's Poetry and Prose*, ed. Donald Reiman and Sharon Powers [New York: Norton, 1977], 480.

② 同上,第 503 页。

③ 罗蒂:《文化政治哲学》,张国清译,上海译文出版社,2011 年,第 123 页。

④ George Lakoff and Mark Johnson, *Philosophy in the Flesh: the Embodied Mind and its Challenge to Western Thought*, New York: Basic Books, 1999. p. 3.

第五章

高尚的心灵、思想与自由

学习先人的智慧,学习先人的思想成果,是有一套完整方法的。在哲学史上,黑格尔为我们提供了一个完整的哲学思想史框架,帮助我们界定,哪些思想是真正的思想,是值得我们认真对待的。

第一节 思想的踪迹

黑格尔是欧洲历史上第一位自觉地全面地对哲学史进行研究,给哲学的发展制定规律,确定发展线索并使之服从于自己的哲学系统的哲学家。他的《哲学史讲演录》从思想史角度论证了自己的哲学体系的严整性和一贯性,其贯彻始终的理性自主性原则给人以一种不可抗拒的力量,在它面前一切都失却了绝对意义。在该书导言中,黑格尔全面阐述了自己的哲学史观。本章立足于那个导言,试着对其哲学史观的几个原则作简要论述和评价,认为理性自由原则是黑格尔哲学和哲学史观的核心。

1.哲学史是一系列高尚心灵的展览

黑格尔对哲学史的定义是很多的。他认为哲学史具有多义性。首先哲学史是思想自己发现自己的历史。这里的"思想"具有多层含义:

在人类学意义上,思想使人有别于动物;

在一般哲学意义上,哲学思想有别于其他精神活动;

在黑格尔哲学意义上,思想作为历史的主体出现。也就是说,思想是自由自觉的,必须从自然对象中解放出来,是自在自为的真的必然性的思想;

先有思想的存在,然后有思想的思想(反思),思想只能于产生自己的过程中发现自己;只有当思想发现自己时,思想才存在的并且是真实的。① 自然界、社会早已存在,而只有在社会中思想主体产生以后,即自由思想产生以后,才能产生哲学;

思想在时间上不是永恒的,思想主体不是永恒的,"思想借以出发去发现自己的这一系列的产生或发现,乃是一种二千五百年历史的工作"。② 这里的思想显然是哲学思想;

但是,思想在本质上既然是思想,它就是自在自为和永恒的。由此可见,黑格尔意义下的思想不是作为物质的属性而存在的附属品,意识也不是作为对物质的反映而存在的。在他看来,思想是一种活动的主体,意识则是这种活动的本质。所以在同是物质的意义上不能把人和动物区别开来,只有在一是物质一是精神的意义上才能把人和动物区别开来。

首先,人的本质是思想,把思想作为哲学的研究对象,也就是研究人的本质,这里没有神秘的地方。但是当黑格尔在自然和人之间划了一条不可逾越的鸿沟之后,即把自然排斥在自我发展的历史领域之外之后,他又设立了一个高高在上的上帝作为整个体系的支撑物。而上帝在这里也理性化了。神是由理性自己创造的对象,在哲学领域里,绝对精神取代了神,我们不能把黑格尔哲学意义上的神学和一般宗教中的神学等同起来,那种等同会抹杀黑格尔哲学的特点。

其次,哲学史是一系列高尚的心灵、理性思维的英雄们的展览。哲学是高尚的理性活动,活动的范围是"事物、自然和心灵的本质、上帝的本质"的领域。这种活动是自由的,它不研究人的性格,不把个人的情感、意志归入研究范围,不研究个人的"行为和事件",而研究作为特殊性的思维的创造主体。黑格尔认为,哲学发展的内在矛盾不涉及外在的历史,而只涉及哲学内容自身的历史,他反对在哲学之外另立一个认识对象。哲学是对于自己的时代的精神的认识。哲学不是主观任意的东西,不是不同意见有堆积。哲学是思维的产物。真理只有经过思维的劳作才能认识,只有变化着的思想才是有生命力的。哲学的分歧是它得以发展的内在契机。"哲学系统的分歧和多样不仅对哲学本身或哲学的可能性没有妨碍,而且对于哲学这门科学的存在,在过去和现在都是绝对必要的而且是本质的。"③哲学史就是描述这一客观过程的。

---

① 黑格尔:《哲学史讲演录》(第一卷),贺麟、王太庆译,商务印书馆,1983 年,第 10 页。
② 黑格尔:《哲学史讲演录》(第一卷),第 10 页。
③ 黑格尔:《哲学史讲演录》(第一卷),第 24 页。

2.新哲学思想的条件

哲学史研究纵向范围的规定在黑格尔看来,真理和精神是具体的。它的特性是自由和必然。精神在它的必然性里是自由的,也只有在必然性里才可以寻得它的自由,一如它的必然性只是建筑在它的自由上面。[①] 他把自由当做精神的特性和哲学得以产生的最基本条件。在他看来,各种哲学在时间上的发展,表现为单个人的意识活动。但是不能只局限于此,"在这种发展过程里,理念的某一形式某一阶段在某一民族里得到自觉,而这一民族在这一时间只表现这一形式,即在这一形式内它造就它的世界,它造就它的情况,反之,那较高的阶段,在许多世界以后,又发现在另一民族里。"[②]

新的哲学思想的产生是同旧社会制度的完结相联系的。依黑格尔的解释,哲学只是历史的现实过程在观念上的完成。因此它始终有回忆过去的性质。"每一哲学属于它的时代,受它的时代局限性的限制,即因为它是某一特殊的历史阶段的表现,个人是它的民族,他的时代的产儿……第一哲学都是它的时代的哲学,它是精神发展的全部锁链里的一环,因此,它只能满足那适合于它的时代的要求或兴趣。"[③]据此,黑格尔同时又反对现实的哲学到古代哲学中去寻找避难所,使丰富的精神回到纯朴的境界,亦即回到一种孤寂的抽象的境界或思想。黑格尔把这种逃避斥之为精神的无能。

人之异于动物在于其具有意识。意识的本质是自由,而自由是具体的。哲学是自由的思想活动即意识的成果。哲学也是具体的。它们的共同基础是时代精神。当哲学产生时,以一个民族的精神生活的自然阶段作为否定的出发点。哲学是在这样的情况下发生的:当一个民族的精神已经从原始自然生活的蒙昧混沌境界中挣扎出来,并同样当它超出了欲望和私利的观点,离开了启示个人目的的时候,精神超出了它的自然状态,超出了它的伦理风俗,它的生命饱满的力量,而过渡到了反省和理解。其结果是它冲击并动摇了现实的生活方式,伦理风俗和传统信仰。因而出现了一段破坏时期。接着思想又集中向内。当一个民族快要近于没落,内心的要求与外在的现实发生了裂痕,而旧的宗教形式已不再令人满足,精神对它的现实生活表示漠不关心,或表示厌烦和不满,共同的伦理生活因而解体

---

① 黑格尔:《哲学史讲演录》(第一卷),第31页。
② 黑格尔:《哲学史讲演录》(第一卷),第31页。
③ 黑格尔:《哲学史讲演录》(第一卷),第48页。

时,哲学思想就开始出现。所以哲学产生于对于现实的超越。

哲学兴盛于旧时代的没落。哲学是人类文明发展到一定阶段的产物。黑格尔把他的自由观具体化,融入时代精神之中。哲学是对时代全体的自觉。时代的精神决定了哲学的内容,哲学则为自己的时代趋势指定了方向。哲学首先作为一种理论、一种理想而出现,要到它以后的时代才能成为现实。而哲学一旦成为现实,就预示着自己的使命的完结,终日就要来临,新的哲学又要产生。"在希腊还只是哲学而在基督教世界里就进入现实了。"①所以哲学所揭示的不是已经成为现实的东西,而是将要成为现实的东西。黑格尔要求哲学家扮演预言家的角色。

思想自由是哲学和哲学史的起始条件。黑格尔不厌其烦地强调这一点。思想认识思想这样的存在是哲学的本质,是绝对的全体,是一切哲学活动的本质。这种活动一方面表现为外在的历史活动,另一方面却是内在的哲学思想自身的发展。"思想必须达到独立,必须达到自由的存在,必须从自然事物中摆脱出来,并且必须从感性直观中超拔出来。"②一句话,只有思想的自由才可能产生哲学,只有自由的思想才能是哲学的思想。

3.哲学史研究横向范围之规定

黑格尔接着对哲学史研究的横向范围作了规定。这种规定主要划分为两个方面。首先,空间上的横向范围之规定,东方哲学不属于他的哲学史,这是从上面结论即"哲学乃自由之思想"的逻辑推论。其次,思想学科之间的横向之规定,哲学只研究理性范围的东西,哲学史也只研究有关理性思想发展的历史。下面我们对这两点分别展开论述。

(1)空间上的横向范围之规定,东方哲学不属于他的哲学史。自由意识以它所属的那个民族的自由原则为根据。从实践上看,现实政治自由的产生和发展,与自由意识有必然性联系。因此,并不是有思维就有哲学,而是思维应该上升到一定的高度。所谓思维(哲学的思维)就是把一个对象提高到普遍性形式,自己给予自己以普遍的成分。哲学的思维因此是两个方面的结合,第一就是哲学思想之为思维能力而言,它有一个普通的对象在它面前。哲学思想是一种对于"感觉意识内的个别的自然事物的规定"③。第二,在哲学思想里,主体认识规定,知道这个普遍

---

① 黑格尔:《哲学史讲演录》(第一卷),第57页。
② 黑格尔:《哲学史讲演录》(第一卷),第93页。
③ 黑格尔:《哲学史讲演录》(第一卷),第94页。

者,只有当主体保持或保存自己的自为性或独立性时,它才会与普通者有能知的认知关系。① 黑格尔在这里从本体论角度对哲学认识进行了考察。这里揭示了这样几层意思:有一自然物存在;对自然物的思维;对于自然物的思维的思维。第三个层次才是哲学思维。所以,自由的思维无论表面上如何远离现实,它们仍然是现实的产物,并同现实取得同一。

黑格尔认为,在哲学产生之前已经有一世界精神存在。它表现在东方精神的发展中。但是,由于东方精神没有从自然中超拔出来,没有同自然分离,一直处于一种朦胧的同一之中。它的思维的发展受自然的决定。没有走向自觉,走向自我意识。思维主体没有走向自由,所以不能产生黑格尔意义上的对思维自觉的哲学。这主要是由东方人一般的存在方式,也就是他们的生活方式所决定的。黑格尔在这里深刻地揭示了东西方哲学发展不同趋向的社会根源。

精神是有意识、有意志、有欲求的,但如果精神只停留在低级阶段,也就是精神同它的自然意欲、外在材料融于一体,不从中解脱出来,那么它的表象和意志的范围是有限的。"那种精神和自然的合一也不是完善的境界,它的目的还不是一个具有普遍性的东西。"②东方民族的精神在黑格尔看来恰恰只是停留在这一阶段,意志的有限性是东方人的性格。在东方只有主人与奴隶的关系。在专制的阶段中,人或是在恐惧中,或是用恐惧来统治人。两者处在同一阶段,其差别只是在于一方有了坚强有力的意志,它能够走向前去奴役一切有限的意志,使它们为一个特殊的目的而牺牲。③ 看一看皇权的力量,看一看尚方宝剑或圣旨(最高指示)的威力,听一听服从主义的金科玉律,东方民族精神的历史也就是服从和反服从、奴役和反奴役的历史。

黑格尔认为,上面这种情况决定了东方不可能有真正的哲学,所以应排斥在哲学史之外。

(2)思想学科之间的横向之规定,哲学只研究理性范围的东西,哲学史也只研究有关理性思想发展的历史。情感、意志、表象等归结为宗教和艺术研究的范围。哲学的对象局限在思维理性这一方面。黑格尔的这一观点也是针对当时谢林的启示哲学的。他提高哲学,贬低宗教,认为哲学能够认识、理解宗教,揭示宗教的实

---

① 黑格尔:《哲学史讲演录》(第一卷),第 94 页。
② 黑格尔:《哲学史讲演录》(第一卷),第 95 页。
③ 黑格尔:《哲学史讲演录》(第一卷),第 96 页。

质,但是宗教却不能理解哲学。哲学的对象并不是包罗万象的,哲学研究的也不是普遍规律,而是对于意识的意识,对于思维的思维。并且哲学考察的方式是理性思维的形式。所以感性、知性的东西不能作为哲学研究的对象,潜在的思想也不能作为哲学的对象。所以宗教必须从哲学史中排除出来。"哲学既别于自然科学,又别于宗教艺术。"①同宗教相比,哲学应是能为人理解的表述出来了的思想,它是理性的对象。

基于上述观点,黑格尔也分析了东方宗教:意识在东方宗教中虽然超出自然,但都是以两种极端方式进行的:第一,意识的有限对象只能采取有限者的形式与无限者相隔绝。第二,意识的对象成为无限的,但这无限只是一抽象的东西,由意志的极端被动——奴役——过渡到意志的极端主动,但这只是武断任性。所以东方人的最空洞的抽象,自我折磨的顿悟不是"自由的基地"。

总之,宗教包括东方宗教不能包含在黑格尔的哲学史里。

第二节　一致性原则

哲学史本身就是科学的。哲学史本身就是哲学。不存在哲学之外哲学史,也不存在哲学史之外的哲学。哲学和哲学史的统一、历史和逻辑的统一构成了黑格尔叙述哲学发展史的基本原则。

哲学的目的是真理,而某一历史阶段的哲学都是对前一阶段哲学的否定。这个内在的矛盾表现在外在的历史中,但外在的历史却不能说明这内在的矛盾本身。在历史里,理念是一步步完成的,理性认识也是一步步趋向于真理的。作为自觉的历史,必须先假定一个唯一者的存在才能使得它的发展具有一贯性。黑格尔通过对哲学史的目的论解释,克服了对这一过程的形而上学理解。发展是理念的现实化。理念实现它自身,这意味着理念是变化的。这同真理是唯一的发生矛盾。哲学的本质就在于消除这一矛盾。黑格尔认为,一切知识、学问、科学甚至于行动,除了把内在的潜在性加以发挥,并客观化其自身之外,就没有别的目的。②

黑格尔从历史和逻辑一致性原则出发去解决整个哲学体系的必然次序问题。

① 黑格尔:《哲学史讲演录》(第一卷),第62页。
② 黑格尔:《哲学史讲演录》(第一卷),第27页。

逻辑范畴总的来说是同哲学学说的顺序和次序相吻合的。逻辑是高度抽象概括的历史,它具有更加内在的必然性,历史的外在形式只能是偶然的,因此揭示历史就得把它上升到必然的高度,使它符合一定的逻辑。哲学只是一个无限的过程。在这一过程中,所否定的是外在的形式,所保存的是内在内容,全部哲学史的展开便是一个有必然性次序的过程。每一哲学对于自己的时代来说都是绝对的。新时代哲学对于旧哲学的否定也就是否定这种绝对性。所有各派哲学作为全体的诸环节都肯定地保存在哲学里。对于哲学原则的理解也不能离开它的时代,每一时代的哲学也只能以它的时代的原则才能得到正确的说明。

第三节　目的性原则

黑格尔把自由原则和历史与逻辑一致性原则结合起来,对哲学史作了合目的的解释,论证了自己的哲学的合理性。

黑格尔以自由原则作为基础,按照哲学发展的内在逻辑对哲学史进行划分,认为某一阶段的哲学所达到的高度以精神达到的对于自己的认识水平为标准。哲学史的发展主要分成两个大的阶段:古希腊哲学和日耳曼哲学。具体说来又可以分为许多小的阶段。在哲学刚刚产生时,首先建立的是一些范畴,象征抽象的东西。在第二阶段把它们以主观的方式结合在思想的具体统一中,抽象的范畴在思想体系中被了解成为自身规定的普遍者,成为能动的思想。所以绝对精神被理解成一切规定性的总体,成为具体的单一性。在阿那克萨哥拉的心灵"努斯"尤其是在苏格拉底的"善"中,便有了一种主观的总体。在这主观的总体中,哲学思想认识到自身,这里哲学活动便是基础。在第三阶段,原来各自对立的环节重新纳入一个新的总体之中。对立的范畴提高到总体。这种对立,最一般的形式是普遍和个别的对立,另一种形式则是思维本身与外界实在感性知觉的对立。概念使得普遍的特殊性达到统一,普遍和特殊在自身中都达到具体,表现为具体的。所以,普遍在自身之内便是普遍与特殊的统一。特殊也是这样,这样统一也就是建立在形式里了。因此,完全具体的普遍便是精神。完全具体的个别是自然,抽象的环节只有通过它们的统一才能实现其自身,只有通过它们的结合才能使自己成为具体的,这样,哲学又进入一个新的阶段,这些分别每一个都提高为一个总体的系统,彼此对立,像斯多葛派和伊壁鸠鲁派的哲学那样。在伊壁鸠鲁派那里,纯思维便发展成为总体。

如果把精神的对方，把自然存在、感性存在发展成为总体，那么我们便得到伊壁鸠鲁派哲学。每一个范畴都发展成为思维的总体，都发展成为一个哲学系统。两个对立的哲学都得到了片面的规定，但它们本质上是一致的同一的。哲学发展的更高阶段就是这些分别、对立的新联合。怀疑派的联合方式是取消分别，取消对立。更高的联合是新的肯定，第四个阶段是理念的联合，这一切作为总体的分别也都融合在一个概念的具体统一中。希腊哲学曾经达到了这种理念，它曾培养了一个理智的世界，这便是亚历山大里亚学派的哲学。在这一学派哲学里，希腊哲学得到充分发展，达成了它的使命。所以希腊哲学所达到的理念并没有在希腊成为现实化的东西，它只是一个理想而已，它缺乏实行的基础。然而，希腊理念在基督教世界里却达到了主观性的实现，即虚幻的实现。"通过这种主观性，否定性的统一。绝对的否定性，理想便不再是我们的对象，而是它自己的对象了。这个原则在基督教世界里已经萌芽了。"①黑格尔在圣经中找到了自由思想产生的依据。"主体自身是自由的，人作为人是自由的，这是近代哲学的原则，人就是精神，上帝被了解成精神，所以精神就是人和上帝的同一，这种思想最初出现在宗教中。宗教是对于这个原则的直观与信仰。在基督教里人是具有绝对无限的价值的，上帝和人同一，人是自由的原则，便呈现在基督教教义里，包含在基督启示给人的神性与人性的统一这一教条之中：人与上帝，客观理念与主观理念在这里是合一的。"②"看哪，亚当也成为我们之中的一个了，他知道什么是善，什么是恶。"这个故事所揭示的也是主观原则与实质性的统一。精神过程即在于单一的主体取消其直接方式。把自己提高到与实质合一。所以哲学的发展、精神的发展同宗教有着密切的联系。"人这样的目的被宣称为最高的圆满，由此可见宗教观念与思辨并不是彼此离得那么远。"③所以希腊哲学不同体系的对立首先在基督教中达到了统一。在基督教中所兴起的哲学要求在思维和存在的对立中确立一种新的关系。实际上它也是以自由为前提，而不是作为结果提出来的。对于"这个原则（自由原则）的发展，发育进展到为思想所意识便是近代哲学的意义所在"④。自由原则这一链条把希腊哲学和近代哲学边结了起来。在黑格尔看来，思想的自由的哲学并不是近代的产物，而有一个漫长

① 黑格尔：《哲学史讲演录》（第一卷），第104页。
② 黑格尔：《哲学史讲演录》（第一卷），第105页。
③ 黑格尔：《哲学史讲演录》（第一卷），第105页。
④ 黑格尔：《哲学史讲演录》（第一卷），第106页。

的发展过程。基督教便起了一个由希腊哲学向近代哲学过渡的中介作用。

古希腊哲学和近代相比是朴素的,因为它们还没有注意到思维与存在的对立。这种对立不是它们所考察的对象。近代是一个总合:一方面有着一定的对立,另一方面有着双方本质上的结合。因此近代存在理性与信仰的对立,主观见解与客观真理的对立。但是信仰和理性都肯定了思维、主观性与真理、客观性的统一。只是在认识真理上,理性属于较高的层次。

总之,在近代哲学中,哲学活动已经不是只存在于彼岸的东西了,而是一个同自身一致的实在:自由的意识。理性已经在实现着自己的目的,已经在实践中体现出自己的自由特性。这里的精神是自由的精神、自我实现和自我完成的精神。这种哲学、这种精神在黑格尔哲学中得到了最充分的体现。以后的历史只是在于完成黑格尔哲学所赋予给世人的使命罢了。[①]

第四节　贡献与局限

对黑格尔的哲学史观,中国的外国哲学史界基本上继承了他的合理方面。例如,哲学的发展是抽象到具体由低级向高级不断展开的思想,逻辑和历史一致性思想等等。但是对于黑格尔哲学史观的唯心本体论的批判继承似乎不够。实际上,一个哲学体系的核心是它的本体论。本体论是哲学体系得以建立的基础。以前我们过分强调了黑格尔哲学中的辩证法思想,忽视了对他的哲学本体论的整体研究,且以前人的论断作为评价是非的标准,结果只把握了它的外观。事实上,正是因为黑格尔哲学有一个唯心主义的原则:精神发展的自由原则,才使得辩证法得以贯彻始终;正是因为黑格尔哲学有一个历史和逻辑相一致原则(它又直接源于上一个原则),才使得它对以前历史的总结和批判全面而深刻;也是因为上面的两个原则的结合并贯彻始终,黑格尔才论证了自己的哲学的合理性。所以我们在批判继承他的整个哲学时,不能忽视他的最基本最核心的东西。否则,我们对它的理解就会是很片面的。

当然,黑格尔哲学史观除了它的合理性之外,还有偏狭的一面。从某种意义上说,这也是由它的原则所造成的。由于自由原则,他把东方哲学排斥在哲学史之外

[①]　这令人想起了"历史的终结"话题。我们将在后面有关章节专门讨论源自黑格尔的这个话题。

（当然这里还有种种原因：如当时信息交流不发达，东西方相互了解很少，黑格尔自己偏爱古希腊轻视东方民族），由于过分强调逻辑和历史的纵向统一，忽视了它们的横向联系。黑格尔哲学史的阐述中更多注意的是时间上的前后相继，而忽视了空间上和学术上的同时并存。黑格尔对于哲学概念、范畴之间相互递进的过分强调，在外观上造成一种"正——反——合"的印象，容易引起人们的误解，且许多人也正是从这一形式去理解他的哲学和哲学史的。

历史是客观的，哲学的历史也是客观的。但对于历史的认识不能不带上认识者的主观性。我们可以称之为认识主体的先天框架。所以对于某一种哲学史观的批判实际上也是对于他的先天的认识框架的批判。黑格尔在这一点上有充分的自觉。他对自己的先天框架是直言不讳的。即承认有一个绝对精神，现实的一切都是绝对精神的外化，这过程表现为绝对精神的发展历史与它的展开与复归的逻辑的统一。我们可以批判他的先天框架，他的主观性，但我们自己不可能是绝对客观的。我们的唯物主义也只能是一种"主义"，而不是真理本身。我们的先天框架与主观性的正确与否，不能由我们自己说了算，甚至不能由我们自己的实践检验说了算。它必须得由以后的人们来认定。"我们也不可太性急，以为某些见解直至现在还没有发挥出来，或这一真理或那一真理还不是业已在那里。在世界历史里进步是很迟缓的。"①这是一位哲学家对世人的忠告。黑格尔从历史上论证了自己的哲学已经达到了绝对理念的认识，但是世界精神远未达到尽善尽美，真理还需继续，也还在继续。黑格尔本人并未终止人类认识的历史，而是用哲学（虽然是唯心论的且有许多牵强附会之处）论证了人类能够认识绝对精神的必胜信念。

综上所述，自由原则是黑格尔哲学和哲学史的最高原则，黑格尔哲学是关于精神如何产生、发展、认识、实现自己的目的——自由的过程的学说。贯彻他的哲学史的红线是：精神主体是如何一步步走向自由和实现自由的。只要我们透过黑格尔哲学在用词上晦涩不清的迷雾，就能揭示出这个本质来。黑格尔的政治观点在早期和晚期相比有较大的改变。但是他的哲学的自由原则却贯穿他的哲学生涯的始终。无论是在《精神现象学》中对于"新的日出"颂歌，还是在《逻辑学》中对于绝对理念的抽象描述；无论是在《法哲学原理》中对于意志、自由、法、伦理、市民社会、普遍阶级等观念的分析，还是在《哲学史讲演录》中对于整个绝对理念作为历史过

---

① 黑格尔：《哲学史讲演录》（第一卷），第40页。

程的具体描述,都贯穿了"自由原则"。并且当他讲到"思维和存在的对立和统一"是哲学的出发点时,也只有同自由原则联系起来才能得到合理的解释。当他谈到"凡是现实的都是合理的,凡是合理的都是现实的"这一命题时,也只有同"自由原则"联系起来才能得到合理的解释。总之,自由原则是黑格尔哲学的灵魂。把握这个灵魂是理解黑格尔整个哲学体系和他的哲学史观的关键。

参 考 书 目

黑格尔:《哲学史讲演录》,第一卷,贺麟、王太庆译,商务印书馆,1983 年。

罗尔斯:《道德哲学史讲义》,张国清译,上海三联书店,2003 年。

第二编
公民社会与宪政国家

引　言

　　宗教改革、科学发现、哲学启蒙、中央政权和自由的资本主义经济是现代性的实际成就。理性、科学、民主、自由、宽容和团结是现代性的主题。公民社会、自由市场、中央政府、人民主权或主权在民是现代性的重要内容。公民社会和宪政国家，一个是现代性的基础，另一个是现代性的中心或制度保障，对现代性的发展是决定性的。

　　"现代性"对中华民族来说是一个姗姗来迟的观念。当它终于在中国落脚的时候，"现代性"的丑陋一面已在世人面前暴露无遗。中国现代化过程中一直存在着抗拒"现代性"的潜意识冲动，这既与中华民族一个多世纪的屈辱联系在一起，又与马克思主义学说在俄罗斯的意外成功联系在一起。一方面，现代性的姗姗来迟，导致中国社会发展的全面被动，导致中华民族一个多世纪的屈辱。另一方面，中国革命的奇迹般成功，证明了抗拒"现代性"的强大力量。后来的大跃进和文化大革命都带有反现代性的特点，是具有全民游戏性质的政治运动。20世纪后50年中国发展的挫折、曲折和反复，多少同"现代性的祛魅"有关。中国的"反现代性"，不仅有潜意识层面的冲动，而且有自觉的理论追求和社会政治实践。这一切又同人们对泛游戏时代的呼唤形成呼应关系。从中国的经验来看，以游戏的态度来对待"现代性"，把"现代性"作为消费对象来处理会带来严重的后果。

　　今天，中国正在快速走向富裕、强大、民主和文明。中国人民在物质上正在迅速变得富裕起来，对新观念的渴望也不再像一个世纪前甚至10年前那么迫不及待了。中国人民正在变得从容起来，从容地学习，从容地工作和从容地生活。这是中华民族的真正进步，是中华民族走向成熟的标志。然而，中国人在对待现代性的态度上，仍有许多有待提高之处。

比如，民主是古代希腊人的发明，文官制度是古代中国人的发明。但正如文官制度不是东方的专利，民主也不是西方的专利，两者是现代文明社会的必需品，可以为全人类所分享。在我看来，就对现代文明社会的贡献来说，文官制度是比中国古代人的所有其他发明都更加伟大的发明，因为它很好地处理了社会和国家的分离，提供了一套公民社会、政府和国家的合理连结模式。文官制度的源头在中国，但是由韦伯给予全面阐发的现代科层制已经大大超越了那个源头。再比如，郎咸平教授甚至认为，斯密的《国富论》有东方重农主义的思想来源，这意味着现代自由资本主义理论有其东方的思想起源。这在理论上有可能性，但在细节上要认真考证，需要花费很多的工夫。不过，它至少证明一点，中国在思想历史上曾经对现代性有着自己的独特贡献。

现代国家是拥有强制力的有机组织。国家既是权力的来源，也是暴力的来源。国家具有领土、地域和边界，居住着具有社会生活的实际居民。国家对其作为社会成员的居民拥有集体约束力。国家产生了不同于私人领域的公共领域。国家声明对所有其他社会组织、制度和机构拥有主权。国家有效地垄断着对武力的合法使用。国家能对其社会成员作出判别，控制其在国土疆域里的进出。国家发出强有力的意识形态主张或道德主张，以促进其社会成员的普遍利益，张扬其社会成员的共同意志。国家得到主要社会团体和阶层的承认。国家拥有自上而下的官僚资源，施行征税，开展有效的政务管理。国家通过宪法和法律，由政府完成对社会的治理。国家得到其他国家的承认。[①] "国家既是一个历史实体，又是一个哲学观念；既是人类共同体的一般形式，更是近现代历史的特殊产物。这些不同说法既充满着必然的矛盾，又有待认真的区别。"[②]

现代国家是维系人类基本关系的政治实体。国家有领土，有边界，有军队，有君主，有臣民或国民，有政治和法律制度，如政府、议会、国会、立法机关、司法，它们在国家中扮演着不同的角色。国家和社会的分离是近代资产阶级革命和近代工业革命的结果。近代社会是个人为了追求自身目的而进行交往和交易的产物。黑格

---

① 参阅 *A Companion to Comtemporary Political Philosophy*，edited by Robert E. Goodin and Philip Pettit，Blackwell Publishing，1993，p. 611.

② 参阅 *The Blackwell Encyclopaedia of Political Thought*，edited by David Miller，Janet Coleman，William Connolly and Alan Ryan，Blackwell Publishers，1991，p. 503.

尔是较早提出并认证"市民社会"（civil society）概念的思想家。世界上多数国家是民族国家。有自己独特的历史、文化、语言等。人们在国家之内追求自己的理想的实现，包括政治理想比如政治权力的实现。

在这一编里，在公民社会和现代国家的框架下，我们将讨论休谟、斯密、黑格尔、杜威等人的现代性思想。人性、人为的正义、同情、宽容、团结与爱，有限的慷慨和无限的同情心、无私的旁观者、看不见的手、理性经济人、诚实的守夜人、社会诚信等成为重要话题。

第六章

苏格兰启蒙和公民社会的渐进路径

作为近代西方思想解放运动，启蒙"涵盖了整个欧洲和北美，……开启了全欧洲所有权威——思想、宗教与世俗权威——遭受全面攻击的过程。"[①]作为那个运动的重要组成部分，以弗兰西斯·哈奇森、大卫·休谟、亚当·斯密、托马斯·里德、亚当·弗格森等人为代表的苏格兰启蒙是 18 世纪英美和欧洲大陆思想界关注的焦点之一。与苏格兰启蒙一起，"常识"学派苏格兰哲学兴盛于 18 世纪。然而，据阿伯丁大学道德哲学教授戈登·格雷厄姆考证，到了 19 世纪中期，苏格兰哲学已经衰落，"少人问津，几近失传。"[②]德国唯心主义取代了它，成为苏格兰主要大学的研究对象，苏格兰启蒙也渐渐淡出人们的视野。时至今日，以英格兰、法兰西和德意志为中心的欧洲启蒙成为世人关注的重心。人们忽视了苏格兰在启蒙中的先导作用，学术界几乎忘记了苏格兰启蒙的独特贡献。

不同于欧洲大陆启蒙的激进路径，苏格兰启蒙提供了一条建构公民社会的渐进路径。正如罗蒂所说，"就我们知识分子怎么才能促进休谟和康德都向往的启蒙乌托邦而言，休谟比康德是一位更好的忠告者。……我们已经不再把休谟读作一个极其浅薄的离经叛道者，而是读作一个最多愁善感的、最灵活的、最缺乏男性中心论倾向的启蒙思想家。"[③]苏格兰启蒙思想家确实提出了一个有关建构公民社会的"柔性"版本。[④]

---

① 麦克里兰：《西方政治思想史》，彭淮栋译，海南出版社，2003 年，第 336 页。

② 格雷厄姆："19 世纪的余波"，载于布罗迪编《剑桥指南：苏格兰启蒙运动》，贾宁译，浙江大学出版社，2010 年，第 338 页。

③ Richard Rorty, *Truth and Progress*, Cambridge University Press, 1998. p. 180; p. 184.

④ 张国清：《和谐社会研究》，人民出版社，2006 年，第 10 页："除了依靠'正义、理性、真理、法律、权力'等'刚性'社会实践之外，对话、协商、说服、安慰、捐献、援助等'柔性'社会实践也是达成社会目标的可行手段。"

第一节　基于常识和情感的苏格兰启蒙

依约翰·罗尔斯的说法,宗教改革、拥有中央行政组织的近代国家的发展和近代科学的发展是产生欧洲启蒙的三个条件。[①]一般认为,笛卡尔"我思"哲学是近代哲学的开端。启蒙运动与当时欧洲人对科学和理性的推崇分不开,尤其是与欧洲大陆思想家笛卡尔、康德等人对理性的推崇分不开。相比之下,休谟、里德等人为代表的苏格兰哲学没有忽视日常生活的常识和情感方面。[②]黑格尔称苏格兰哲学为"过渡时期"的哲学,它处在笛卡尔理性哲学的对立面上。"那时有一种思想,可以称之为一般通俗哲学、反思哲学、反思的经验主义,起来反对理智的形而上学。"[③]

像大多数启蒙思想家一样,休谟认为,政治社会的新文明有赖于人性的改善和进步。[④]休谟基于常识和习惯的怀疑论对康德批判哲学的决定性影响则更加众所周知。康德坦承,"就是休谟的提示在多年以前首先打破了我教条主义的迷梦。"[⑤]休谟怀疑论引导康德摆脱了形而上学,但是没有导致他投入常识论的怀抱。他试图克服休谟怀疑论和英格兰常识论的所有弱点。休谟怀疑论和苏格兰常识论是康德哲学的起点。休谟怀疑论提出了知识的范围问题。英格兰常识论把那个知识范围限定在日常知识和经验科学的范围里。康德则要把它引向更加全面而深入的领域。康德批判哲学就是围绕休谟问题展开的。康德承认休谟"在我对思辨哲学的研究上给我指出来一个完全不同的方向"[⑥]。康德不赞同休谟的结论,但是休谟问题成为康德批判哲学的起点。

休谟问题在思辨哲学层面上表现为"经验知识的可能性和范围"问题,在社会文化层面上则表现为"什么是启蒙"的问题。对于前者,康德是这样评价休谟的贡献的:"自从洛克《人类理解论》和莱布尼茨《人类理智新论》出版以来,甚至尽可能

① 参阅罗尔斯:《道德哲学史讲演录》,张国清译,台北左岸文化出版社,2004年,第6页。

② 参阅 Thomas Reid, *An Inquiry into the Human Mind on the Principles of Common Sense*, The Pennsylvania State University Press,2000.

③ 黑格尔:《哲学史讲演录》,第四卷,贺麟、王太庆译,商务印书馆,1982年,第196页。

④ 参阅:Iain Hampsher-Monk, *A History of Modern Political Thought, Major Political Thinkers from Hobbes to Marx*, Blackwell Publishers Ltd.,1992,p.117.

⑤ 康德:《未来形而上学导论》,庞景仁译,商务印书馆,1978年,第9页。

⑥ 康德:《未来形而上学导论》,庞景仁译,商务印书馆,1978年,第9页。

追溯到自从有形而上学以来，对于这一科学的命运来说，它所遭受到的没有什么能比休谟所给予的打击更为致命。"①对于后者，休谟导致了康德对"启蒙"的理性主义解读。在康德那里，"启蒙"是"对无知和迷信的反叛"，就是"要敢于认识"（Sapere aude），是"人类脱离自己所加之于自己的不成熟状态。不成熟状态就是不经别人的引导，就对运用自己的理智无能为力"。②"理性能控制激情的观念至少与柏拉图一样古老。"③欧洲大陆启蒙沿袭了自柏拉图以来的"西方形而上学传统"，其基本错误是，"以为理性能控制激情，而且由此产生一套凡是理性的人都能效忠的理性道德体系。"④

黑格尔提到，"在苏格兰哲学家看来，这种内心的独立源泉不是思维、理性本身，而是一种从内心产生出来的具体东西，其本身也要求具有经验的外在材料。"⑤不像笛卡尔和康德关注单纯而抽象的理性，休谟及其他苏格兰哲学家关注法律、政治、伦理、宗教等话题，大多属于"情感"、外部直观或内心感受所提供的知识。"苏格兰哲学家特别着重发挥了道德学和政治学；他们以有教养的人的身份考察了道德学，并且试图用一个原则来说明各种道德义务。……特别是在苏格兰人托马斯·锐德（里德）、柏柯梯、奥斯瓦尔德等人那里，……思辨哲学在他们那里完全消失了。"⑥"他们提出了所谓健全的理性或者人的常识作为真理的根据。"⑦黑格尔贬低休谟和苏格兰常识学派，因为欧洲大陆哲学，从笛卡尔开始，经康德一直到黑格尔本人，仍然沿袭着柏拉图传统，而苏格兰哲学开启了一个新的哲学传统。

与黑格尔相反，我们赞成罗素对休谟的评价："休谟是哲学家当中一个最重要的人物。"⑧休谟促成了鲜明地区分于欧洲大陆理性主义哲学的苏格兰哲学。苏格兰哲学确立了情感而不是理性在道德区分上的地位。休谟等人的苏格兰哲学是"一套日常话语，其目标不是使哲学变得更加科学些，成为'科学的科学'，而是把哲学引向日常生活，引向常识。"⑨

---

① 康德：《未来形而上学导论》，第 6～7 页。
② 康德：《历史理性批判文集》，何兆武译，商务印书馆，1990 年，第 22 页。
③ 麦克里兰：《西方政治思想史》，第 352 页。
④ 麦克里兰：《西方政治思想史》，第 352 页。
⑤ 黑格尔：《哲学史讲演录》，第四卷，第 210 页。
⑥ 黑格尔：《哲学史讲演录》，第四卷，第 211 页。
⑦ 黑格尔：《哲学史讲演录》，第四卷，第 212 页。
⑧ 罗素：《西方哲学史》（下卷），马元德译，商务印书馆，1982 年，第 196 页。
⑨ 张国清：《和谐社会研究》，人民出版社，2006 年，第 53 页。

第二节　建构公民社会的渐进路径

于是,与日常生活共生的公民社会进入苏格兰思想家的视野,成为他们讨论的对象。苏格兰启蒙是基于常识和情感的启蒙,也是基于历史现实的启蒙。它以正在形成中的公民社会为焦点。"如何建构公民社会"成为苏格兰思想家共同关注的问题。先于卢梭和黑格尔,苏格兰思想家对公民社会第一次作了全面而自觉的阐述①,提出了有关公民社会的四大命题,提出了一条建构公民社会的渐进路径。

命题1:公民社会是一个自生自发的生成过程。启蒙时代在政治社会起源问题上盛行一种社会契约论。其基本逻辑为:人类最初生活在自然状态下,人为某些激情所支配。接着人通过理性认识到自然状态的种种不便,便通过契约方式结成政治社会。这种社会契约论为近代公民社会的合理性做论证,它得出的诸如保障"自由"、"财产权"等结论也为苏格兰思想家所认同。然而,苏格兰思想家不赞同这种契约论的论证方式。首先,在伦理学上,这种契约论遵循理性主义路径,认为人的激情需要理性来抑制,忽视了人类道德情感的作用。第二,在对公民社会起源的认识上,契约论过分重视理性契约的作用,对政治权利与义务赋予"先验"来源。在苏格兰启蒙思想家看来,公民社会的出现不是人理性选择的结果,不是人凭理性进行的"惊人一跃",而是渐进的、无意识的"自然历史"②的结果。它和理性的关系不大,却与人的生存方式、经济生产方式紧密相连。

苏格兰启蒙思想家十分重视人类社会中的日常生活和情感因素,他们认识到了人类生产、生活方式在人类历史发展中的重要作用。斯密根据社会的经济发展形态将人类社会分为了"狩猎、畜牧、农作和贸易"四个时期,③弗格森、米勒的划分也与斯密类似。斯密认为政府的诞生源于经济财产权保护的需要:"财产权和政府

① 参阅 Norbert Waszek,*The Scottish Enlightenment And Hegel's Account of 'civil society'*,Kluwer Academic publishers,1988,p. 8.

② Leonidas Montes,*Adam Smith in Context*,Palgrave Macmillan,2004,p. 143. 正如 Montes 指出的,这种"自然历史"是苏格兰思想家的思想特色,其特点是受牛顿实验科学的影响,通过搜集事实来分析出一般原则,在此基础上研究历史的演进。

③ 坎南编:《亚当·斯密关于法律、警察、岁入及军备的演讲》,陈福生等译,商务印书馆,1997年,第126页。

在很大程度上是相互依存的。财产权的保护和财产的不平均是最初建立政府的原因。"①他认为,渔猎(狩猎)时代不存在政权,"在狩猎民族的社会,人们几乎没有财产,即使有,至多值两三天劳动的价值",而"在没有财产或财产至多值两三天劳动的地方,没必要建立行政政府。"②政府是在游牧时代产生的,"造成财富不均的对牛羊的私有,乃是真正的政府产生的原因"③。

斯密不同意契约论只将理性作为政治权威的唯一来源。他认为,促使人们服从的是权能原则:"高龄、卓越的体力和智力、门第和雄厚的财力这四者似乎给一个人提供了管理他人的权能。""由于在伟大人物中间判断谁有最大的体力和智力并不是那么容易,所以比较方便、比较普通的方法是先考虑财富。"④斯密借此对整个欧洲历史进行了推演:在社会的摇篮时代,古希腊的政治发展和鞑靼等国家是一样的,酋长都有很大的权威。"他们没有花掉财产的方法,因为他们无法过奢侈的生活;但是把财产的一部分赠给穷人,他们就可以对穷人拥有那么大的力量,使穷人在一定程度上成为他们的奴隶。"⑤概括而言,"他的酋长地位是他的财产优势的必然结果"⑥。按照这个思路,斯密又对古希腊、罗马、封建社会的权力更替做了解释。

在斯密看来,欧洲现在面临的就是从农业社会到商业(贸易)社会的过渡。他对这个过程着墨最多。他认为,欧洲封建制度的根源是贸易不发达:"在一个既没有对外商业又没有任何比较精密的制造业的国家里,大地主土地上超过维持耕者的大部分剩余产物没有什么可以交换的,他就将其全部用在乡村式的家宴和款待宾客上。如果这种剩余产物足以维持一百或一千人,他除了用来维持一百或一千人之外,没有其他的用途……这些人没有什么等价物可以回报他的维持,但是既然靠他的恩惠来过活,就必须服从他,就像士兵必须服从支付饷银的君主一样。"所以古代贵族就"必然成为所有住在他们领土之内的人们的平时审判官和战时的统领"。但是,商业的发展改变了这一切:"封建制度的所有强制力量绝对办不到的事

---

① 坎南编:《亚当·斯密关于法律、警察、岁入及军备的演讲》,第35页。

② 斯密:《国富论》,唐日松等译,华夏出版社,2005年,第508、509页。

③ 坎南编:《亚当·斯密关于法律、警察、岁入及军备的演讲》,陈福生等译,商务印书馆,1997年,第41页。

④ 坎南编:《亚当·斯密关于法律、警察、岁入及军备的演讲》,陈福生等译,商务印书馆,1997年,第37、36页。

⑤ 坎南编:《亚当·斯密关于法律、警察、岁入及军备的演讲》,陈福生等译,商务印书馆,1997年,第42页。

⑥ 斯密:《国富论》,唐日松等译,华夏出版社,2005年,第509页。

情,却由对外商业和制造业的无声无息和不知不觉地运作渐渐地做到了。"随着商业的发展,"它们渐渐地为大地主提供了一些可以用自己土地上的全部剩余产物来交换的东西,它们可以自己消费这些东西,不必和佃农和侍从分享。"于是领主们就不再供养这些随从,而在同时,"这种生活资料给予他的全部势力和权威也被交了出去。"①于是,封建社会就瓦解了。

另一方面,休谟发现,商业的发展哺育出了追求自由的人民:"只要讲究享受哺育了商业和工业,农民耕种得法,就会富裕和独立起来;与此同时,手艺人和商人都挣了一笔财产,赢得了第二流人物的势力和声望。这第二流人物正是自由社会最优秀最坚定的基础,他们既不肯像农民那样,由于经济上的贫困和精神上的自卑,而屈服于奴隶制统治的淫威;也不希望像贵族那样,骑在别人头上作威作福;既然如此,当然也不打算像贵族那样,拜倒在君主脚下,匍匐称臣。他们渴望人人平等的法律,以保障自己的资产不受君主以及贵族暴政的侵犯。"②

就这样,在领主层面,技艺、制造业和商业的发达逐渐瓦解了领主的权力。在普通民众方面,商业塑造出了追求自由的公民阶层。两方面原因共同推动,促成了欧洲向"公民社会"的转变。在公民社会中,政府的权力受到了限制,人民的财富得到了保障。

命题2:建构公民社会是一个渐进的过程。在18世纪的英国,虽然光荣革命已经完成,商业也得到了极大发展,但是公民社会并未完全建立在自由经济的基础上。③受重商主义影响,高关税和行业垄断对自由经济构成了极大阻碍。斯密在《国富论》中严厉谴责了重商主义,他认为重商主义只是使小部分制造商获利,但全体国民的利益却被牺牲了。

虽然斯密自认真理在握,他在《国富论》中已经找到了"国民财富的性质与真正原因",但他并未因此就呼吁要立刻进行革新。斯密对待政治有着极为审慎的态度。他对当时英国社会既有制度的顽固性有着深刻的认识。他认为这种顽固性一方面来自一种"路径依赖":"本国的某些制造业,因为所有能与之竞争的外国商品都被课以高关税或被禁止进口,所以扩大起来,并能雇佣大量的工人。"在此情况下,"如果骤然撤销高关税与进口禁令,较低廉的同种类外国货物将迅速流入国内

---

① 斯密:《国富论》,唐日松等译,华夏出版社,2005年,第297页、第298页、第299页。
② 休谟:《休谟经济论文选》,陈玮译,商务印书馆,1984年,第25~26页。
③ C. R. Fay,*Adam Smith and the Scotland of His Day*,Cambridge University Press,1956,p. 46.

市场,夺走我国千千万万人民的日常职业与生存手段。"①另一方面来自个人私利的阻碍:"所有不同的阶层和社会团体都要依靠国家,从国家那里得到安全和保护。每个阶层或社会团体中最有偏见的成员也承认如下的真理:各个社会阶层或等级都从属于国家,只是凭借国家的繁荣和生存,它们才有立足之地。然而,要使它们相信,国家的繁荣和生存需要减少他自己那个阶层或社会团体的权力、特权和豁免权,往往难以做到。"②

正因为制度转型的艰难,斯密非常重视政治家的作用。他将政治家分为两种:具有公共精神(public spirit)的政治家和具有体系精神(spirit of system)的政治家。③ 具有公共精神的政治家以人民切实的疾苦为关心对象和施政出发点,而具有体系精神的政治家以对某一完美体系的嗜好为出发点。斯密就后者说道:"容易自以为非常聪明,并且常常对自己所想象的政治计划的那种虚构的完美迷恋不已,以致不能容忍它的任何一部分稍有偏差。他不断全面地实施这个计划,并且在这个计划的各个部分中,对可能妨碍这个计划实施的重大利益或强烈偏见不作任何考虑。"④

斯密推崇具有公共精神的政治家。他认为在转型时期需要相当强的政治技艺来平衡各方利益。他告诫人们,"这种变革不要操之过急,而要徐缓地、逐渐地在发出警告很久之后实行。如果立法机构不为片面利益的要求所左右,而出于对大众谋福利的远见,那么,它为此要特别小心,既不建立任何新的垄断,也不推广已存在的垄断。"⑤不同于法国大革命疾风骤雨式的改革,斯密一再提醒政治家要以"适当的心情和稳健的态度"来行事,在保持国家稳定的基础上渐进地和平地改革,切忌操之过急。他提醒人们:"某种一般的甚至是有系统的有关政策和法律的完整的设想,对于指导政治家持何见解很可能是必要的。但是坚决要求实现这个设想所要求做到的一切,甚至要求一切都马上实现,而无视所有反对意见,必然常常是蛮横无理的。"如果急功近利,最终的后果很可能是:"这种党派的狂热行为拒绝一切缓

---

① 斯密:《国富论》,唐日松等译,华夏出版社,2005年,第336~337页。

② 斯密:《道德情操论》,蒋自强等译,商务印书馆,1997年,第299页。

③ 罗卫东敏锐地指出了斯密对这两种政治家的区分,更正了国内文献对相关名词的误译,我们的分析受益于他的工作。参阅罗卫东:《情感、秩序、美德:亚当·斯密的伦理世界》,中国人民大学出版社,2006年,第228~233页。

④ 斯密:《道德情操论》,蒋自强等译,商务印书馆,1997年,第302页。

⑤ 斯密:《国富论》,唐日松等译,华夏出版社,2005年,第338~339页。

和手段、一切调和方法,一切合理的迁就通融,常常由于要求过高而一无所获;而稍加节制就大半可以消除和减轻那些不便和痛苦,却完全没有缓解的希望了。"①

与斯密一样,休谟也充分认识到了政治社会转型的复杂性,他也将审慎作为了一项极端重要的品质:"成就任何有用的事业所最必需的品质是审慎;通过审慎,我们保持与他人的安全的交往,给予我们自己的性格和他人的性格以适当的注意,权衡我们所肩负的事业的各个因素,并采取最可靠和最安全的手段来达到任何目的或意图。没有一种德行是比它更必不可少的,不仅对获得成功如此,对避免最致命的失败和挫折亦如此。正如一位高雅的作家所评论的,没有审慎,最伟大的才华对于其拥有者都可能是致命的。"②休谟认为,英国政治制度还有待完善,并提出了一套"关于理想共和国的设想",他反对彻底变革,而推崇逐步改良。他推崇的政治家是"绝不会仅依据对假定的论据和哲学的信任而来干预政治事务或进行试验,他会尊重那些带有时代标志的事物;虽然他会为了公益而尝试改革,但他会使革新适应古老的组织,完整保存古老制度的主要支柱。"对改良的路径,他指出:"可以通过不至于引起社会混乱的温和的改良和创新来使得现有制度逐渐接近理想的制度。"③在谈到莫尔的《乌托邦》和柏拉图的《理想国》时,休谟表明了他的态度:"一切假定人类生活方式要进行巨大变革的政府计划,显然都是幻想性的。"④

休谟与斯密对待政治变革的审慎态度充分体现了苏格兰启蒙对人性与社会的深刻理解以及对人类社会不完满性的宽容。他们尊重既有传统,对既得利益采取慎重的宽容态度,推崇和谐的渐进式变革,反对激烈的对抗斗争。⑤ 这使得他们虽有政治理想,但并未掉入追求完美乌托邦的陷阱。

命题3:人的自利与同情构成公民社会的伦理基础。苏格兰启蒙思想家对人性的独特理解是他们在思想史上的一大贡献。首先,他们摒弃了希腊古典哲学对人性的至善主义规定,将"自利"(自爱)作为了人的本性。其次,他们拒斥中世纪的

---

① 斯密:《道德情操论》,蒋自强等译,商务印书馆,1997年,第300页、第303页、第301页。

② 休谟:《道德原则研究》,曾晓平译,商务印书馆,2001年,第87~88页。

③ David Hume, *Essays Moral, Political and Literary*, Liberty Fund Inc. ,1985,p. 513~514.

④ David Hume, *Essays Moral, Political and Literary*, p. 514.

⑤ John Roberson 认为苏格兰启蒙很长时间被忽视的原因是"启蒙的主要阐释者一直将启蒙与革命的思想与文化起源联系起来,而这是与苏格兰启蒙无关的。"参阅 John Roberson, "The Scottish Contribution to the Enlightenment", from *The Scottish Enlightenment: Essays in Reinterpretation*, edited by Paul Wood, U-niversity of Rochester Press,2000,p. 39.

救赎主义,反对将人的欲望看做是肮脏、低下,带有原罪的。因此,苏格兰启蒙思想家曾集中地为"奢侈"辩护,希望"重新调整我们的政治和道德情感,将这种从前一直被视为有害的和可谴责的事情表现为值得赞扬的或无害的。"①这使得苏格兰启蒙具有一种尊重人们世俗生活的"人间情怀"。

当然,苏格兰思想家说的"自利"不是指狭隘的自私自利,而是指每个人最为关切自己的利益。在斯密看来,公民社会正是将社会纽带建立在人的"自利"本性基础上,人们在自利心的驱使下相互交换,更好地满足了欲望。这是最为人性的。此外,因为它扎根于人性,也是最为牢靠的:"在文明社会中,一个人在任何时候都需要有大量人的合作与帮助,而他的整个一生也不足以获得几个人的友谊……单凭人们的善意,它是无法得到这种帮助的。如果能诉诸他们的自利心,向他们表明,他要求他们所做的事情是对他们自己有好处的,那他就更有可能如愿以偿。"②人的自利使得公民社会在伦理上成为正当。

公民社会以"自利"的个体为基础,一个随之而来的问题是:自利的个体如何能够遵守道德,即公民社会中道德何以可能?苏格兰思想家并未像许多欧洲大陆哲学家那样,将道德视为某种先验观念,认为道德需要人们通过理性来判断。而是走了一条情感主义心理学的道路,认为道德上的善恶来自于人们的经验与苦乐感。这条路径从沙夫茨伯里到哈奇森再到休谟,最终在斯密这里达到了最完备的形态。

斯密认为,人除了"自利心"之外,还有"同情心"。正是在同情心的作用下人们得以遵守道德。他的同情心理论包括三个层次:第一,"同情"是人的一种通过设身处地体会当事人情感的能力,例如当事人利益受到侵害,我们也会为他感到愤怒。第二,人有一种希望与他人同情共感的心理需求,即对一件事情,当事人希望他能够与他人的感受一样:"不管同情的原因是什么,或者它是怎样产生的,再没有比满怀激情地看到别人的同感更使我感到高兴,也没有比别人相反的表情更使我们震惊。"③第三,当事人为了能够与他人"同情共感",必须降低自己的情感强度,使自己的情感与"公正的旁观者"所要求的一致,达到一种情感的"客观"状态。例如,当事人财物被偷,出于自爱心他很愤怒,希望强烈地报复小偷(如将他"碎尸万段"),但这种情感就不够客观,因为在其他人看来,这种愤怒无疑是太过强烈了,小偷罪

---

① 休谟:《道德原则研究》,曾晓平译,商务印书馆,2001年,第34页。

② 斯密:《国富论》,唐日松等译,华夏出版社,2005年,第13页。

③ 斯密:《道德情操论》,蒋自强等译,商务印书馆,1997年,第11页。

不至死。斯密将这个客观的情感标准抽象为一个"公正的旁观者",人们为了能够与他人达到"同情共感",他就必须压抑自己的自爱心,使自己的情感达到"公正的旁观者"所要求的程度。这样,斯密就成功地解释了"自利人"自我约束的社会——心理机制。正是人的同情心使得公民社会在伦理上成为可能。

苏格兰思想家认为,人们的道德情感是一种特殊的情感。人们遵从道德并不是因为这种行为能够给个体带来好处或避免坏处(如惩罚)。在斯密看来,人们遵从道德是因为对以"公正旁观者"为代表的道德原则的崇敬之情。休谟则明确指出人们遵从道德是因为"社会性的德性具有一种自然的美和亲切"①,而不是基于一种功利的考虑。他举例说,一个慷慨、勇敢、高尚的行为,由对手做出来,也会博得我们的赞许,尽管其后果会有损于我们的利益。这样,苏格兰启蒙运动与以爱尔维修、边沁等为代表的功利主义划清了界限。

命题4:公民社会本质上是"经济社会"。公民社会是以经济生活为中心的社会。先于黑格尔,苏格兰思想家率先阐明了公民社会的经济特性。值得注意的是,苏格兰思想家并非如魁奈、杜尔哥等法国重农主义者一样就经济论经济,而是从社会结构变迁角度来理解经济,把经济功能作为公民社会的"整合"手段。正如罗尔斯指出的那样:"休谟的正义原则,实际上主要是用来规定公民社会成员(在他们追求自身经济利益时)之间的经济生产和经济竞争行为的基本原则。"②

当时的英国正在面临一场深刻的社会转型:一方面,随着科技的进步和贸易的发展,人们的交往范围扩大了。小社会开始向大社会转变;另一方面,中世纪的神学秩序和等级社会趋于解体,人们变得平等了。社会整合问题随之而来:在小社会中人们都是熟人,连结人们的纽带是共同的记忆、文化、信仰和价值观。那么在生人组成的大社会中连接人们的纽带又是什么呢?在中世纪的等级社会中,国王、领主、农奴层层效忠,秩序体现在命令与服从。那么一旦人人平等,会不会陷入混乱呢?

苏格兰思想家认为,现代商业发展为这个问题提供了解答:将人与人的关系变为经济关系、利益交换关系,通过利益纽带将人们连接起来,将整个社会变成"经济社会"。在这个社会中,"每一个人都靠交换来生活,在某种程度上变成了一个商

---

① 休谟:《道德原则研究》,曾晓平译,商务印书馆,2001年,第65页。
② 罗尔斯:《政治哲学史讲义》,杨通进、李丽丽、林航译,中国社会科学出版社,2011年,第180页。

人，而社会本身也逐渐成为一个完完全全的商业社会。"①在交换的过程中，每个人都希望自己获利，其动机是自利的，正如斯密著名的"面包师"比喻，我们的晚餐并非来自面包师的恩惠，而是来自他们对自身利益的关切。但是，自己获利的前提恰恰是你能为别人创造利益，也就是别人需要你所生产的物品。需求在市场上表现为价格。当社会大多数人需要某种物品时此物品价格升高，吸引更多的人来生产，反之亦然。这样通过价格信号，市场就可以自行调节人们的经济行为。斯密将它发现的这一原理形象地称作"看不见的手"，他说道，"每个人都在不断努力为自己所能支配的资本找到最有利的用途。当然，他所考虑的是自身的利益，而不是社会的利益。但是，他对自身利益的关注自然会，或者说，必然会使他青睐最有利于社会的用途。"这就像"有一只无形的手在引导着他去尽力达到一个他并不想要达到的目的"②。

正如约翰·麦克里兰评价那样："先进思想家似乎有个逐渐一致的共识，认为财富之路寓于让贸易自由，以及使经济生活逐渐解脱国家的干预，因此，亚当·斯密出版《国富论》首卷（1776）的时候，几乎是为整个启蒙运动发言。"③由于经济运行是由市场中"看不见的手"支配的，国家无需对具体的经济运行做过多干预。它需要做的就是"维护市场"，保障市场运行的条件（如提供治安、司法等公共服务）。苏格兰思想家颠覆了西方古典政治哲学：政治的目的不再是高高在上地实现美德，而是下降到人间，用以保障人们经济活动的需要。苏格兰思想家确立了公民社会的自足性地位。他们拒绝理性与权力对公民社会的干预，昭示了现代性政治的诞生。苏格兰启蒙成为自由主义的重要思想渊源。

第三节　英格兰启蒙和近代政治革命

"苏格兰哲学在1760—1840年的欧洲大陆占有统治地位是一个不争的事实；苏格兰哲学的这种优势地位主要是在德国和法国，后来也发展到欧洲的其他地方，

---

① 斯密：《国富论》，唐日松等译，华夏出版社，2005年，第19页。
② 斯密：《国富论》，唐日松等译，华夏出版社，2005年，第325～326页。
③ 麦克里兰：《西方政治思想史》，第350页。

并与大陆启蒙运动思想相互融合。"①然而,苏格兰启蒙与近代政治革命的关系则
要复杂一些。

据塞缪尔·弗雷斯切克(Samuel Fleischacker)的研究,苏格兰哲学同美国建国
具有密切联系。他特别提到,美国革命前夕,许多苏格兰人来到美国,有的在革命
中发挥了重要作用。其中著名的有移民美国的新泽西学院即后来的普林斯顿大学
校长约翰·威瑟斯普恩、《独立宣言》和《联邦条例》签署人之一詹姆斯·威尔逊、费
城学院第一位校长威廉·史密斯。《独立宣言》起草人杰斐逊的启蒙老师威廉·史
莫来自苏格兰的阿伯丁。另一位重要人物麦迪逊曾就读于苏格兰人唐纳德·罗伯
逊开办的寄宿学校,后又投师威瑟斯普恩。美国第一任首席大法官约翰·汤普森
的老师是苏格兰人詹姆斯·汤普森和阿奇博尔德·坎贝尔。詹姆斯·门罗也曾师
从坎贝尔。本杰明·富兰克林旅行英国时结识了休谟和斯密,成为其好友。哈奇
森对杰斐逊,休谟对麦迪逊,里德对 18 世纪数位美国教育家都产生过重要影响。②

近代政治革命以假定人的自然权利作为正当性辩护的出发点。洛克和卢梭曾
经对美国革命和法国革命产生直接的影响。洛克在《政府论》中提出了一种自然权
利理论,为英国革命的合法性辩护。1775 年 4 月 19 日早上,当美国独立战争在波
士顿附近的列克星顿爆发时,美国独立战争发起者从近代启蒙运动者那儿寻求反
对英王统治,进行独立战争的合法性。它们依次是:

1.英王与臣民的关系是一种契约关系,任何一项新法令的施行都要
经过双方同意,而不是由任何单方面自行决定。

2.英王与臣民的关系要准照《大宪章》办理。

3.人生而具有天赋权利。只要是人就会有这些权利,它们也只为人
所有。这些权利不由契约产生或先于契约而存在。

4.英王实施《印花税法》,侵犯了"生而自由的"人民权利和自由。③

---

① 米歇尔马勒布:"对欧洲的影响",载于亚历山大·布罗迪主编:《剑桥指南:苏格兰启蒙运动》,贾宁
译,浙江大学出版社,2010 年,第 284 页。

② 塞缪尔·弗雷斯切克:"对美国的影响:苏格兰哲学与美国建国",载于亚历山大·布罗迪主编:《剑
桥指南:苏格兰启蒙运动》,第 302~303 页。

③ Richard Hudelson:*Modern Political Philosophy*,M. E. Sharpe,Inc. ,1999,p. 4~5.

托马斯·杰斐逊在起草《独立宣言》时,直接从洛克的《政府论》引用了自然权利理论:

> 我们认为下面这些真理是不言而喻的:人人生而平等,造物者赋予他们若干不可剥夺的权利,其中包括生命权、自由权和追求幸福的权利。为了保障这些权利,人类才在他们之间建立政府,而政府之正当权力,是经被治理者的同意而产生的。当任何形式的政府对这些目标具破坏作用时,人民便有权利改变或废除它,以建立一个新的政府;其赖以奠基的原则,其组织权力的方式,务使人民认为唯有这样才最可能获得他们的安全和幸福。

美国独立宣言建构了一种新的社会哲学理论,阐明了抵制英王统治的哲学理由。

1789 年 8 月 26 日由穆尼埃起草并由法国国民议会通过的《人权宣言》规定了相似的政治原则:

> 组成国民议会之法国人代表认为,无视、遗忘或蔑视人权是公众不幸和政府腐败的唯一原因,所以决定把自然的、不可剥夺的和神圣的人权阐明于庄严的宣言之中,以便本宣言可以经常呈现在社会各个成员之前,使他们不断地想到他们的权利和义务;以便立法权的决议和行政权的决定能随时和整个政治机构的目标两相比较,从而能更加受到他们的尊重;以便公民们今后以简单而无可争辩的原则为根据的那些要求能确保宪法与全体幸福之维护。

因此,对公民基本权利的阐明成为《独立宣言》和《人权宣言》的首要原则。然而,不应忽视的是,英格兰启蒙思想在美国革命和法国革命中曾经扮演的角色。

尽管在《独立宣言》中,洛克对杰斐逊的影响是显而易见的。然而在 1978 年,加里·威尔斯出版了一本探讨杰斐逊思想之苏格兰渊源的专著《创造美国》,认为哈奇森对逊斐逊有着至关重要的影响。对此弗雷切斯克评价道:

我仍然认为,威尔斯关于哈奇森对杰斐逊影响的观点比他的批评者们的观点更有说服力。在杰斐逊为数不多的讨论道德哲学核心问题的文章中,他似乎显然更认同哈奇森的"道德感"学说而不是霍布斯、洛克、克拉克、沃拉斯顿甚至那两位主要"道德感"哲学家休谟和斯密的观点。而且有理由相信,杰斐逊早在18世纪六七十年代就已经接触到了这些观点。因此在杰斐逊向《独立宣言》草稿中倾注的对情感的呼唤背后看到哈奇森的影子也就在情理之中了。①

杰斐逊从哈奇森那里学到的是一种情感学说,一种同情心理论。杰斐逊提出,美国独立的根本原因是英国政府破坏了英国人民与北美殖民地人民之间的情感联系。威尔斯继续写道:"杰斐逊一直希望美国能够有培养同情心的机制,而且他也像哈奇森一样认为,美德的实现并不能等同于智力的成就。因此,他才会有强烈的平等主义思想,才会对普通大众有不变的信任。"②

此外,休谟、斯密等人不仅直接登陆欧洲进行学术交流和社会活动,向欧洲思想界直接输出其政治主张。而且向美国和欧洲输出了有关公民社会、市场和国家的重要理论,尤其是关于公民社会建设的重要理论,尽管在他们身上看不到一丁点革命的思想火花。

第四节　苏格兰启蒙的当代启示

查尔斯·泰勒在《自我的根源》中曾用一章的篇幅专门讨论"激进的启蒙运动",提到激进的启蒙主义者有三个突出的核心看法:第一,自我负责的理性的理想。第二,人生来就追求日常生活满足,以人所特有的方式通过生产和家庭来追求幸福生活的观念具有中心意义。第三,普遍和公平的仁慈的理想。③ 我们从上面的论述中可以看到,除了第二点以外,英格兰启蒙表现出了与欧洲大陆启蒙大异其趣的理想追求。我们称之为"渐进的启蒙运动"或"启蒙运动的渐进版本"。启蒙运

---

① 塞缪尔·弗雷斯切克:"对美国的影响:苏格兰哲学与美国建国",载于亚历山大·布罗迪主编:《剑桥指南:苏格兰启蒙运动》,第305页。

② 塞缪尔·弗雷斯切克:"对美国的影响:苏格兰哲学与美国建国",第305页。

③ 参阅泰勒:《自我的根源:现代认同的形成》,韩震等译,译林出版社,2001年,第491~492页。

动的两个版本在休谟和卢梭身上分别得到了典型呈现。罗素对此有过经典评论："休谟和卢梭之间的争吵成了象征：卢梭癫狂，但是有影响；休谟神志正常，却没有追随者。……德国哲学家们，从康德到黑格尔，都没有消化了休谟的议论。"①苏格兰启蒙至少有以下四个显著特点：

第一，作为一种启蒙哲学，与笛卡尔和康德等欧洲大陆的理性主义哲学不同，以休谟和斯密为代表的苏格兰哲学是一种基于常识与情感的哲学。它尊重人性中的情感因素，尊重人类的世俗生活。它以理性来解剖理性，否认理性的独断，具有一种"人间情怀"。

第二，苏格兰启蒙思想家论证了公民社会的伦理基础。他们既摒弃希腊古典哲学对人性的至善主义规定，将自利作为人的本性，又拒斥中世纪的救赎主义，反对把人的欲望看做邪恶和卑下。他们把人看做情感的动物，主张人既有自利心，又有同情心，使社会道德成为可能。他们把自利理解为一种善，使公民社会奠定在利益交换行为基础之上，探讨了人的个人利益和社会的公共利益可以协调一致的路径。

第三，公民社会本质上是经济社会。休谟和斯密等苏格兰启蒙思想家先于黑格尔阐释了公民社会的经济性质，论证了公民社会的自律性与自足性，拒斥国家（如黑格尔式"国家高于公民社会"）对公民社会的干预。

第四，在政治变革和社会转型的问题上，苏格兰启蒙思想家秉承审慎的态度，反对暴力对抗，推崇改良与妥协，主张渐进、稳健、调和的社会改良道路，成为后世思考社会政治变革的重要思想渊源。

综上所述，激进的启蒙运动和渐进的启蒙运动为我们建构公民社会提供了两个明显不同的版本。启蒙似乎总是意味着革命，19 世纪以来的公民社会建构是在启蒙运动激进版本主导下展开的。然而，苏格兰启蒙告诉我们，启蒙不一定意味着革命和暴力，甚至可以规避革命和暴力。启蒙可以以一种渐进的方式建构公民社会。作为渐进的启蒙运动，苏格兰启蒙对公民社会自生自发性的强调以及对社会转型的审慎态度，对正处于社会变革和社会转型十字路口的我们国家来说，是可资借鉴的重要思想源泉。

---

① 罗素：《西方哲学史》（下卷），马元德译，商务印书馆，1982 年，第 211 页。

参考书目

Iain Hampsher-Monk, *A History of Modern Political Thought, Major Political Thinkers from Hobbes to Marx*, Blackwell Publishers Ltd. , 1992.

罗素:《西方哲学史》(下卷),马元德译,商务印书馆,1982 年。

布罗迪编:《剑桥指南:苏格兰启蒙运动》,贾宁译,浙江大学出版社,2010 年。

休谟:《道德原则研究》,曾晓平译,商务印书馆,2001 年。

斯密:《道德情操论》,蒋自强等译,商务印书馆,1997 年。

罗卫东:《情感、秩序、美德:亚当·斯密的伦理世界》,中国人民大学出版社,2006 年。

罗尔斯:《政治哲学史讲义》,杨通进、李丽丽、林航译,中国社会科学出版社,2011 年。

泰勒:《自我的根源:现代认同的形成》,韩震等译,译林出版社,2001 年。

第七章

亚当·斯密和文明社会的四个隐喻

　　作为一场影响深远的思想解放运动,启蒙产生于欧洲从封建社会向现代社会转型时期,旨在摆脱基督教神学和封建传统的束缚,为欧洲社会寻求新的基础和秩序。启蒙教导人类破除迷信,反叛无知,敢于认识(Sapere aude),"脱离自己所加之于自己的不成熟状态"[①],"激进的启蒙者(Aufklärer)不需要天意的观念,或一种天意的秩序"[②]。从神为人立法到人为自己立法,启蒙"改变了人类社会的基本面目,造就了今天的世界"[③]。启蒙思想家对未来社会的基本结构和运行机制有着不同看法,提出了不同的社会理想,不过也有一些共同点,多以人类摆脱愚昧和残酷,向往自由、平等、宽容、合作、和谐、团结、文明和高尚为目标。

　　然而,在亚当·斯密(Adam Smith,1723—1790)之前,还没有一个人用如此清楚的文字阐明过如下问题:公民、社会和政府应当通过什么方式积累和最大化国民财富?亚当·斯密《国富论》探讨的核心问题正是国民财富的积累途径。他很好地回答了这个问题。其答案是:劳动分工和劳动产品交换是最大化国民财富的主要途径。生产和贸易构成财富的重要资源,自由市场制度成为增加国民财富的主要手段。在自由市场制度中,任何个体都可以自由地与进入市场的任何其他个体缔结买卖商品或劳动力的契约。这是买卖双方自愿地进行讨价还价的交易制度。自由市场是充满竞争的制度,商品价格取决于多种因素,随着商品供求关系的变化而波动。自由市场中竞争的结果便是人们希望获得更加廉价的商品,也就是,生产者以更有效方式生产商品。自由市场具有两个重要特点,一是具有更高效率的商品

---

① 康德:《历史理性批判文集》,何兆武译,商务印书馆,1990年,第22页。

② 查尔斯·泰勒:《自我的根源》,韩震等译,译林出版社,2001年,第490页。

③ 罗卫东:"启蒙运动研究译丛·总序",第1页,载亚历山大·布罗迪编:《苏格兰启蒙运动》,贾宁译,浙江大学出版社,2010年。

生产者在自由市场中占据有利地位，能够获得更多的边际利润。在生产过程中，在生产效率上不占据优势的商家将被淘汰出市场。按照自由市场竞争原则组织起来的社会将在最大程度上创造出既廉价又优良的商品，在最大程度上利用现有资源创造国民财富。二是自由市场是自我约束的制度。生产技术、原料供给、消费偏好的变化都会自动导致生产的商品数量、种类、品质、价格的变化，以便在最大程度上满足市场的不同需求。

鉴于斯密对经济学的重大贡献，人们忽视了斯密在其他学术领域的贡献，比如，忽视了斯密在政治哲学领域的贡献。虽然以赛亚·伯林把他与洛克和密尔并列，称他们三人是"相信社会和谐与进步兼容于对国家或公权皆无权进入的私人生活领域的保护"的乐观主义者，①然而作为苏格兰启蒙的代表人物之一，斯密在政治哲学史上占据着一个独特而又被人忽视的位置。比如约瑟夫·克罗波西（Joseph Cropsey）在其与列奥·施特劳斯（Leo Strauss）合编的《政治哲学史》（第三版）给出了这样的评价：只因经济学和政治哲学的密切关系，尤其是因其对政治哲学的衰落负有责任，经济学家斯密勉强可以在政治哲学编年史上占得一席之地。②罗尔斯在《政治哲学史讲义》中对斯密也只是一笔带过，几乎没有在斯密身上花费任何笔墨。③ 我们认为，借助于"看不见的手"（invisible hand）、"公正的旁观者"（impartial spectator）、"经济—理性人"（economic man）、"守夜人"（night watchman）等经典隐喻，斯密构想了一个颇具个人色彩的乌托邦。它是以经济活动为基础的，以文明社会（civil society）④的基本结构和运行机制为内涵的，市场、社会和政府各司其职且相互协调的自由资本主义性质的乌托邦。⑤ 它追求经济自由、人民富足、社会和谐、国家富强、文化昌盛。在斯密的乌托邦中，虽然私有制仍是社会的

① Isaiah Berlin，*Liberty*，edited by Henry Hardy（Oxford University Press，2002），p173.

② Joseph Cropsey，"Adam Smith"，in *History of Political Philosophy*，Third Edition，edited by Leo Strauss and Joseph Cropsey（The University Press of Chicago，1987），p635.

③ 参阅 John Rawls，*Lectures on the History of Political Philosophy*（Cambridge，Ma：Harvard University Press，2007），p162；p393。罗尔斯只是在谈到苏格兰功利主义者时顺便提到斯密，对斯密政治哲学没有任何具体评价。虽然罗尔斯在《正义论》中多次提及斯密，谈到了斯密的"看不见的手"、"公正的旁观者"、"自我命令"等观念，但斯密政治哲学思想总体上仍然是模糊的。参阅 John Rawls，*A Theory of Justice*，*Revised Edition*（Cambridge，Ma：the Belknap Press of Harvard University Press，1999），p49，p233，p 419n.

④ 英文术语"civil society"在不同语境中有不同的译名，大体上有"文明社会"、"体面社会"、"民间社会"、"市民社会"、"公民社会"等。不同译名传达的含义相似，但体现了不同的侧重点。"文明社会"较好体现了术语"civil society" 斯密在其语境中想要传达的含义。

⑤ 参阅皮埃尔·罗桑瓦隆：《乌托邦资本主义》，杨祖功等译，社会科学文献出版社，2004 年。

基础,但没有把追求私有财富作为唯一目标。

通过解读斯密有关文明社会的四个隐喻,我们试图解答所谓的"斯密的启蒙困境",评价斯密在政治哲学史上的地位,探讨斯密理论对中国公民社会建设的可能贡献。

第一节 "看不见的手",或经济是文明社会的物质基础

斯密是现代经济学的开山者,市场经济之父,是自由资本主义制度的设计师。自由资本主义是斯密原理的化身①。迈克斯·勒纳称斯密站在一门新科学——经济学——的黎明和欧洲一个新时代——自由资本主义时代——的开始。然而,斯密没有就经济论经济,而是把经济作为现代文明社会的基础。在斯密看来,经济活动不只是利益交换行为,而且是文明社会的主要整合手段,承担了重要的社会功能。斯密由此迈出了建构文明社会的第一步。

在斯密之前,经济学已经经历了一番演变。在其诞生之初,经济学主要充当政治的工具。如威廉·配第把经济学称作"政治算术",即从君主角度出发,教导君主管理经济,增加财富,最终达到增强国力、增加财政收入的目的。后来的重商主义也没有摆脱这个思路。重农主义经济学家使经济学摆脱了为君王服务的地位。他们发现,经济有其自身规律。杜尔哥等人已经充分阐释了自由竞争原则和市场价格形成机制。马克思称赞"重农学派的巨大功绩是,他们把这些形式看成社会的生理形式,即从生产本身的自然必然性产生的,不以意志、政策等为转移的形式。这是物质规律"②。

1764 年,斯密辞去格拉斯哥大学道德哲学教席到法国游历。1766 年 2~10月,斯密在造访巴黎期间结识重农学派代表人物弗朗索瓦·魁奈和杜尔哥。斯密对重农学派大加赞赏,称它是"最接近真理的一个,值得每一位有志于破解这一重要领域基本原理的读者认真拜读"③。经济学思想史界一般认为,斯密正是在重农学派的影响下才产生了对经济学的研究兴趣并着手制定《国富论》写作计划。但实

---

① 约瑟夫·克罗普西:《国体与经体:对亚当·斯密原理的进一步思考》,邓文正译,上海世纪出版集团,2005 年,第 23 页。

② 马克思恩格斯:《马克思恩格斯全集》,第 26 卷,第 1 册,人民出版社,1973 年,第 15 页。

③ Adam Smith: *The Wealth of Nations*, Ⅳ. Ⅸ. 38.

际上，1764年初，斯密在去法国旅行之前就已经完成了《国富论》早期初稿《公共富足论》的写作。[①] 1776年，《国富论》出版。我们赞同美国哥伦比亚大学古典哲学史教授约翰·赫曼·朗德尔(John Herman Randall)的说法：《国富论》不是一部有关国家福利(national welfare)的专著，也不是一部有关最大公共幸福(the greatest public happiness)的专著，而是一部有关"公共富足"(public opulence)的专著。[②] 熊彼特称赞它是那个时代的"巅峰之作"。因此，关于斯密与法国重农学派的关系，更恰当的说法应当是，斯密早有对经济学的研究兴趣和写作《国富论》的计划，法国之行只是促成了他的研究计划。当然，重农学派对其经济学思想的影响是显而易见的。

与重农学派相比，斯密的主要贡献不在具体的经济理论，而在从社会结构变迁角度来思考经济，把经济作为社会整合的手段。斯密面临的问题是：置身于大社会之中，人们相互间已经变得陌生，小共同体互相友爱守望相助的美德已经不合时宜，那么联结人们的纽带是什么呢？作为启蒙哲学家，斯密深知在中世纪不同阶层之间还存在着一种统治关系(从农奴、领主到国王层层效忠)，这个统治关系背后潜藏的是暴力。启蒙的目的之一在于打破这种权力关系，实现人与人的平等。那么在平等的个体之间应当形成什么关系？这种关系能否带来秩序？斯密的解决方案是：把人与人的关系变为经济关系或利益交换关系，通过利益纽带把人们联结起来，把社会变成"经济社会"。它符合人的本性。斯密认为，每个人最关心自己的利益，把社会纽带建立在自利本性基础上是最牢靠的："在文明社会中，一个人在任何时候都需要有大量人的合作与帮助，而他的整个一生也不足以获得几个人的友谊……单凭人们的善意，它是无法得到这种帮助的。如果能诉诸他们的自利心，向他们表明，他要求他们所做的事情是对他们自己有好处的，那他就更有可能如愿以偿。"[③]

斯密进一步发现，存在着一只"看不见的手"："每个人都在不断努力为自己所

---

① 参阅 Adam Smith, *A treatise on Public Opulence*, 收录于 W. R. Scott 的《作为学生和教授的亚当·斯密》(*Adam Smith as Student and Professor*, 1937)，并参阅 John Herman Randall, *The Career of Philosophy*, *Volume I*, *From the Middle Ages to the Enlightenment*(New York, Columbia University Press, 1962), p792, no. 17.

② 参阅 John Herman Randall, *The Career of Philosophy*, *Volume I*, *From the Middle Ages to the Enlightenment*, p792.

③ 斯密：《国富论》，唐日松等译，华夏出版社，2005年，第13页。

能支配的资本找到最有利的用途。当然,他所考虑的是自身的利益,而不是社会的利益。但是,他对自身利益的关注自然会,或者说,必然会使他青睐最有利于社会的用途。"这就像"有一只无形的手在引导着他去尽力达到一个他并不想要达到的目的"①。在它的作用下,经济社会可以自行运转下去。

由于整个社会是在"看不见的手"这种非人格化力量的支配下运行的,这就成功避免了中世纪以暴力为基础的人格支配,斯密成功地把市场化的利益交换确立为社会整合的基础。新的社会建立了起来:"虽然在不同社会成员中缺乏相互的爱和感情,虽然这一社会并不带来较多的幸福和愉快,但是它必定不会消失。……虽然在这一社会中,没有人负有任何义务,或者一定要对别人表示感激,但是社会仍然可以根据一种一致的估价,通过完全着眼于实利的互惠行为而被维持下去。"②斯密把它称作商业社会:"一切人都要依赖交换而生活,或者说,在一定程度上,一切人都成为商人,而社会本身,严格地说,也成为商业社会。"③

因此,如果说配第研究作为政治计算的经济,重农学派研究作为财富科学的经济,那么斯密研究作为社会整合手段的经济。在斯密看来,市场制度、经济社会或商业社会不仅有经济学的含义,而且有社会学的含义。斯密从社会结构的历史变迁的角度来思考经济,把经济设定为文明社会的基础,整个文明社会应该围绕人的经济活动来展开。

第二节 "公正的旁观者",或同情是文明社会的精神动力

斯密强调要用陌生人的眼光看自己,不要用亲密的朋友的眼光看自己。④斯密把这种"陌生人的眼光"人格化为"公正的旁观者"(impartial spectator)。斯密的"公正的旁观者"隐喻,借鉴了休谟的"明智的旁观者"(judicious spectator)隐喻,是普遍道德原则的化身。这两个隐喻源自对"同情"(sympathy)的考察。

斯密接受曼德维尔的"私恶即公利"(private vices,public benefits)主张。在以商业为基础的文明社会中,人的欲望是整个社会的发动机。正是在欲望的推动下,

---

① 斯密:《国富论》,唐日松等译,华夏出版社,2005 年,第 325~326 页,第 327 页。
② 斯密:《道德情操论》,蒋自强等译,商务印书馆,1997 年,第 106 页。
③ 斯密:《国民财富的性质和原因的研究》(上卷),郭大力、王亚南译,商务印书馆,1974 年,第 20 页。
④ 斯密:《道德情操论》蒋自强等译,商务印书馆,1997 年,第 186 页。

人们从事经营、深化分工、改进工艺，最终整个社会的财富得到了增长。欲望而生自利，自利而求同情。同情表现了文明社会对公民的情感要求或道德要求，是文明社会的精神动力。

爱尔维修把社会的运转比喻为"血液循环"：欲望就像人们循环的血液一样维持着整个社会的运转，"欲望会鼓动一个国家，唤起它的工业，激起它的商业，扩大它的财富和势力；而这种欲望的停滞，我敢说将会置若干国家于死命"。① 然而，在中世纪，禁欲主义伦理盛行，商业行为一直得不到伦理上的肯定。斯密对此抱怨："在人类的本性中，那些对社会最有益的，却不被看做最高尚的本性。饮食男女是人类生存攸关的欲望，但表达这些欲望的词语，无一不引起人们的鄙视。同样的，驱使人们把东西互相交换的本性，尽管它是技艺、贸易和分工所建立的基础，不被看做是可嘉的。"②

斯密时代仍然残留着鄙视人的欲望和商业行为的思想。这大大阻碍了文明社会的发展。斯密写作《国富论》的意图之一是为欲望正名，为商业行为奠定伦理的正当性。他充分肯定人的"自利"本性并鼓励人们为改善自己的生活而奋斗。如休谟说的那样，自利"重新调整了我们的政治的以及道德的情感，将这种从前一直被视为有害的和可谴责的事情表现为值得赞扬的或无害的"。③

小共同体奉行"差别伦理"。"人类的自然性情是对自己的爱甚于爱其他任何一个人，而且在他对其他人的爱中间，对自己的亲戚和相识又有最大的爱。"④传统道德正是建立在这种道德感情上的。但是这种道德已经不适宜于文明社会。文明社会是个"大社会"，是建立在经济交换原则基础上与陌生人普遍交往的社会。文明社会对道德的要求是"一视同仁"、"铁面无私"，具有"普世价值"。传统的小共同体的道德原则已经不能适用。

文明社会的基本规则是建立在对陌生人的普遍情感之上的："当某个人受到伤害或摧残时，我们要求对在他身上犯下罪行的人进行惩罚，与其说是出于对那个受到伤害的人的关心，不如说是出于对社会的总的利益的关心。然而要看到，这种关

---

① 爱尔维修：《论精神》，载北京大学哲学系外国哲学史教研室编译：《十八世纪法国哲学》，商务印书馆，1963 年，第 524 页。

② 坎南编：《亚当·斯密的演讲》，陈福生等译，商务印书馆，1997 年，第 240～241 页。

③ 休谟：《道德原则研究》，第 34 页。

④ 休谟：《人性论》，下册，关文运译，商务印书馆，1991 年，第 528 页。

心并不一定在某种程度上包括那些优美的情感,即通常称为热爱、尊敬和感动,并据以区别我们的特殊朋友和熟人的那些情感。仅仅因为他是我们的同胞,所以这方面所需要的关心,只不过是我们对每一个人都具有的同情。"①

在休谟那里,"同情"是一个由己及人的心理过程,是一种感同身受,宛如身临其境。然而,"别人的情感都不能直接呈现于我们心中。我们只是感到它的原因和效果。我们由这些原因或效果才推断出那种情感来,因此,产生我们的同情的,就是这些原因或结果。"②斯密对同情的理解也是如此。斯密认为,人具有"同情"的本性,这里的"同情"(sympathy),不是指对他人的怜悯(compassion),而是指人的一种能力——设身处地体会他人情感的能力以及人的一种情感需要——人希望在一件事情上能与他人达成"同情共感"。"同情"具有"休戚与共,肝胆相照","以其人之道,还治其人之身"和"己所不欲,勿施于人"等含义。这样,斯密成功地解释了文明社会的普遍道德成为可能的社会心理机制。

文明社会也是追求正义的社会。在文明社会应如何实现正义方面,斯密看似表现得不那么自信。为了纠正"无形的手"带来的灾难性后果,斯密构想了一个"半神半人"的"公正的旁观者":"在《〈道德情操论〉》第六版第六卷中,斯密赋予了旁观者以多方面高尚的德性,比如'高尚的顺从'、'坚定的自制'、'普遍的仁爱'等,具有'圣人般的超凡脱俗的资质'。……这个理想的'旁观者',被斯密赋予了极为重要的社会任务,那就是作为伟大的政治家和立法者去治理国家。"③于是,在效率和正义之间,斯密陷入了非此即彼的两难:"斯密思想倾向从早年的自由放任主义者到具有某种建构倾向的德性主义的转向值得关注。暂且不论这个转变是否意味着斯密动摇了自由放任主义的基本立场,他从政治家的德性和行为中寻求新社会建设的出路,对今天的自由主义者而言会心存恐惧,为此烦恼。如果斯密只是把贤明有德的人作为暴发起来的商人阶级个人自我道德修养的榜样,这无可厚非,而如果要由某种具有美德的政治家来施行德政以便构建美德社会,则对自由放任主义基本理念的冲击可就太大了。"④其言下之意是,斯密将为了公正而牺牲效率。而这与《国富论》的宗旨相悖。我们认为,斯密把同情列为文明社会的精神动力或伦理要

---

① 斯密:《道德情操论》,第 111 页。
② 休谟:《人性论》,下册,关文运译,商务印书馆,1991 年,第 618 页。
③ 罗卫东:"斯密的启蒙困境",载《读书》,2010 年第 12 期,第 29 页。
④ 罗卫东:"斯密的启蒙困境",载《读书》,2010 年第 12 期,第 31 页。

求,就是为了形成一种私利和公益之间的互动关系,以寻求在公正和效率之间的均衡。如果我们撇开后来康德对道德自律的无理追问,从现实性角度看待文明社会的伦理基础,那么斯密的见解仍然是可取的见解。

通过讨论"人为的德性"(artificial virtue),罗尔斯在《道德哲学史讲演录》中谈到了休谟的正义观,谈到了休谟的"reciprocity"观念,谈到了"囚徒困境",并进而谈到了"明智的旁观者"。通过讨论"明智的旁观者",他又谈到了斯密的"公正的旁观者"。[①] 我们认为,在休谟和斯密的语境中,只有把"reciprocity"译成"对等"才能传达出"明智的旁观者"、"公正的旁观者"等隐喻的确切含义。"对等"就是"以一报还一报",在"囚徒困境"的囚徒博弈中,至少有"以恶报恶,以善报善,以恶报善,以善报恶"四种选项,它们都是"对等"(reciprocity)的具体样式,"互惠"(be mutually beneficial)或"双赢"(win-win)只是四种选项之一。"互惠"只是"对等"的偶然结果。当然,"对等"可以成为"忠诚"和"公平"的调和剂,自利和同情看似矛盾,但实际上是能够相互协调和相互约束的。美国的公民陪审团制度正是"公正的旁观者"在司法实践中的完美体现。

"对等的正义"是我们对斯密所谓的"同情"的核心解读。实际上,在斯密的由"同情"派生的"公正的旁观者"(impartial spectator)身上,我们看到了德沃金构想的赫拉克勒斯(Hercules)雏形,也看到了罗蒂的"自由反讽人"身影。正义至少有三种形态:"作为公平的正义"(justice as fairness)[②]、"作为对等的正义"(justice as reciprocity)[③]和"作为忠诚的正义"(justice as loyalty)[④]。"公平的正义"主要指政治上以公共资源配置和共享为主题的正义,"对等的正义"主要指在经济上以公平交换和社会契约为主题的正义,"忠诚的正义"主要指文化上以身份认同为主题的

---

① "impartial spectator"又译为"不偏不倚的旁观者"。参阅罗尔斯:《道德哲学史讲演录》,张国清译,台北左岸文化事业有限公司,2004年,第129页,第131页,第162页。

② John Rawls, *Collected Papers*, edited by Samuel Freeman (Cambridge, Ma: Harvard University Press, 1999), p 47.

③ 关于"reciprocity"一词,国内政治学和法学界有人译为"互惠"。罗尔斯1971年发表的论文"justice as reciprocity"(参阅 John Rawls, *Collected Papers*, edited by Samuel Freeman, Harvard University Press, 1999, p190.)通常译为"作为互惠的正义",这就误解了罗尔斯的正义理论,也误解了罗尔斯正义理论在休谟和斯密那里的起源。黑格尔在《法哲学原理》中谈到"罪犯的权利"时说"处罚是犯人的权利",旨在"扬弃犯罪,并恢复法的原状"(黑格尔:《法哲学原理》,范扬、张企泰译,商务印书馆,1982年,第101页)。他采用了"对等"而非"互惠"的正义观,明显受到了休谟和斯密的"作为对等的正义"观念的影响。

④ 罗蒂:"作为较大忠诚的正义",载罗蒂:《后形而上学希望》,张国清译,2009年,上海译文出版社,第273页。

正义。"忠诚"、"公平"和"对等"观念对解读"正义"具有重要价值,而它们都可以在斯密的"公正的旁观者"隐喻找到其渊源。

第三节 "经济—理性人",或文明社会对公民的要求

商业社会必是文明社会。斯密发现,商业塑造出了"文明"(文雅、礼貌)的人,"谨慎的人",也是"经济—理性人"。"经济—理性人"(economic man)隐喻涉及文明社会对公民的理性要求。

斯密对孟德斯鸠以下见解深表赞同:"贸易使野蛮的风俗日趋典雅与温厚。"[①]他也赞成曼德维尔的以下见解:商业社会以"强大、富裕和文雅而闻名"[②]。斯密发现,长期经营商业会在商人身上养成的"讲秩序、重节约、谨慎小心的习惯"。他称现代社会为"文明的商业社会"[③]。在他的历史发展"四阶段论"中,经常互用"商业社会"和"文明社会"。曼德维尔对商业社会人格与古代人格的精彩对比给斯密留下了深刻印象:"未开化者心中的爱之所以极不可靠,是因为他们的种种激情都更游移、更善变。在野蛮人身上,那些激情比在有教养者身上更经常地相互冲突,争占上风。有教养者受过良好的教育,已经学会了如何获得个人安逸和生活舒适,如何为了自身利益而遵守规矩和法令,常能屈从较小的不便,以避免更大的不便。在最下层的粗人中,在教育程度最差的人中,你极难见到常久的和睦。"曼德维尔发现,与人长时间和谐相处需要一种特殊的技能,"没有人为的技巧,两个人之间绝不会有牢不可破的长久好感。最好的朋友若总在一起也必定会发生口角,除非双方都以极大的谨慎相处。"[④]

商业社会的人是理性的、能够克制自己欲望与激情的文明人。他们通过这种克制才能与他人和谐相处。文明人对欲望与激情的克制不是为了禁欲,而是为了用和平、有效的方式来满足欲望。这种自我克制还体现在人们的商业经营行为上。

斯密发现,商业社会盛产一种"经济—理性人"。他们在工作中有自制、严谨、诚实、节约、异常勤奋等品质。这些品质与后来韦伯所定义的"资本主义精神"不谋

---

① 孟德斯鸠:《论法的精神》,下卷,孙立坚等译,陕西人民出版社,2001年,第378页。

② Bernard Mandeville, *The Fable of the Bees*, Vol. 1, Liberty Classics, 1989, p4.

③ 斯密:《国富论》,第558页。

④ 曼德维尔:《蜜蜂的寓言》,第481～482页。

而合。"经济—理性人"具有以下特点:第一,获取财富时的审慎。"把自己的健康、财产、地位或名誉孤注一掷地押出去,是人们不乐意做的事情……我们所依靠的增进自己财富的主要方法是那些不致遭受损失或危险的方法:在自己的行业或职业中的真才实学,在日常工作中的刻苦和勤勉,以及在所有的花费中的节约,甚至某种程度的吝啬。"[1]第二,诚实而不欺瞒。"他的谈吐纯朴而又谦虚,而且,他讨厌其他人常常用来欺骗公众对其注意和信任的一切胡吹乱扯的伎俩。为了在自己的职业中获得声誉,他自然倾向于在很大程度上依赖自己真实的知识和本领。"[2]第三,善于交友,但不是那种炽烈的友情,是一种"冷静而又牢固和真诚的友爱"。在交友中,"他并不被对他们杰出才能的轻率赞扬所左右,而是为自己对他们的谦虚、谨慎和高尚行为的审慎的尊重所支配"。他不喜欢一般的交际,很少去那种好饮酒作乐的社交场合,因为这种生活方式"可能会过多地妨害他那节制的习惯,可能会中断他那坚持不懈的勤劳努力,或者打断他严格执行的节约"[3]。第四,不愿意承担任何不属于自己职责范围的责任。"他不在与己无关的事务上奔忙;他不干预他人的事情……他把自己的事务限制在自己的职责所容许的范围,他并不爱好那种显要地位,这种地位许多人想从对他人的事务管理似乎具有的某种影响中取得"[4]。谨慎同英勇、善行、遵守正义准则结合在一起。所有这些都是由恰如其分的自我控制所维持的。谨慎推行到最完美的程度,必然意味着艺术、才干以及在各种可能的环境和情况下最合宜的行为习惯或倾向。它必然意味着所有理智和美德的尽善尽美。这是最聪明的头脑同最美好的心灵合二为一。这是最高的智慧和最好的美德两者之间的结合。谨慎、经济、理性、英勇、善行、守约都是对文明社会公民的要求。

斯密认为,商业社会的人之所以显得"温文尔雅",是因为他们能够将生理与心理的冲动力置于理性的计算之下,形成一个"深度自我"。在心理层面,这体现在了

---

① 斯密:《道德情操论》,第273页。韦伯在《新教伦理与资本主义精神》的一开始就指出,新教徒所创造的资本主义是一种"理性的资本主义",它与之前的资本主义的不同就在于它是依靠日常职业经营活动积累财富,而不是靠投机、冒险行为获得财富。参阅韦伯:《新教伦理与资本主义精神》,康乐等译,广西师范大学出版社,2007年,第5页。

② 斯密:《道德情操论》,第274页。诚实经营是新教徒的特点之一。参阅韦伯:《新教伦理与资本主义精神》,第25页。

③ 斯密:《道德情操论》,第275页。韦伯指出,对新教徒来说,贪恋口腹之欲是不能获得救赎的明显表现。新教徒对此唯恐恐避之不及。参阅韦伯:《新教伦理与资本主义精神》,第150页。

④ 斯密:《道德情操论》,第277页。韦伯指出,对新教徒来说,救赎是个人的事情。对别人不能信任。参阅韦伯:《新教伦理与资本主义精神》,第196页。

弗洛伊德所说的"超我"对"本我的压抑"。斯密虽然没发明这些心理学名词,但他对人的这个心理过程有着深刻认识。斯密试图诉诸"公正的旁观者"来克制人的自利本性,其起作用的方式和"超我"如出一辙:自我控制的美德在大多数场合主要并且几乎完全是由一种原则——合宜感,对想象中的这个公正的旁观者的情感的尊重——向我们提出来的要求。如果没有这种原则所施加的约束力,在绝大多数场合,如果我可以这样说的话,每一种激情就会急速地发泄出来并以此为快。愤怒就会由这种激情自身的烈性引发出来;恐惧也就会由这种激情自身的极度焦虑引发出来……对他人的情感是什么、应该是什么、或者在一定的条件下会是什么这些问题的重视,在大多数场合,是震慑所有那些难以驾驭和骚动的激情,把它们变成公正的旁观者能够体谅和同情的那种心情和情绪的唯一原则。①

在休谟那里,"理性,并且也应该是情感的奴隶,除了服务和服从情感之外,再不能有任何其他职务。"②然而,到了斯密那里,"经济—理性人"已经占据社会生活的核心位置。斯密不赞成休谟的如下说法:"人如果宁愿毁灭全世界而不肯伤害自己一个指头,那并不是违反理性。如果为了防止一个印第安人或与我是完全陌生的人的些许不快,我宁愿毁灭自己,那也不是违反理性。我如果选择我所认为较小的福祉而舍去较大的福祉;并且对于前者比对于后者有一种更为热烈的爱好,那也同样不是违反理性。"③斯密从《道德情操论》对"道德感"的关注到《国富论》对经济理性的强调,可以清晰地看到其思想从哲学伦理学向政治经济学的转变。

第四节 "守夜人",或政府只是公共服务者

斯密把文明社会奠基在经济活动基础上,颠覆了政治和经济的传统关系。在斯密之前流行"政治算术",它从政治角度来规定经济,让经济为政治服务。斯密颠倒了这个顺序:先看经济有什么要求,然后反推这种经济需要什么样的政治来配合,也就是用经济来反推政治。于是,斯密提出了著名的"守夜人"隐喻。

"守夜人"隐喻涉及对政府等公共制度本质的理解。在文明社会中,政治的角色就是为经济服务。由于经济运行是由市场中"看不见的手"支配的,人类的智慧

---

① 斯密:《道德情操论》,第343页。

② 休谟:《人性论》,下册,第453页。

③ 休谟:《人性论》,下册,第454页。

或知识难以企及,政府无需对具体经济运行做过多干预。这样的社会必是"小政府"和"大社会"相结合的社会。政府需要做的是,维护市场,保障市场得以运行的条件,对市场力所不及的地方进行"补救"。因此,斯密提出了政府的三种职责:"第一,保护社会不受其他独立社会的侵犯;第二,尽可能保护社会任何成员不受其他任何成员的侵犯或压迫,即设立完全公正的司法机构;第三,建立和维护个人或小团体所不感兴趣投入的某些公共设施和公共机构。"①

政府履行国防职责的前提是拥有军队。设立常备军是文明社会的特点之一。在狩猎、畜牧和农作社会,几乎每个人都是战士,至少每个人都很容易成为战士。到了文明社会,情况发生了变化。斯密认为,文明社会的公民,主要从事商品生产和交易,对体力的要求不像游牧与农耕那么强。他们也不像游牧民与农夫那样有着大量闲暇时间。要他们进行军事训练,是对他们利益的剥夺。这导致人们会由于自身利益忽视军事训练。另一方面,文明社会带来的巨大财富会招致邻国的入侵。② 解决这对矛盾就需要政府使士兵独立出来成为一个职业,让士兵像其他人那样获得工作报酬。因此,建立常备军成为政府的一项重要职能。

在传统法律中,神圣的法律是关于神的法律,关于人世俗生活的法律是不受重视的。③ 在休谟那里,人存在着两种基本德性,一种是自然德性,一种是人为德性。自然德性是包括慈祥、慷慨、宽厚、清晰、对生活的爱恋、对儿女的怜惜。正义、忠实、真诚是人为的德性。正义是人为的约定,其目的在于保护公民的私有财产。受休谟影响,斯密颠覆了传统的法律观念,认为"最神圣的正义法律就是那些保护我们邻居的生活和人身安全的法律;其次是那些保护个人财产和所有权的法律;最后是那些保护所谓个人权利或别人允诺归还他的东西的法律。"④斯密确立了文明社会的法律原则:为个人的生命财产与经济活动服务。因此,认真对待每一个公民的权利是政府的首要美德。德沃金有关"认真地对待权利"的掷地有声的言论可以在斯密的法律思想中原原本本地找到:"没有对其声称受其统治的所有公民的命运表示同等关切的政府是非法的。"⑤维护法律成为国家的重要职能。

---

① 斯密:《国富论》,第 494 页。

② 斯密:《国富论》,第 501 页。

③ 参阅涂尔干:《社会分工论》,渠东译,生活·读书·新知三联书店,2000 年,第 92～102 页。

④ 斯密:《道德情操论》,第 103 页。

⑤ Ronald Dworkin, *Sovereign Virtue*(Cambridge,Ma:Harvard University Press,2000),p1.

受孟德斯鸠等共和主义者的影响,在斯密看来,司法权与行政权的独立是保障法律正义的重要因素。他说:

"如果司法权与行政权结合在一起,要想公正而不经常为世俗所谓政治而牺牲几乎不可能。代表国家重要利益的人,即使没有腐败观念,有时也会认为为了国家的重要利益而有必要牺牲个人的权利。但每个人的自由以及他对于自己的安全感,有赖于公平的司法行政。为了使每个人感到属于自己的所有权利完全有保障,不仅有必要将司法权与行政权分离,而且有必要使司法权尽量独立于行政权。法官不应由行政当局任意罢免。法官的正常薪金也不应依赖于行政当局的意愿或经济政策。"①

即使对司法这种要由国家行使的公共服务,斯密也不忘引入市场机制来提高效率。在斯密看来,英国的法院效率高是以前各法院竞争的结果。英国各法院的开支以前主要来自手续费,为了获得收入,各法院尽可能多地承揽案件,甚至不属于本法院传统管辖范围的案件,这给了当事人更多选择。这种竞争机制使得"法官们力求自己的法院在法律允许的范围内对一切不公正的行为予以最迅速最有效的补救"②。斯密也对手续费支付方式进行了设计。他认为在结案前不应付给法官手续费,这就可以刺激法院人员更勤奋地工作;在法官人数多的法院,应该根据各法官的效率来确定他们分得手续费的比例。"提供公共服务所得报酬与其结果相关,并按勤勉程度来分配收入,这样才能提供最好的公共服务。"③

政府的第三个职能是建立和维持某些公共工程或机构。它们有两类:一类是为商业提供便利的,如道路、桥梁等,包括外交机构。在斯密看来,大使的设立也是为了商业利益需要;另一类是教育机构,包括青年教育机构和促进所有年龄层的教育机构。不能用市场手段解决这些问题,因为这些工程如果由个人或团体来办理,其所得的利润不能偿付所支付的费用。但是它们的运营和维护也要尽量按市场原则设计激励机制。例如在对运河的维护问题上,斯密认为应该将通行税交给与运河通行利益最为有关的人,而不应交给没有利害关系的委员们管理。其原理正是

---

① 斯密:《国富论》,唐日松等译,华夏出版社,2005 年,第 515~516 页。
② 斯密:《国富论》,唐日松等译,华夏出版社,2005 年,第 514 页。
③ 斯密:《国富论》,唐日松等译,华夏出版社,2005 年,第 514 页。

"人们对自身的利益最为关切"。对教育工作,斯密认为应该赋予学生选择学校与教师的充分自由,让教师收入大部分来自学生的学费,这就会提高教育的质量。[①]

因此,与亚里斯多德强调的"人是天生的政治动物"不同,斯密认为,人是天生的经济动物。"贸易和交易"是人的天性,它们造就现代文明社会的基本结构,也造就新的人类,新的公民,新的政治文化。但是,经济活动并不自然地导向民主政治。自由经济与民主政治可能是对立的。斯密先于马克思,看到了经济生活与人类向往的美好生活的脱节,"清楚地预见到了这些危险"[②]。斯密只给政府和国家以较低的地位,"守夜人"就是其应得的位置。

第五节 "斯密的启蒙困境"和斯密在政治哲学史上的地位

最近 30 多年来,中国改革开放开创的社会主义市场经济理论和实践,除了依靠中国人民、中国共产党和中国政府自身的智慧以外,显然借鉴了包括斯密在内的众多西方思想家的思想。只要改革继续,这样的思想借鉴工作也将继续。这是保持中华民族不断进步的重要源泉。在本章行将结束时,我们给出三点总结。

1. "斯密的启蒙困境"

文明社会不是理性设计的产物,而是社会发展的结果。市场经济是现代文明社会的基础,政治、法律、道德都为经济服务。斯密是那个过程的旁观者、描述者、评判者和引导者。他推崇改良与妥协,希望在渐进和调和中发展文明社会,审慎地对待文明社会的各种阻碍。斯密设想的文明社会仍然是当今世界的主流社会。虽然它不是恒久的,也不是完美的,但它是次优的,是人类社会必须经历的一个相对漫长的历史阶段。文明是要付出代价的,文明更是有价格的。不同的文明在历史的长河中呈现出不同的价格。文明社会是对等的社会,竞争与合作是文明社会的重要内容。功利和公平是文明社会的两大主题,两者时有矛盾。如何破解这个矛盾,是斯密之后思想家必须面对的难题。

"亚当·斯密问题"(das'Adam Smith-Problem')最早在 19 世纪中期由德国学

---

① 斯密:《国富论》,唐日松等译,华夏出版社,2005 年,第 543~547 页。

② 塞缪尔·鲍尔斯、赫伯特·金蒂斯:《民主和资本主义》,韩水法译,商务印书馆,2003 年,第 171 页。

者提出,意指斯密在《道德情操论》中提出的同情(sympathy)原理与在《国富论》中提出的利己原理相互矛盾。这个问题经过许多学者考证本已得到证伪。然而,近有学者重提斯密问题,认为存在"斯密的启蒙困境",即斯密的《国富论》主题和《道德情操论》(第六版)主题存在着内在矛盾:"在(《道德情操论》)第六版新增加的'论德性的品质'一卷中,他也是从'对富人和成功者的钦佩的倾向'中寻求道德情感腐败的原因。斯密在隔了三十年之后,改变了自己的财富观以及对财富所具有的积极社会功能的正面评价,在临死之前,他已经确认'财富的集中无论是对于道德还是对于经济都是有害的'。这个认识与他一向以来所主张的'看不见的手'分配正义自然逻辑合理性的观点真是大相径庭。离开人世前的斯密似乎更加担心另外一种逻辑过程的发生:人类对快乐的同情共感天然地强于悲伤的天性→爱慕浮华和虚荣→追求财富和地位→背弃德性和道德感情败坏。"①

提出上述评价的理由是,斯密在《道德情操论》第六版中新增了"论由钦佩富人和大人物,轻视或怠慢穷人和小人物的这种倾向所引起的道德情操的败坏"内容,体现了斯密对财富败坏德行的忧虑。斯密尤其提到了这样一句话:"钦佩或近于崇拜富人和大人物,轻视或至少是怠慢穷人和小人物的这种倾向,虽然为建立和维持等级差别和社会秩序所必需,但同时也是我们道德情操败坏的一个重要而又最普遍的原因。"②

然而,我们认为,斯密在论述了这种倾向之后,话锋一转:"很幸运,在中等和低等的阶层中,取得美德的道路和取得财富的道路在大多数情况下是及其接近的。在所有的中等和低等的职业里,真正的、扎实的能力加上谨慎的、正直的、坚定而有节制的行为,大多会取得成功……这种人的成功也几乎总是依赖邻人和同他们地位相等的人的支持和好评;他们的行为如果不那么端正,就很少能有收获。"③与中低等阶层相对,斯密指出,"不幸的是,在较高的阶层中情况往往并非如此。在宫廷里,在大人物的客厅里,成功和提升并不依靠博学多才……而是依靠无知、专横和傲慢的上司们的怪诞、愚蠢和偏心;阿谀奉承和虚伪狡诈也经常比美德和才能更有

---

① 罗卫东:"斯密的启蒙困境",载《读书》,2010 年第 12 期,第 29 页。
② 斯密:《道德情操论》,蒋自强等译,商务印书馆,1997 年,第 72 页。
③ 斯密:《道德情操论》,蒋自强等译,商务印书馆,1997 年,第 74 页。

用。"①在斯密看来,中低等阶层的人们由于自身的美德,终将会取代贵族的地位:"在出生高贵的那些人身上几乎见不到这些美德。在所有的政府中,甚至在君主国中,在中等和下等阶层生活中受教育的人们虽然遭到所有那些出身高贵的人的妒忌和愤恨,但是由于自己的勤勉和才干而得到提拔,通常占据着最高的职位,管理着行政机关的一切事务。大人物见到他们,先是轻视,继而妒忌,最后以卑贱地表示屈服为满足。"②斯密在此表达的意思已经昭然若揭:正是在追求商业与利益的文明社会里,道德与财富才能达到统一。而中世纪的贵族社会则恰恰是道德腐败的温床!文明社会取代封建社会正是道德的进步。毕竟,现代文明社会的主体是广大中低等级阶层,而不是少数的"富人和大人物"。斯密不是"资本和财富的罪恶"的控诉人,而是"权贵政治"的控诉人。受之于时代和阶级的局限,不同于马克思,斯密不认为"资本和财富"具有天生的罪恶。斯密没有站在某个道德至高点上,来教训资本"应当流淌道德的血",实际上是"中低等阶层文明生活正当性"的辩护人。

主张存在"斯密的启蒙困境"的还有一个理由是,斯密晚年越来越强调政治家的作用,"希望从政治家的德性和行为中寻求新社会建设的出路",这导致的一种可能性是"由某种具有美德的政治家来施行德政以便构建美德社会"③,这对自由主义构成了强烈的冲击。我们认为,斯密对"政治"的看法是,在行政方面,斯密推崇讲求效率、注重公共服务的工具性"有限政府"。在立法方面,斯密主张超越阶层利益的"中性政府",相似于黑格尔的"普遍性政府"。① 前面我们已经提到,对个体而言,斯密指出每个人最关心的是他自己,然后是他的家人。为了补救这种偏私,斯密诉诸公正的旁观者。对团体而言也与之类似,"每个人同自己的阶层或社会团体的关系自然比他同其他阶层或社会团体的关系更为密切"。每个阶层都有自己特定的权力,并且想扩大自己的权力,"他雄心勃勃地扩展这个阶层或社会团体的特

---

① 斯密:《道德情操论》,蒋自强等译,商务印书馆,1997年,第74页。斯密所谓的"中等和低等阶层"正是从事工商业的"市民阶层"。"较高阶层"正是封建贵族阶层。

② 斯密:《道德情操论》,蒋自强等译,商务印书馆,1997年,第67~68页。

③ 罗卫东:"斯密的启蒙困境",载《读书》,2010年第12期,第31页。

① 在黑格尔那里存在着一个普遍的一般等级,它将"达到黑格尔式国家的本质目的,就是把私人权利和公共权力结合起来,就是使得前者与后者相一致并且分享这种权力。"参阅泰勒:《黑格尔》,张国清译,译林出版社,2002年,第682页。

权和豁免权;他热诚地维护这些权益,防止他们受到其他阶层或社会团体的侵犯。"①那么谁来补救团体间的偏私?谁来调和团体间的关系?谁是团体之间的"公正的旁观者"?在斯密看来,这个功能无疑要由国家来承担,即国家代表了"公共利益"。在斯密的理论中,市场制度正是达到公共利益的最佳手段。他写作《国富论》,其意图正在于告诉我们市场制度是怎样使整个社会(国家)都受益,从而达到国富民强的目的的。②因此在立法方面,政府应该按照市场制度的原则来约束各团体的偏私倾向,使市场能够顺利地运行。斯密认为重商主义政策无疑是商人阶级操纵立法的反面教材,严重阻碍了市场作用的发挥,因此他在《国富论》中用了大量篇幅对此进行抨击。

斯密非常审慎地对待政治。他深知,虽然实行市场制度对国家有巨大好处,但由于历史的原因,这种改革却不能操之过急。他举例说,如果骤然取消某种产品的高关税,廉价的外国商品就会迅速流入市场,那么本国此种商品的制造者就会失去生计。而且,那些垄断行业的从业人员也会极力阻止这种变革。在这个转型阶段就需要政治家用他们高超的政治技艺来平衡各方利益。斯密对政治家最大的要求就是审慎和稳健,在尊重既得利益的基础上用渐进与调和的方式来推动政治的变革。斯密写道:"虽然他会认为其中某些权力和特权在某种程度上被滥用了,他还是满足于调和那些不用强大的暴力便常常无法取消的权力和特权。当他不能用理性和劝说来克服人们根深蒂固的偏见时,他不想用强力去压服它们。"③因此政治家的作用并非是施行某种"德政",而是用他的政治智慧帮助社会度过转型的关口。

斯密试图证明,利他和利己都源自同情,前者讲个体的欲望约束,后者讲总体的财富增长,两者是对立统一、相互依赖或相辅相成的。我们赞同阿马蒂亚·森的如下评价:"如果对斯密的著作进行系统的无偏见的阅读和理解,自利行为的信奉者和鼓吹者是无法从那里找到依据的。"④我们认为,从《道德情操论》到《国富论》,斯密完成了其思想从关注"正义"("道德感")的哲学伦理学向关注"功利"("经济理性")的政治经济学的转折。然而,无论是正义还是功利,都受人的同情的约束,不

①　斯密:《道德情操论》,蒋自强等译,商务印书馆,1997 年,第 298 页。

②　在这个观点上,斯密与重农主义是一脉相承的。魁奈要求"取消一切特殊的私人利益",政权的功能就是保护市场原则不被小团体利益侵犯。参阅魁奈:《魁奈经济著作选集》,吴斐丹、张草纫译,商务印书馆,2008 年,第 415 页。

③　斯密:《道德情操论》,蒋自强等译,商务印书馆,1997 年,第 302 页。

④　参阅阿马蒂亚·森:《伦理学和经济学》,商务印书馆,2000 年。

得违反有关人性的基本假定。与康德、马克思和罗尔斯的主观愿望相悖的是,文明社会首先是追求功利的社会。在《国富论》中,斯密已经全面阐述了自由市场在国民财富增长方面所发挥的决定性作用。虽然斯密晚年对《道德情操论》作了重大修订,但那些修订尚不足以导致那个转折的逆转。虽然斯密晚年看到了效率和正义的矛盾,但这些矛盾在他构想的文明社会中能够得到有效的解决或调和。

归结起来,"斯密的启蒙困境"提法存在着三个基本混淆,一是同情和利他的混淆,二是利己和自私的混淆,三是自由市场主体和公共制度主体的混淆。这一切都源自对哈奇森、休谟和斯密共同主张的同情的重要属性"reciprocity"的误读。如我们在前文论证那样,同情具有交互性和对等性,如果把"reciprocity"解读成"互惠"、"互利"甚至"双赢"(win-win),就会导致"权贵"和"资本"合谋的常态化,导致罗尔斯担心的从"公平正义"向"互惠正义"的蜕变,也就是所谓的"斯密的启蒙困境"。然而,按照斯密对"文明社会"的设计,权贵和资本的合谋不可持续,相反,资本和民间智慧的合作,也就是一般意义上的社会合作的日渐风行并得以持久,是人类摆脱传统社会进入现代社会的重要标志。我们赞同阿马蒂尔·森的如下评价:"人们往往忽视了以下情形,即亚当·斯密并不认为单独的纯市场机制能够取得很大成就,也不认为利润动机能够独当一面。也许这其中的最大失误在于,大家把亚当·斯密关于人们因何交易的有限讨论,解读为对他所认为的市场经济运行良好必备的所有行为准则和体制的详尽分析。亚当·斯密有句名言,说人们寻求交易只是出于私利。人们反复引用这句话来解释为什么面包师、酿酒人、屠夫和消费者要进行交易。然而,一个经济体的高效运转还有赖于其他价值观和承诺,如互相信任和有信心。"①

今天,真正让我们感到忧虑的是,新的权贵打着"某种建构倾向的德性主义"旗号,站在所谓的"公共道德"制高点上,对以民间资本为主体的自由市场的任意干预和剥夺,最终导致"权贵"、"资本"和"智慧"的合谋。这已不是"斯密的启蒙困境",而恰好是当年马克思全面揭示的资本的固有罪恶。但是无论如何,晚年的斯密毕竟不是马克思。因此,不存在"斯密思想倾向从早年的自由放任主义者到具有某种建构倾向的德性主义的转向"。

2.斯密在政治哲学史上的地位

在政治经济学领域,斯密的学术地位是清晰而明确的,马克思高度评价斯密,

---

① Amartya Sen,"Adam Smith's market never stood alone",in *Financial Times*,March 12,2009.

"在亚当·斯密那里,政治经济学已发展为某种整体,它所包括的范围在一定程度上已经形成。"斯密的巨大功绩在于"从工人超出他用来支付(即用等价物来补偿)工资的那个劳动量之上所完成的劳动,引申出利润。斯密这样就认识到了剩余价值的真正起源。同时他还十分明确地指出,剩余价值不是从预付基金中产生的,无论预付基金在现实的劳动过程中如何有用,它的价值不过是在产品中再现而已。剩余价值仅仅是在新的生产过程中从'工人加到材料上的'新劳动中产生的。"[①]马克思承认剩余价值理论在斯密那里的重要起源。

然而,斯密在政治哲学史上的地位仍然是模糊的。在本章中,借助于考察"看不见的手"、"公正的旁观者"、"经济—理性人"、"守夜人"等经典隐喻,我们看到,亚当·斯密提出了一个有关未来文明社会的乌托邦。虽然这些隐喻不全是斯密原创的,但是他把它们综合到了一起。这些隐喻的影响是如此巨大而深远,以至于黑格尔的"理性的诡计"和"普遍性政府"[②]、马克思的"自由人的联合体"、德沃金的"赫拉克勒斯"法官、罗蒂的"自由反讽人"以及诺齐克的"最小国家"等概念隐喻都可以在斯密那里分别找到其思想源头。今天,当启蒙的乌托邦大多走向"终结"之时,斯密的文明社会隐喻仍然焕发出巨大的生命力。因此,我们不赞成克罗波西的以下见解:虽然斯密没有写过专门的政治哲学论著,但鉴于其作为现代经济学开山者的身份,鉴于经济学和政治哲学的紧密关系,斯密在政治哲学编年史上占有一席之地。[③] 我们认为,虽然斯密犯有经典政治经济学家永恒化资本主义生产关系的痛病,但是鉴于其对人类文明社会基本结构及运作机制的开创性论证,更鉴于其同黑格尔、马克思、德沃金、罗蒂和诺齐克等政治哲学思想的渊源关系,斯密在政治哲学史上应当占有一个较为核心的位置。

3.斯密思想对中国公民社会建设的借鉴意义

斯密的《国富论》(初译为《原富》)在1901年就被严复译成中文。和达尔文、密尔(穆勒)一起,斯密是最早被介绍到中国的西方思想家,在中国近代思想启蒙中曾经发挥过决定性影响。斯密是在其著作中对中国做出深入研究和中肯评价的第一

---

① 马克思恩格斯:《马克思恩格斯全集》,第二版,第33卷,人民出版社,2004年,第56页。

② 查尔斯·泰勒认为,黑格尔的市民社会理论在当前公民社会讨论中占据核心位置,而其市民社会原型主要归功于斯密等英国政治经济学家。参阅泰勒:《黑格尔》,张国清等译,译林出版社,2009年,第591页。

③ Joseph Cropsey,"Adam Smith",in *History of Political Philosophy*,Third Edition,edited by Leo Strauss and Joseph Cropsey(Chicago,The University Press of Chicago,1987),p635.

位西方思想家,对那时正处封闭状态的中国深表同情:"中国似乎长期处于静止状态,其财富也许在许久以前已完全达到该国法律制度所允许有的限度,但若易以其他法制,那末该国土壤、气候和位置所可允许的限度,可能比上述限度大得多。一个忽视或鄙视国外贸易、只允许外国船舶驶入一二港口的国家,不能经营在不同法制下所可经营的那么多交易。此外,在富者或大资本家在很大程度上享有安全,而贫者或小资本家不但不能安全,而且随时都可能被下级官吏借口执行法律而强加掠夺的国家,国内所经营的各种行业,都不能按照各种行业的性质和范围所能容纳的程度,投下足够多的资本。在各种行业上,压迫贫者,必然使富者的垄断成为制度。富者垄断行业,就能获有极大利润。"①与斯密创作《国富论》的时代相比,现在的中国已是一个开放的国家,中国的社会主义市场经济实践已经取得了举世瞩目的成就。然而,斯密在 1776 年揭示的中国问题不能说完全得到了解决。斯密对"有限政府"、"中性政府"的强调,对社会转型策略的考虑,无不对当今的中国社会有着重要的借鉴意义。

在马克思那里,市民社会是一个有待跨越的历史阶段,"市民社会的矛盾既不可能被解决又不可能被调和。市民社会必须被废除。"②站在人类历史发展的一般规律的高度,马克思理论当然是正确的。但是就中国社会历史发展状况来说,中国公民社会仍在形成之中,去跨越它当然无从谈起。我们需要斯密倡导的"人道、正直、宽容和公共精神"。因此,对正处于社会变革和社会转型十字路口的我们来说,斯密关于文明社会的隐喻仍然是活的隐喻,仍然给中国人思考如何建设社会主义文明社会提供着富于想象力的思想启示。虽然社会主义和资本主义存在着本质的制度差异和意识形态差异,但是斯密的文明社会理论仍然可以为当前中国文明社会建设提供重要的理论资源。

美国哲学家罗蒂指出,"有过两个启蒙计划,一个是政治计划,另一个是哲学计划。一个要创造地上天国,创造没有种族等级、阶级或残酷的世界。另一个要发现用大写自然和大写理性取代大写上帝的崭新而全面的世界观。"③启蒙运动有两大遗产,一是求证真理,二是追求自由。纵使追求真理的哲学计划失败了,但追求自由的政治计划仍将继续。今天在中国继续启蒙的政治计划显得尤其迫切。而要继

---

① 斯密:《国民财富的性质和原因的研究》,郭大力、王亚南译,商务印书馆,1974 年,第 87～88 页。

② 泰勒:《黑格尔》,张国清等译,译林出版社,2009 年,第 673 页。

③ 罗蒂:《后形而上学希望》,张国清译,上海译文出版社,2009 年,第 105 页。

续推进那个计划,斯密的忠告犹言在耳,值得我们认真对待。

参考书目

布罗迪(编):《苏格兰启蒙运动》,贾宁译,浙江大学出版社,2010年。

黑格尔:《法哲学原理》,范扬、张企泰译,商务印书馆,1982年。

休谟:《人性论》,关文运译,商务印书馆,1991年。

坎南(编):《亚当·斯密关于法律、警察、岁入及军备的演讲》,陈福生等译,商务印书馆,1997年。

罗尔斯:《道德哲学史讲演录》,张国清译,台北左岸文化事业有限公司,2004年。

罗卫东:"斯密的启蒙困境",载《读书》,2010年第12期。

罗卫东:《情感、秩序、美德:亚当·斯密的伦理学世界》,中国人民大学出版社,2006。

斯密:《道德情操论》,蒋自强等译,商务印书馆,1997年。

斯密:《国富论》,唐日松等译,华夏出版社,2005年。

斯密:《国民财富的性质和原因的研究》,郭大力、王亚南译,商务印书馆,1974年。

泰勒:《黑格尔》,张国清等译,译林出版社,2009年。

第八章

黑格尔、市民社会和宪政国家

黑格尔政治哲学和法哲学是马克思主义政治哲学和法哲学的重要思想来源。马克思和恩格斯当年创立马克思主义学说之时曾经对黑格尔哲学尤其是他的政治哲学和法哲学做过深入的批判。那个批判是指导我们理解和掌握黑格尔政治哲学和法哲学思想精神实质的重要指针。其中,黑格尔政治哲学和法哲学的不合理的非建设性的维度曾经是经典作家批判和改造的主要对象。

正如马克思和恩格斯一再指出黑格尔哲学的辩证法思想往往与唯心论纠缠在一起那样,黑格尔在政治哲学和法哲学方面的卓越见解常常与迂腐见解纠缠在一起。为此,我们既要看到黑格尔政治哲学和法哲学中比较保守的方面,也应当注意到其中合理的建设性的方面。我们应当对其合理的和不合理的思想因素做出清晰的区分。然而,随着社会历史条件的变化,随着阅读语境的变化,那个区分的界限也会发生变化。这种变化给我们理解黑格尔政治哲学和法哲学思想带来了一定困难。

诚然,我们今天处于与马克思和恩格斯完全不同的时代和语境之中。我们必须承认,马克思、恩格斯等经典作家并没有穷尽对黑格尔政治哲学和法哲学思想的研究。此外,黑格尔政治哲学和法哲学中的建设性维度,黑格尔对有关国家伦理、制度程序之善的论证的确是长期以来为我国政治学和法学界忽视的方面。为此,我们应当认真对待英国学者莫里森的以下评论:"黑格尔把真正的国家描述成一种伦理共同体,或者更准确地讲是一种形式的美德,它体现了内在于它的规则、法律和制度性程序之中的道德上的善与价值。"[①]诚如浙江大学法学院李龙教授曾经指

---

① 莫里森评论道:"黑格尔著作的影响要远远高于人们所确认的程度。"参阅莫里森《法理学:从古希腊到后现代》,李桂林、李清伟、侯健、郑云端译,武汉大学出版社,2003年,第174页。

出的那样,黑格尔法哲学和政治哲学思想仍有许多隐晦不明之处,甚至有不少受人误解之处。本章试图对黑格尔的宪政思想进行一番新的探讨和评估,以期澄清误解,重现黑格尔政治哲学和法哲学某些重要的建设性维度。

第一节 动荡年代的基本渴望

黑格尔身处革命动荡年代,当时几个重大社会、政治和文化事件对黑格尔产生了重要影响。在年轻时,黑格尔曾经受到德国"狂飙突进"运动的重要影响。黑格尔既源自浪漫派,又把自己规定为反浪漫派。[①] 1789 年法国革命使黑格尔"对革命既充满了热情,又掺杂着朦胧的恐惧"。[②] 黑格尔哲学尤其是他的政治和法律思想表现了想要同对法国大革命之痛苦而纷乱的道德经历达成妥协的需要。这种需要构成黑格尔时代的基本难题,这一难题的哲学表述就是人的主体性及其与世界的关系问题。

首先,当时发生在欧洲的启蒙运动发展了把自然包括人性看做一系列对象化了的主体务必在求知活动中去处理的世界观。作为其各个部分完美地交织在一起的和谐的全体,自然既代表着人的模型或蓝图,又为它的实现提供了素材。但是,在自然和意志之间存在着隔阂。表现主义理论创始人赫德尔及后来的浪漫派都无法容忍这种隔阂。他们感到启蒙运动的世界观破坏了事物的统一,在那个统一中,自然原本是思想和意志的愿望和动力。自然为意志提供蓝图仍然是不够的,自然的声音还必须通过意志而得到传达。

因此在表现主义那里存在着对于统一性和全体性的热忱要求。表现主义者驳斥启蒙运动思想家对人的剖析以及对人生真实形象的歪曲;他们认为启蒙运动者分裂了心灵和肉体、理性和情感、理性和想象力、思想和意义、欲望和谋划等。所有这些二分法都歪曲了人的真正本质,人要么应该被看作单一的生命之流,要么应该被看做艺术品原型,每一个部分都不可能脱离于其他部分而得到规定。表现主义理论竭力反对二元论。它扬弃了笛卡尔的肉体和心灵二分法或精神与自然二分法。对任何脱离肉体的精神现实的拒斥,对肉体与精神同一性的追求成为黑格尔

[①] Charles Taylor, *Hegel*(Cambridge: Cambridge University Press,1975),p. vii.

[②] Charles Taylor, *Hegel*,p. 3.

哲学基本原则。黑格尔工作是表现主义努力的继续。

其次,表现主义理论使自由成为人生价值,自由变成具有重要价值的近代主体性观念。表现主义理论既改变了自由概念,又强化了其重要性。它修改了卢梭的自由观,即自由是摆脱外力控制的、主要是摆脱国家和宗教权威控制的、自我规定的主体独立性。

自由是人的基本目标的自我实现。黑格尔自由观与表现主义自由观是一致的,而与卢梭自由观是相反的。表现主义理论包含与自然融为一体的渴望,而启蒙运动坚决地破坏了那种融洽性。对生命的表现主义渴望被想象为表现,它无法忍受肉体和心灵、思维和感觉的二元划分,无法局限于肉体的疆界。表现主义渴望自我与自然的统一,肉体与灵魂的统一,意志与自由的统一。在这种渴望的强烈影响下,黑格尔把他所处时代的哲学基本问题归结为思维和存在的关系问题。黑格尔认为法国启蒙运动、德国狂飚突进运动和德国古典哲学都从不同角度对解决这个问题进行了尝试,但是都没有成功。

第三,在18世纪后30年里的德意志文献中,对古典希腊的敬佩甚至崇拜是最强有力而且最动人的主题之一。古希腊人代表了人在最崇高状态下的生命样式,其塑造、表现和呈现的渴望与人的自然融为一体,与自然的一切融为一体。古希腊是自然与人相统一、相和谐的时代。思想和情感、道德觉悟和感知能力在那里是浑然一体的。古希腊城邦成了当时德意志青年知识分子羡慕的伦理之国、德治之国,重建如此美妙的德治之邦曾经是当时德国青年的梦想。

这样,要求统一,要求自由,要求与人相融合,要求与自然相融合,这四个要求反映了黑格尔时代的基本渴望,也构成了黑格尔哲学的基本渴望。假如人既要做宇宙精神的手段,又要保留他的自主性,那么精神及其自我实现的观念必须为理性开辟地盘。这是只有黑格尔完全清楚地理解并得出了充分结论的一个核心见解。诚如查尔斯·泰勒指出的那样:"黑格尔发展了一个在时间上和抱负上与其他所属的那一代人针锋相对的创造性立场。他没有放弃他们的渴望——把主体的最圆满道德自主性同内在于人的、人与人之间的以及人与自然之间的最高表现的统一性结合起来。他分享着这样一个希望:只有当人能够成功地确立为自然奠定基础的某个精神现实、某个宇宙主体——人可以把自身同它相联系,并最终可以在其中发现他自身——的见解之后,他才能实现这个史无前例而又承前启后的合题……黑格尔以令人难以置信的毅力和感人至深的彻底性坚定不移地探索着这个合题的各种要求。结果,他创造了一些鸿篇巨制来迎合他的时代——那是现代文明的初创时代——的渴望。"①

因此,黑格尔哲学是对当时欧洲思想界一些基本渴望进行调和努力的结果。基于对以卢梭为代表的法国启蒙运动的自由理论的片面性、以歌德和赫德尔为代表的德国狂飚突进运动表现主义理论的片面性、以康德为代表的德国哲学思想的消极主体观和以雅各宾派为代表的法国大革命可怕后果的深刻反省和批判,黑格尔提出了自己的哲学思想和法哲学思想。这给予黑格尔宪政思想以鲜明的时代感。其中两个强有力渴望——表现主义统一性和激进的自主性——构成黑格尔理性宪政思想的基础语境。

第二节　理性宪政框架:公民权利、市民社会和国家

黑格尔通过一个著名命题设置了未来政治社会制度:"自由意志是意志意欲使自身成为自由意志的意志。"依约翰·罗尔斯的解释,这句晦涩格言包含四层含义:第一,自由意志意欲一个政治社会制度的体系,在其中自由意志是自由的。在这里,制度被理解为人类生活的生活形式。第二,自由意志意欲这个政治社会制度体系的目的,它将以这些目的为自身目的。第三,自由意志接受这个制度体系各种公共特点的教化以实现自身。第四,如此熏陶着自由意志的公共特点充分表达了自由意志概念。② 黑格尔由此提出了他的理性宪政思想,其核心内容涉及国家、市民社会和公民权利。黑格尔的创新之处不在于有关法和权利的讨论,而在于关于家庭、市民社会和国家的讨论。

黑格尔承认,人是私有权的载体。人自身应当受到尊重。对人外在的、肉体的存在,包括人身或其财产的攻击或侵占就是犯罪。黑格尔由此替私有制辩护。善是合乎伦理的东西。在公共生活层面上,善在一定共同体中得到了实现。黑格尔论述了公共生活的三种形式,它们依次是家庭、市民社会和国家。家庭主要是依靠情感纽带和伦理纽带维系的,家庭是建立在感情基础上的直接的未经反思的统一体。"家庭是一个感情统一体、一个爱的统一体。作为家庭成员,而不是作为具体

① Charles Taylor: *Hegel*, p. 49.
② 罗尔斯:《道德哲学史讲义》,张国清译,上海三联书店,2003 年,第 471 页。

相互对立权利的人,人们感悟着自身。一旦权利进入家庭,家庭便解体了。"①

　　黑格尔认为,市民社会是具有个人间一系列经济关系的社会,它通过生产和交换的经济系统连结起来。在市民社会中,个体追求个体意识和个体利益最大化,人依靠外在纽带结合在一起。"人之所以为人,正因为他是人的缘故,而并不是因为他是犹太人、天主教徒、基督教徒、德国人和意大利人等的缘故。"②市民社会是一个需求体系。必然分工导致了一般民众,一般民众不仅具有不同类型的劳动,而且具有不同的生活方式,因此具有不同的购买力。由此形成了不同社会等级。黑格尔区分了三个等级:农业等级,其生活接近自然,其伦理是直接以家庭关系和信任为基础的;③产业等级,这是一种过着真正个体化生活的等级,它通过合理化的劳动而产生了满足个人需求的倾向,这是与作为需求体系的市民社会最显著地吻合的等级;普遍等级即文职人员等级,这与整个共同体利益融为一体。

　　黑格尔认为,市民社会必定是有差别的和分化的。他坚决反对法国革命党人想要消灭社会差别和全民参政差别的企图,论证了建立一个无等级差别社会的不可能性。黑格尔设想的市民社会有三部分所组成:(1)需求体系(Bedürfnisse)。这是人们交换商品和服务以满足他们的需求和需要的经济活动,随着经济的进步,这些活动便采取了新的形式。劳动分工增加了,个人和家庭认识到他们是相互依赖的。等级和阶级形成了起来:一个农业阶级、一个商业阶级,还有一个市民社会的"普遍阶级"。于是,便产生了近代经济活动。(2)依法治理(Rechtsflege)。抽象法形成于确定的、得到颁布的和众所周知的法律中。这个公共方面是法律的本质特点,制定法律是为了保护个体免受侵害和伤害。这是其崭新的一面。在一个需求体系里被组织起来的独立自主的个人和通过一个司法体系对其人身和财产安全条款的规定结合在一起,用黑格尔的话来说,便形成了一个"形式普遍物"。(3)警察(Polize)和同业公会(Korporation)。"警察"(Polize)一词源于古希腊语 Politea,但其含义比英语语词"Police"要宽广得多。在黑格尔时代,它不仅包括了法律的实施,而且包括了必需品价格的稳定、货物质量监督、医疗管理、街道照明等事务。④黑格尔的同业公会不是一个工会,因为它既包括雇主也包括雇员。它还包括了宗

① 泰勒:《黑格尔》,张国清、朱进东译,译林出版社,2002 年,第 664 页。
② 黑格尔:《法哲学原理》,范扬、张企泰译,商务印书馆,1982 年,第 217 页。
③ 黑格尔:《法哲学原理》,第 212 页。
④ 罗尔斯:《道德哲学史讲义》,第 464 页。

教团体、学术协会和市政会。同业公会的角色在于调和需求体系(经济活动)的竞争个人主义,为作为国家公民的自治居民的生活做好准备。市民社会返回到实质性普遍,公共生活通过国家制度对它作出了贡献。

　　黑格尔承认,在市民社会里,人们能够选择他们喜欢的任何生活,不同社会分工造就了不同社会等级和生活方式,但是他对市民社会的基本缺陷有着清醒认识或预见。"黑格尔观察出卖劳动力者的下场⋯⋯使他对公民社会抱持略带悲观的看法。⋯⋯公民社会的底部将会累积一群'贫民、暴民',就是后来有名的民宪运动(Chartism)与马克思主义'工业后备军'。黑格尔承认公民社会比旧制下的社会自由,但他认为公民社会明显地无法将自由普及共享。"[①]"现代世界之现代性,据黑格尔之见,寓于它高举人人都能自由的希望,但社会底部有一层贫民、暴民,何来人人自由?"[②]由于社会与国家二分,国家对公民想过什么生活再也没有任何限制。吃亏的是社会底层,即社会底层无法享受真正的自由。公民社会无法普及那种自由。黑格尔认为,市民社会的这一根本缺陷只有通过国家即国家制度才能得到克服。"国家制度在本质上是一种中介关系。专制国家只有君主和人民,后者如果起作用的话,仅仅作为破坏性的群众而对国家组织起作用的。当群氓进入国家而成为有机部分时,他们就采取合法而有秩序的方法来贯彻他们的利益。相反地,如果不存在这种手段的话,那么群众的呼声总将是粗暴的。"[③]

　　黑格尔明确区分了社会与国家,并且赋予这一区分以宪政意义。黑格尔论证了现代社会职业化官僚等级的存在理由,虽然这一见解受到马克思等人的激烈批判,但是在当时无疑具有开创意义。诚如麦克里兰评论的那样,黑格尔的《法哲学原理》主张"由一个在学识上与社会上都客观的官僚体系,来为一个由全国各阶级担任咨议的立宪君主做事。这个官僚由于与社会是分开的,凡事能放长眼光,国王则由于世袭而兼具宪法正当性,不必担心有人来竞争王冠,因此也能超越公民社会的自私竞争"[④]。黑格尔对超越一切特殊利益的普遍阶级即官僚阶级的设想,对后人设置社会政治制度无疑具有重大启示意义。

---

① 麦克里兰:《西方政治思想史》,第578页。
② 麦克里兰:《西方政治思想史》,第578页。
③ 黑格尔:《法哲学原理》,第322页。
④ 麦克里兰:《西方政治思想史》,第579页。

第三节　理性国家：人权、自由、平等和法治

黑格尔宪政思想中的"国家"是一种理性国家。黑格尔从康德那里借鉴了两个重要思想：首先，人必须作为理性主体来对待。用康德的话来说，人必须作为目的而不是手段来对待。现代国家必须承认自主个体的权利。它不能接受奴役。它必须尊重财产权、良知、自由择业、宗教信仰，等等。其次，合理性要求国家按照法律来治理，实行依法治国，而不是按照独断随意的任性来治理；它要求法律对一切人都一视同仁。合理性既来自于人，也适用于所有的人。[①] 但是康德倡导的合理性仍然是一种应然状态，而不是一种现实状态。黑格尔认为，现实合理性是理念的实现，要求人成为一个更广大社会生活的组成部分。道德生活在伦理生活中得到了最高实现。而最充分道德生活的场所是国家，国家是最接近理念的真正实体。黑格尔认为，他那个时代的国家就是沿着那个方向建立起来的。[②] 正是顺着这一思路，黑格尔提出了他的理性国家学说。

首先，国家是个体的"实体"。国家是个体的"本质"和"终极目的"。"人所有的一切都得归功于国家；只有在国家里他才能发现他的本质。一个人所拥有的所有价值，所有的精神现实，他只有通过国家才能拥有所有这一切。"[③]"个体是在这个实体里的个体……没有一个个体能够超越（它）；它能够确定地使自己摆脱另一些特殊的个体，但是他无法摆脱民族精神。"[④]又"个体的最高职责就是成为国家的成员"。[⑤] "国家不是为了市民而存在的；……国家不是某个抽象的与市民相反对的东西；相反，市民是有机生活中的环节……国家的本质是伦理的生活。"[⑥]黑格尔所谓的国家是政治上有组织的共同体。"他心目中的榜样不是弗雷德里希大帝的国家……而是古希腊城邦。"[⑦]

其次，充分理性的国家在其实践和制度中表现了市民认可的最重要观念和规

---

① 泰勒：《黑格尔》，第574页。
② 泰勒：《黑格尔》，第577页。
③ 黑格尔：《历史哲学》，霍夫达特编，洪堡，1955年德文版，第111页。
④ 黑格尔：《历史哲学》，霍夫达特编，洪堡，1955年德文版，第111页。
⑤ 黑格尔：《法哲学原理》，第253页。
⑥ 黑格尔：《历史哲学》，第112页。
⑦ 泰勒：《黑格尔》，第594页。

则，市民通过那些观念和规则来规定自己的认同。国家表现了理念的精微之处，理性的人逐渐把它看做替所有事物奠定基础的必然公理，它注定要在人身上达到自我意识。理性国家将恢复伦理生活。那种生活曾经出现于古希腊，但是由于以苏格拉底为代表的个别意志原则的产生，而导致了那种生活的解体。

第三，黑格尔通过一种既高于个体意志，又高于个别民族精神（国家）的宇宙秩序观念设置来解决上面提到的时代难题。正如查尔斯·泰勒指出的那样，黑格尔对这个难题的解答是一次非同寻常的创造性结合："一方是对自主性的最时髦渴望，另一方是修正之后作为社会基础的宇宙秩序观念；通过把重心从人转向精神，它是一项从激进自主性观念自身引导出宇宙秩序的活动。"① 通过这项设置活动，黑格尔从根本上消灭了进行激进社会变革或社会革命的理由。

第四节　理性宪政的实质：自由与正义的和解

黑格尔认为，在国家层面上，市民在市民社会中追求的个体自由与法治国对市民提出的法律要求即正义要求获得了和解，或者说都得到了实现。黑格尔宪政思想中的国家是一个复杂的共同体，既包括严格的政治国家，也包括所有部分组成的统一体。黑格尔所指的宪法是一种政治结构，它是国家权力的结合和组织，国家权力分属不同的特定部门，其目标在于追求正义和自由。②

黑格尔认为，现代理性宪政结构是立宪君主制。国家成长为君主立宪制乃是现代的成就。从机构设置上看，政府由三个部分所组成，即确定和创立普遍规则的立法权，使各个特殊领域和个别事件从属于普遍规则的行政权，以及具有最终决定权的作为意志之主体的王权。③ 黑格尔通过对古代君主制、贵族制和民主制的比较，最终提出了一种合乎理性的现代立宪君主制。

黑格尔主张各自独立的部门应当共享权力。立法权由等级会议分享，它对立法进行投票表决，其根据在于他们对立法要求和对共享的市民社会利益的共同认识；对所有立法拥有最终决定权的君主决定是否签署一项法律；行政机关对君主和等级会议是一个咨询机关，因为它们具有广泛的政治知识。黑格尔反对任何部门

---

① 泰勒：《黑格尔》，第 595 页。
② 皮特·G.斯蒂尔曼：《黑格尔的宪政思想》，第 127 页。
③ 黑格尔：《法哲学原理》，第 286～287 页。

有独立的自我至上的地位,反对任何部门要成为最高权力机关的要求,反对部门之间"以权力对抗权力"的制衡理论。政治结构是一个活生生的相互联系的整体。这种有机的整体性在宪法中得到了完备体现。

宪法基本上是一系列调和。"国家制度在本质上是一种中介关系。"①"各等级作为一种中介机关,处于政府的使命要求它们既忠实于国家和政府的意愿和主张,又忠实于特殊集团和单个人的利益。同时,各等级所处的这种地位和组织起来的行政权有共同的中介作用。由于这种中介作用,王权就不致于成为孤立的极端,因而不致于成为独断独行的赤裸裸的暴政;另一方面,自治团体、同业公会和个人的特殊利益也不致孤立起来,个人也不致结合起来成为群众和群氓,从而提出无机的见解和希求并成为一种反对有机国家的赤裸裸的群众力量。"②

黑格尔反对启蒙运动者以为国家可以由一定主体随意建构的主张。"国家制度纵然随着时代而产生,却不能视为一种制造的东西,这一点无疑是本质的。"③黑格尔一方面否认"群氓"随意创造国家的可能性,另一方面主张无论君主制还是民主制,"如其不能在自身中容忍自由主观性的原则,也不知道去适应成长着的理性,都是片面的。"④

宪法是各种力量相互之间达成和解的产物。宪法不仅仅是允许公民进一步实现个人目的的手段,也不仅仅是允许公民为所欲为的中立程序;相反,宪法改变了人民、人民的行为及其目标,同时也被后者所改变。黑格尔认为,宪法与其说是对公民权利和自由的限制,不如说是对公民享有的权利和自由的陈述、定义和表达。黑格尔反对卢梭社会契约论从原始人即自然人的自然权利出发来讨论人的自由,而主张享有权利的个人是社会历史长期发展的产物。公民作为特定现代国家和宪法成员享有公民权利。宪法表现了一个国家已经达到的自由程度。自由需要一种有组织的具体化的社会、政府和宪法,途径是明确和确定各种组织,规范并正式认可那些自由。⑤

黑格尔强调法律在确定和公布国家与个人的权利与义务方面的重要性。黑格

① 黑格尔:《法哲学原理》,第 322 页。
② 黑格尔:《法哲学原理》,第 321 页。
③ 黑格尔:《法哲学原理》,第 290 页。
④ 黑格尔:《法哲学原理》,第 291 页。
⑤ 斯蒂尔曼:"黑格尔的宪政思想",载于阿兰·S. 罗森鲍姆编:《宪政的哲学之维》,第 138~139 页。

尔主张政府的运行靠的是既定的法律程序和依法行政的原则。公民生活必须遵守公开而系统的实在法。实在法反映了个人的抽象权利和有关生命、自由和财产的自由权利。[①] 黑格尔宪政国家具有群众性和公开性的维度。由于国家法律是具体化了的权利,因此它以权利为基础并且具有哲学上的合理性;国家通过其系统性法律来建构国家理性并推动公民的教化。[②]

黑格尔主张宪法不是被制造出来的物品,它依赖于社会和公民。宪法是历史的产物。宪法必须与处于既定发展阶段的民族精神相一致。宪法不是自由选择的结果。因此人不能事先构建、机械移植或发明一部宪法然后把它强加给一个国家。"每一个民族都有适合于它本身而又属于它的国家制度……没有一个国家制度是单由主体制造出来的。"[③]

黑格尔认为,市民社会允许公民获得充分自由,但是市民社会并没有实现那种自由。这一点在法国大革命中得到了清晰表现。虽然法国革命借理性和自由名义发动,但是法国革命并没有很好地解决时代难题,即自由以及对自由的约束或限制。要想在现代意义上,即在法国革命之后来理解自由并且实现自由,就需要从法律上来有效地规范自由,并且就要对法律本身的合法性作出新解释。由于法国革命,"国王意志就是法律"时代已经过去,法律必须是理性合理的和建构的。黑格尔认为自己的《法哲学原理》就是为了论证现代法律合理性而作的,它必须阐明理性设置现代政治社会制度的基本原则。既然法律是世界精神的自我实现,它就应当带有强制的普遍意志。只有在国家层面上才能完备体现那种意志。所以,与市民社会中的个别公民意志不同,法律是在一定的国家范围或限制之内的自由的实现。黑格尔认为国家与其建制有别,国家需要官僚体系、各阶级、君主制度等才能发挥功能。

第五节　理性宪政思想的当代意义

在黑格尔哲学中,黑格尔理性宪政思想尤其是国家学说是受后人批评最多的

---

① 斯蒂尔曼:"黑格尔的宪政思想",第 136 页。
② 斯蒂尔曼:"黑格尔的宪政思想",第 136 页。
③ 黑格尔:《法哲学原理》,第 291 页。

部分。比如恩格斯批判它是"普鲁士王国的国家哲学"①。黑格尔和歌德一样,"没有完全脱去德国的庸人气味"②。在黑格尔哲学体系中,"革命的方面就被过分茂密的保守的方面所闷死……因此,我们在《法哲学原理》的结尾发现,绝对观念应当在弗里德里希—威廉三世这么顽强而毫无结果地向他的臣民约许的那种等级制君主政体中得到实现,就是说,应当在有产阶级那种适应于当时德国小资产阶级关系的、有限的和温和的间接统治中得到实现;在这里还用思辨的方法向我们证明了贵族的必要性"③。法国现代著名法学家狄骥一方面把黑格尔公法思想和康德公法思想相提并论,称它们"充其量是在为使用暴力作辩护;它们打着法律理论的幌子,而实际上是在试图重新确立集权主义的国家观,特别是确立在对内和对外代表的国家的君主的专制"④。另一方面,狄骥认为黑格尔国家学说和卢梭社会契约论是完全一致的。"黑格尔只不过是提出了理性的自在与自为、道德通过国家实现等概念而已。他们的观点其实是完全一致的。他们的目的也是一样的,那就是:欺骗个人,使他们相信自己是自由的——即使他们事实上正匍匐在全能的国家的脚下,甚至使他们相信:国家的权力越大,个人就越是自由。"⑤罗尔斯也曾评论道:虽然"黑格尔对市民社会问题作了深入探讨。他对财富增长和心怀怨怼的群氓深感忧虑,但是他没有提供解决它的对策"⑥。

通过考查黑格尔理性宪政思想产生的时代背景,黑格尔对理性国家的设置和对市民社会存在理由、基本缺陷和克服途径的论证,我们认为其中有些批评和评论是不妥当的。为此,我们试图在此重新评价黑格尔的理性宪政思想尤其是国家学说。

首先,应当承认,作为黑格尔理性宪政思想的前提假说,黑格尔哲学是一种折衷调和的哲学理论,其最终目的是达到绝对精神的自我认识和自我实现。在绝对精神那里,万物都得到了实现,得到了完成,基本的矛盾得到了和解或解决。当这

---

① 马克思和恩格斯:《马克思恩格斯选集》(第 4 卷),人民出版社,1972 年,第 212 页。

② 马克思和恩格斯:《马克思恩格斯选集》(第 4 卷),人民出版社,1972 年,第 214 页。

③ 马克思和恩格斯:《马克思恩格斯选集》(第 4 卷),人民出版社,1972 年,第 214 页。

④ 莱昂·狄骥:《法律与国家》,郑戈、冷静译,辽海出版社,1999 年,第 217 页。

⑤ 莱昂·狄骥:《法律与国家》,郑戈、冷静译,辽海出版社,1999 年,第 312 页。狄骥简单地把卢梭自由观和黑格尔自由观等同起来,显然忽视了黑格尔和卢梭之间还存在着第三者即表现主义自由观。黑格尔自由观是对表现主义自由观和卢梭自由观的扬弃或综合。

⑥ 罗尔斯:《道德哲学史讲义》,第 464 页。

种理论用于论证现实的社会状态和制度的时候，必然导致对现实的肯定，因而具有一定保守性。但是，我们应该看到，黑格尔所理解的现实，所肯定的普鲁士王国，是经历法国革命冲击之后的现实。这是黑格尔对法国大革命的可怕后果，雅各宾派的否定一切摧毁一切的狂暴有了切身体会之后才得出的结论。因此，它不是对普鲁士王国的简单维护或肯定，而是在总结了（否定了）法国革命之后的必然选择。黑格尔对普鲁士王国的评论基本上是符合事实的，不存在为之作辩护甚至献媚的情形。因此，当我们理解了黑格尔宪政思想这一特定语境之后，我们就可以看到，他的折衷和调和不是哲学体系的需要，而是当时社会历史的真实反映，更是他对人类历史的实际总结。在一个推崇革命的时代里，尤其是在一个推崇革命的彻底性——劳永逸性的时代里，黑格尔辩证法和黑格尔哲学体系之间的矛盾成了不可调和的矛盾，也成了后人批判和攻击黑格尔哲学的基本动机。但是，在经历了两个多世纪的社会历史变迁和一系列重大社会历史事件之后，我们现在不得不承认，黑格尔理性宪政思想这种保守性的合理性。

其次，在黑格尔宪政思想中，古代希腊城邦一直是黑格尔进行反省的极端历史范例。古希腊人城邦伦理之治发生在远在人类文明之初年代。青年黑格尔曾对其充满向往。但是，在其成熟思想中，黑格尔看到古希腊城邦存在着根本局限性。尽管古希腊人在治理城邦方面达到了尽善尽美，但是，他们是依据伦理治理的。古希腊人建立了一个伦理实体。人们在其中有充分的自在感。他们的整个同一性与其城邦的公共现实休戚相关。所有人都完全地同一于城邦，愿意为它而生，为它而死。但是随着古希腊城邦里个体意识的诞生，尤其是随着苏格拉底对于一种普遍意识和普遍理性的追求的触动，古希腊城邦的囿于一隅之见的片面性也就暴露出来了。随着同一性的消解，古希腊城邦的民主制度便不得不走向解体。古希腊人治理城邦的伦理原则不具有普遍性。诚如查尔斯·泰勒复述黑格尔思想那样："古希腊城邦这个优美的统一体……由于它的局限性，由于它的囿于一隅之见的片面性，它注定地要解体。"①现代社会是异质性社会而非同一性社会，由于古希腊人治理城邦时的同质性已经消失，那种按伦理治国模式无法在现代国家里得到恢复和重现。在社会分工日益精细的异质性的现代社会里，德治是不可能的。

第三，在黑格尔宪政思想中，刚刚发生的法国大革命是黑格尔进行深刻反省的

①　Charles Taylor：*Hegel*，p. 396.

另一个极端范例。随着法国大革命的逐渐开展，尤其是随着大恐怖的实施，黑格尔由同情和支持革命转向了对革命的怀疑和恐惧。黑格尔成为最早从理论上总结并扬弃法国革命的哲学家。当古希腊全民参与的伦理之治或德治成为不可能之后，黑格尔进一步论证了法国大革命的思想遗产。他论证道，追求绝对自由招致的可怕失败的原因在于它无法接受对于社会来说是至关重要的差异性。它的空洞性注定要对社会造成绝对的破坏。在黑格尔后来多次谈到法国大革命的地方，但是它都是作为他想要建立一种现代国家制度的对立面出现的。黑格尔看到，现代社会是一个异质性社会。现代国家也只能是承认异质性的国家，只能是承认社会等级差异的国家。反对直接的全民参与是黑格尔由法国大革命得到的一个基本结论。因此现代国家只能是由不同阶级和社会等级共同参与的折衷综合的君主制度。

第四，黑格尔理性自由宪政理论不是一种阶级压迫和阶级斗争的国家理论，而是一种承认社会等级差异和阶级差异的国家理论。黑格尔看到了一个普遍阶级，但它不是无产阶级，而是献身于管理国家事务的官僚阶级。我们从这里看到了马克思主义的阶级斗争和无产阶级专政理论的出发点，也看到了马克斯·韦伯科层理论的出发点。而这也构成了黑格尔现代国家理论的核心内容。

第五，黑格尔对刚刚诞生的无产阶级持着一种怀疑、忧虑和恐惧的心理。他没有把它看做一个普遍阶级，但是他仍然主张无产阶级在现代国家制度中应该占有一席之地，否则，社会动荡甚至暴乱将不可避免。在现代社会里，黑格尔寄予希望的是另一个普遍阶级，官僚阶级，那是一个献身于国家，替国家服务的唯一阶级。在一个异质性社会里，他们扮演着普遍性角色。这个阶级将是管理或治理社会的主要力量。这是黑格尔宪政思想的精髓所在，也是马克思主义急切地对其进行改造的关键所在。

第六，至于如何协调同一个社会之中的阶级矛盾，虽然黑格尔没有提出具体的建议，但是他仍然提出了原则性建议，并且他的建议是非常明确的，那就是在国家层面上，通过法治途径来解决群氓和贫民等社会难题。不过我们的确可以发现黑格尔和马克思的主要差异，诚如罗尔斯说的那样："黑格尔和马克思之间的一个差异是，黑格尔认为现代国家的市民现在已经在客观上是自由的了，他们的自由已经得到了其政治社会制度的保障。但是他们在主观上仍然是异化的。他们还不理解摆在他们眼前的那个社会就是一个家园。他们还不能这样子来把握它，他们在其中也缺乏一种自在感，他们还不认可它或肯定它。相反，马克思认为，他们既在客观上又在主观上是异化的。对他说来，克服异化，克服既是主观的异化又是客观的异化，要等到革命之后将来的共产主义社会。"①

最后，我以马克思提出一个中肯而精辟的批评作为总结：黑格尔应当受到责备的地方，并不在于他如实地描写了现代国家的本质，而在于他用现存的东西来冒充国家的本质。

参考书目

黑格尔：《法哲学原理》，范扬、张企泰译，商务印书馆，1982年。

泰勒：《黑格尔》，张国清、朱进东译，译林出版社，2003年。

罗森鲍姆编：《宪政的哲学之维》，郑戈、刘茂林译，上海三联书店，2001年。

---

① 罗尔斯：《道德哲学史讲义》，第453页。

第九章

罗蒂、个人自由和社会希望

民主是古代希腊人的伟大发明，但不是西方的伟大发明，正如文官制度是古代中国的伟大发明，但不是东方的伟大发明一样。民主可以适用于现代的基本社会制度，正如文官制度可以适用于现代的基本社会制度。

杜威说，民主是一种生活方式。"中国人不该忘记杜威。五四运动前夕，有'实用主义神圣家族家长之称'的约翰·杜威（John Dewey）应邀来华，在上海、北京等地系统宣讲实用主义学说。国内众多的知识分子，如蔡元培、胡适、陶行知、蒋梦麟等人，均为杜威的中国学生，亦深受其影响。"这是 2005 年复旦举办杜威国际学术研讨会的主题词。当杜威 1919 年 5 月 1 日抵达上海，开始对中国进行为期近两年的讲学访问时，他实际上已经成为中国五四新文化运动的西方导师和直接推波助澜者。依罗蒂的说法，杜威在中国访问期间，"尽量了解孙中山所面对的改造中国社会制度和文化传统的诸多难题。他的著述广泛涉猎了那些难题。与胡适……同时代的许多中国思想家，把杜威评价为正在崛起的一整代中国知识分子所能找到的对达成其目标来说最有用的西方哲学家。"[①]然而，今天的中国思想界和理论界显然对"杜威是最有用的西方哲学家"的观点没有形成一致意见。在 20 世纪，杜威和中国思想界的关系，经历了从紧密而熟悉的关系转向日益疏远而陌生的关系，然后再由疏远而陌生的关系，转向亲近感的逐渐恢复的过程。值得注意的是，这种情形不仅发生在中国，而且发生在杜威自己的祖国。于是，进入新世纪之后，我们应当如何解读杜威思想，如何把杜威思想遗产中优秀的部分发扬光大，这样一个既老又新的问题重新被提了出来。

这一章将考察的不是中国学术界和理论界对杜威思想和杜威遗产的解读——

---

① 罗蒂：《后形而上学希望》，张国清译，上海译文出版社，2003 年，第 1 页。

这本身可以构成一部中国现代思想史的重要组成部分，而是美国哲学界，主要是美国新实用主义者罗蒂对杜威思想和杜威遗产的解读。我希望，这种探讨对我们正在开展的对杜威实用主义哲学的重新评价工作能有所贡献。

第一节　杜威的思想贡献和罗蒂的批判解读

在皮尔士、詹姆斯和杜威三位实用主义哲学家中，罗蒂首推杜威，认为杜威的实用主义是理解现代世界的最好向导。像黑格尔和马克思一样，杜威总会在我们的研究之途中等待我们，为我们指点迷津。然而，即使在杜威哲学中，罗蒂又作了更细致的划分，即区分了"好"杜威和"坏"杜威，认为"工具主义"和"科学方法论"是坏的杜威哲学，"历史主义"和"社会政治理论"是好的杜威哲学，经验理论则是最糟糕的杜威哲学。"如果他没有写过《经验与自然》，我会感到高兴。"①

杜威既是著名的哲学家，又是杰出的教育改革家、社会活动家、科学和民主的卫士。作为 20 世纪美国最伟大的哲学家，杜威进一步阐发和完善了实用主义，把它广泛地运用于教育学、政治学、社会学、伦理学、逻辑学等领域，其思想代表了 20 世纪美国民主的"真正声音"，是"美国天才的最深刻、最完全的体现"，赢得了世人尊重，被人称作"美国人民的顾问、导师和良心"。

杜威提出了一种新的价值观：人生的意义应从静态的认识和观赏转向动态的创造和体验。②杜威认为，西方哲学从古到今一直有一个观念占据着主导地位：即把对于确定性的寻求作为一项终极的学术研究活动，知识活动是最高尚、最纯粹、最有价值的活动。人的贵贱尊卑都是由他与知识的关系来决定的。知识的等级是权力的等级的基础。这样，认识真理的哲学家（劳心者）与从事劳作的普通民众（劳力者）便构成了社会的两极。同这种观念相一致的是，他们认为"理念"、"真"、"善"、"美"先于人、独立于人而存在。人生的极致只能是通过不同方式静观这些实在。因此，人们侧重于探索稳定、和谐、整体、完满、永恒的东西，而轻视变化、矛盾、个别、零碎和相对的事物。但是，随着现代社会的到来，劳心者和劳力者之间的界限已经消失，传统的哲学观念已经丧失了社会基础。以科学和民主为特点的现代

---

① 　W.哈德森，W.范·雷任："美国哲学家罗蒂答记者问"，《哲学译丛》，1983 年第 4 期，第 81 页。
② 　这种观点实际上是对马克思当年提出的一个著名哲学观点的重叙：即以往的哲学家只是用不同的方式解释世界，而问题的实质在于改造世界。

社会需要一种新的价值观念和哲学观念,生活的真谛就是活生生的经验,生活的价值在于对经验的控制和把握。因此,杜威完成了从解释性世界观向改造性世界观的转变。在这一点上他也非常相似于马克思。马克思早就指出过:"人的思维是否具有客观的真理性,这并不是一个理论的问题,而是一个实践的问题。人应该在实践中证明自己思维的真理性,即自己思维的现实力量,亦即自己思维的此岸性。关于离开实践的思维是否具有现实性的争论,是一个纯粹经院哲学的问题。"①像马克思一样,杜威赋予了哲学和哲学家以新的使命,创立了一种工具主义的实用主义,即:

第一,在经验过程中,知识是重要的,但知识永远是工具;

第二,经验的态度对疑难和变化更有兴趣,疑难与变化意味着机会,有了机会才可能有成功;

第三,科学、知识的成功表现在对于具体事物的操作和控制过程中。

在《哲学的改造》中,杜威从不同方面论述了哲学变革的可能性和必要性,特别是阐明了哲学应从静观的转到效用的、从思辨的变成现实的主张。罗蒂最初接受的是哲学史和思辨哲学教育。杜威的见解给他以很大触动。杜威认为,改造哲学的出发点是反对形而上学。杜威指出,"一切古典派哲学在两个存在的世界中间划了一个固定的和根本的区别。一个相当于普通传统的宗教超自然的世界,而由形而上学描画成为至高的、终极的实在的世界……与这个须经哲学的系统修炼才能了悟的绝对的本体相对峙的,是日常阅历普通的、经验的相对实在的现象的世界。"②杜威指出:"这就是影响关系哲学性质的古代概念最深的一个特质。哲学妄自以为论证超越的、绝对的或更深奥的、实在的存在和启示这个终极的、至上的、实在的性质和特色为己任。"③杜威主张放弃形而上学:"哲学如能舍弃关于终极的、绝对的、实在的研究的无聊独占,将在推动人类的道德力的启发中,和人类想获得更有条理、更为明哲的幸福所抱热望的助成中取得补偿。"④

① 马克思和恩格斯:《马克思恩格斯选集》,第1卷,人民出版社,1972年,第16页。
② 杜威:《哲学的改造》,商务印书馆,1958年,第12页。
③ 杜威:《哲学的改造》,第12页。
④ 杜威:《哲学的改造》,第14页。

杜威推崇近代经验主义哲学开山鼻祖弗朗西斯·培根,称之为现代精神生活的伟大先驱。因为培根是从实用角度看待知识的第一位近代人物。他的"知识就是力量"命题导致了知识观念的近代化和世俗化。现代工业社会完全证实了培根的预言。科学和工业完全推翻了传统形而上学家的见解。从此,人们的世界观由静态的、封闭的、恒常的转向动态的、开放的、无定的。现代人面对着这一无形、混沌、无拘束、无法度的动荡的偶然的世界,不得不由静观的态度转向行动的态度,由审美的兴致转向实用的兴致。现实要求人们自己去思考,去观察,去实验。为此人们就得遵循科学精神,注重实际效果。

杜威认为,近代哲学家们所关注的经验与理性及其关系的问题既是深奥的哲学问题,又是现实的问题,重新处理这个问题是进行哲学改造的突破口。杜威提出了一种实用主义的经验观,认为经验就是"做"和"行动"。他由此得出了以下结论:

(1)先有经验,后有关于经验的知识;

(2)经验不是怀疑的、破坏性的和不可知的,而是肯定的、建设性的和自律的,是科学和道德生活的指南;

(3)作为某种和经验相对立的能力,"理性"是不存在的,为此取消传统哲学在经验和理性之间的严格划分,认为那种划分是多余的无用的;

(4)理性纵使存在的话,也只是派生于经验的一种实验智慧,理性不是认识论的范畴;它们只是一些假定,只是一些随时可以修正、补充和撤销的"行动纲领"。

哲学的改造既须救助人们,免其彷徨于贫乏而片面的经验和虚伪无能的理性间的歧路,也会解脱人类必须肩负起的最重的智力负担。这种把经验和理性合而为一的做法推翻了将人划为两大敌对阵营的分界。"它允许那些尊重过去和既成制度的人们与兴趣在于建立一个更自由、更幸福的将来的人们彼此合作,因为它可以决定种种条件,使过去的经验和指望着将来而预为策划的智慧能够有效地互相辅助。它可以使人尊重理性的要求而不至于同时陷于对超经验的权威的迷惑的崇拜,或现成事物的矫激的'合理化'。"[①]杜威取消了西方哲学长期以来确立的在经

———————————

① 杜威:《哲学的改造》,第55页。

验和理性、此岸和彼岸之间所作的二元论划分。

杜威的哲学思想受到了罗蒂哲学的强有力改造。罗蒂一直把杜威哲学挂在嘴边，声称自己是杜威的忠实信徒，是一名杜威式的新实用主义者。尽管在美国学术界不断有人指出罗蒂的新实用主义是对杜威哲学"削足适履"式的改造和利用，但是罗蒂确实继承和发展了杜威实用主义的某些基本原则。杜威哲学的以下几个方面对罗蒂产生了重大影响：第一，反对形而上学，主张对西方哲学传统进行改造。第二，哲学改造的突破口是重新考察经验与理性的关系。第三，实用主义是一种实践的、行动的哲学。罗蒂几乎全盘继承了上述思想并多有发挥。当然，杜威对"理性"的轻视也对罗蒂哲学思想的发展产生了多方面影响。

相比之下，罗蒂对杜威《经验与自然》的评价有颇多微辞。罗蒂认为，在这个著作中，杜威带有太多的在现代西方哲学中存在的那种试图使哲学科学化的痕迹。杜威论证了传统形而上学哲学与非经验、非科学的哲学方法之间的内在联系，并进而表达了要彻底反对形而上学就必须批判纯思辨的方法，代之以科学的经验的方法的见解。杜威把实用主义归结为一种方法论。罗蒂把它看做那种努力的残余，并称之为杜威哲学中坏的部分。他在"杜威的形而上学"一文中指出："杜威在临死前企图改写《自然与经验》，将之改名为《自然与文化》。"[①]杜威哲学的基本倾向是反形而上学的，但是他没有完全抛弃形而上学，而是在治疗性姿态与建树性姿态之间摇摆，杜威"从来不满足于只当一个治疗家，他还试图做些建树性的工作"[②]。胡克曾经指出杜威形而上学同传统形而上学的区别：杜威发现了一种处理形而上学的"经验"方法，它与各种偏见和价值取向无关。"不过杜威也会陷入一种包罗万象的形而上学的坏的信念之中。"[③]杜威企图使哲学成为社会变革的工具。如果把逻辑实证主义者对待哲学问题的态度和杜威的态度作一番比较，那么我们将发现，杜威早就证明了绝大多数传统哲学问题都是"妄问题"。逻辑实证主义者后来以更加规范的方式得出了相同的结论，并且终止了那些问题。

罗蒂认为，罗素、卡尔纳普、艾耶尔比杜威在对"妄命题"揭示上更杰出更成功，因为他们拥有更好的武器。随着"妄问题"、"妄命题"被揭示，哲学家们不得不去做

---

① Richard Rorty, *The Consequences of Pragmatism*, Minnepolis: University of Minnesoda Press, 1982. p. 72.

② Richard Rorty, *The Consequences of Pragmatism*. p. 73.

③ Richard Rorty, *The Consequences of Pragmatism*. p. 74.

一些新的工作,美国哲学家把目光指向了欧洲大陆,企图从中求得一些新观念。而他们所找到的恰恰是杜威曾经希望的东西。这样,杜威既否定了形而上学,又试图在哲学的科学化方面做些工作,他几乎已经取得了成功。但是罗蒂认为,我们应肯定杜威在否定形而上学方面的工作,而对他在哲学的科学化方面的工作应持保留态度。这样,便开始了罗蒂对杜威哲学的重读工作。

杜威在 1930 年说过:现代文化已经用"哲学与小说、戏剧、电影的关系取代了哲学与科学的关系"[1]。在罗蒂看来,杜威是一个值得重读的人物。如果人们要从康德转向黑格尔,要从经验的形而上学转向对文化发展的研究。那么,杜威能为他们提供不可多得的理论资源。杜威完成了对哲学的改造,哲学不再是一种关于实在的学问,而是变成了"一种综合性科学"[2],这种综合发生于诸学科之间与诸学科之内。杜威使哲学和哲学家的形象变得模糊起来。

杜威强调对传统哲学进行改造的思想得益于他早年的学术活动。杜威早期曾致力于"心理学哲学"的探索,强调重述经验的重要性,并把那种重述当做"哲学的全体"。他曾视心理学为哲学的全面方法。因为在其中,科学与哲学、事实和理性是同一的。后来,杜威想要成为像洛克那样的自然主义者和像黑格尔那样的历史主义者。罗蒂认为,他这样做既回避了"认识论问题",又同"系统哲学"和"形而上学"无涉。[3] 杜威揭示了传统哲学二元论对我们的文化所造成的损害。"为了解决二元论问题,我们就必需一种形而上学,一种能解决或消除哲学的传统问题的学科。但是除了它以外,还有一种更有意义的工作有待人们去做:开辟出文化发展的新道路。"罗蒂认为,杜威的错误在于这样一种观念:文化批评必须采取重述"自我"或"经验"或两者的形式来进行。杜威的目标在于抛弃旧问题,在真善美之间不作区别,创立一种使旧问题无法滋生的文化。杜威的主要敌人是一种视真理为精确表象的观念,那种观念后来受到海德格尔、萨特、福柯的攻击。他们以适应、应付和处理取代映像、反映和复制。他们寻求科学、道德和艺术之间的连续性。

罗蒂积极地加入了那个阵营,并认为语言不再是表象现实的一个工具,而是我们生活于其中的一个现实,从而一劳永逸地终结了西方传统哲学的如下企图:躲避时间,进入永恒;躲避自由,进入必然;躲避行动,进入沉思。罗蒂抛弃了康德的如

---

[1] Richard Rorty, *The Consequences of Pragmatism*. p. 76.
[2] Richard Rorty, *The Consequences of Pragmatism*. p. 77.
[3] Richard Rorty, *The Consequences of Pragmatism*. p. 83.

下观念：为了给文化批判提供"哲学基础"，一种"经验的形而上学"是必需的。并前进到这样一种观念：哲学家的文化批评并不比劳工领袖、文学批评家、退休政客或雕塑家的批评更"科学"、更"根本"、更"深刻"。哲学家不再是对于永恒实在的思辨者，不再是自然科学的不成功的模仿者。[①]

第二节　批评和回应

罗蒂和实用主义传统的关系，尤其是罗蒂和杜威的关系是罗蒂批评者关注的问题。在《罗蒂和实用主义》(1995)、《罗蒂及其批评家》(2000)等著作中，哈贝马斯、戴维森、普特南、哈茨霍恩、莱文、卡因洛克、伯恩斯坦等哲学家专门撰写文章，对罗蒂及其与传统哲学的关系提出了批评，大多数美国哲学家对罗蒂对实用主义的解释和利用，尤其对杜威的解释和利用表示了异议。比如，在"美国与现代性之争：本特雷、杜威和罗蒂"一文中，莱文对罗蒂与杜威的关系进行了考察，认为"罗蒂（借助于其他的哲学资源）致力于摧毁杜威的哲学，即使当他自称是一个杜威主义者的时候也是如此。"[②]因此，莱文称罗蒂"是俄狄甫斯之子，是一个装备精良、精力始终充沛、嘲弄性地佯装恭顺温良的、在代替这位哲学家兼父亲中寻找乐趣的后现代主义者……罗蒂是哈罗特·布鲁姆所谓的通过反对和替代其前驱诗人来强有力地创造自身的'强者诗人'。"[③]

莱文认为，科学方法是杜威晚年探索的核心哲学观念。它是疑难情景之诸冲突问题的黑格尔式解决，在根据实验结果对预定答案进行检验方面具有最重要的意义。这个研究方法"是根据有效预见或根据试错来进行科学检验的杜威式程序；它是杜威的实在论；它是他的知识符合理论的形式；它是他的实在原理的形式；它是杜威神志清醒地反对感觉流、宇宙视野或各种语汇的处方。通过把研究方法看做以行动对事件的疑难情结给予反思性干扰的活动，杜威冲破了激进的历史主义和语言主义。"[④]罗蒂否定的恰恰是杜威的科学方法，因此罗蒂背叛了杜威。在罗

[①]　Richard Rorty, *The Consequences of Pragmatism*, Minnepolis：University of Minnesoda Press，1982. p. 87.

[②]　Herman J. Saatkamp Jr.（ed），*Rorty and Pragmatism*，Nashville：Vanderbilt University Press，1995. p. 42.

[③]　Herman J. Saatkamp Jr.（ed），*Rorty and Pragmatism*，p. 42.

[④]　Herman J. Saatkamp Jr.（ed），*Rorty and Pragmatism*，p. 44.

蒂那里,杜威被描述成"超越了科学方法"、反形而上学、反实在论、反对真理符合理论的哲学家。罗蒂经常把杜威同海德格尔、维特根斯坦相提并论,把他们都看做视哲学为文学的一种形式或样式的人物。莱文认为,"这是由俄狄甫斯之子作出的对其父亲的最后替代,他按照父亲杜威作为一个哲学家想要说的东西成为罗蒂现在已经说出的东西的方式重新描述了杜威。"①莱文显然对罗蒂对杜威的处理表示了强烈不满。莱文最后说:"但是杜威哲学在美国人的哲学意识中已经得到了广泛的接受和内化,并且这种情况在欧洲也一直在增长着,杜威哲学是作为对于解释和解决在现代性之科学和民主模式地平线(视野)之内的一个道德许诺生存下来的。这是杜威在其整个职业生涯中想要说出的、说过的和做过的东西。这也是他留给我们杜威主义者和世界的遗产。"②

在探讨罗蒂何以如此曲解杜威哲学时,莱文把罗蒂哲学的产生同 60 年代解构主义和后现代主义运动联系起来,把罗蒂看做与德里达之流相提并论的后现代主义者。正如德里达在随心所欲地解释黑格尔中寻求快感一样,罗蒂在随心所欲地诠释杜威哲学中寻找乐趣。罗蒂把杜威的严肃的哲学追求还原为一种单纯的语言游戏。在罗蒂那里,"语汇将被看做是帮助我们处理特殊情景和特殊时间的工具。它们是我们应付特殊环境的偶然产物。但是这个特殊化的功能是它们的唯一意义。它们不是再现或表现某物的手段,不存在某语汇借助于那个手段可以先于或优先于另一语汇的中立标准。"③

莱文对罗蒂哲学以及罗蒂与杜威、罗蒂与实用主义的关系的评价非常具有代表性。批评家们认为,罗蒂的教化哲学是一种庸俗哲学,如苏姗·汉克称之为"粗俗的实用主义,一种无益教化的见解",罗蒂进一步庸俗化了杜威的实用主义,也大大歪曲了杜威的实用主义。④

面对上述指责,罗蒂表示了强烈不满。在回应莱文时,罗蒂一开始就说:"泰尔玛·莱文把我看做使我们远离'知识可能性'的人,看做'沾沾自喜地否认启蒙的整体合唱为科学方法、客观知识、有效的和可检验的真理及普遍性'的人。因此,毫不

---

① Herman J. Saatkamp Jr. (ed), *Rorty and Pragmatism*, p. 49.

② Herman J. Saatkamp Jr. (ed), *Rorty and Pragmatism*, p. 49.

③ Herman J. Saatkamp Jr. (ed), *Rorty and Pragmatism*, p. 44.

④ Herman J. Saatkamp Jr. (ed), *Rorty and Pragmatism*, p. 126~139; p. 148.

奇怪,她把我看做杜威的背叛者。我当然难以承认在这种描述中的我的观点。"①
他接着指出了莱文之所以这样看待他和杜威的关系的原因:"我认为你可以有知
识——客观的知识——但毋须再现、实在论或符合这些东西,而莱文不这样认为。"
由此,他进一步指出了他和莱文之间,实际上也是他和大多数批评家之间的两点
分歧:

> 第一,表象、实在论、符合等观念如此紧密地相关于客观知识观念,以
> 至于当它们取得进展的时候,客观知识观念也取得了进展吗?
> 第二,杜威认为它们具有那种紧密联系吗?②

首先,罗蒂认为,杜威反对摹本理论的做法足以使他同表象和符合观念拉开距
离。在他看来,杜威终结他称作"认识论事业"的尝试所采取的是把两类事物的图
画——语言和世界、思想和实在、主体和客体——作为诸如疑难关系之类的东西统
一起来的一种批判主义形式。因此他把杜威看做是一个摆脱了认识论传统的哲
学家。

其次,罗蒂认为杜威并没有十分清楚地说过"科学的方法"应该是什么。"按照
我的理解,每当他谈起'科学的方法'的时候,杜威心中呈现的就是当他们在最佳状
态时——当他们以莱文列举的那些道德品德('乐意提问、乐意澄清和证明、乐意倾
听和尊重别人的意见'等等)为榜样的时候——民主团体的类似社会实践。我像莱
文或杜威一样爱好这些实践,但是我并不认为它们会因为被称作'科学的方法'而
变得更富于智慧或更值得鼓励,并且我确实不知道它们在科学家中间比在律师或
诡辩家中间受到了更加广泛的散布。如我在许多文章中说过的那样,这是真的:在
自然科学中的研究团体经常地被当作民主事业的典范,当做莱文列举的那些品德
的好榜样。但是我确实不知道,假如在莱文的断言'杜威哲学可以被看做依赖于对
科学方法和民主过程的神圣化'中,短语'科学方法'被略去的话,究竟会有什么东
西被丢失掉。"③

第三,就其被指责为在哲学领域一个弑父式的俄狄甫斯而言,罗蒂作出了这样

---

① Herman J. Saatkamp Jr. (ed),*Rorty and Pragmatism*,p. 50.
② Herman J. Saatkamp Jr. (ed),*Rorty and Pragmatism*,p. 50.
③ Herman J. Saatkamp Jr. (ed),*Rorty and Pragmatism*,p. 52~53.

的解释："一位伟大哲学家的每一个弟子都有义务为其导师区分开其教义的精髓和字面意义。这种义务源于这样一个事实：那位伟大哲学家说的每一件事情并没有令每个人都心悦诚服。结果总是这样，他或她并不是最后的哲学家——即道出了每一事物的真谛，把诸事物阐释得如此精妙绝伦以至于更深入的哲学研究不再成为必需的那个哲学家。所以后继者们不得不去解释信念不完全一致的原因——每个人不改变其信念的原因。做这件事情的唯一办法是说这些事情是这样的：该导师本该以这种方式而不是那种方式去阐发其观点；他本来不该过分看重某些暗语（如，"科学方法"）；同他实际上使用的那套有点过时的术语相比，他本该用另一套术语；他不应该把假问题同真问题混同起来。所有这些批判性见解（事物）都被其弟子们以一种保持导师思想之生命力，导师之光辉形象，导师著作之被人诵读的眼光而说出。"[1]

在罗蒂看来，莱文和卡因洛克等人处理杜威遇到的麻烦是，他们的解读只拘泥于字面意义，对现在的读者毫无益处。他们无法帮助读者去把握其精神。为了保持那个学说的纯洁性，他们不得不牺牲了杜威哲学的精神，牺牲了杜威哲学对现时代的指导意义。

第三节　民主先于科学

就像德里达推崇的"所有解读都是误读"那样，有时误读会带来积极的思想后果。罗蒂对杜威遗产的误读是证明德里达上述思想的范例。它的后果之一是"民主先于哲学"[2]命题的提出。这是罗蒂的一个重要的新实用主义命题。这个命题的含义是，人们对自由民主的讨论不需要涉及有关人性和自我的基本哲学主张，自由民主即使离开哲学前提仍能成立。"对于实用主义的社会理论来说，关于我们所认同的共同体的正当性是否包含了真理的问题是根本不相干的。"[3]"我们可以把非历史的人性、自我的本质、道德行为的动机及人生的意义这样的问题搁置一旁，

---

① Herman J. Saatkamp Jr.（ed），*Rorty and Pragmatism*，p. 53.

② Richard Rorty，"The Priority of Democracy to Philosophy"，in *The Virginia Statue of Religious Freedom*，Merill Peterson and Robert Vaughan，（eds）. Cambridge：Cambridge University Press，1988. p. 257.

③ 罗蒂：《后哲学文化》，黄勇译，上海译文出版社，1994 年，第 165 页。

就像杰菲逊认为三位一体和变体的问题与政治问题无关一样。"①"对杜威来说,哲学的任务不在于替民主提供'基础',也不在于替任何一个其他东西提供'基础'。"②当哲学争论同政治争论联系在一起时,哲学家应当放弃对哲学争论寻求更好解答的企图,"为政治理论计而仁慈地置这些问题于不顾。"③罗蒂认为,当罗尔斯提出"哲学,作为对独立的形而上学和道德秩序的真理追求,就决不能为一个民主社会中的政治的正义概念提供有效的共同基础"④的时候,罗尔斯就同杜威和黑格尔一起站在了反对康德的立场上。罗蒂明确地把关于人性的本质和目的的看法与政治分离开来。他把有关人的生存目的或人生意义的问题留给私人自己去解决。他希望对这些问题的讨论不至于影响到社会政策。

罗蒂进一步发展了"民主先于哲学"命题,我从他的论著中读出了"民主不仅先于哲学,而且先于科学"的思想。罗蒂把实用主义理解成"成熟的(反科学化的、反哲学化的)启蒙自由主义的语汇"⑤。他按照这个维度来改造实用主义传统和杜威哲学。罗蒂显然没有拘泥于那个传统,也没有拘泥于杜威所设定的基本原理。我们看到,杜威所关心的问题是要为哲学观念运用于实际生活寻找一条出路。尽管他放弃把知识作为确定的东西来论述,但是杜威并没有放弃认识论,没有放弃哲学对科学方法论的研究所应承担的义务,没有放弃对于严格的哲学事业的追求。不过,罗蒂对上述话题持着一种更加激进的立场,他似乎既要放弃知识,又要放弃哲学。"鼓励人们对传统哲学问题持轻率态度,与鼓励人们对传统的神学问题持轻率态度,有异曲同工之妙……这样一种哲学的肤浅和轻率有助于使这个世界清醒过来,有助于使这个世界上的居民更实用主义、更容忍、更自由、更易于祈求工具理性。"⑥罗蒂试图证明:"不存在永恒的'真理',也不存在真命题反映的'世界实际存在方式'。"⑦正如罗克莫尔指出的那样,"对于知识,他认为没有什么感兴趣的东西可言;对于哲学,他宁取所谓启迪性的谈话。在杜威想把哲学改造为实用主义以利

---

① 罗蒂:《后哲学文化》,第169页。

② 罗蒂:《后形而上学希望》,张国清译,上海译文出版社,2009年,第5页。

③ 罗蒂:《后哲学文化》,第169页。

④ 罗蒂:《后哲学文化》,第170页。

⑤ 罗蒂:《偶然、反讽与团结》,商务印书馆,2003年,第85页。

⑥ 罗蒂:《偶然、反讽与团结》,第190页。

⑦ 罗蒂:《后形而上学希望》,第5页。

社会之用的地方,罗蒂恰恰是想把它丢弃掉。"①不过在我看来,由于罗蒂在对待传统上表现出了更多的变通性和灵活性,罗蒂既赋予实用主义和杜威哲学以新的生命,又使得自己的哲学具有了一种特殊的历史厚度和现实使命,从而驳斥了加之于其头上的诸多不利指责。

虽然罗蒂一再反对各种形式的"第一哲学"或"形而上学",反对哲学家们为寻找"最后的语汇"做出的努力,但是罗蒂仍然保留了一套自己推崇的"最后的语汇"。那是一套有关人类应当如何生活的公共语言,它可以在哲学、政治学、社会学、文化批评、宗教、法律、伦理学等众多学科中得到探索,像对话、协商、质询、想象、同情、博爱、宽容、友善、自由、民主、反讽等成为这套话语中的核心语汇,实际上成为一套唯一值得保留的公共语言的核心概念,对它们的探讨是一种跨学科的探讨。那是一套从人类实际历史中,而不是从人类思想史,尤其是哲学史中更容易学习到的核心语汇。罗蒂在 2004 年 7 月 17 日上午上海华东师范大学"大厦讲坛"以"困于康德和杜威之间——道德哲学的当前状况"(Trapped between Kant and Dewey：The Current Situation of Moral Philosophy)为题的演讲中也证实了这一点②。在罗蒂看来,哲学越是变得不像是一门专业学科,便越容易融入公共话语的主流之中。哲学与诗学、哲学与政治学的界限越是模糊,哲学家和诗人、文学家工作的差异变得越来越模糊,"杜威和惠特曼在学说上不存在什么差异,两人的差异只是侧重点的差异:一个讨论最多的话题是爱,另一个讨论最多的话题是公民资格。"③哲学越是变得不那么纯粹,哲学便越容易同人类的实际生活发生关系。这正是杜威所推崇的哲学发展的新方向。

民主文化不是一种基于哲学的文化,也不是一种基于科学的文化,而是一种基于诗学的文化。这种文化特别适用于美国这样的多民族、多种族国家,适用于强调现实政治共同体多于强调传统民族共同体的国家,这多少能够解释美国政治共同体意识中的跨国意识或积极干预意识。随着"过去的臣民……变成政治意义上的

---

① 罗克莫尔:"美国哲学的最近趋势",载《国外社会科学前沿(1997)》,上海社会科学院出版社,1998年,第 11～12 页。

② 罗蒂这篇演讲稿最初用德文发表:Richard Rorty,"Gefangen zwischen Kant und Dewey: Die gegen-waertige Lage der Moralphilosophie. " *Deutsche Zeitschrift fuer Philosophie* 49：2 (2001),179～196. 后收入其第四个哲学文集,参阅罗蒂:《文化政治哲学》,张国清译,北京大学出版社,2011 年,第 206～227 页。

③ Richard Rorty,*Achieving Our Country*,Cambridge: Harvard University Press,1998. p. 25.

积极公民，"①民主文化是一种臣民文化之后的公民文化，一种给想象力和诗歌留下地盘的文化，一种推崇自由主义乌托邦的诗化文化，正像杜威指出的那样，"想象力乃是善的主要工具……人类的道德先知一直就是诗人，尽管诗人们是透过自由诗篇或偶然来说话的。"②

总而言之，在杜威那里，民主仍然可以兼容于哲学，也兼容于科学。这一点从杜威在 1919 年五四运动期间访问中国的系列演讲中得到了证明。我用"民主不仅先于哲学，而且先于科学"来表示罗蒂对杜威哲学的批判和发展，这个命题的最直接解释是，民主不仅先于传统形而上学和民族文化，而且先于跨越传统文化共同体的现代科学，并且最终脱离了传统文化根基的完全凭着偶然性和运气演变或进化的制度，"使我们永远地放弃了对于最后性的追求，而满足于真理性事物的相对性、时间性和历史之中"，"预示着我们人类社会开始进入一个无镜的或无本质的时代"③。这个命题实际上蕴涵着把政治学或公共哲学当做第一哲学的含义，它试图为解决人类现实社会争端提供一条新的途径。因此，我不赞成理查德·沃林对罗蒂的批评：罗蒂抛弃了杜威对理性、科学、实验的信任，罗蒂推崇的民主实践丧失了社会理论尤其是政治哲学的指导，"把政治哲学从政治领域中排除出去"，"在其把哲学还原为一种休闲娱乐，一种低级趣味的世俗追求的尝试中，罗蒂把哲学探索比拟为某股相同的追求'廉价消遣品'的激情。那股激情曾经是杜威批判的对象。"④罗蒂明确区分了公共话语和私人话语，他主张抛弃私人话语，而保留公共话语。有关民主的政治哲学是一种典型的公共话语，是杜威思想遗产的核心，罗蒂对杜威遗产的批判解读，打开了我们的视野，使我们看到了民主的非哲学的和非科学的思想资源和历史资源。这种解读在细节上也许有误，但在方向上是正确的，也是可取的，所以，我称它为伟大的误读。

参考书目

Richard Rorty, *The Consequences of Pragmatism*, Minnepolis: University of Minnesoda

① 哈贝马斯：《包容他者》，曹卫东译，上海人民出版社，2002 年，第 132 页。
② 杜威：《哲学的改造》，第 98 页。
③ 张国清：《无根基时代的精神状况》，上海三联书店，1999 年，第 37 页，第 3 页。
④ 沃林：《文化批评的观念》，张国清译，商务印书馆，2000 年，第 248 页，第 244 页。

Press,1982.

张国清:《无根基时代的精神状况:罗蒂哲学思想研究》,上海三联书店,1999年。

杜威:《哲学的改造》,商务印书馆,1958年。

罗蒂:《哲学和自然之镜》,李幼蒸译,商务印书馆,2001年。

罗蒂:《后哲学文化》,黄勇译,上海译文出版社,1994年。

罗蒂:《后形而上学希望》,张国清译,上海译文出版社,2009年。

罗蒂:《文化政治哲学》,张国清译,北京大学出版社,2011年。

第十章

公共话语、科学建制和政治

公共性在汉语语境中是一个含糊的词汇。我们一般把它与非私人的、非个人的、非家庭的领域都纳入公共领域。公共领域的主导话语往往是政府主导下的政治和法律话语。公共话语本来应当区分为官方话语和民间话语或社会话语。现实中,官方话语总是能够轻易地侵占民间话语。学院话语同样属于民间话语,只是在特殊情形下,民间话语才上升为官方话语,或成为前者的代言。公共性的实体是社会,而不是政府或国家。学院系统是公民社会的重要组成部分。

今天的学院承担着知识传播、人才培养、文化传承、学术研究、专业服务等多重功能。作为非政府组织,学院与政府之间的特殊的密切关系,学院与企业之间的特殊的密切关系,学院的智慧和正义,学院建制的本质,学院行政的必要和学院科层制的弊端,都是在社会公共治理方面的重要内容。

科学活动旨在发现或解决科学问题,增长科学知识,推进人类科学事业。然而,只有在科学制度保障之下,科学活动才能得到全面而持续的开展。科学研究需要体现公平和正义的秩序和制度作为强有力的保障,每个科技工作者的科研成果都应当得到法律的坚强保护,他们的科研活动都应当在法律制度的约束之下顺利开展。在科学知识的生成机制中,最重要的是科学研究的制度保障机制。导致中国近代科技落后的原因有很多,缺乏科学研究的制度保障是一个重要的原因。

现代性的核心价值是理性、科学、民主和自由。现代科学体制和现代公共制度,如政治、法律、经济制度的建立,是现代性的重要成就。现代性造就了一个相信科学的时代。相信科学,就是相信获得客观知识的可重复实现的途径,相信从事科学研究者的工作,而不是相信亘古不变、沿袭至今的传统知识、权威信仰等经典学说。

现代科技成果从根本上改变了人类和人类的生存环境。生态哲学家比尔·麦克基说:"人类第一次变得如此强大,我们改变了我们周围的一切。我们作为一种独立的力量已经终结了自然,从每一立方米的空气、温度计的每一次上升中都可以找到我们的欲求、习惯和期望。"[1]我们原来认为合理的许多说法也将相应发生变化。不过,在寻求改变之前,我们先要全面地了解一下,科学、科学建制、学院科学和产业科学等究竟是怎么样一回事。

第一节　科学建制的重要性

科恩说:"一个特定的(科学的或非科学的)共同体如何选择它的成员?这个团体的社会化过程及其不同阶段是怎样的?这个团体把什么看做它的集体目标;它能容忍什么样的个人或集体偏差,又怎样控制不容许的偏离?对科学的更完整的理解,还有赖于其他种类的问题的答案,但是没有哪一个领域有比这儿更多的迫切需要研究的问题。科学知识像语言一样,本质上是一个团体的共同财产,舍此什么也不是。为了理解它,我们必须认清那些创造和使用它的团体的特征。"[2]默顿则说:"四种制度上必需的规范——普遍主义、公有性、无私利性以及有组织的怀疑态度,构成了现代科学的精神实质。"[3]

1.科学的诞生需要一定的文化条件

美国科学社会学家默顿指出,"科学的持续发展只会发生在具有某种秩序的社会中,它受一组特定的隐含性预设和制度因素的制约。……要保持科学的连续性,就需要那些对科学研究事业有兴趣和能力的人的积极参与。但是对科学的这种支持只能靠适宜的文化条件的保证。"[4]在这里,默顿接受了马克斯·韦伯的一个观点,即对科学真理的价值的信仰不是来自自然界,而是来自一定的文化,实际上是来自一定的社会制度。

(1)历史上曾经有过许多不利于科学开展的社会文化条件,比如,人文价值体系、经济价值体系、政治价值体系、宗教价值体系等等。默顿认为,阻碍科学发展的不利文化条件主要有两类。第一类文化条件断定,科学的结构或方法不利于满足

---

① 麦克基:《自然的终结》,孙晓春等译,吉林人民出版社,2000年,第154页。
② 科恩:《科学中的革命》,鲁旭东、赵培杰、宋振山译,商务印书馆,1999年,第188页。
③ 默顿:《科学社会学》,(上册),鲁旭东、林聚任译,商务印书馆,2003年,第365页。
④ 默顿:《科学社会学》,(上册),第344页。

重要的人类价值需要。第二类文化条件断定,科学精神与现有制度或国家政策不兼容。他指出:"现代科学有一个基本的假定:科学命题'不受个人因素影响',也不受群体因素影响。但是在一个完全政治化的社会里,这个假定就受到了怀疑。例如有一位纳粹理论家指出:'应认识到政治的普遍意义'。科学发现被当作仅仅是种族、阶级或国家的表现。……集权主义导致了与现代西方科学的传统假设的冲突。"①

第一,科学研究需要一定的文化条件。

第二,科学研究需要一定的外部制度支持。但是,大多数外部制度都不利于科学的发展。一种外部制度要想保障科学的顺利发展,必须具备特殊的性质或条件,其最关键的一点是保障科学的自主性。

第三,科学研究本身就是一个制度,但这是一个民间的制度,它不能由政治来主导,不能由国家或政府来主导。

第四,科学通过自己的力量、自己产生的社会价值和经济价值得到人们的承认和尊重,但是它必须摆脱对外部制度或外部因素的依赖。科学的合法性不是因为得到了政府、企业、特殊社会力量的支持,而是因为它导致了知识的进步。

(2)当科学家像康德那样"遥望浩翰灿烂的星空",透过纷繁复杂的自然现象,发现隐藏其后的真理,从而"给自然界立法"的时候,他们是在一套严格的制度之下进行的。"大约从 500 年前开始,社会逐渐地把科学发现和技术发现体制化了。从那时起,那些制度越来越强大,越来越有效,小股的科学理解和技术发明变成了大股洪流。"②1660 年成立的英国皇家学会是近代科学开始建制化的标志,它提倡科学研究团体的独立自治,强调作为学会会员,科学家应当摆脱社会利益的干扰,科学家必须保持客观、中立、超脱的立场。长期以来,科学界普遍认为,科学研究是一个"有效的、民主的并能够纠正自身错误的"系统。科学是一项诚实的事业。科学的诚实不是取决于科学家个人的品德,而是取决于科学研究制度的约束。

---

① 默顿:《科学社会学》(上册),第 351~352 页。
② 克里斯·哈布尔斯·格雷:《电子人国家》,载于曹荣湘编:《后人类文化》,上海三联书店,2004 年,第 84 页。

（3）现代科学制度的诞生既是科学革命的结果，也是科学革命的重要组成部分。在科学制度的发展过程中，会经历从无形学院到有形学院的转变。依默顿的说法，无形学院是一群群地域上分散的科学家，他们彼此之间的认识互动，比与更大的科学家共同体的其他成员之间的认识互动更加频繁。"开始时，一个正在出现的无形学院的成员们认为他们自己是重要的参照个体，并且认为自己这个集体是一个参照群体，这个参照个体和参照群体的观点对他们的工作至关重要，其认识的实践标准被他们看做是有约束力的。随着这个探索领域在研究人员数量上的增加和在认识方面的分化，对于专门化的科学家之间逐渐确定的非正式交流，似乎会出现另一种结构性的适应性变化……这种变化的方式，就是在一度是无形的、现在通过出版网络成长为完全有形的学院之中，发展出无形学院。"①与之相应地，科学家在成长过程中会经历一个从知识认同走向制度认同的重要心理转变。

2. 科学建制的含义

"科学革命的一个重要的革命特征，就是科学共同体的兴起，各种科学组织和机构的建立就是一个例子。"②科学是"一种特殊的社会建制"③，要求科学工作者必须遵循科学研究的行为规范，科学活动受到在其他任何领域的活动所无法比拟的严格管制。默顿把这些行为规范概括为：普遍主义、公有性、无私利性、有组织的怀疑精神、谦恭。④ 科学工作者在学习新知识、从事科学研究过程中不断地接受和内化这些规范，使之成为科学家的基本操守。于是，科学工作者成为"天生诚实的人"，科研工作则是诚实者的工作。科学工作者在某些方面显然比知识界的其他人在道德上更受人尊敬。

（1）科学建制是社会发展的产物。它指的是科学不再是少数人的业余活动，而是职业科学家的有组织活动，包括科学被整合到政府部门中，成为公共部门的重要分支，担负起创造和传播先进的科学知识和技术，为社会发展和人类文明进步承担必要的责任。科学建制确立了科学技术在民众心目中的地位，确立了科学技术在现代社会中的重要位置。它促成了科学技术组织的存在、发展与更新。

（2）科学建制涉及两个相互关联的方面，一是学术组织的发展，如学会的建立、

---

① 默顿：《科学社会学散忆》，鲁旭东译，商务印书馆，2003 年，第 10 页。
② 科恩：《科学中的革命》，鲁旭东、赵培杰、宋振山译，商务印书馆，1999 年，第 116 页。
③ 约翰·齐曼：《真科学》，曾国屏、匡辉、张成岗译，上海科技教育出版社，2002 年，第 5 页。
④ 默顿：《科学社会学》（下册），鲁旭东、林聚任译，商务印书馆，2003 年，第 409 页。

学术刊物的创建、学术互动机制的确立；二是学术纲领或范式的建立或重建。志同道合的科学家组成协会或研究会，产生了科学共同体，科学院创办起来了，官方的科学杂志产生了，科学家们有了发表其研究成果的地方。"他们会聚一堂，一起做实验，他们去参观别处所进行的实验工作和对实验的检验，听其成员所做的有关科学工作的报告，了解其他科学组织或其他的国家正在从事的事业。"①

（3）科学建制可分为两个阶段，一是"认知认同"阶段，二是"职业认同"阶段。在前一阶段，拟体制化的学术或科学领域里的学者要争取赢得已获得社会认同的相邻学科或学术圈里学者的承认，要让他们承认自己所从事的研究的学术性和学术价值；在后一阶段，要赢得社会的承认，这意味着社会愿意对拟体制化的学术给予资助，从而使该领域的职业化研究成为可能。

（4）科学建制涉及内、外两个方面，内在方面指信念、范式、纲领的建立与重构，外在方面则是组织的建立与发展，成立科学社团和科学院，出版学术杂志，以发表最新研究成果，为保护发现的优先权建立档案系统，对富有革命性的进展给予奖励，通过这些科学建制建设，使持续的科学活动得以开展起来。

（5）科学自主性的获得和"科学共同体"的形成。它涉及"同行承认"问题。"随着科学研究复杂性的日益提高，长期的严格训练对于证实甚至理解新的科学发现是必要的。现代科学家必须承认对高深莫测的尊重。其结果是科学家与外行之间的鸿沟逐渐增大。"②结果导致科学与普通群众关系的疏远。科学越来越专业化，越来越指向内部，越来越成为相对于科学专业共同体而言的科学。

（6）科学建制的一般进程。欧洲自17世纪开始出现现代意义上的科学。现代科学产生以后，又经历了两百年左右的时间才在欧洲社会里实现大规模的体制化。走上科学建制发展之路以后，新的科学知识迅速产生，引发了连续的科学革命。17世纪以后产生的科学知识在人类科学知识总库中占有绝对优势的比例。到了19世纪初，那些历史悠久的科学组织和机构已经无法再容纳大量增加的富有活力的科学家，于是产生了许多地方科学组织和专业的科学杂志。科学专业人员和科学机构数量的剧增形成了巨大的社会效应。

（7）在科学建制过程中，科学家的出身也发生了重要变化。"在17—18世纪，

---

① 科恩：《科学中的革命》，第103页。
② 默顿：《科学社会学》（上册），第356页。

科学家们大都是业余爱好者。也就是说,他们并非依靠科学实践来谋生,他们或者是一些富有的无须为生计操劳的人,或者是在一些完全不同的行业(如医疗、商业贸易、船舶建造等等)中谋生的人。到了 19 世纪,科学家们逐渐开始从中层甚至中下层的社会产生,因而,在科学本身的实践过程中,19 世纪的科学家们不得不为他们所从事的科学活动寻求支持。"①到了 19 世纪末和 20 世纪初,大学尤其是研究型大学成为大规模研究和高等教育中心,专业科学家取代了自学成才者。科学对现代社会已产生无与伦比的深刻影响,并事实上形成一种文化霸权,使其他传统知识体系被边缘化。游离在"正统"科研体系外的研究人员,其研究成果难以得到社会的认可。

(8)在科学建制过程中,不容忽视的一个方面是,在 19 世纪末 20 世纪初,出现了工业实验室和以开发新产品为目的的科学研究的成果大规模的应用,以及对现有产品制造业进行的改造和各种标准的建立。"以科学为基础,需要不同的研究机构通力合作的技术进步,成为我们这个社会与生俱有的一个特征。"②因此,在科学建制进程中,科学技术与产业的结合是一个重要组成部分。

(9)院士制度是近代科学和工程技术产生和发展的产物,并伴随着实践的积累不断地改进和完善。从世界范围内来讲,院士制度已经有近 400 年的历史,到如今,几乎所有科技发达国家都设立了院士制度。虽然各国对院士的名称各不相同,可世界各国科学院、工程院都把推动国家的科学技术发展、促进经济社会进步作为自己的建院宗旨,也都对其所在国家的经济、科学、技术、国防等各方面的发展作出了突出贡献,对各国的社会经济发展起到了重要的推动作用。我国两院院士是各学科最顶尖的人才,在自主创新、咨询建议、学科建设等方面承担着重要的工作,在推广科学知识、普及科学精神、激励人才成长方面作出了卓越贡献。"院士"是科技工作者的最高荣誉性称号,是对科技工作者科学成就的褒奖,也是对他们坚持的科学道德的肯定。院士制度体现了全社会对科学、知识、人才的尊重。

3. 科学建制的优点和局限性

(1)科学建制对现代社会发展的意义在于,在工业中诞生了以配备有科学家的工业实验室为特征的企业技术创新制度,科学技术最终成为促进经济增长的强有

---

① 科恩:《科学中的革命》,第 126 页。
② 科恩:《科学中的革命》,第 118 页。

力因素。20世纪末科学使社会生产力以空前速度发展,采用课题组和大型科研机构进行科学研究可在短期获得成果,且直接应用率很高。科研选题更加科学并具可操作性,研究方向更明确。这些大大提高了科研效率,容易导致科学的新突破,并易于转化为社会生产力。

(2)科学建制加速科学发展。在科学成为社会职业后,科学家不再用为生计担忧,科学研究经费也由社会和政府来承担,各种现代化实验室得以建立,极大地促进了科学技术的发展。科学建制不断完善,科研力量得到合理配置和使用。科学家不再像以前那样孤军奋战,而是与其他科学家进行充分交流与合作,大大提高了科学研究效率。

(3)科学建制与以科学教育为核心的现代教育体系相结合,使科学研究后继有人。科学不再是科学家们的业余爱好和生活消遣,而是一项职业化的集体活动,科学研究是科学家谋生的手段,现代科学教育得到进一步发展,大大激发了更多的年轻人投身于科学事业,从而促进了科学的更加繁荣。

(4)院士制度至少发挥了三大作用:将每个领域最优秀的科学家遴选出来成为这个学科的带头人,推动了这一学科的继续发展;院士不仅在国家发展的各个阶段,为经济、社会、国防等事业的发展做了很多工作,而且对国家的很多重大决策提供了重要咨询意见;院士在弘扬科学精神、普及科学知识方面也发挥了重要作用。

(5)科学建制的局限性。第一,由于科学建制导致科学的高度专业化,随着专业化程度的加深,人们的知识面会变得越来越窄,科学家们只专注自己的领域,而对科学的整体缺少了解,缺乏宏观把握,间接影响了专业领域研究的广度和深度。第二,科学研究会出现注重短期利益,忽视基础理论研究的趋势。基础理论研究是科技发展的必要条件,追求利益的科研活动,使一些科研成果淘汰周期缩短,利用率低,对科研实际价值小,不利于形成好的学术研究机制。第三,科学建制难以完全抑制学术腐败。科学建制使科学成为一种职业。科学家像其他职业一样被划分成不同阶层,有了高低之分。科学工作者把科学研究视为谋生手段,提高在学术界的声望直接关系到他们的社会地位和经济利益,关系到日后的研究工作是否能够顺利进行,在利益驱使下,学术腐败问题随之产生。

第二节　现代科技发展的新趋势

现代科技成果快速向社会生产和生活领域转化或渗透,大大提高社会生产力,引起社会生产结构、组织形式变革,改善人们的生活质量。当前的科技活动呈现出新的特点和趋势,主要是:科学体系结构的专业化、整体化、综合化;学科之间相互渗透和交叉重叠趋势;科学活动的学院化、民间化、社会化和国际化;科学发展的加速化和数字化;科学交流与合作方式的多样化、网络化、瞬时化和零距离化;科学、技术、生产的一体化;科学研究的非公益化、产业化、功利化;军用和民用科技的融合,在和平时期,大量军用科技成果转向民用;国际合作和竞争加剧,科研水平和科研能力成为国家的核心竞争力。它们交叉在一起,有的相互兼容,有的相互冲突,构成了今天科技发展的总体趋势。

1. 科学体系结构的专业化、整体化和综合化

自从 19 世纪末 20 世纪初发生物理学革命以来,科学的发展表现为学科按照专业要求日益细致化。科学研究人员首先要完成的一项工作是确立自己的专业意识,有明确的学科专业认同感,也就是说,明确地知道自己正在从事的科学研究活动的专业领域,知道自己的专业发展方向,知道自己正在进行研究的问题的学科性质。这一切只在某个或某些具体专业得到完成和认可。

(1)在每一门大学科背景下形成了众多的分支学科,这些分支学科具有自己的相对独立性,逐渐形成了一套自己独特的学术语言和学术规范。

(2)专业化程度越来越高,形成了以一些大学学院、科学研究所、研究中心和专业学术刊物为中心的学科共同体。

(3)科学知识的层次性日益明显,自 20 世纪以来,统一的自然科学已经分化为基础理论科学、技术基础科学和工程应用科学三大层次,每一层次又分成多种不同的门类。据统计,现在各种层次的学科已有 2000 多门,在同一个大学科门类之下,分成了研究基础问题或者元问题的理论学科,研究基础理论之应用的应用学科,研究科学理论运用于实践工艺和产业化方向的技术学科和工程学科。

(4)现代科学体系结构是一个分层次的、立体的、网络的、开放的大系统。在这个体系中,虽然不同学科具有不同的学术规范和评价标准,由于学科之间的性质的差异,存在着学科之间的不可通约性或不可比较性,但是科学研究的基本准则仍然为科学共同体所认识接受。各种虚假的伪科学在其中不占有任何地位。

2. 不同学科的相互渗透和交叉重叠

在原来学科界限十分清晰的学科边缘地带,产生了一大批交叉学科、边缘学科,学科之间的交叉重叠现象日益加重,学科界限日益模糊。

（1）科学与技术、自然科学与社会科学以及各门自然科学之间的相互渗透和整体化趋势明显加快。在一些原来的社会科学和人文科学中，自然科学的研究手段如数学方法得到了广泛应用，日益具有自然科学的性质和特点。

（2）许多边缘学科成为科学发展的新生成点和新焦点，科学之间的空隙得到填补，科学结构的整体化趋势日益明朗。

（3）科学研究的整体性、综合性日益突出，为了在研究上有所突破，科学家往往需要具备多门学科的前沿知识和专业研究技能。

（4）一些原来的社会科学甚至人文科学由于获得了新的科学研究手段而越来越具有自然科学的性质和特征。反过来，一些原来的自然科学由于同人文科学和社会科学的结合而产生了介于两者之间的新的分支学科。

3. 科学技术研究活动的学院化、民间化、社会化、国家化和国际化

科学技术研究活动已经成为一种政府和国家难以直接控制的活动，政府除了提供各种物质资助以外，已经难以直接干预科技研究的具体事务。科学家形成了一个学院共同体，具有相对的封闭性，许多科学实验活动超越了国界，其成果能够为全世界所分享。

（1）科学研究再也不是科学家凭着个人兴趣、意志和努力的个别行为。科学研究的成果也不再是个体碰运气的结果，科学研究的成果要通过在学术刊物或学术会议上公开发表才能得到同行的评议和认可。科学研究成为科学制度之内的活动，每一个成员都要接受科学制度的约束，并且相互监督。

（2）科学研究成为社会整体中的有机组成部分。科学研究成为一种独立的专业和职业区分于其他职业活动。

（3）各种专业科学团体纷纷成立且发展起来，科学研究得到了体制化和社会化，形成了许多具有国际影响的科学研究中心，聚集世界顶尖科学家的加盟。

（4）科学家成为一个特殊的社会身份，受到社会的普遍尊重，他们的工作得到社会或国家的认可，他们能够从政府或民间获得物质资助或奖励。

（5）科学研究成为一种组织行为，科学团队的重要性日益突出。

（6）重要的科学项目既能够得到社会民间组织和个人的支持，也能够得到国家的扶持。在整体上，科学研究活动成为同文化、教育、医疗卫生、道路交通等并列的公共事业，受到所在国家政府的物质支持和资助。

（7）科学研究已经超越国界，走向国际合作。一些重要的研究活动在不同地

区、不同国家的科研机构同时进行,相互之间有着严格分工和紧密合作。

4.科学技术发展的加速化和数字化,现代信息技术应用的普遍化

当今社会是一个按照加速度发展的社会,现代科学技术的发展更是如此。现代科学技术尤其是现代信息技术的飞速发展正在深刻地影响着我们的生产方式、生活方式、思维方式和感觉方式。我们原来难以企及的各种梦想,由于有了现代科学技术尤其是现代信息技术而正在成为现实。

(1)科技研究工作的数字化和信息技术的广泛应用。

(2)在今天,所有有关知识话题的讨论都是在飞速发展的信息技术和信息社会背景下进行的。

(3)信息社会以现代信息技术的产生和发展为主要标志。现代信息技术指获取、传递、处理和利用信息的技术,乃是扩展人的信息器官(感觉器官、传导神经网络、思维器官、以及效应器官或执行器官)功能的一类技术。

(4)信息技术是在计算机、通信和控制技术的基础上发展起来的。20世纪70年代以来,由于微电子技术、计算机技术、卫星通信、光通信、成组交换技术、数据库技术和软件工程的发展,远程数据通信取得成功。人们可以用通信网络把分散的计算机资源联成一体,构成计算机网,形成信息高速公路,以共享信息资源。

(5)信息技术的支撑技术主要是电子技术,特别是微电子技术,还有激光技术、生物技术、材料技术、机械技术和能量技术,特别是精密机械等工程技术。

5.科学技术交流与合作方式的多样化、网络化、瞬时化和零距离化

科学研究和技术创新对国家、民族、人类文明的进步至关重要,是根本上解决人与自然协调发展的基础,也是人类文明持续发展的基础。作为科学研究和技术创新的重要环节,科技交流与合作在今天呈现出了多样化、网络化、瞬时化和零距离化等特点。

(1)在政府的积极推动之下,国与国之间、地区之间的科技交流空前活跃,企业、高校和民间组织积极参与和响应,呈现交流合作方式纷繁多样的局面。

(2)科学技术交流与合作在各个层面都有开展,一些研究型高校和研究所已经成为科技工作者开展交流与合作的主要平台。

(3)在科技交流与合作中,双方合作从最初的人员交流开始,发展到共同进行项目研究,共同支持青年科学家小组和伙伴小组,一直到双方共同探讨组建研究所和共同培养博士研究生。

(4)交流合作是推动科学技术进步的重要途径,一些世界级和国家级的重要研究中心成为科学家交流和合作的主要场所,吸引着来自世界各地的优秀人才。

(5)交流合作成为科技工作者成才的必要途径,国际交流与合作逐渐呈现互利双赢的局面。

(6)科研和创新由全人类来共同合作和共同分享。通过交流合作,使人们能够对科研成果得到及时分享。国际互联网和专业学术刊物成为科技工作者分享最新科研成果的主要媒介,实现了科技交流的网络化、瞬时化和零距离化,使科技工作者即使不出国门也能知晓其所关注的科技领域的最新进展。

(7)交流合作的双方要彼此非常尊重,接受双方的历史文化和社会制度差异,坦诚相待、相互尊重、相互信任。

(8)科技人才的流动空前频繁,科技工作者正在开展跨国、跨地区、跨学科的研究与合作。合作者根据项目的性质,既有短期的交流也有长期的合作。

(9)我国与其他国家的科技交流与合作将聚焦在生命与健康、资源与环境、信息科技、纳米科技、航天航空科技、新能源、新材料等领域。

(10)通过与各国政府、大学、企业和其他研究机构建立密切的合作关系,我国将创立自己的创新体系,在一些重点科学和技术领域取得重大突破,力争到 2020年,使中国整体科技水平进入世界中等发达国家的行列,2050 年走到世界前列。

6.科学、技术和生产的一体化、产业化、功利化

科学是一种在历史上起推动作用的革命的力量。现代科学技术的发展,使科学与生产的关系越来越密切。"技术革命周期性地重新塑造着现行的产业结构。"[1]科学技术作为生产力,越来越显示出巨大的作用。

(1)今天的人类社会生活已经离不开现代科技,科技、经济、社会之间的协调发展已经成为现实。

(2)科学、技术和生产得到了一体化,与经济、社会的发展紧密地联系在一起。

(3)新的基础科学成果能够很快地转化为技术,投入生产,转化为社会物质财富,科学技术活动的直接成果成为受到最严格保护的知识产权和发明专利,成为企业想要获得的重要生产要素和资源。

(4)企业积极地投入科技创新活动,一些大型企业有自己独立的研发机构,对

---

① 丹尼尔·贝尔:《意识形态的终结》,张国清译,江苏人民出版社,2000 年,第 78 页。

科技创新做出了自己的贡献。另一方面,企业为了追求自己的利益,往往会牺牲社会的整体利益,甚至会把一些不具有产业化条件的科技成果给予推广和产业化,对人民的生命财产造成难以挽回的损失。不容否认的是,企业已经成为科技创新的重要力量。

(5)企业、政府、民间组织、高校、个人等众多力量的介入,使得今天的科学研究基本已经成为非公益化、产业化、功利化的活动。

(6)作为科技创新工作的实施者,科学技术专家对社会的影响达到了前所未有的程度,正在加大。

(7)科技研究、创新活动成为企业发展和国家竞争力的重要手段,科技水平成为体现国力的核心指标。

7. 军用和民用科技的融合,在和平时期,大量军用科技成果转向民用

第二次世界大战以后,许多国家加强了军队现代化建设,一方面,军队对现代科技有着强有力的需要,希望一切领域能够获得优先发展和重大突破,另一方面,军事科研机构是推动现代高新科技研究和发展的一支重要力量,对现代科技革命做出了重要贡献。"新式武器的迅速产生决定性地影响了军队内部,不同派系每一支军队内部,权力和影响的相关重要性。因此,导弹的崛起减低了战列舰的重要性,战列舰曾是海军和陆军的支柱。在新式技术中,例如,携带导弹的潜艇变成了攻击力量的主要装备。而导弹射程的扩大使得有人驾驶的战机成为多余。在武装力量的构成方面的这些变化,在对新技能团体、技术人员和技术专家的需要方面的这些变化,意味着军事权力形象的变化。研究和开发部门变成了比执行部门更加重要的部门。科学家、工程师和技术专家的权力相应地增长了起来。"[1]

(1)第二次世界大战结束之后开始的漫长冷战时期导致了东西方之间的军备竞赛,分别以前苏联和美国为代表的超级大国,现代军用科技,尤其是空间技术、导弹技术、核能技术、通信技术、计算机技术的迅速发展。

(2)随着冷战的结束,世界局势总体上趋于缓和,为军用科技转向民用提供了机会。

(3)在高新技术领域的国际竞争,广阔的科技民用市场,为军用科技成果转化提供了可行的途径。

---

① 丹尼尔·贝尔:《意识形态的终结》,第 67 页。

（4）国际科技成果交流和合作也要求主要以民用的成果形式来开展。

（5）现代战争观念的转变使得军用和民用科技之间的界限日益淡化。

（6）掌握大量高新科技成果的利益集团，出于自身利益的考虑，希望在最大程度上实现自己的利益和社会影响力量，它们往往会突破国家和区域利益的局限，完成科技成果的自由转让或市场化。

（7）各国仍然都在加紧军用高新科技的研发，其任务除了专门的军事科研机构之外，已经由众多大学研究所、企业和民间研究机构来承担。

8. 国际合作和竞争加剧，科研水平和科研能力成为国家的核心竞争力

自从西方发达国家强调国家的创新能力和核心竞争力以来，科技研究水平和科技研发能力已经成为衡量一个国家或地区综合实力的重要指标。它同国家利益、民族利益高度结合，成为体现国家竞争力的核心要素。

（1）自从 20 世纪 80 年代以来，西方国家对现代科技的重视通过实施国家创新体系等科技政策得到了充分体现。

（2）我国对发展科技的重视，也通过强调实施"科教兴国"、"科技兴国"、"国家创新体系"等一系列科技政策和科技发展战略而得到了体现。

（3）国际科技竞争与合作是当代国际关系的重要组成部分。中国加入 WTO 为中国与世界各国的科技合作和交流提供了广阔的国际性平台，使中国能够同世界上主要发达国家和发展中国家开展全面的科技交流和合作，成为推动中国科技发展的重要外部因素。

（4）世界和平和发展的环境为我国科技发展提供了良好的国际环境，使我国有能力在近期内实现科技大国和科技强国的梦想。

第三节　从学院科学到产业科学

库恩说："一个科学共同体由同一个科学专业领域中的工作者组成。在一种绝大多数其他领域无法比拟的程度上，他们都经受过近似的教育和专业训练；在这个过程中，他们都钻研过同样的技术文献，并从中获取许多同样的教益。通常这种标准文献的范围标出了一个科学学科的界限，每个科学共同体一般有一个它的主题。在科学中、在共同体中都有学派，即以不相容的观点来探讨同一主题。但是比起其他领域，科学中的学派少得多。他们总是在竞争，而且这种竞争通常很快就结束，

其结果,科学共同体的成员把自己看做、并且别人也认为他们是唯一的去追求同一组共有的目标、包括训练他们的接班人的人。"①齐曼说:"科学在社会中的位置并不只是一项个人爱好或一种文化传统,它是国家预算中的一项。在科学和其他形式的知识和行为——例如技术、医学、法律和政治——之间存在着不断增加的张力(tensions)。科学家被他们的学生问道,他们是在为一项使命还是在为一种职业作准备。人们被期望,对来自并影响科学被组织和实施方式中的剧烈变化作出理性的抉择。"②随着科学研究成为一种专门的职业或专业,同以往相比,今天的科学工作者对自己的科学研究的性质、途径、目标等陷入了更多的困惑。因为的确存在着"科学正在遭受抨击。人们正在对科学的力量丧失信心。伪科学信仰兴旺起来,反科学发言人在公共辩论中获胜。工业企业滥用技术。立法者控制着实验。政府大幅度削减研究拨款。甚至资深学者也在怀疑科学的主张"③的现象。虽然科学仍然受到绝大多数人的支持和信任,科学仍然从来没有像今天这样受到社会、政府、国家和整个人类的支持和信任,科学也从来没有达到过像今天这样的广泛而深入的影响力,但是,上面提到的困惑仍然是科学家们不得不面对的。

1. 学院科学及其特点

(1)"学院科学"(academic science)同"纯科学"(pure science)联结在一起。并不是所有科学研究都是工具主义的。科学哲学家用不同术语来表示"纯科学",比如"无限制的"、"好奇心驱使的"、"不切实际的"、"基本的"、"基础性的"、"根本的"等等。④ 纯科学家被称赞为真理的诚实探索者和新知识的开拓者。纯科学的研究对象一般指基础的科学研究。它是实验性或理论性的工作,目的是为了获取现象和可观察事实的根本基础的新知识,而事先没有特定的应用目的。

(2)学院科学的特征可以追溯到 17 世纪科学革命,其现代形式出现于 19 世纪上半叶的西欧,并演变成一种连贯的、精致的社会活动,日益整合到社会之中。

(3)学院科学是以科学制度作保障的,有特殊的精神特质。默顿把它们归纳为四种品质,即普遍主义、公有性、无私利性和有组织的怀疑态度。⑤ 齐曼还增加了

---

① 库恩:《科学革命的结构》,第 159 页。
② 约翰·齐曼:《真科学》,曾国屏、匡辉、张成岗译,上海科技教育出版社,2002 年,第 3 页。
③ 约翰·齐曼:《真科学》,第 1 页。
④ 约翰·齐曼:《真科学》,第 23 页。
⑤ 默顿:《科学社会学》(上册),第 365 页。

一些品质,如独创性、制度化、专业化等等。

（4）所谓普遍主义,指的是科学研究活动对客观性和中立性的强调。强调科学知识不会因人而异,也不会因出身而异。真理性断言,无论来源如何,都必须服从于先定的非个人的标准,要与观察和以前被证实的知识相一致。"无论是把一些主张划归在科学之列,还是排斥在科学之外,并不依赖于提出这些主张的人的个人或社会属性:他的种族、国籍、宗教、阶级和个人品质也都与此无关。"①

（5）"科学家有祖国,科学无国界。"普遍主义的另一种表现形式是国际主义,即科学具有跨越国界的特性,科学的国际性是对种族主义或民族主义的地方性科学知识的否定或排斥,与它相对应的是典型的科学存在形态是种族中心主义。种族中心主义曾经在 20 世纪犯下可怕的罪恶。在科学上的表现为,把发展现代科学技术和人类文明寄希望于某个特定的民族或种族,否定其他民族和种族的贡献,甚至以此作为一些民族或种族优越于其他民族和种族的证据。种族中心主义曾经成为德国纳粹排斥和屠杀犹太人的重要依据。

（6）普遍主义的一个后果是科学研究活动的开放性,要求在各种职业上对有才能的人开放。"除了缺乏能力之外,以任何其他理由限制人们从事科学都不利于知识的进步。"②科学的普遍主义导致了科学上的民主精神,"成就评价的非个人标准和地位的非固定化是开放的民主社会的特征。"科学知识的动态发展模式使得科学的权威一直处于变动之中,有利于科学研究不断取得新的突破。

（7）科学的公有性。它指的是科学研究的重大发现是社会协作的结果。它们归社会所有,它们构成了社会的公共财富。发现者对这类财富的权利是有限的。"用名字命名的定律和理论并不表明它们为发现者及其后代所独占,惯例也没有赋予他们使用和处置它们的特权。科学伦理的基本原则把科学中的产权削减到了最小限度。"③学院科学的一个重要特点是:科学家们从事科学研究希望获得的主要的不是物质财富,而是精神上的尊重和承认。

（8）科学的无私利性（disintrestedness）或者超功利性。"公开"、"公有"、"共享"是连结在一起的,只有公开的科学知识才能得到承认。科学知识是一种公共产品,一种公共的善。科学最终要服务全人类,这是它的最高目的。但是回归到科学

---

① 默顿:《科学社会学》(上册),第 365～366 页。
② 默顿:《科学社会学》(上册),第 368 页。
③ 默顿:《科学社会学》(上册),第 370 页。

工作者的现实,科学的无私利性是比较少见的。科学家通过"谦虚"来表示他们的无私利性。"科学家确实以奇特的非个人方式进行写作,他们在文中确实标注了无数注释,以示感激地承认受惠于其他科学家的工作。事实上,论文导师、期刊编辑、审稿人、书籍评论者和其他权威人士管辖着文献并检查不符合惯例的交流。但是学徒研究人员很快便认识并采用了这些惯例。"①

(9)独创性。科学研究总是要提出某种新东西,有所新突破,"学院科学同独创性规范所推动。"②

(10)怀疑主义。科学怀疑必须是"有组织的怀疑","它既是方法论的要求,也是制度性的要求。按照经验和逻辑的标准把判断暂时悬置和对信念进行公正的审视,业已周期性地使科学陷于与其他制度的冲突之中了。"③科学的怀疑必须是在学院内部的怀疑,仍然表现为对事实真相或"客观性"的追问。科学怀疑可能因为学派之间的门户之见而产生,但最终目的是消解门户之见,达成共识。

(11)专业化和职业化。科学家依赖于"特定类型的社会结构。科学家协会的宣言和声明都在关注科学与社会的关系"。科学家被看做特殊群体。科学家认为"自己独立于社会,并认为科学是一种自身有效的事业,它存在于社会之中但不是社会的一部分"④。我们可以称这种独特的现象为科学的专业化现象。专业化是每一门成熟的学科所要求的。具体表现为,科学工作者对于自己所在学科的术语、实验操作方法、实验手段、思想表达方式、发表作品途径的掌握和认同,对学术成果鉴定程序的认同,对从事科学活动的专业技能的特殊要求。专业化和职业化是相似的。专业化是职业化的前提,职业化是专业化的结果。默顿把科学工作的专业化和职业化要求表述为:

1.一组特定的方法,知识就是用这组方法证实的;

2.通过应用这些方法所获得的一些积累性的知识;

3.一组支配所谓的科学活动的文化价值和惯例;

---

① 约翰·齐曼:《真科学》,第50页。
② 约翰·齐曼:《真科学》,第223页。
③ 默顿:《科学社会学》(上册),第376页。
④ 默顿:《科学社会学》(上册),第362页。

4. 上述任何方面的组合。①

科学家就是按照上述专业（或职业）要求去从事科学研究工作的。

（12）科学家的自主性和自觉性。"文化和科学制度中的自主性的界线意味着，与社会标准不同，判断那项工作的有效性和价值的理性标准，超越了无关的对群体的忠诚。接受技术标准并承认在科学和学问中要有诚实的态度，就超越了在社会归属及科学家和学者的忠诚中存在的差异。"②

2. 后学院科学及其特点

今天，学院科学已经成为历史或正在成为历史，它更接近像科学社会学中传统的"默顿规范"描述的对象。然而，过于简单和理想化的默顿规范，与现实科学活动并不相符合。今天的科学组织、管理和实施方式正在发生根本性的、不可逆转的、遍及世界的变革。这是一场科学活动的性质和方式的根本变革，是学院科学渐渐让位于后学院科学（post-academic science）的变革，后者是"一种全新的生活方式"。

（1）今天的科学形象已经发生很大的变化。后学院科学更加接近科学研究的现实，科学家更像普通人，而不是一类特殊的人。

（2）后学院科学是更加面向社会、面向世俗、面向实际的科学，是更加务实的科学。

（3）后学院科学是社会生活的组成部分，社会中存在的各种丑恶现象同样会发生在科学领域里，同样渗透着愚蠢荒唐、无能为力、自私自利、道德近似、官僚科层、无政府状态等世俗生活的所有因素。

（4）后学院科学承认科学研究不是中立的、客观的、超脱的、置身事外的，而是有科学家的利益和趣味介入的。科学方法不可能完全消灭主观性。科学家在方法论上、在人格上、在天赋上都不享有特权。"科学并非是比其他所有理解事物方式优越的唯一有特权的方式，其基础也并不比其他人类认识模式的基础坚实深厚。"

（5）后学院科学承认科学家并不先天或优先拥有值得其他社会成员尊敬的品德。"不是试图用一套预设的理想化的哲学原理为科学实践辩护，而是已经从对科

---

① 默顿：《科学社会学》（上册），第 362～363 页。
② 默顿：《科学社会学》（上册），第 186 页。

学得以运行的社会建制的分析中得出关于科学的认知方法和价值更为现实的说明。"

（6）后学院科学与企业具有更加密切的联系，更多地参与了社会资源和社会利益的分配，科学家更像是知识生产者。

3.从学院科学到产业科学

科学既可以是一种纯粹的私人物品，也可以是一种纯粹的公共物品，更可以是介于两者之间的准公共物品。作为纯粹的私人物品，科学研究可以通过市场机制来推动，因为那样的科学研究具有排他性和竞争性。企业为了开发新产品而进行科学研究，其成果只能归企业所有，而不能为整个社会分享。作为纯粹的公共物品，科学研究如果由个人或企业来承担，那么就会有一种不理性的，因为，这样的研究既然是纯粹公共物品，私人或私有企业就不愿意进行投入，因为其结果是共有的，是为所有人所分享的。这样的研究活动只能由国家和政府来支持。第三种情形是介于上述两者之间的情形，无论是私人投资，还是国家投资，科学研究从长远来看，总是会对整个社会带来有益的影响。

（1）随着后学院科学的到来，科学便发展到了产业科学阶段。科学活动本身成为一个庞大的产业。产业与科学成为联系最为密切的两大社会领域。

（2）科学界和产业界之间更密切关系的建立，是学院科学向产业科学转变的主要特征之一。①

（3）科学界和产业界的联姻，知识与资本的共谋，否定了默顿有关科学精神实质的构想。像公有性、无私性、普遍主义、怀疑主义都受到了挑战，有的已经被否定，有的则需要进行修正。

（4）鉴于支持科学研究活动的国家、政府、科研机构和大学大多是公共部门的事实，科学从学院科学转向产业科学，表明了科学研究工作的利益分配机制的变化。表明了科学家共同体已经成为科学研究成果的经济利益和其他社会利益的直接分享者。

（5）随着国家创新体系的实施，科学正在成为产业，成为支撑国家竞争力的核心力量。

4.科学只是一种社会建构

科学社会学是社会学的一个重要分支学科，科学社会学的重要成果之一是科

---

① 齐曼：《真科学》，第 210 页。

学建构论。科学建构论者是一个松散的共同体,从其思想传统来说,从远处讲可以追溯到古希腊人对科学知识可能性的怀疑,更晚近可以追溯到卢梭对科学与人类文明冲突的忧虑,最近则与后现代主义思潮中对科学的批判具有密切联系。像"科学的人文研究"、"科学知识社会学"(SSK)、"科学技术与社会"(STS)、"建构论"、"科学学"等学说都属于这个学派。它宣称科学知识是社会建构,并非客观真理,不具有至高无上的权威性。德里达的"文本之外别无他物"思想和福柯的"知识—权力"结构理论无疑对这个学派产生了影响。

(1)科学知识社会学是科学建构论的核心分支学派,它是以科学社会学为基础发展起来的通过对科学研究活动进行社会学调查的方式来实际地探讨科学研究工作的具体开展过程的一个新兴学派。像布鲁诺·拉图尔、诺尔-塞蒂娜、科林斯、皮克林等人是这个学派的重要代表人物。

(2)科学知识社会学是对科学的科学研究。这个学派把科学家共同体及其与社会、企业、政府、非政府组织的关系作为主要的研究对象。像科技政策、科技经济学、科研管理、学院政治学、科技文化、科技与企业尤其是地方产业的关系、科技与教育、科技与军事、科技与国家自然灾害等问题成为它探讨的重要内容。

(3)这个学派借鉴了社会学、人类学、考古学等学科的田野调查手段,注重研究具体的科学家的日常生活和科研活动,注重案例研究,以自然主义的方式心平气和地研究科学,不把科学当做神圣的东西或者特别的东西看待,揭示科学的世俗本性,以批判的态度来对待科学,设法剥除科学头上的神圣光环,还科学以本来面目。

(4)他们不仅关注科学团队中各成员的各自作用,而且关注科学研究项目的申请过程,科学家在项目中的分工,科学家为了争取基金支持而进行的必要游说及其策略,科学家与企业的关系,科学家与政府的关系,科学家与非政府组织的关系。

(5)由于关注的不是科学研究的最终结果或成果,而是科学活动的实际过程,这个学派把科学的实验室工作作为考查的重点。它如实地记录科学家们的日常工作,揭示了真正的科学事实是如何被构建起来的。

(6)这个学派更多地揭示了科学研究活动与社会的联系,表明科学家共同体是一个开放的共同体,他们的活动更多地受到外在社会需求的影响,尤其是受到企业的影响。科学家要完成许多应急性工作,这些工作虽然具有一定的效用价值,但是不是基础性具有学术价值的工作。

(7)这个学派的一大贡献是,它揭示了科学研究在今天已经成为主要面向不是客户需要的复杂的社会工作。科学家的角色也已经成为像企业家那样完成客户订单的工作。在科技市场上，如何有效地推销自己，与同行展开竞争，并不是把自己的科研优势简单地向社会或雇主展示的过程，而是微妙的博弈过程。

（8）按照这个学派的见解，科学活动只有通过不断地争取到新的资助项目才能得到延续，科学家不应当坐等好的项目的到来，而应当积极行动起来，去说服社会、政府、企业、基金会等凡是能够提供科研支持和资助的所有个人和团体。

（9）科学知识社会学把科学完全置于社会之中，认为科学已经成为满足特定社会需求的，与其他社会生产和生活活动发生着日益密切联系的，从学院走向产业的活动。

（10）科学知识社会学更加感兴趣的是后学院科学或产业科学，是科学技术与市场的关系。

参考书目

波普尔：《猜想与反驳》，傅季重、纪树立译，上海译文出版社，1986 年。

科恩：《科学中的革命》，鲁旭东、赵培杰、宋振山译，商务印书馆，1999 年。

贾撒诺夫等编：《科学技术论手册》，盛晓明等译，北京理工大学出版社，2004 年。

齐曼：《真科学》，曾国屏、匡辉、张成岗译，上海科技教育出版社，2002 年。

默顿：《科学社会学》，上册，鲁旭东、林聚任译，商务印书馆，2004 年。

第十一章

真理、真诚和社会诚信

面对价值多元和利益分化的现实,如何维持社会诚信是人们面临的紧迫问题,也是亟待哲学检讨的学理问题。作为社会诚信的对立面,社会失信格格不入于中国特色社会主义事业。本章将检讨社会失信的主要表现及其后果,揭示社会失信的哲学根源,探讨以爱为基础,以契约为保障,透过真诚行动,建设诚信社会的可能性。

经济建设、政治建设、文化建设和社会建设构成中国特色社会主义事业的总体布局。社会建设是摆在中国党、政府和人民面前的又一项艰巨任务。胡锦涛总书记在最近的"在庆祝中国共产党成立90周年大会上的讲话"中,从"维护最广大人民根本利益和实现国家长治久安的战略高度",强调社会建设的重要性,提出要推动四项建设协调发展,保障和改善民生,促进社会和谐,处理好社会发展与人民利益的关系。胡锦涛同志特别提到,"我们要遵循社会发展规律,主动正视矛盾,妥善处理人民内部矛盾和其他社会矛盾,不断为减少和化解矛盾培植物质基础、增强精神力量、完善政策措施、强化制度保障,最大限度激发社会活力,最大限度增加和谐因素,最大限度减少不和谐因素。"①

作为胡锦涛同志"讲话"的回应,我将探讨与中国特色社会主义社会建设密切相关的社会诚信和社会失信问题。作为社会诚信的对立面,社会失信现象同中国特色社会主义事业要求是格格不入的。我将检讨社会失信的主要表现及其后果,揭示社会失信的哲学根源,探讨以爱为基础,以契约为保障,透过真诚行动,全面建设诚信社会的可能性。

---

① 胡锦涛:"在庆祝中国共产党成立90周年大会上的讲话",《人民日报》,2011年7月2日。

第一节　社会诚信:困于"失真"和"失信"之间

"郭美美"和"达芬奇","三聚氰胺","瘦肉精"和"塑化剂"……几乎每天都在发生的"社会失信"事件,通过互联网络和其他媒体迅速传递到社会的每一个角落,一再触及公共道德底线,冲击世人信奉的诚信理念。显而易见的是,社会失信事件一经曝光,便是当事者全盘皆输的博弈。问题在于,为什么总有人乐此不疲地沉迷其中? 当今的社会诚信基础是否已然塌陷?

依《说文解字》对"诚信"的解释:"诚,信也。从言成声。""信,诚也。从人从言。会意"。"诚信"的本义是真实、诚实、诚恳、守信。"诚信"是言行一致,表里如一,是践诺守信,以诚相待,是言而有信,童叟无欺,是欠账还钱,天经地义,是真诚正直之良善意愿和行为的统称。言而无信,表里不一,撒谎、欺诈、造假、作伪证、偷盗等行为是诚信的反面。中国古典文献对"诚信"多有论说。比如,"人之所助者,信也。"(《周易》)"不宝金玉,而忠信以为宝。"(《礼记》)"人而无信,不知其可也。"(《论语·为政》)"诚者,天之道也;思诚者,人之道也。"(《孟子·离娄上》)"先王贵诚信。诚信者,天下之结也。"(《管子·枢言》)

在现代社会,"诚信"是人类社会关系的透明展示,是人与人之间的心灵契约,是维系社会中人与人之间相互信任、相互合作、相互约束、相互监督、相互帮助和相互关切,促进社会进步、发展与和谐的重要社会资本。诚实是做人的基础。用康德的话来说,"诚实要比任何政策更好……是一切政策必不可少的条件。"[①]人们经由诚信而在社会中产生信任、信用、信誉等关系。"社会诚信"是社会信任、信用和信誉的统称。

作为社会诚信的对立面,社会失信正在成为日益令人不安的问题。"社会失信"是在公共领域发生且产生显著而持久恶劣影响的以社会信任、信用和信誉之滥用或误用为特征的基本恶。社会失信典型地表现为,各行业从业者,主要是市场从业者,违反契约精神,恶意违约,欺上瞒下,短斤少量,以假乱真,以次充好;官员或公务员曲解公意,有政不行,阳奉阴违,有令不通,权力寻租,以权谋私,假公济私,

---

① 康德:《历史理性批判文集》,何兆武译,商务印书馆,1991 年,第 130 页。康德在谈到"诚实"时引用了《新约·马太福音》第 10 章第 16 节的一句话:"你们要灵巧像蛇,驯良像鸽子。"

损公肥私;公民缺乏善意,刁难他人,只图自己快活,不顾别人死活,损人利己甚至损人不利己等有违社会诚信、良善、公平、公正之言行和现象。社会失信的主体是各行业从业者,包括行政、教育、科研、医疗、文化、市政等公共部门,受害者是整个社会。社会失信使人们对他人、社会和公共机构,对市场和社会提供的产品、服务和机会,甚至对一切事物丧失基本信任,人与人之间的怀疑或不信任成为常态,整个社会都有一种受骗上当的感觉。

第二节　传统诚信观:"真理"是"诚信"的基础

正像法学家会考虑违法的成本、风险和收益一样,经济学家会考虑失信的成本、风险和收益。哲学家要考虑的问题是,社会失信事件的频繁发生,是否有哲学的根源? 为此,我接下来就从哲学角度来解读和检讨社会失信现象。

实在具有内在本质。真理与实在相符合。真理是诚信的基础。透过现象认识本质,追求真理是哲学家的首要美德。上述命题构成一幅有关哲学和哲学家的经典图画。从苏格拉底和柏拉图开始,经过康德和黑格尔,一直到最近的罗尔斯和哈贝马斯,大多数哲学家都可以纳入这幅图画中。

"哲学乃是社会生活与政治生活的一个组织部分:它并不是卓越的个人所做的孤立的思考,而是曾经有各种体系盛行过的各种社会性格的产物与成因。"[①]"至少现代哲学……所关注的是科学、道德和法律的基础,并将理论要求与其陈述联系起来。由于哲学通过普遍主义的问题和强大的理论策略把自己展现出来,因此,它与科学保持着一种紧密的联系。虽然如此,哲学并不仅仅是专家文化的内在组成部分。它同样也和总体性的生活世界以及人的健康理智保持着紧密的联系。"[②]当罗素和哈贝马斯就哲学与社会生活和政治生活的关系作上述阐明时,这两位分别属于分析哲学和大陆哲学的哲学家表达了相似的意见:就像中世纪欧洲人无法想象没有神学的社会,没有僧侣的教会生活一样,现代人无法想象没有哲学的社会,没有哲学家的公共生活。哲学可以无关乎个体的私人生活,但必定关乎我们大家的公共生活。用德沃金的话来说,"期待法官和律师至少应熟悉当代最主要的法律、

---

① 罗素:《西方哲学史》(上卷),何兆武、李约瑟译,商务印书馆,1982 年,第 5 页。
② 哈贝马斯:《现代性的哲学话语》,曹卫东译,译林出版社,2004 年,第 244 页。

道德和政治哲学学派,这应该是合理的要求,因为这对于他们正确评价任何他们需要思考的哲学争议来说都是必不可少的。"①

哲学研究既是学院的和专家的,又是社会的和大众的,既是科学的,又是生活的。一边是客观世界的"真理",另一边是社会生活的"真诚",哲学试图把"真理世界"和"情感世界"联结起来。正如罗素指出的那样,"哲学在其全部历史中一直是由两个不调和地混杂在一起的部分构成的:一方面是关于世界本性的理论,另一方面是关于最佳生活方式的伦理学说或政治学说。……从道德上讲,一个哲学家除了大公无私地探求真理而外若利用他的专业能力做其他任何事情,便算是犯了一种变节罪。"②"大公无私地探求真理"是哲学家的使命。哲学家是整个人类的模范。这一切似乎是顺理成章的。

由于知识同权力具有密切的联系,对"真理"和"正义"的裁定是两种不可分割的权力。从柏拉图开始,哲学家主张应赋予不同的知识等级拥有者以相应的权力等级。在从事不同社会活动的个体身上,体现出不同的社会等级。在哲学的、科学的语言和伦理的、政治的语言之间,有一种密切的互惠关系。在传统诚信中,事实是价值的基础,知识论是价值论的前提。真理是诚信的基础。把握客观真理是维持人间真诚的根据。

到了19世纪后半个世纪,尤其是进入20世纪,由叔本华和尼采开其端,经过维特根斯坦和海德格尔,一直到福柯、德里达和利奥塔,有关哲学和哲学家的经典图画一再面临来自哲学内部的强有力质疑。③ 在利奥塔那里,真理知识不仅是一套客观陈述,而且包括操作、生存、理解的技术和观念。知识是一个能力问题,不仅涉及真理标准的认识和实践,而且涉及效率、公正和快乐,声音和色彩之美等标准的认定和应用。

知识(真理)、权力(正义)和人生(真诚)是福柯一生探讨的三大问题。福柯认为,知识是权力的眼睛。凡是知识所及的地方也是权力所及的地方。知识总是以真理的形式为权力作辩护。知识为权力划定范围,权力为知识确定形式。两者互

---

① 德沃金:"我们的法官必须成为哲学家吗? 他们能成为哲学家吗?",《清华法学》,2005年第5辑。

② 罗素:《西方哲学史》(下卷),马元德译,商务印书馆,1976年,第396页。

③ 参阅哈贝马斯:《在事实与规范之间》,童世骏译,生活・读书・新知三联书店,2003年,第13页。哈贝马斯在那里写道:"19世纪后期,康德关于本体界[Intelligible]和现象界[Phnomenale]之间抽象对立的形而上学背景假设已不再令人信服,黑格尔对本质和现象这两个辩证运动领域的思辨说明更加失去可信性。"

相支撑。知识是无处不在的，权力也是无处不在的。权力要求知识的承担者即知识分子不断地去发现真理和创造真理。真理再生产是权力再生产的基本形式。因此，以权力为中心的知识是高度政治的。"在我们这样的社会和其他社会中，有多样的权力关系渗透到社会的机体中去，构成社会机体的特征，如果没有话语的生产、积累、流通和发挥功能的话，这些权力关系自身就不能建立起来和得到巩固。我们受权力对真理的生产的支配，如果不是通过对真理的生产，我们就不能实施权力……我们被迫生产我们社会所需要的权力的真理，我们必须说出真理；我们被命令和强迫了去承认或发现真理。权力从不停止它对真理的讯问、审理和登记：它把它的追求制度化、职业化，并加以奖励。"①福柯对知识与人生、"真理"和"真诚"的关系表现出深刻关切和忧虑。"知识确实改变了世界。"②一方面，知识能改造人。知识不仅解释世界，而且改变世界。人一旦掌握知识，就会得到改变，甚至得到解放。另一方面，当知识或真理与政治权力发生冲突的时候，前者仍然是软弱无力的。"政治权力有可能会摧毁我们，而世上所有的知识都阻止不了这件事情的发生。"③由于"知识"、"真理"容易和"权力"、"正义"走到一起，形成共谋，个体总是"知识"、"真理"、"权力"和"正义"的被动接受者。

至少在福柯看来，在"真理"诱导之下的人是被动"真诚的"。福柯把"真理"和"真诚"对立起来，希望人在生命中发现一种新的观看方式，一种新的行为方式，希望个体能摆脱权力的注视，摆脱权威话语的包围，达到一个新的生活境界，达到主动的"真诚"。但是，面对强大的理性、知识、真理和权力的联合体，福柯的"非理性的"或"理性的他者"的希望只是一种绝望。试图摆脱离知识和权力的"真诚"仍然是不可信的。

第三节　"传统世界的失落"："真理"和"诚实"的分离

利奥塔指出，"晚近各种科技的发展过程，也衍生出怀疑主义，后设论的一整套合法化的设置体系已经时过境迁了。过去附丽其上的形而上学和学院制度，也明显地相应发生了危机。过去的许多叙事学已然失效，其根本原因在于产生作用的

---

① 福柯：《福柯访谈录》，严锋译，上海人民出版社，1996 年，第 228 页。
② 福柯：《福柯访谈录》，第 12 页。
③ 福柯：《福柯访谈录》，第 12 页。

原动力,如英雄圣贤、宏灾巨难、伟大的探险、崇高的终极,全消失了。"①我称为"传统世界的失落"。

随着"传统世界的失落",客观性不再是协同性的基础,客观真理不再是人类团结的根据。这种世界观和真理观不仅给哲学造成了麻烦,而且给整个人类生活造成了麻烦。然而,福柯和利奥塔都没有解决"真诚"的出路问题,即在"传统世界失落之后",人为什么是应当"真诚的"? 在"传统世界失落之后",面对价值多元和利益分化的社会现实,如何保持社会诚信,成为人们面临的紧迫问题,也是需要哲学检讨的学理问题。

紧随福柯和利奥塔之后,罗蒂也试图丢弃那幅哲学和哲学家的经典图画,重新描绘哲学和哲学家。罗蒂说:"在最近,我们对'真理'(truth)谈得较少,对'诚实'(truthfulness)谈得较多;对赋予'真理'以权力谈得较少,对保持权力的'诚实'谈得较多。我认为这是一种健康的转变。"②这个转变意味着,诚信的根基不应当到真理那里去寻找,不应当到人类之外的世界去寻找,而应当到人类社会生活中去寻找。

罗蒂指出,21 世纪,"哲学几乎是当代知识生活中深藏不露的部分。哲学系外的人大多不清楚哲学教授对文化应当有何贡献。很少有人认为值得下苦功去研究哲学。"③今天哲学面临的困境是,其把"真理世界"和"情感世界"联结起来的努力没有得到学界和社会的共同认可:"近几十年来,英语世界的哲学教授越来越难以向学界同仁和整个社会解释他们是靠什么谋生的。哲学越是专门化和专业化,学界同仁和大众越不尊重哲学。时至今日,哲学面临被世人彻底忽视的风险。"④

一方面,英语世界的哲学把对"真"的探讨当做首要目标。"分析哲学仍然吸引着一流的人才,但其中大部分人都致力于研究那些外界不认为是问题的问题。这些问题与学科外的世界毫无关系。"⑤当代心智哲学和语言哲学中的自然主义路径使哲学遭遇介入社会生活和政治生活的实际困难,与整个文化失去了联系。哲学

---

① 利奥塔:《后现代状态》,岛子译,湖南美术出版社,1996 年,第 29 页。

② Richard Rorty, "Philosophy and Future", in *Rorty and Pragmatism: the Philosopher Responds to his Critics*, ed. Herman J. Saatkamp Jr. (Nashville: Vanderbilt University Press, 1995), p. 271.

③ Richard Rorty, *Philosophy as Cultural Politics*, (Cambridge: Cambridge University Press, 2006), p. 147.

④ Richard Rorty, *Philosophy as Cultural Politics*, p. 184.

⑤ 罗蒂:《筑就我们的国家》,黄宗英译,生活·读书·新知三联书店,2006 年,第 95 页。

研究的自然主义路径,尤其是与认知科学、脑科学走到一起的彻底的自然主义科学哲学,不仅可能使哲学丧失方向和目标,而且有将哲学推向绝路的危险:"如果哲学以那种方式自清门户,它将难以生存。"①哲学越是专业化和科学化,哲学越追求专业的纯洁,哲学越向自然科学趋近,哲学便越趋向封闭,哲学日益丧失其服务社会和影响社会的教化功能。哲学问题想要成为科学问题那样的自然类,像乔姆斯基的生成语法研究②,约翰·塞尔③和杰雷·福多④的意向性研究,莱卡夫和约翰逊的概念隐喻研究⑤,丹尼特的心智哲学研究⑥,保罗·丘奇兰的神经哲学研究⑦,以及格林⑧和莫尔⑨等人的神经伦理学研究等等,都表现出了哲学研究的科学化或自然主义趋势。哲学问题寻求科学的解决路径,哲学以类似科学的面目出现,甚至成为科学的一个分支,哲学变得高度职业化和专业化,用派特西娅·史密斯·丘奇兰的话来说,"哲学在其最佳情形下可以被恰当地理解为经验科学的继续……这只是程度差异,而不是种类差异。"⑩莱卡夫和约翰逊也声称,认知科学的三大发现,即心智的涉身性、思维的无意识性和概念的隐喻性,"使得 2000 多年来针对上述问题的先验哲学思辨成为过去,哲学为之面貌一新。"⑪令人担心的是,在经验科学领域的每一个实际进步都对哲学自身存在构成威胁。如果哲学像科学一样,"依靠集体协

---

① Richard Rorty,*Philosophy as Cultural Politics*,p. 159.

② 乔姆斯基:《句法结构》,邢公畹等译,中国社会科学出版社,1979 年。

③ John Searle,*Intentionality*:*An Essay in the Philosophy of Mind*(Cambridge:Cambridge University Press,1983).

④ Jerry Fodor, *A Theory of Content and Other Essays* (Cambridge:MIT Press,1990).

⑤ John Lakoff & Mark Johnson,*Metaphors We Live by*(Chicago:the University of Chicago,1980),以及 John Lakoff & Mark Johnson, *Philosophy in the Flesh*:*The Embodied Mind and its Challenge to Western Thought*(New York:Basic Books,1999).

⑥ 丹尼特:《心灵种种——对意识的探索》,罗军译,上海科学技术出版社,2010 年;以及丹尼特:《意识的解释》,苏德超、刘烨非、陈虎平译,北京理工大学出版社,2008 年。

⑦ Paul Churchland, *Neurophilosophy at Work*(Cambridge:Cambridge University Press,2007).

⑧ Joshua D. Greene,"The Cognitive Neuroscience of Moral Judgment",in *The Cognitive Neurosciences IV*,M. S. Gazzaniga,Ed. (Cambridge:MIT Press,2009) 以及 Joshua D. Greene et al,"The Neural Bases of Cognitive Conflict and Control in Moral Judgment", *Neuron* 44 (2004),p. 389 - 400.

⑨ Jorge Moll et al. "Functional Networks in Emotional Moral and Nonmoral Social Judgments",*Neuroimage* 16 (2002),p. 696 - 703.

⑩ Patricia Smith Churchland,*Neurophilosophy*,(Cambridge:MIT Press,1989) p. 2~3.

⑪ Lakoff & Mark Johnson, *Philosophy in the Flesh*:*The Embodied Mind and its Challenge to Western Thought*(New York:Basic Books,1999). p. 3.

作而不依靠天才的奇思妙想和创作"[1]，那么作为"经验科学的继续"的哲学有可能取消了哲学本身。

另一方面，大陆哲学保持着与社会生活的密切联系，对"诚"的追求构成其核心内容，但是其话语体系的不合时宜性在很大程度上阻碍了那种联系的延续。按照自然等级秩序和知识等级序列构想出来的哲学体系，无法让知识界信服哲学自以为曾经占据的崇高地位。如果大陆哲学家"摒弃西方特有的那种将万事万物归结为第一原理或在人类活动中寻求一种自然等级秩序的诱惑"[2]，那么将导致形而上学传统的日益式微。作为人文科学的分支，哲学将难以分清自己与诗学、文学批评的界限。像尼采、海德格尔、萨特和伽达默尔等诗人哲学家或文学哲学家的实际存在，使人们难以区分他们什么时候在从事哲学研究，什么时候在从事文学创作或文学批评。列维那斯、德里达、福柯、哈贝马斯等人则跨越哲学与社会学、政治学、法学等社会科学的界限，让人产生哲学正在向社会科学看齐的印象。

尽管从休谟和笛卡尔开始，经过牛顿和康德，达尔文和黑格尔，一直到罗尔斯和哈贝马斯，哲学家为把"真理世界"和"情感世界"联系起来作了许多努力，但是并不十分成功。"真理世界"（"真"）和"情感世界"（"诚"）仍然是分离的。罗蒂采取相对主义策略，把"真诚"看做类似"忠诚"和"正义"那样其圈子可大可小的"人造物"，很容易陷入"虚无主义"的泥潭，毕竟空口高喊的"真诚"是难以令人信服的。

第四节　重构社会诚信："爱"是"诚信"的基础

随着传统世界的失落，"真理"和"诚实"的分离，"旧的语言和制度"已经过时，我们已经无法生活在旧的世界里，原来的"诚信"根基也失落了。在传统的世界失落之后，在真理不在场（或"失真"）的情况下，如何保持人间的"真诚"，是公共生活的最大难题。我们需要为"诚信"找到新的根据或理由。

从前面的论述我们可以看到，在真理和真诚构成因果关系的世界里，挽救真诚的主要办法是找回真理。在那样的世界里，只要真理处于"失踪"、"失真"或"不在场"状态，真诚便处于没有着落的状态，生活于其中的人类便处于绝望之中。他们

---

[1]　罗蒂：《筑就我们的国家》，第95页。

[2]　罗蒂：《哲学和自然之镜》，"中文本作者再版序"，李幼蒸译，商务印书馆，2001年，第5页。

无法想象没有真理的生活。他们无法过"心安理得"的生活,他们只能过"理得"才"心安"的生活。然而,在真理和真诚不构成因果关系的世界里,真理的"不在场"并不构成对真诚的威胁。失去真理的人们,并没有失去对真诚的希望,对生活的希望。这意味着,"理得"归"理得","心安"归"心安"。"理得"不是"心安"的前提,"心安"也不是"理得"的结果。两者是平行关系、并列关系,而不是因果关系。两者可以是交叉关系,但那是偶然的交叉关系。因此,只要我们调整真理和真诚的关系,我们就能在"世界失落"之后,仍然找到生活的依据、真诚的依据。经过调整之后,我们的生活将不再是基于"真理"的生活,而是基于"真诚"或"诚实"的生活。

这是一次重大的生活态度转变,也是一次健康的世界观转变。于是,在物理世界,只存在现象意义的真,不存在本质意义的真。放弃在哲学层面讨论实在,最多在科学层面讨论实在,最好在生活层面讨论实在。在生活世界,只存在人的存在性和当下性,不存在人的内在性和本质性。[①] 人更像是生物进化意义上的或然后果,而不是社会历史意义上的目的结果。人与其他生命形式只存在程度差别,在生物进化意义上是连续的、渐进的。虽然人在其特殊文明史中渐渐摆脱了野蛮性,但并没有完全与野蛮一刀两断。

人对先天内心的寻求,最终往往落实为康德意义上的理性。哈贝马斯和罗尔斯等人都没有摆脱康德的影响。相反,理性不仅可以社会化,而且可以自然化。所谓理性的自然化,就是不高看自我,不高看理性,承认人与人之间的人性差异,承认人的自我的相对性。这里的差异性和相对性,只是程度差异,而非本质差异。[②] 人不具有先天内心,没有"核心自我"[③],但具有与肉身紧密相连的心灵。随着传统世界的失落,人的自我感丧失了,泰勒称为现代"认同危机":"一种严重的无方向感的形式,人们常用不知他们是谁来表达它,但也可以被看做是对他们站在何处的极端的不确定性。"[④]这是人类生存根基的丧失,人类生活确定性和方向感的迷失,一种"痛苦的和可怕的经验"[⑤]。然而,摆脱对真理世界的依赖,摆脱柏拉图和康德,摆

---

① 罗蒂提出了"不知道他们有心的""对跖人"(the antipodeans)概念。参阅罗蒂:《哲学和自然之镜》,第66页。

② Richard Rorty, "Universality and Truth", in *Rorty and his Critics*, edited by Robert B. Brandom (Blackwell Publishing, 2001), p 2.

③ 罗蒂:《偶然、反讽与团结》,第269页。

④ 泰勒:《自我的根源》,韩震等译,译林出版社,2001年,第37页

⑤ 泰勒:《自我的根源》,第37页。

脱绝对真理和绝对命令，不是向内寻找人的本质、心灵的本质、自我的本质，而是从过去历史的反省中吸取人作为人、作为自我的教训。寻求一种新的自我形象的可能性，想象一种新人类生活的可能性。这也是人类获得解放的标志。

随着世界的失落，人与超越性事物失去了联系。但人类仍然有两个基本渴望。一个是追求客观性的渴望，一个是追求团结的渴望。渴望客观性使人不断地想要摆脱人在自然中的局限性，使人对人性的思考同人与非人类事物联结起来。这是一个人不断地融入世界的过程。于是，事物的客观性成为人性的基础。渴望团结使人不断摆脱人在人类当中的局限性，使人对人性的思考同人对另一个人或其他人的关系联结起来。这是人不断突破"小我"融入"大我"，不断扩大"我们"的边界的过程，是人与人之间的"协同性"不断增强的过程。

客观性的知识形式就是真理。客观性曾经是人类团结的基础。然而，人类对客观性的追求是永远不会穷尽的。人类不知道自己什么时候已经达到了对客观性的把握。随着黑格尔历史主义和达尔文进化论开始影响人们对客观性问题的思考，人类的团结问题从客观性那里再也找不到坚实的哲学基础。相应地，人类对人性问题的思考也开始陷入困境。"自黑格尔以降，历史主义的思想家……否认有所谓'人性'或'自我的最深处'这种东西。"[①]海德格尔、德里达、福柯等人反对从自然秩序中获得有关人性的解释依据，否定从人类之外去获得有关人性的证明。"我们的本质什么都不是。"[②]"我们正在满意地把我们自己看做存在多久便塑造自身多久的动物物种。"[③]罗蒂希望用杜威的"人能够成为什么"的问题取代康德的"人是什么"的问题。[④]

没有人性的人类，仍然是人类。没有人性的人类，具有更多的可塑性或可变性。我们只承认经验论意义上的人性，在动物和人类之间建立了一个完整的演化链，实际上割断了人类与一个超人类事物如上帝、实在、真理等之间的联系。只从人的自然、历史、社会、环境等因素来说明人类，而反对从超出人类自身之外的某个

---

① 罗蒂：《偶然、反讽与团结》，第 3 页。

② 罗蒂："哲学嫉妒"，罗跃军译，《求是学刊》，2005 年第 4 期。

③ Richard Rorty, *Philosophy as Cultural Politics*, p. 88.

④ 参阅罗蒂："介于黑格尔和达尔文之间的杜威"，载于萨特康普编：《罗蒂和实用主义》，第 30 页。罗蒂在那里写道："更为重要的或许是，在 20 世纪的诸多发展……已经使我们更易于用杜威的问题，诸如'我们应该拥有哪些共同体的目的?''我们乐于成为一种什么样的人?'去代替康德的问题：'我应该做些什么?''我能希望什么?''人是什么?'。"

至高点来观察和评价人类。这是一种彻底的人本主义和历史主义人性理论。

"真理世界"不是"情感世界"的依据,"世界失落"或"真理不在场"("失真")不是"社会失信"的原因。"社会失信"不应当归咎于哲学意义上的"失真"、"世界失落"或"真理不在场"。

罗素认为,事实问题、真理问题、知识问题已经成为主要由科学来探讨和解决的问题。"凡是能够知道的事,通过科学都能知道。"但科学没有穷尽所有问题,"那些理当算是感情问题的事情却是在科学的范围之外。"① 与罗素的观点相反,我认为,科学虽然没有穷尽所有问题,但仍然是研究"感情问题"、"价值问题"、"真诚"和"诚实"问题的重要途径。只是后面这些问题与个体的切身生活体验联系在一起。它们既有人类共通的特性,又有因人而异的特性。正像罗蒂指出的那样,"真理是永恒的和持久的,但是很难保证你什么时候得到了它。诚实,像自由一样,是暂时的、偶然的和零碎的。但是每当我们拥有它们的时候,我们能够辨别出两者来。"② 哲学家的任务在于"说出真相和脚踏实地"③。人类对善的追求,对真诚的追求,对幸福的追求,尤其需要哲学家的服务。

在哲学史上,"智慧"和"正义","真理"和"真诚"或"诚实"之关系的探讨,远比"事实"和"价值"的近代二分要古老。世界失落之后,人类将面临真诚的客观根据失落的窘境。世界失落和社会失信虽然不构成一种因果关系,但前者对后者的消极影响是显而易见的。要摆脱这种消极影响,要拯救失信的社会,一条重要的路径是调整真理和真诚的关系。我们要改变"真"和"诚"的传统关系,让"诚实"先行,关注人类的团结,使"诚实"先于"真理"的公共生活不仅成为可能,而且成为必需。

"诚实"是"团结"的条件。"人类的团结感在于想象地认同他人生命的细微末节,而不在于承认某种原先共有的东西。"④ 人类的团结构成自由民主社会的核心议题。从苏格拉底开始一直到哈贝马斯,大多数哲学家认为,追求真理的生活是一种更值得过的生活。我们认为,纵使没有"真理",只要有了"诚实",这样的人类生活仍然是值得过的。"诚实"先于"真理",让"诚实"先行,搁置人性争议,关注人类的团结。

---

① 罗素:《西方哲学史》(下卷),第 395 页。
② 罗蒂:"哲学和未来",第 266 页,第 268 页,第 269 页。
③ 德沃金:"我们的法官必须成为哲学家吗? 他们能成为哲学家吗?"《清华法学》,2005 年第 5 辑。
④ 罗蒂:《偶然、反讽和团结》,第 270 页。

在检讨社会失信方面,虽然哲学能做的工作是极其有限的,但决不是无所作为的。哲学至少告诉世人应当努力的方向:放弃拯救已失落的传统世界,但不放弃拯救社会诚信,从关注真理转向关注真诚,继续发挥哲学的教化功能,使人类生活方式有所不同的功能,找到切入社会生活和政治生活的路径,从关注"科学、道德和法律的基础"转向重新描述"总体性的生活世界"的可能性,重新塑造人类的自我形象,使对客观真理的追求让位于对人类团结的渴望,使对人间真诚的呼唤优先于对真理的关注。

让我回到本章开头提到的问题,"为什么总有人乐此不疲地沉迷于其中? 当今的社会诚信基础是否已然塌陷?"我的回答是,社会诚信的确遇到了挑战,但我们大可不必悲观。毕竟,与令人遗憾的社会失信事件相比,每天都有更多平凡、感人而伟大的人间戏剧在反复上演。它们激起我们对人间同情、宽容和团结的渴望。它们使我们看到,人间还是有真情的,有大爱的。它们是人类真实情感的真实表露。就像一位普通当事人说的那样,她向陌生人伸出援手,只是出于人的本能。那是爱的本能,容不得稍加迟疑,更与任何高明的哲学指导或繁琐论证无关。

"仁者爱人。君子所以异于人者,以其存心也。君子以仁存心,以礼存心。仁者爱人,有礼者敬人。爱人者,人恒爱之;敬人者,人恒敬之。"(《孟子·离娄下》)爱,只要行动,不用论证。爱,是对社会、他人的真诚付出和奉献。爱,是社会诚信的基础。失信的社会,肯定是失去爱的社会。拯救失信的社会,就是把爱重新培育,重新注入社会之中。这是每个人都能做的事。爱的契约精神是把所有这一切给予兑现的保障。诚信就是爱、真诚和契约精神的相加。诚信社会就是爱、真诚和契约精神相加的社会。"己所不欲,勿施于人。在邦无怨,在家无怨。"(《论语·颜渊》)如果"哲学"原意是"爱智慧",引申为"爱真理,爱世界,爱宇宙万物"。那么新哲学的要义是既要"爱真理,爱世界,爱宇宙万物",更要"爱生命,爱他人,爱社会人类"。重构社会诚信,必为未来哲学的使命之一。

参考书目

泰勒:《自我的根源》,韩震等译,译林出版社,2001 年。

罗蒂:《筑就我们的国家》,黄宗英译,生活·读书·新知三联书店,2006 年。

罗蒂:《后形而上学希望》,张国清译,上海译文出版社,2009 年。

萨特康普:《罗蒂和实用主义》,张国清译,商务印书馆,2003 年。

罗蒂:《文化政治哲学》,张国清译,北京大学出版社,2011 年。

哈贝马斯:《在事实与规范之间》,童世骏译,生活·读书·新知三联书店,2003 年。

罗素:《西方哲学史》(下卷),马元德译,商务印书馆,1976 年。

第三编

权利、权力、公共善与正义

引 言

"关于人类当代状况的问题,比以往任何时候都更为紧迫。当代状况既是过去发展的结果,又显示了未来的种种可能性。一方面,我们看到了衰落和毁灭的可能性;另一方面,我们也看到了真正的人的生活就要开始的可能性。"①这是德国存在主义哲学家卡尔·雅斯贝斯 1930 年在《时代的精神状况》一书中就发出的对全人类的忠告。但是,他的忠告仍然阻止不了第二次世界大战的爆发。

雅斯贝斯把当时的精神状况看做一个"非终极性状况"。人类失去了自己的家园。他们生活在一个由历史决定的、变化着的状况之中。存在的根基似乎已经坍塌,人类被投入了"无休止的征服与创造、丧失与获得的旋涡之中"。② 人类看到了自己的渺小,弥漫一种普遍的虚无主义,意识到自己处于被抛弃的边缘状态,但是又无力改变这一状态。

现代性问题同文艺复兴之后西方文化近代化和世俗化过程相关联。随着神圣时代日益衰落,哲学家预见到了旧时代的行将结束和新时代的即将到来。如吉登斯说的那样,"现代性是一种后传统的秩序,但在这种秩序之下,作为秩序保证的传统和习俗并没有被理性知识的必然性所代替"。③ "现代性是一种风险文化"。④ 这种风险来源于现代性社会体系的全球化特征。全球性核灾难的可能性,生态灾难的可能性,成为我们当代人不得不面对的问题。现代性更是一种建构性的文化。

---

① 雅斯贝斯:《时代的精神状况》,王德峰译,上海译文出版社,1997 年,第 13 页。
② 雅斯贝斯:《时代的精神状况》,第 2 页。
③ 吉登斯:《现代性与自我认同》,赵旭东、万方译,三联书店,1998 年,第 13 页。
④ 吉登斯:《现代性与自我认同》,第 4 页。

随着电子传媒技术和信息技术的发展,人越来越生活于由媒体所创造的世界中。而作为对于传统的现代性状况的一种修正,自我的构成结构发生了重大的变化,它越来越不是同某个普遍性因素,如理性和合理性规则连结在一起,而是同自己所认同的某个约定连结在一起。"在现代性的后传统秩序中,以及在新型媒体所传递的经验背景下,自我认同成了一种反思性地组织起来的活动。"①自我面对着一个开放而多元的世界,只能在多种可能性中选择一种生活方式。自我的生成过程成了一个自觉或不自觉地认同于某一类生活方式的过程。现代性在自我和现代制度之间形成了一种紧张关系。

无论如何,民主是现代人的主要生活方式。真正的民主是全体公民智慧与制度正义的完美结合。个人的聪明才能,所谓的智慧,只有落实为制度正义,才能得到最大程度的发扬光大。人必须既要警惕哲学家头脑里的个人智慧,又要提防政治家手中的公共权力,但依然保留对社会基本制度的信任,虽然它不是无可挑剔的。

---

① 吉登斯:《现代性与自我认同》,第5页。

第十二章

游戏、狂欢和权力合法性危机

民主是一种生活方式。当杜威提出这个观点时,作为一套讨论和处理公共事务的工作程序的民主观念,还没有获得整个世界的认同。当年走上街头的中国学生,虽然呼喊着"自由、民主、平等"的口号,也没有把民主提升到"一种生活方式"的高度来理解,没有把民主当做一套工作程序。

在这一章里,我们将从一个新的角度来探讨"知识和权力"这个话题,主要涉及信息社会中的知识状况、知识合法性、知识与权力的关系等问题。

第一节 游戏、娱乐和后现代政治

今天,游戏和娱乐已经成为重要的政治哲学研究对象。与先人相比,我们正生活在全新的时代,GONE 或 G-one 时代,随风而逝的"飘"时代。其中,

G(Game),表示"游戏就是一切"或"一切皆是游戏";
O(Oneness),表示原点同一性,无差别的单一或相似的生活体验;
N(Nonsense),表示虚无,表示内在性已经被掏空的、"很傻很天真的"无痕情感;
E(Enjoyment),表示以享乐为主的生活总称。

娱乐性是 GONE 时代的本质特征。GONE 是全民依赖网络的时代,是"游戏就是一切"或"一切皆是游戏"的时代,是地球人同乐的时代,是真理和真诚日益稀缺的时代,是"价值正在被重估"时代。

游戏正在引发一场深刻的革命,社会正在面临重大转折,人的生存状态将发生

本质性变化。生活快节奏是 GONE 时代的一大表面特征。互联网络成为个人社会交往的主要媒介。即时、无障碍、零距离、多平台、可视、可对话、可传递、可分享、可记录的人际交流模式成为现实。人具有更多闲余时间,为游戏提供了时间保证。现代交通科技、建筑科技、农业科技、生物科技的发展,尤其是多媒体技术的发展,全球互联网络的建立和迅速扩张,为全人类游戏提供了物质保障。娱乐游戏业正在成为主导产业。以腾讯、盛大、阿里巴巴、雅虎、Google、Facebook、Amazon 为代表的跨国跨行业娱乐公司迅速成长。游戏全面融入人的生活。虚拟的网上世界和实体的社会现实高度交融,深刻地改变着人们交往、学习、生活和工作的方式。对网络的感受、理解和接受度差异成为人际代沟的主要指标。中年及以上一代把网络看做游戏和交往工具,用批判性态度对待网络。但是在年轻一代看来,网络是必要的生活平台,网络是必要的交往工具。即使网络是游戏工具,他们也从肯定的积极的眼光来看待它。

一方面,在泛游戏时代,"以假乱真"风行,"假冒伪劣"猖狂。"包装才是硬道理。"内在性成为不可琢磨的品质。人的外在性受到过分看重。上至政府首脑,下到平民百姓,人对面具的关注超过了以往任何一个时代。"身体改造"、"量身定做"、或"全面修身"一直是重要的科研项目和人生课题,现在已经成为大受欢迎的产业。拒绝衰老、永葆青春,是刘晓庆、赵雅芝们的人生梦想。改造学历,修饰经历,是唐骏、李开复们的职场秘笈。世间万物皆被修造。包装不是对人格的羞辱,而是谋生的必需。

另一方面,在泛游戏时代,人类展开全面的游戏。少年儿童全盘接受,年轻人积极参与,中老年人被动卷入。谁也不能例外。谁也不能幸免。娱乐游戏成为一些人的谋生手段,甚至成为年轻人的生活方式。他们的口号:"工作就是娱乐","生活就是游戏"。游戏成了人生的主题,学习变成生活的点缀。对游戏本身的追求成为人的主要生活目标,娱乐和游戏之外的一切在人们生活中占据的重要性日益减低。

人过分倚重初始印象,受到可视、可触、可闻、可嗅和可尝的感官世界的无限引诱,无闲顾及感性外的世界,理性日益成为不可见的,超出了人的视野之外。因此,在泛游戏时代,人们仍然面临难以解决的难题。比如,科学进步与道德沦丧的两难;物质富裕与精神贫困的两难;感性过剩与理性匮乏的两难;知识获得途径多样化和知识评价标准单一性的两难;等等。这些难题不会因为人躲进游戏世界而得到消解。

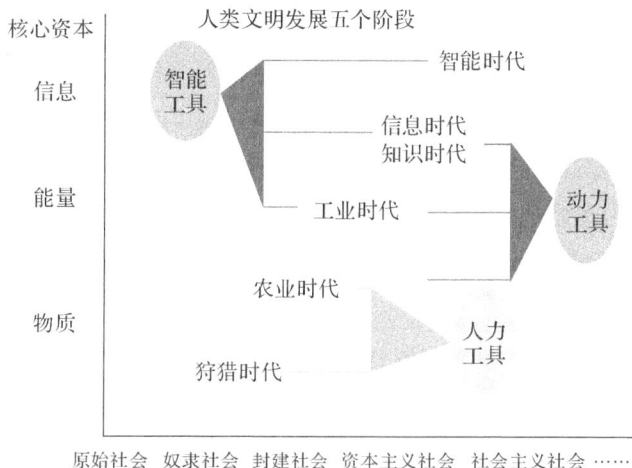

如图所示,随着信息成为核心资本,在泛游戏时代,"现代性"和一切人类社会文明成就皆成为人们的消费对象。泛游戏时代造就了一种游戏的消费文化。"现代性"成为"游戏性"的对立面,充满游戏精神的个体试图缓解在其自身和现代性之间形成的紧张关系。泛游戏时代是反智主义和犬儒主义盛行的时代,也是对社会正义日益麻木的时代。

现代性成为消费对象的典型表现是,在公共媒体上,尤其是在互联网上,弥漫着一股以暴露自我隐私为时尚,以偷窥、泄露、传播他人隐私为光荣的风气。一些公众人物尤其是娱乐界人士被动牵涉其中,他们的个人生活被无限放大,完全暴露在整个社会面前。

对他人私德和私生活的偏好,导致人对个人隐私的偷窥欲望,于是形成了一种恶俗的"去隐私"文化。公民自曝隐私,是自我羞辱,是对自己人格尊严的自我否定;公民偷窥、泄露、传播他人隐私,是对他人的公开羞辱,是违法行为,严重的会触犯刑法。这与现代法治精神相背离。但是在泛游戏语境下,公民权利、人格尊严、法治精神统统被丢到了天外。

泛游戏时代是全面监控的时代。公民的个人生活受到现实中无处不在的可视监控体系的监控。除此之外,网络暴民和网络水军无处不在,无时不在,已经成为社会公害,成为网络和现实世界真实的邪恶力量。比泄露隐私更可怕的是,无良网民和水军或明目张胆,或躲在阴暗角落,颠倒是非,无中生有,诽谤诬蔑,恶意中伤,恶毒攻击文明世界的人和事。因此,泛游戏时代可以让公民的身体变得比较安全,也更加可控,但是它会使公民的个人隐私更容易受到伤害。

游戏往往意味着游戏者的全身心投入,也意味着游戏者的选择性遗忘。媒体上常有"游戏到死"、"娱乐到死"的报道。游戏导致对网络的沉迷,对虚拟世界的沉迷,对现实世界的遗忘,对青春的遗忘,对时间的遗忘,对历史的遗忘,对社会正义的遗忘。游戏只创造新的游戏,游戏导致对现实的躲避。投入的是游戏者的时间、精力和其他资源,遗忘的是游戏者的出生、传统、经历、曾经的人生目标和梦想。游戏是生命堕落的主要形式。游戏不是梦的开始,而是遗忘的开始,麻木的开始,堕落的开始。

娱乐的本质是堕落。游戏就是堕落本身。游戏意味着遗忘。存在和存在的历史可以被遗忘。但是,存在的遗忘,不等于存在的消亡。游戏的泛滥,不意味着"现代性"真的走向了穷途末路。娱乐游戏是对理性的遮蔽,娱乐或游戏只在想象中、幻想中消解了理性或战胜了理性。迷茫过后,理性将重新回归。我们仍将尊重理性,仍然要认真地对待现代性。

第二节　现代性及其合法性危机

正当我们准备全面建设现代性时,一股以现代性作为攻击目标的思潮正在兴起。与启蒙以来的现代化运动相比,后现代主义似乎是一场全然不同的文化运动和社会运动。后现代主义者无视现代性在近现代人类文明史上取得的巨大成就,而是从消极性和否定性上来反省现代性,且不放过现代性犯下的每一个罪恶和过错。他们抨击现代性造就的一切,认为现代性已经不再是一股解放的力量,相反,它成了奴役、压迫和压抑的根源。[①] 后现代主义者在"科学—理性—权力—权威—作者—作品—真理—制度—合法性……"中间看到了一个微妙的层层相扣的且通往无限的链环关系。后现代主义的兴起表示了一部分人对现代性的失望和绝望。[②]

由于哲学神圣化的不可能性,由于哲学科学化的不可能性,由于哲学作为文化基础的不可能性,由于哲学不占有特殊的问题域,哲学论题随时

---

① Pauline Marie Rosenau: *Post-Modernism and the Social Siences*, Princeton, 1992. p. 6.

② 参阅罗斯诺:《后现代主义与社会科学》,张国清译,上海译文出版社,1998年。

都有可能被其他学科所分解和取代。随着哲学的无主题化、非专业化、非职业化、平凡化或非神圣化，哲学将作为人类精神活动的润滑剂、纽带、中介、点缀、伪装而继续生存或繁衍于诸学科的边缘或缝隙之间。这样，哲学形而上学的不生育性，使它只能寄生于其他文化媒体才能得到生存和繁衍。①

后现代主义者看重被现代性所否认或忽视的一切，看重在现代性之后尤其是之外的一切，诸如不确定性、片断性、非原则性、怪诞性、反讽性、异质性、虚构性等等。他们拒斥被现代性所看重的事物：权威、规则、崇高、真理、理性、正题、圆满等等。后现代主义者企图深入到现代性的核心，并从根本上肢解那个核心。②

后现代主义者在一些微不足道的细微之处去发挥其智慧和想象力，去玩弄小聪明。他们的思想方式受到了非学院因素的影响，尤其是受到了文学领域反智风气的影响，以至于"后现代派就是这样，始于令人窘迫地涉及个人，终止于厚颜无耻地卖弄技巧。甚至可以把它说成是从叙事者的自杀发展到叙事文学的破坏，因为好几个后现代派作家最后都毁了自己，而大部分后现代主义的文学则以毁灭叙事文学的准则取乐。"③

后现代主义者也关注现代性、权力、知识等宏大叙事，他们的一些观察和见解也不像初看之下一无是处。

当今社会是一个按照加速度发展的社会。现代科学技术尤其是现代信息技术的飞速发展正在深刻地影响着我们的生产方式、生活方式、思维方式和感觉方式。我们原来难以企及的各种梦想，由于有了现代科学技术尤其是现代信息技术而正在成为现实。由于权力与知识（在历史上分别以智慧、知识、讯息等形式出现）在历史上具有一种内在的因果联系。由于当今的知识正以信息形式的无止境地扩充着膨胀着。这种状况正在对传统的知识观念、知识体系、权力观念和权力体系构成前所未有的冲击和威胁。

---

① 张国清：《罗蒂》，台北生智出版社，1995年，第138页。
② 张国清：《中心与边缘：后现代主义思潮概论》，中国社会科学出版社，第2～5页。
③ 罗德威：《展望后现代主义》，载于《20世纪文学评论》（下册），戴维·洛奇编，上海译文出版社，1993年，第519页。

第三节　利奥塔和后现代的知识状况

正是当代信息技术的发展,对人类传统的"科学"、"技术"和"知识"观念产生了重大的挑战。随着新技术革命的蓬勃发展,新生产工具的广泛应用,人们似乎越来越感受到自己已经丧失了从整体上把握世界,支配自我的能力。在日新月异的新科技面前,个体越来越显得被动和局促,"科学技术"、"现代性"、"理性"等日益显示出它们的冷漠的压制人性或违反人性的一面。以利奥塔、弗莱德里克·詹姆信、丹尼尔·贝尔、尤根·哈贝马斯和马尔库塞等人为代表的一些当代西方哲学家非常敏锐地看到了上述问题,并对它作出了不同的回答。

利奥塔是当代法国后结构主义哲学的重要代表。在《后现代状况:关于知识的报告》一书中,他着重探讨了当代西方后工业社会中知识状态的嬗变,试图以语用学观念与方法解释当代资本主义社会变异和文化症状。他既不像丹尼尔·贝尔那样从社会系统论角度去说明后工业社会的文化矛盾和信仰危机,也不像哈贝马斯那样提出"晚期资本主义合法化危机"并企图重建理性的交往沟通和协商理论。他还反对杰姆逊将后现代主义文化生产融入资本主义经济逻辑的整体论思维,他从语言资讯及其运用规则的差异着眼,深入论证作为西方文明维系网络与认知基础的元话语的衰竭枯萎,以及因此产生的叙事危机与知识合法化的局限性,强调不同知识的不可通约性和各种话语的非互文性。利奥塔以《后现代状况》这一书名来指称其所研究的主要对象,即高科技社会中的知识状况。他认为,后现代就是对预设论的质疑。后现代是当代科技发展的产物。"晚近各种科技的发展过程,也衍生出怀疑主义,后设论的一整套合法化的设置体系已经时过境迁了。过去附丽其上的形而上学和学院制度,也明显地相应发生了危机。过去的许多叙事学已然失效,其根本原因在于产生作用的原动力,如英雄圣贤、宏灾巨难、伟大的探险、崇高的终级,全消失了。"[①]其结果是产生了各种不同的话语系统、语言游戏规则和竞赛方法。由于传统典章制度的解体,所有的规则只是在局部范围里发生着作用。

针对利奥塔所揭示的这一知识状况,詹姆信在利奥塔《后现代状况》的英译本序言中附和说:

---

①　利奥塔:《后现代状况:关于知识的报告》,湖南美术出版社,岛子译,1996年,第29页。

众所周知,后现代主义与主流文化和美学是势不两立的,尤其是经济社会组织进入非常时期之后,许多社会的新生事物及创新做法,都遵从这一非常时期的法则而生,这是一个全新的经济社会时代,甚至我们可以宣告,一个全新的能指系统已经出现。对这些新生体系,学者们冠以种种不同的称谓,传媒社会、奇观社会、消费社会、计划性衰竭的官僚政治社会、后工业社会。[①]

仅以利奥塔书名上用的"后"字和哈贝马斯书名上用的"危机"二字,便足以提醒我们,合法化已经日益成为一个问题。[②]

利奥塔认为,在一个后现代主义的世界里,理论已经不再是超然地"无辜的";真理也不再是在中立性和客观性意义上纯洁无瑕的。在信息社会或后工业社会里,由于知识大多以信息的形式大量地衍生,成为人们可以随意处置的东西。有些后现代主义者便放弃了关于知识的真理理论和理论本身,投入到哲学相对主义的怀抱。他们认为,语言把真理和理论转化成了某种语言学上约定俗成的东西。另一些后现代主义者则认为,真理的不在场既导致了知识的卑微,又促成了知识的宽容。他们(如罗蒂和哈贝马斯)把真理看做是主体间的和特指于社团的:真理或许是相对的,但绝不是武断的。他们认为,理论是非系统化的、散乱的、异质的。他们主张用对于局部事物、日常生活、传统叙述的实质性关注取代主流社会科学的主导理论。

在后现代状况下,知识已不再是一种为专家或权威所独占的工具。在一个多元的世界里,人们将以异质的标准来面对各种知识。因此,"后现代知识的法则,不是专家式的一致性,而是属于创造者的悖谬推理或矛盾论。"[③]于是,在后现代状况里,在承认各种语言游戏规则之异质多样性的前提下,探讨这些规则的"合法化"问题便成为人们应予考虑的首要问题。

另一方面,在第二次世界大战结束以来的近半个世纪里,现代科技取得了突飞猛进的发展,而其中所发生的许多重大进展都与在语言研究领域的新成果有关。作为知识的主要载体,现代语言研究的突破,尤其是在智能领域的革命为现代科技

---

① 詹姆信:"序言",载于让-弗朗索瓦·利奥塔:《后现代状况:关于知识的报告》,第2页。

② 詹姆信:"序言",载于让-弗朗索瓦·利奥塔:《后现代状况:关于知识的报告》,第3页。

③ 利奥塔:《后现代状况:关于知识的报告》,第31页。

的发展开辟了决定性的道路。现代高科技的发展又反过来猛烈地冲击着知识领域。在今天,知识的本质已经发生了改变。

> 只有将知识转化成批量的资讯信息,才能通过各种新的媒体,使知识成为可操作和运用的资料。甚至可以预言,在知识构成体系内部,任何不能转化输送的事物,都将被淘汰。[①]

当代智能革命首先对传统知识获得过程和传统教育产生了重大的冲击。知识已经变成了一个人们可以随意获取和处理的对象。教师和学生,或更广意义上的知识供应者和使用者之间的关系,已经无异于商品生产者和消费者之间的关系。知识为销售而生产,知识不再以知识本身为最高目的,知识失却了它的传统价值。[②] 这样,在一个后现代的社会中,知识将像资金那样地流通,原来知识所具有的教育价值、道德价值和政治价值将被淘汰。各种知识的主要差异将不在于有知和无知之间的等级差异,而在于像资金一样地存在着"有偿性知识"与"投资性知识"之别。各种知识元件在日常生活中相互交换。"主要的差异将出现于作为生产力的更新而交换的知识(生存之道的改进)和为取得施政完善化而贡献的'知识资金'之间。"[③]

利奥塔认为,在一个后现代社会中,科学知识并不是唯一存在的知识。"科学知识并不代表知识的整体,它总是与叙事学知识相并存、竞争、冲突。"[④]由于科学知识以中性化、符号化的面目出现,在吸引人愉悦人方面反而不如叙事学知识。从而导致研究者、传播者、教学者和学习者都对它产生一种消极的抵触的态度。人们对科学家也产生了怀疑。因此,现代科学知识在今天便面临着一个合法化的问题。

自柏拉图以来,科学(知识)合法化的问题同立法者(权力)合法化的问题具有密切的联系。对"什么是真的"和"什么是公正的"的裁定是两种不可分割的权力。在其勾画的乌托邦里,柏拉图赋予不同的知识等级拥有者以相应的权力等级。这样,在从事不同学术活动的个体身上,体现出不同的社会等级。其中哲学家因其直

---

① 利奥塔:《后现代状况:关于知识的报告》,第 35 页。
② 利奥塔:《后现代状况:关于知识的报告》,第 36 页。
③ 利奥塔:《后现代状况:关于知识的报告》,第 38 页。
④ 利奥塔:《后现代状况:关于知识的报告》,第 45 页。

接面对理念世界，拥有理念知识，而拥有"王者"的社会地位。因此在哲学的、科学的语言和伦理的、政治的语言之间，有一种紧密的联系。两者一直是一种密切的互惠关系，不过两者毕竟都不能取代对方。但是这种情况随着后现代社会的到来已经发生了一些变化。现在，"科学问题已经愈来愈是一个有关统治者施政的问题了"。[①]结果，现代科学知识的合法化问题便转移为现代统治力量的合法化问题。

知识并不等于科学，科学需面对自身是否合法的问题。利奥塔认为，知识是不能被简化为科学的，更不能简化为学问。学问是以一套陈述来排斥另一套陈述，学问定义并描写各种对象以此来判定真伪。

科学是学问的一种，也是一套定义性的陈述所组成的。但是这套陈述必须有两个补充附属的条件才能被接受：(1)所指涉的事物必须是经得起反复验证的，也就是说，在一定条件下的观察研究绝对可以重复验证；(2)它必须能够确定，在书写该陈述时，必须使用相关专家能接受并能通用的内行术语。[②]

第四节　解构的深刻性：德里达与海德格尔

法国哲学家德里达和"解构哲学"往往被画上等号，对其思想"游戏性"或"玩世不恭性"的批评经常见诸学术论著，德里达对语言解构或文字游戏的偏好，的确有轻浮无聊的一面，有学者据此断言德里达解构哲学从根本上讲是保守的和肤浅的。但是，德里达解构工作也有严肃、深刻和激进的一面，他的《论精神——海德格尔与问题》(以下简称《论精神》)就是一个绝好的例子。

初看之下，德里达在《论精神》中试图还原海德格尔哲学与公共事务或公共领域的真实关系，他不仅对罗蒂推崇的海德格尔哲学的诗学方向进行了全面清算，而且对罗蒂看重的海德格尔诗学哲学一旦与现实政治相结合之后可能带来的可怕后果进行了必要提示，德里达试图向世人证明，当海德格尔谈论的日常词语"vermeiden，避免，逃避，避开""与'精神'或'精神性的'有关时，它会意指什么？"[③]海德格尔拒绝笛卡尔的"我思"、康德的"理性"和黑格尔的"精神"，也就拒绝了整个现代文明的基础。《论精神》一书的副标题"海德格尔与问题"让人联想到该书出版时欧洲

①　利奥塔：《后现代状况：关于知识的报告》，第47页。
②　利奥塔：《后现代状况：关于知识的报告》，第74页。
③　德里达：《论精神——海德格尔与问题》，朱刚译，上海译文出版社，2008年，第1页。

学术界有关"海德格尔与世俗政治"或"海德格尔与纳粹"等话题的热烈讨论。但实际上,这是一部讨论专门而封闭的哲学内部事务或问题的著作。

德里达在《论精神》中以专题形式来研究海德格尔有关"精神"问题的诸多见解。他以这种方式撇清了与前辈的关系,也呈现了双方的思想分歧。这让我想起美国哲学家理查德·罗蒂对海德格尔和德里达的评价。前不久,当有人向罗蒂问起谁是 20 世纪最伟大的哲学家时,罗蒂迟疑片刻之后便脱口而出:海德格尔,是写了《存在与时间》的海德格尔。罗蒂尽管放弃了写一部专门研究海德格尔论著的计划,但一直把海德格尔哲学置于代表当代哲学真正发展方向的位置上。他说 20 世纪哲学发展有三个方向,科学的、政治的和诗学的。胡塞尔是哲学的科学方向的代表,杜威是政治方向的代表,海德格尔则是诗学方向的代表。哲学的诗学方向是罗蒂最为推崇的方向。罗蒂认为,海德格尔的诗学哲学,属于与政治哲学或公共哲学相对应的私人哲学范围,不应当与世俗政治或当下现实扯上关系。罗蒂避开了海德格尔哲学与当下政治发生必然联系的可能性,他从海德格尔试图与传统告别,开辟出哲学发展新途方面来评价海德格尔哲学并为其合理性作辩护。与此同时,罗蒂把德里达和海德格尔相提并论,称德里达是"最吸引人和最有独创性的当代哲学家"。罗蒂说,"如果你已经受海德格尔影响并感到海德格尔是个重负——如果你感受到海德格尔语言的力量但想要避免使用它描述你自己——德里达的书恰恰是你所需要的东西。"①

在罗蒂看来,德里达已经成为摆脱海德格尔"影响的焦虑"的一个出路。而在德里达的《论精神》中,海德格尔是摆脱柏拉图、笛卡尔、康德和黑格尔等人的"影响的焦虑"的一个出路。表面上看来,海德格尔似乎已经让哲学新起炉灶,一切从头开始,但是实际上,海德格尔对"我思"和"精神"的有意逃避并不成功,海德格尔仍然以一种诗的隐喻的形式发展着"形而上学"。无论柏拉图、笛卡尔、康德和黑格尔,还是海德格尔和德里达,无论推崇主体性,还是反对主体性,他们都仍然在主体性哲学的意义上发展着哲学,开辟着哲学的新领域。

德里达指出,"把精神贬黜为'理性'、'智力'、'意识形态'等,这正是海德格尔在 1935 年曾经谴责过的做法。"②那种做法有着柏拉图、笛卡尔和康德的传统,也的

---

① 罗蒂:《真理与进步》,华夏出版社,2003 年,第 274 页。

② 德里达:《论精神——海德格尔与问题》,第 129 页。

确构成了源自古希腊的西方哲学发展的主线。海德格尔批评柏拉图主义是一种"腐朽的"世界观。后来罗蒂在《哲学和自然之镜》中批评的也正好是那个传统,即把心灵当做是反映世界本来面目的"自然之镜"的传统。因此,透过德里达对海德格尔否定"精神"的存在哲学的解读,有助于我们理解海德格尔哲学在美国新实用主义哲学中获得的最近发展。海德格尔之所以要激烈地攻击科技化的"精神",从根本上是想要否定"精神"对物质的依附,德里达引用了海德格尔在《在通向语言的途中》的一个说法,"精神在燃烧","精神的本性就是这种自身触发的自发性,这种自发性不需要任何外在性就能燃起或点燃,就能出神般地出离自身。"①

因此,德里达在《论精神》中通过解读和解构海德格尔在《存在与时间》中一开始有意抹杀笛卡尔"我思"和黑格尔"精神"的古典哲学主题,试图另起炉灶,创立一种"与传统主体性哲学道别的无主体介入的存在哲学",一种以无对象的"存在"置换"我思"或"精神"的哲学,一种与倡导普世价值的现代性格格不入的哲学,但最终却在《在通向语言的途中》等著作中以另一副面孔复活了"精神",只是那个以诗人的灵魂为其本质规定"精神",不是作为"物质"的对立面的"精神",它不属于物质世界,也不依附于物质世界,那是一个和"理性"、"智力"、"意识形态"没有关联的不及物的"存在世界",那是一个诗的可能的世界,也是后来罗蒂为之着迷的"隐喻世界"。但他以完全消极的方式向世人呈现了海德格尔存在哲学与世俗政治或当下现实的真切关系,表明舍弃了"精神"的海德格尔哲学从根本上是一种与现代文明相反动的哲学。《论精神》表现了德里达解构哲学的深刻性和激进性,证明了解构具有罗蒂否认的某种政治重要性。

然而,海德格尔对"智慧"、"理性"、"我思"、"精神"的拒绝,注定是一次失败的拒绝。我赞成哈贝马斯对海德格尔和德里达的主体性或反主体性哲学的评价,它是"一个虚假的开端"。哈贝马斯主张抛弃"陷于绝境,坠入空门"的主体性哲学,在主体间性哲学上开辟出一条哲学新路。这也许是海德格尔、德里达和罗蒂都反对的,但我把其看做主体性哲学得以完结的真正标志。如果说每一个时代都受由一个伟大思想家提出的一套单独大写存在语汇的主导,那么德里达解构了海德格尔提出的曾经主导 20 世纪的一套单独大写的存在哲学的语汇。德里达解构工作的重要性在于,从此以后,再也不应当留下什么形而上学问题了,如果有的话,它不应

---

① 德里达:《论精神——海德格尔与问题》,第 132 页。

当是有关主体性的哲学问题，而是有关主体间性的政治学问题了。在这一面，哈贝马斯和罗蒂共同提倡的公共哲学的重要性将得到凸现，虽然德里达在《论精神》一书中对此只字未提。

总而言之，海德格尔是 20 世纪最善于玩弄文字游戏的哲学魔术师，他曾经迷惑住当年德国最优秀的哲学男生和女生，法国哲学家德里达在《论精神》中把这个哲学魔术师玩的所有语言游戏的把戏——给予揭穿。在这个揭示过程中，魔术师的语言魅力依然存在，德里达式的解构小动作的奥妙之处也一览无遗。令人欣慰的是，一旦思想摆脱"物质"和"当下"的束缚，哲学思考和阅读便成为一件令人赏心悦目的事，《论精神》便是其中一个出色的范本。

相比之下，知识不仅仅是一套定义指称性的陈述，它还包括了如何操作的技术、如何生存、如何理解等观念。因此知识是一个能力问题，它不仅涉及真理标准的认识和实践，而且涉及效率（技术是否合格），公正和快乐（伦理智慧），声音和色彩之美（听觉与视觉的感知性）等标准的认定和应用。换言之，它不仅涉及认识论，而且涉及价值论和审美论。它不仅涉及真假问题，而且涉及善恶问题和美丑问题。

第五节　所有权、财富与幸福

作为知识和权力的对立面，我接下来说一下所有权、财富和幸福问题。无论海德格尔、德里达，还是利奥塔和罗蒂，他们在这个问题上的探讨都是薄弱的、零碎的。

公民的所有权、财富与公民的幸福生活是联系在一起的。体现公民在现代文明社会中的地位的一个重要指标是他在社会中占有的财富，或者他们给社会创造的财富。对财富的尊重，对财富创造者的尊重，在法律上保护个人财富，是现代文明社会的基本要求。拥有财富，则是公民获得幸福生活的基本途径。

谁创造了财富？如何分配财富？一直是政治哲学关注的重要话题。

人们的生活条件、自由和幸福主要取决于他们手中拥有的能够自由支配的财富或财产。财富与权力，或者经济财富与政治强权，会自然地走到一起，有一种相互利用和相互勾结的自然倾向。

历史上，由于巨额财富拥有者容易导致对财富的浪费，却不顾赤贫者的死活。以至于有思想家提出，在饥荒年代，灾民有分享基本食物的权利，无论他们是公开地获得,还是私下地窃取。与此相应,富人有义务开仓济世,把自己的粮食和财富分给饥民。这种观念与尊重所有权、尊重个人财富相违背,但它更强调人的生命权高于财产权。中外政治哲学中都有过这种思想。当然,中世纪时期,阿奎那对饥民权利的主张,并没有夸大到荒唐的地步。

历史上,由于极少数人对巨额财富的垄断,尤其是由于社会强权势力对巨额财富的搜刮,对广大民众的剥削和压榨,财富曾经被视为一种基本的恶,甚至被称作社会的"万恶之源"。马克思、福柯等人对现代性的批判,也是沿着这条思路开展的。

财富总是倾向于追求更多的财富,因此财富总是倾向于更大的独占或垄断。财富希望跨越地区的、国家的限制,谋求自己的最大利益。在现代的私有权或所有权理论中,洛克的思想值得关注。洛克认为,私有权是一种人为的界定。它先于政府和国家而存在,但它是一种社会存在或一种社会约定。一个人断言自己拥有某个物品的所有权,只有当他得到他人同意的情况下,才得以成立。一个人拥有一份财产,意味着未经过他的同意,其他人都不得分享他的财产。因此,私有财产具有独占性或非分享性。私有财产的可分享性只有在其拥有者同意的情况下才成为可能。

财富总是先天地偏爱权力,倾向于与权力结盟。权力寻租时,也总是价高者得,形成一种财富和权力双赢的格局。人当然不能随心所欲地处理自己的财产,尤其是不能用财富来为富不仁,用来侵犯他人的权利,用来危害公共利益。但是,人是否能够用手中的财富来购买他喜爱的比如社会地位、社会荣誉、政治身份,甚至政治权力,这一点一直是有争论的。人们严格地区分财富和权力,但两者又很容易走到一起。

财富需要权力的保护,无财富者更需要权力的保护,但是权力先天地偏向有财富者。这就需要制度设计者设法限止或防止财富与权力的亲近,尤其是防止两者的联姻,以维护社会基本正义。要做到财富和权力的分离,而不是亲近,关键在于,明确权力的界限和财富的界限。财富无论如何是以个体为核心来独占的,而权力是以社会利益至少是以社会团体为核心来分享的。

财富不会因为与权力的结合而使其个体的独占性得到改变,相反,只会进一步加剧这种独占性,使财富更加向极少数个体集团集中,使更多的人民丧失享有财富的机会。这是我们对财富与权力的结合要保持高度警惕的重要原因。财富和权力结合另一个令人忧虑之处在于,公权力性质的改变。由于权力与财富的结合,权力就可能蜕变为只为财富服务的手段,对社会的正义呼声和吁求充耳不闻。

财富竞争的结果是不断地向少数人手上集中,大多数人只拥有数量有限的财富,而极少数人却拥有较大数额的财富,这种财富占有上的不均等成为人与人之间基本的社会不平等的重要原因。尤其当一些人连基本物质生活保障都得不到,而另一些人却过着穷奢极侈的生活的时候,要求改变财富占有的不均等的呼声便成为一种基本的社会呼声。

那么,人们应当如何分配财富,才是最符合社会公正或正义要求的呢?马克思主义对此有明确论证,罗尔斯也提出了著名的正义原则。因为财富或财产是公民的所有权的集中体现。如何合法地保护公民的财富,防止政府和国家借着社会正义的名义,无限制分配公民财富,从而压制公民创造更多财富的热心,使财富不断地涌流,这需要政治哲学家们继续研究和探讨。

国家单纯的财富增加、经济增长并不一定标志着国民幸福值的增长。因为国民财富增长只是影响幸福的一个指标。只有在国民财富增长的同时,国家的基本政治制度也向着现代民主法制文明,向着正义公平方向发展,也就是说,只有在社会正义方面不断地取得实际成就,国民才能真正感觉到生活的幸福。因此,财富增加、经济增长是国民幸福的物质基础,社会正义和民主制度健全是国民幸福的制度保障。前者通过自由市场来实现,后者则通过公共政策和法律制度来实现。

如果海德格尔、德里达和利奥塔能够在这些方面做出论述,那么他们对现代性的批判,对知识和权力合法性危机的反省,将更加深刻,更具有社会价值。

参 考 书 目

罗斯诺:《后现代主义与社会科学》,张国清译,上海译文出版社,1998 年。

福柯:《权力的眼睛:福柯访谈录》,上海人民出版社,1996 年。

利奥塔:《后现代状况:关于知识的报告》,岛子译,湖南美术出版社,1996 年。

第十三章

理性、癫狂和福柯的权力理论

癫狂不可持久,但也有瞬间的灿烂。癫狂一旦得到升华,得到文字化或艺术凝结,疯子的言语和行动就有可能转化为永恒的美丽。中国先秦诗人屈原借《离骚》做到了,莎士比亚借《哈姆雷特》做到了,尼采借助《瞧,这个人!》、《查拉图斯特拉如是说》、《悲剧的诞生》等也做到了。他们都达到了语言的极致,思想癫狂的极致。他们或死或生,或癫狂于一时,或平庸于一世,或卓越而得永生。

米歇尔·福柯正是沿着屈原—莎士比亚—尼采思想路线一路走来的法国哲学家。只是福柯滞留在思想癫狂的临界处。福柯没有让自己发疯,而是时刻保持着头脑的清醒,但是在行动上,福柯又情不自禁地向癫狂靠拢。他比尼采更清醒地认识到了疯子的无奈,因为他拒绝疯子需要得到改造和治疗的必要性和合理性。疯子与清醒者相处是可怕的。不是疯子比清醒者更可怕,而是清醒者时时想要改造和治疗疯子,这比疯子发疯还要可怕。福柯识破了清醒者的诡计,这是黑格尔"理性的诡计"的另一个版本。福柯的权力理论正是围绕"理性和癫狂的关系"这一主题展开的。

在当代西方哲学中,福柯的"理性他者"事业和英国哲学家伯林的"消极自由"事业具有某种内在的呼应关系。这种呼应关系体现在他们所关注和探索的基本主题中,体现在他们所运用的研究方法上,也体现在他们所得出的学理结论上。比如,"理性"(reason)、"权力"(power)、"强制"(coercion)是福柯和伯林共同关注的首要对象。福柯首先关注的问题是:"什么是权力,或者,说得更明确些,权力是如何实施的;当某人对另一个人实施权力的时候,究竟发生了什么?"[1]那个问题又分

---

① 福柯:《权力的眼睛:福柯访谈录》,严锋译,上海人民出版社,1996年,第27页。

解为"权力的制度化、权力与惩罚、权力与性等问题"。① 伯林首先关注的问题是："我为什么要服从别人？我为什么不能随心所欲地过自己的生活？""我必须服从吗？""如果我不服从，我会不会受到强制，谁来强制？强制到何种地步？用什么名义强制？为着什么目的进行强制？"②伯林关注的问题可以还原为"服从与强制"问题，"强制的许可界限"问题。虽然福柯和伯林的设问方式不同，其探讨问题的侧重点也有出入，但是他们对"理性"、"权力"、"强制"对人类生活消极影响的忧虑是共同的。福柯看到了"理性"和"癫狂"之间的张力，伯林看到了"消极自由"和"积极自由"之间的不可调和性。两人都看到了自近代启蒙以来人类面临的根本难题，但都没有提供（或者否认有）令人信服的解决方案。他们的工作的价值也许正是体现在这种没有最佳答案的不确定性上。③

第一节　生命欲望和令人疯狂的孤独

福柯对理性他者、权力远处不在现象的思考，源于对生命与死亡关系的思考。他的思考可以同黑格尔在《精神现象学》中对动物世界和欲望王国的思考相联系。生存与死亡是每时每刻都发生于我们自身及周围事物中的两种最基本的存在形式。生存与死亡是事物存在的两种最基本状态。两者是不能相互归属的或还原的。死亡当做万物的根据，这足以让清醒者癫狂，使他游离于生死之间。福柯就是这样一个时常被生死的临界状态吸引的思想家。他于是既抛弃了生存的欲望，也抛弃了死亡的欲望，回归于一种原本状态，一种"孤独"状态。

孤独是对生命完美性的否定，它使人感到一种缺失，一种失落，一种孤立无援状态。孤独同生命的原始欲望联系在一起，是一种本能的动物式的孤独。这种孤独，一旦孤独者的动物欲望得到满足了之后，其本能中受束缚的能量得到释放之后，便与对象合而为一，置自身于其中，而忘记了自己，也忘掉了孤独。因此，在这一层面上的孤独感在动物身上也是存在的。这种孤独同本能的欲望是两相对应

---

① 参阅张国清：《中心与边缘》，中国社会科学出版社，1998 年，第 174～175 页。

② 参阅伯林：《自由论》，胡传胜译，译林出版社，2003 年，第 40～41 页，第 188 页。

③ 罗尔斯的《正义论》和德沃金的《认真对待权利》、《原则问题》和《法律帝国》都是从不同角度对福柯和伯林面临的共同难题的回应。但是他们都只是在制度层面上的回应，实际上只是在"理性"、"知识"、"权力"、"真理"层面上的回应。因此，那种回应在福柯和伯林看来都是失败的。因为他们的回应都不是"理性"和"非理性"之间事业，更不是"非理性事业"，而是"理性事业"。

的。本能的欲望是任何一个生命体中自始至终都存在的。当这种欲望得到满足时，本能层面上的孤独便被遗忘。生命便进入了忘我的状态。因此，欲望的满足也就是孤独的消失。这种消解是生命的一种注入。注入得越多，遗忘得也越多，孤独的程度也越低。但是，欲望的满足总是有限的。因为它既受时空转换的限制，又受欲望者自身的本能能量的限制。因而，它只能是一时的。所以孤独的消逝，即使在本能这个层面上，在动物性这个层面上，也是暂时的。欲望是孤独的本质。欲望的永恒存在也意味着孤独的永恒存在。

在本能这个层面上，欲望和孤独是永远陪伴着的。但是，孤独者为了摆脱孤独，摆脱欲望的纠缠和煎熬，他可以把欲望暂时悬置起来。对欲望进行有意识的悬置意味着一种规避，一种退却。这种规避和退却同时也是孤独者向孤独的深层领域的挺进。这是一个欲望和欲望者的分离的层面。一种分离的关系。这种分离活动既是对欲望的压抑过程（如氏族禁忌和社会禁忌），又是对孤独的内省过程。它把孤独者的意向由外在于自身的动物欲望，一种动物性存在的满足转向对内在于自身的非动物欲望，一种新的驱动力的惊奇与沉思。这是一个从无意识的欲望冲动及其相伴随的本能的动物性孤独转向有意识的压抑欲望冲动及其与其相伴随的对原来的本能的动物性孤独的悬置和超越的过程。因此，在这个新的层面上，孤独者的孤独是对欲望的抛弃，对欲望的抑制。

在更深层意义上，孤独在于孤独者离开欲望的王国，进入到一个无欲的王国。孤独在于孤独者不得已即有意识地离开原初的动物欲望的本能的王国，进入到一个由他自己创造的全新的可欲的王国。这既是从欲望的本能王国的全面退却，也是向未开垦的可欲王国的全面挺进。因此，孤独应该是对原有动物王国的抑制和抛弃，对未来可能欲望的激发和追寻。孤独是一种准备状态，是一种指向新的欲望的尝试的超前体验，一种尝试之前的犹豫不决和焦虑不安的状态。因为生命总是处于一种辞旧迎新或喜新厌旧的准备状态之中，所以孤独与生命是并存的，孤独的消逝也意味着生命的停滞。孤独的存在和消除更加能够说明生命与死亡之间的关系。

生存与死亡是互相说明的。孤独却同时需要由也只能由生存与死亡两者来说明。因此，他们超越了旧生命哲学中有关生存与死亡何者为根据的空泛争论。他们对于生命之消除孤独的方式——满足诸欲望之不同形式的揭示构成了新的生命哲学的真正内涵。

从生物学意义上说，一个生命的生存与死亡都只能有一次，且是唯一一次。在这个层面上，一切生命是绝对等值的。但是再往前深入一步，不同生命体的生存价值就大相径庭了。停留在生物层面上的生命，作为纯自然的生命，处在自然欲望或动物欲望层面。它没有离开原初动物欲望的本能王国，一直处于原始欲望的满足或缺失状态。这是恶的循环，也是生命的停滞，是无意识的本能的停滞。

与生物学意义的生存相对应，还有人本学意义上的生存。在后一意义上，生命是自我意识，是对自身的自觉，是对自身的现实和尊严的自觉。这一系列的自觉，归根结底是生命对自己的生存和死亡的意识。他由此揭示了自己的生存状态和生存价值。这种状态和价值是由他自己给予的，而不是先天给予的。

生命以永恒死亡为前提。当生命体打破永恒存在的沉默而发出一种生存的呼喊的时候，它便第一次尝试着挣脱死亡的束缚以求得一时的自在。

在生物学意义上，这种挣扎无济于事。它最终还得复归于死亡，复归于虚无。自在的挣扎既没有摆脱死亡，也没有超拔自身。

在人本学意义上，生命尽管不能摆脱死亡，但它可以不断超拔自身，摆脱动物性本能欲望，创造一个全新的可欲王国，并经由那个王国重新造就自身：

第一，有生命，就有欲望。生命的出现，包含并假定了欲望。生命的无欲状态，就是生命的停滞状态。

第二，动物欲望或动物本能是生命自觉的必要条件，但不是充要条件。欲望构成生命的感性存在形式。

第三，欲望使生命不得安宁，欲望一旦萌发起来，就得由生命去满足它。

第四，为了满足欲望，生命必须寻求一个对象，一个他者，并且消灭，转变，改造那个对象和他者。因此，满足欲望过程是一个否定过程。

第五，"自我"形成过程是欲望的转换过程。这既在欲望满足中进行，也在压抑动物欲望中进行。人是超越动物欲望，其目的有意识地指向一个不在场的可欲欲望的生命。

总之，动物欲望是产生自我的前提，自我是超越动物欲望的结果。人的欲望必须指向另一个人的欲望。它们必须互相欲求。人类社会是一个相互欲求的社会。

人类的历史就是被欲求的欲望的历史。动物的最高价值是动物的生命，动物的欲望归根结底是保全生命的本能。人的欲望必须战胜维持生命的欲望。只有做到这一点，人的本质才能显露出来。人的本质可以规定为在实现人类欲望过程中体现出来的一切社会关系的总和。

第二节　理性的他者、性冒险及其代价

癫狂、欲望和性冒险具有内在的联系。福柯在《性史》、《癫狂与文明》等著作中乐意把性、欲望、癫狂和自我实现放在一起来谈论。他摒弃大陆哲学往往晦涩难懂的语言风格，向读者尽情展示或宣泄用理论难以表达的东西。在福柯的作品中，人际关系首先表现为性方面的欲求。性技艺而不是性科学，成为福柯著作的重要主题。福柯曾经这样论证道："在性爱艺术中，真理来自快感本身，真理被理解为一种实践，并且被提升为一种经验；快感无关乎关于可行事物和不可行事物的某个绝对法则，无关于某个效用标准，它只与自己相关；它作为快感而被体验，它根据其紧张性、独特性、持久性，以及其在身体和心灵中的反应而受到评估。……使人足够幸运地去领略特权的种种妙处：对身体的绝对控制，单纯的快乐，忘了时间和限制，生命的真谛，对死亡及其恐惧的放逐。"①

福柯在实践上也进行着各种性冒险。他认为，性选择具有深刻的道德意义。完美的性生活意味着完美的人生。他付出了惨重的生命代价，他因同性恋而患上艾滋病，在 1984 年便早早地离开了人世。在福柯的性冒险中，原始欲望占据着他的整个身心。他公开表明自己的同性恋身份，他向别人寻求帮助，渴望得到某种深不可测的神秘快感。他经历了一系列幽灵般的性冒险。那些冒险不仅使其心满意足，而且使他不时地沮丧、失望，甚至丢尽了颜面。性成为某种至高无上的东西，驱使他去冒险，去追求注定失败的东西。性幻想成为性无能的一种补偿，著书立说成为引发幻想的手段。

像萨德一样，福柯把所有欲望转变成书写的欲望。他随心所欲地书写、创作和杜撰。他消除了创作和杜撰之间的界限，把所有这一切都转变成了"真理的游戏"。

---

① Michel Foucault, *The History of Sexuality*, Vol. 1. An Introduction, New York: Pantheon, 1978. p. 57—58.

因此,癫狂、性、无意识、欲望、禁忌、犯罪与监禁等体现人类边缘存在的事物构成了福柯津津乐道的话题。

福柯总结自己的学术活动道:"我曾试图分析癫狂、性、犯罪如何变成某种真理的游戏,而在这些人类的行为实践中,主体自身又是如何通过真理的游戏得到了改变。这就是癫狂和性的历史。"[①]因此,就评述一部后现代社会状况的著作而言,如果不探讨一些著名的后现代主义者在上述边缘性话题上的各种见解,那么,我们就会丧失掉对于后现代思潮和社会状况来说很重要的一个方面,甚至是一个本质性的方面。

癫狂是理性他者的典型形态。欲望在癫狂状态下得到淋漓尽致的体现和实现。福柯的《性史》、《癫狂的历史》、《癫狂与文明》、《惩罚与监禁》等都围绕上述话题展开。它们又归结为权力实施问题。[②] 这个问题又可以分解为权力制度化、权力与惩罚、权力与性等问题。福柯使我们进入了一个长期以来一直被人忽视的领域:精神或心灵与权力的关系问题。

第三节　圆型监狱、权力空间和监督

在《监禁与惩罚》一书中,福柯把杰雷米·边沁(Jeremy Bentham)发表于 18 世纪末的著作《圆形监狱》称为人类心灵史的一个重大事件。边沁是英国功利主义哲学家、经济学家和法学家。边沁设计了一种圆形监狱。它包括圆形玻璃屋顶的圆筒状结构,沿外壁是围向中央圆厅的一圈牢房;圆厅里的看守可以将四周囚室里的犯人经常置于严密的监视之下。虽然边沁的新设想没有列入当时建筑监狱的各种设计之中,但它对后来的监狱建筑产生了影响。福柯认为,18 世纪末新型医院的诞生完全吻合边沁的圆形监狱构想。医院病人管理制度化与西方监狱观念的变革几乎同时进行。圆形监狱遵循的是可视性原则:

> 一个像圆环一样的建筑。在中央造一个塔楼,上面开很大的窗子,面
> 对圆环的内侧。外面的建筑划分成一间间的囚室,每一间都横穿外面的

---

① 包亚明主编:《权力的眼睛:福柯访谈录》,严锋译,上海人民出版社,1997 年,第 17 页。

② 包亚明主编:《权力的眼睛:福柯访谈录》,第 27 页。

建筑。这些囚室有两扇窗户,一扇朝内开,面对中央塔楼的窗户,另一扇朝外开,可以让阳光进来。这样就可以让看守呆在塔楼里,把疯子、病人、罪犯、工人和学生投进囚室。简言之,地牢的原则被颠倒了。阳光和看守者的目光比起黑暗来,可以对囚禁者进行更有效捕获,黑暗倒是具有某种保护的作用。[①]

圆形监狱提出了一种系统原理,解决了权力如何简易有效地实施的技术问题。福柯认为,边沁向医生、刑罚学家、工业家和教育学家建议的,正是他们梦寐以求的。圆形监狱解决了权力的空间化问题。圆形监狱观念在所有权力领域的实施,也就意味着所有的权力关系都空间化了。空间问题就成为严肃的权力关系问题。

福柯指出,与时间相比,空间问题之所以迟迟没有进入哲学家考虑的视野,是因为18世纪末空间物理和理论物理的成就剥夺了哲学家对宇宙的古老发言权。福柯说:

> 政治实践和科学技术对空间问题的双重介入迫使哲学只能去研究时间问题。从康德以来,哲学家们思考的是时间。黑格尔、柏格森、海德格尔(莫不如此)。与此相应,空间遭到贬值。因为它站在阐释、分析、概念、死亡、固定、还有惰性一边。[②]

可视性成为权力空间化问题中的首要问题。权力与黑暗的联系必然走向邪恶。权力与光明相联系,意味着消除权力中的丑恶。以透明度达成权力,让一切都暴露在阳光下,暴露在集体的凝视中,让一切都处于受监视的目光下,成为权力畅通无阻的理想模式。权力的实施转变为对每一个体的全面监督。"一种监视的目光,每一个人都在这种目光的压力之下,都会自觉地变成自己的监视者,这样就可以实现自我监禁。"[③]这种实施权力的理想,由于边沁的圆形监狱观念而变成了现实。

权力的可视化带来了可怕后果。权力与个体利益(自由权利、自主权利)的分

---

① 包亚明主编:《权力的眼睛:福柯访谈录》,第150页。
② 包亚明主编:《权力的眼睛:福柯访谈录》,第152~153页。
③ 包亚明主编:《权力的眼睛:福柯访谈录》,第158页。

离;权力等级系统的强化;权力核心的非主体化或无主体化,谁配成为圆形监狱中那个塔楼的主人成了一个无法解决的问题。结果导致权力的失控状态。在圆形监狱中,每一个人根据他的位置被所有人或某些人所观察。存在着总体的动态猜疑。完善的监禁导致犯罪意识的强化。[①]

福柯认为,权力不能简单混同于国家机器。权力比后者更复杂、更稠密、更具有渗透性。今天的权力结构仍是金字塔型的,在权力层系之间是相互支撑相互依靠的。权力对劳动(劳动者,囚犯)的影响已经转变为强制。福柯看到,劳动具有生产功能、象征功能和驯服或惩戒功能。福柯更感兴趣的是劳动的后两种功能。劳动者总是处于从属地位,是在权力奴役和支配中确立自身的。

福柯揭示了当代社会关系的普遍权力化和强制化。权力成为无孔不入无处不在的恶魔,个体成了处于守势的飘浮于社会之上或之外的孤魂。无论是在监狱之内还是在监狱之外,个体都无法消除其被权力被社会所监禁所强制的命运。由于权力能够动用所有的国家机器、公众舆论和传播媒介对个体进行全面的控制和引导,规劝和惩罚,甚至轻易地把人从生活中从社会中给以抹掉。因此,在一个全面权力化和强制化的社会里,人的生存,个体的生存必然是微不足道的。这是由福柯的考察所得出的必然结论。一旦我们揭示了蕴涵在福柯思想中的这些深层的东西,我们就可以知道福柯个人生活中诸多让人感到怪诞和离奇的举动的原因了。福柯不仅以自己的思想揭示着批判着这个完全权力化的社会,而且以自己的肉体与权力进行着抗拒。

第四节 真理的在场和非理性事业

那些可治愈的错乱永远难以回复到原来的样子了,尽管其自身的力量正在抗拒着那个巨大的道德束缚,我们习惯上把那个束缚称为比奈尔与图格对疯子的解放,无疑这是一句反话。[②]

---

① 包亚明主编:《权力的眼睛:福柯访谈录》,第 161 页。
② 福柯:《疯狂与文明》(纽约:兰顿出版社,1965 年),第 278 页。转引自沃林:《文化批评的观念》,张国清译,商务印书馆,2000 年,第 254 页。

这是福柯在《癫狂与文明》一书中得出的一个重要结论。[1] 这句话充分表明了福柯的非理性、反道德和反启蒙立场。"理性事业"除了解放"理性"自身以外，还要去解放"非理性"，把"非理性事业"或者"理性他者事业"改造成为"理性事业"。这种"改造"就是对"疯子的解放"。然而，福柯对这项"解放事业"的可行性表示了怀疑。

首先，福柯通过对近代以来理性的崛起和非理性的衰落的考察来反思人类自身的局限性，反思理性的霸权、制度的霸权，反思人类文明进程中，诗意之维和艺术之维的衰落，癫狂、无意识和非理性之维的衰落。福柯认为，这种衰落是理性和依附其上的各种制度强制的结果。因此，对启蒙、理性、现代性、合理化的制度设置的反省和批判，构成福柯工作的主题。在这一点上，福柯的工作与法兰克福学派的工作具有内在的逻辑联系。

其次，和德里达解构理论形成鲜明对照的是，福柯对理性的批判不具有任何游戏的色彩，而具有浓重的悲剧意味。福柯承认"权力"的实际在场，"真理"、"知识"和"理性"的实际在场。这些语词并不是通过德里达的"解构"策略或别的语言技术就可以摧毁的。因此，如果在本体论层面上对福柯和德里达做一个比较，那么我们可以说，德里达的解构理论是一种语言唯心论，而福柯的"非理性事业"是一项唯物论事业。福柯明确承认"真理是这个世界的东西"。[2] "真理"是我们必须认真对待的东西。福柯把"真理"理解为关于"诸命题"生产、流通、分配、循环和运作的某个有序程序体系。真理"与生产和维护它的权力体系处于一个循环关系之中：真理引导了权力的实施，而权力的实施又扩张了真理的范围"[3]。因此，福柯把"真理"的在场当做其学术研究的出发点。

第三，"真理"不是福柯追求的目标，而是他攻击的对象。在这一点上，他的工作与德里达的工作又有一致性。福柯不是在"本体论层面上"或"认识论层面上"讨论"真理"问题，而是在"政治学层面上"讨论"真理"问题。在认识论层面上对"真理"的确认和在政治学层面上对"真理"的否认构成了福柯"真理"理论的一大特点。

---

① 美国左派政治批评家理查德·沃林认为这是最能"代表福柯的基本立场"的一句话。参阅沃林：《文化批评的观念》，第 254 页。

② 福柯："真理和权力"，载于《福柯读本》，保罗·拉宾诺编，纽约：邦松出版社，1984 年，第 72 页。另参阅沃林：《文化批评的观念》，第 250 页。

③ 福柯："真理和权力"，第 74 页。

因此,在福柯思想体系中,存在着一种逻辑中断或断裂。福柯之所以要打断"理性"、"真理"在认识论和政治学之间的连接,就是为了对"理性"、"真理"、"权力"构成"反制"或"反约束"。福柯认为,在"理性"、"真理"、"权力"和"非理性"、"癫狂"之间,不存在真正的"对话",而只存在一方对另一方的强制和"简单"取代。福柯的"真理"观对美国哲学家罗蒂产生了一定影响。罗蒂后来采取一种动摇真理认识论根基的立场,把"科学"还原为"文化"或文学中不具有基础地位的样式之一的观点,无疑是"非理性"和"诗意"维度向"理性"和"真理"维度的一次成功扩张。① 比如罗蒂说,

> 我们不应该非此即彼,而必须对他们兼容并蓄,等量齐观,将他们运用在不同目的上……只有当我们认为我们需要一个更加广泛的哲学架构,将自我创造和正义、私人完美和人类团结统合在一个观点下,我们才会把这两类思想家当做彼此对立,水火不容。②

在福柯感到失望和绝望的地方,罗蒂试图建立起人类进行宽容对待的天空。罗蒂实际上试图解决福柯面临的介于认识论和政治学之间的两难。当然,罗蒂采取的策略是非常独特的,那就是放弃认识论争论,而在"政治学"层面上进行平等的对话。这种对话不是"理性"的对话,而是"依赖于想象力"的对话。因此,我们可以

---

① 在发表《哲学和自然之镜》时,罗蒂提到了影响其思想的三位哲学家:杜威、维特根斯坦和海德格尔,罗蒂认为该书"企图将这三位哲人说过的一些问题汇集起来,并指出他们的研究所蕴涵的教益"(参阅罗蒂:《哲学和自然之镜》,李幼蒸译,商务印书馆,2003 年,"中文本作者再版序",第 2 页)。但在这之后,福柯对罗蒂思想的影响日益得到显示,比如罗蒂在最近写道:"那些以自我创造或私人自律的欲望为主要出发点的历史主义者,如海德格尔和福柯,往往仍然和尼采一样,认为社会化与我们自我的最深处是格格不入的。而那些以追求正义自由的人类社会为主要出发点的历史主义者,如杜威和哈贝马斯,则往往还是认为企求私人完美的欲望感染了'非理性主义'与'感受主义'的病毒。"参阅罗蒂:《偶然、反讽和团结》,徐文瑞译,商务印书馆,2003 年,第 4 页。"福柯的著作中,有一大部分——我认为是最有价值的——就在显示自由主义社会所特有的教养方式,如何把古老的前现代社会所无法想象的种种束缚强加在其成员身上"(同上,第 91 页)。罗蒂也提到了他与福柯的差异:"我不赞同福柯的地方,就在于我相信这种痛苦的减轻确实带来了那些束缚的补偿"(同上,第 91 页)。

② 罗蒂:《偶然、反讽和团结》,徐文瑞译,商务印书馆,2003 年,第 4 页。

把罗蒂的新实用主义事业当做福柯的"非理性事业"的反题。①

第四，福柯没有采取"解构"策略，而是采用了一种迂回策略。福柯非常清楚，建立在"理性"和"真理"基础上的"制度"和"权力"具有不可动摇性、坚固性或顽固性。福柯无法从内部来"爆破"它，"突破"它，只能从外面"振动"它或"撼动"它。因此，他直接攻击的不是"理性"、"真理"、"制度"、"权力"和"霸权"本身，而是比较边缘或温和的表现形态。他重点关注的是哲学家和思想家长期忽视的领域，比如，医院、收容所、监狱、学校、军营、忏悔室、手工课以及古代和现代有关性的话语等等。在所有这些"现代社会的毛细管和缝隙"当中，福柯都窥探到了"权力无孔不入"的证据。②

因此，福柯对理性采取了一种"颠覆性策略"，这一点相似于德里达，但是，他采取的方法不是语言分析或话语解构，而是细微的历史考查。正如罗蒂指出的那样："福柯认为，尼采教他避免落入超历史观点的陷阱，和追求无时间性的起源的窠臼，而应该满足于对偶然性的系谱学叙述。"③对福柯和德里达的方法论差异，沃林评论道："1963 年德里达对《癫狂与文明》提出了一个极具挑逗性的批判，而福柯似乎非常看重那个批判。"①德里达认为，福柯想要建立的"理性"和癫狂的二元对立是虚假的，福柯想要确立一种"纯洁的癫狂"，但是"原原本本地再生产'癫狂本身'的观念在文字学上是不可能的"。⑤ 德里达批判福柯的研究方法，认为福柯对理性话语之外的起源的探索仍然是一种"本体神学论"探索。我认为，德里达的批判虽然"切中要害"，但仍然是对福柯系谱学方法的重大误解。因为福柯对"癫狂"问题的探索更是一项"人性和政治学事业"，福柯企图展示"真实的""癫狂史"，而不是一项"形而上学""虚构"。因此，就这一点来说，福柯是位比较深刻的哲学家，尽管他考察的对象是癫狂，但他想要披露的是一部隐蔽的人类史或人性史。

在这一方面，他的研究方法与马克思历史唯物论一脉相承，同伯林观念史研究

① 罗蒂在最近说道："只要你小心翼翼地对待自由，那么真理也会小心翼翼地对待自身"，"'真理'不是探索者必须尊重其权威的某个事物的名称。相反，它只是表示将在满足人类需要方面发挥最佳作用的一组信念的名称。"参阅罗蒂：《后形而上学希望》，黄勇编，张国清译，上海译文出版社，2003 年，"前言"，第 3 页，第 5 页。

② 沃林：《文化批评的观念》，第 251 页。

③ 罗蒂：《偶然、反讽和团结》，第 90 页。

④ 沃林：《文化批评的观念》，第 260 页，第 345 页。

⑤ 沃林：《文化批评的观念》，第 260 页。

方法也非常相似。只是伯林注重的是观念史中被主流哲学忽视的但往往又是"溢出了""主流"哲学的那些观念。伯林试图呈现的是观念的"多样性"和"多方向性"。福柯注重的是与"理性事业"相对峙的"非理性事业"。因此,伯林的"多样性"和"多方向性"可以从"理性事业"中引申出来,但是,福柯的"非理性事业"是"理性事业"的一个陌生伴随者。从理性事业无法引申出非理性事业。

马克思通过长期考查人类历史得出的基本结论是一个自觉的无产阶级的产生和成熟,并且最终成为人类历史的主人。马克思看到了人类的未来和希望。在马克思那里,预言家和浪漫主义者的成分占据着重要地位。马克思是不断向前看的哲学家。但是福柯是一位看到了非理性事业日益衰落的哲学家。他没有像马克思那样看到希望和未来。非理性事业是没有未来的,不存在有朝一日东山再起的希望。由于理性的胜利,"非理性"已经被迫趋于"沉默"。因此,福柯的结论是在他进行研究之前就预定好的。那就是,在"理性"和"非理性"之间不存在"真正的对话",因为两者之间不存在共同的基础。因此,在福柯那里,哈贝马斯所倡导的交往行为理论和"商谈伦理学"是不适用的,罗蒂的"教化哲学"和无根基的"对话"意愿也难以奏效。

福柯看到的是,"理性"以及依附其上的"权力"过于强大。在这一方面他的见解和伯林的见解完全一致。只是伯林把它表述为"积极自由",福柯把它表述为"权力"。由于"理性"、"真理"、"知识"、"权力"、"国家"等等的高度一体化,个体的"非理性"和"消极自由"维度处于一种"完全被压制和被侵占状态"。通过对规范化"权力微观物理学"的揭露,福柯看到了现代人的"身体"的脆弱性。伯林则看到了人性的"不完美性"。在理性和强权面前,我们的身体日益趋于"沉默"。

因此,福柯通过对理性和制度的考察,试图为个体的身体层面的独立性、自由性、自主性和隐秘性找到存在理由,福柯思想继承了近代启蒙思想,但是他看到了启蒙的局限性。启蒙的结果是理性占据主导地位,也就是说,是个体和社会走向成熟,但是,个体作为个体,与外在的社会制度处于不对称关系中。人实际上是"被迫地走向成熟的"。与福柯相似,通过对"另类"观念史的考察,通过反省近代自启蒙以来"积极自由"的不断增强、国家专制主义和极权主义的兴盛,伯林看到了人类无法摆脱的困境:人是"被迫地争取'积极自由'的"。福柯的"非理性事业"和伯林的"消极自由"都具有不美好的未来。

第五节　非理性事业的虚假转向：从公共领域到私人领域

正如沃林描述的那样，《癫狂与文明》是一部关于衰落的历史，一个关于堕落的故事，它考察了癫狂在"理性团体"手中，一大群致力于征服疯子，使其"变得正常起来"的专家、临床医生和精神病学家手中的毁灭。"福柯告诉我们，由于精神病学在19世纪的胜利以及对于疯子的虚假解放，风光不再的非理性的至上事业必然受尽了无限的屈辱。"①福柯对于这项"他者事业"的探索从一开始便摇摆于"科学"和"美学"之间。当福柯竭力揭示赫尔德林、内瓦尔、尼采或阿尔托作品中闪现的"非理性事业"的时候，他在自己的文本中也不时地涌现纯粹诗意的书写（ecriture：poesie pure）。福柯摧毁了指称关系的束缚和知识型符号的牢房，看到了语言和权力之间的关系。他用一套特殊的暧昧的语言来描述"非理性事业"的独特性："人与自己内心深处最感孤独的东西进行了交流。""癫狂"给人以"混乱的模棱两可和启示"。②

诚然，福柯试图重现一种秩序，一种"癫狂的秩序"。屈原、萨德和尼采成为"非理性事业"的先驱。福柯对这个事业的描述既包含着实证的维度，也包含着诗意的维度。福柯指出：

> 自从萨德和戈雅以后，并且自从他们以来，对现代世界来说，非理性在任何艺术作品中都占据着决定性的地位：也就是说，任何一个艺术作品都包含着既放浪无度又苟谨有制的因素。……癫狂非难艺术作品，冷嘲热讽地贬低它，并把其令人遐想的景象变成一个病态的幻觉世界。那种谵妄的语言不是艺术作品……癫狂就是与艺术作品的彻底决裂。它形成了关键的毁灭时刻。这一时刻及时地毁灭了艺术作品的真实性。③

我们看到，随着福柯日益滑向"感性"的"诗学"，福柯的"非理性事业"的批判力便日益下降。当福柯讨论"无限性的书写"、文学的"根本的不及物性"等话题的时

---

① 沃林：《文化批评的观念》，第 256 页。

② Michel Foucault, *Madness and Civilization*, New York：Random House, Inc. 1965. p. 281.

③ Michel Foucault, *Madness and Civilization*, p. 285—287.

候,福柯已经在一定程度上背离了类似于法兰克福学派的批判事业,而堕落为一种缺乏政治力量的"虽然怪异离奇但深刻性有所降低的"书写活动。这一点从他在后期写作《性史》的多卷本的标题的变更中得到了证明。在1976年,当《性史》第一卷《求知意志》出版时,该书封底列出的随后书名分别是:第2卷《肌肉与身体》,第3卷《儿童十字军东进》,第4卷《女人、母亲和癔病患者》,第5卷《生理本能反常者》和第6卷《民众和种族》;到1984年,除了第1卷《求知意志》没有变化以外,《性史》由原来的6卷改为4卷,后面3卷标题作了重大改动,分别改为第2卷《快感的享用》,第3卷《自我的呵护》,第4卷《肉欲的告赎》。[①] 福柯其实一直同时摇摆于"理性事业"和"非理性事业"之间。他同时在几个领域开展研究。比如,1975年,《监禁与惩罚》出版,这是一部探讨"监狱的诞生"的重要著作,一年之后便着手出版《性史》,前者是一部注重史实的考古学著作,而后者更多地渗透着作者主观的意念和猜测。在后者中,杜撰和虚构成分大大增加。虽然福柯在《性史》中谈论的主题是异教徒的性观念史,但是他处处都在暗示西方主流性观念史的演进。并且当他把这种历史考察同现实政治制度中的权力、真理、理性、惩罚、医治和矫正等手段联系起来的时候,福柯使他的思想同时引起了人文和社会科学领域不同学科研究者和实践者的兴趣。

由于"性"和"性观念"能够触动整个社会的每一根神经,福柯把"性"和"权力"联系起来,把"性压抑"和"权力压制"联系,这使他的工作既在文学批评领域也在政治学和法学领域赢得越来越多的读者。"福柯设法把马拉美的诗学和尼采的语言学重新引向了浪漫主义,并且进一步地引向了新小说。"[②]然而,文学的诗意的福柯仅仅是表面化的福柯。真正的福柯仍然是社会学、政治学和法学意义上的福柯。因此,从公共领域向私人话语的转向是一次虚假的转向。

福柯一直在探索再现"理性他者"的可能性。对在本体论上存在着"理性他者",或者在历史上曾经存在过"理性他者",福柯是确信无疑的。问题在于如何"真实地""呈现它"。福柯遇到了一个困难,这是本体论和认识论之间的断裂。福柯试图用"考古学"取代"形而上学"的"本体论",用"系谱学"取代"认识论"。但是,在他的"考古学"和系谱学"之间仍然存在着断裂。

---

① 参阅迪迪埃·埃里蓬:《权力与反抗——米歇尔·福柯传》,谢强、马月译,北京大学出版社,1997年,第304页,第361页。

② 沃林:《文化批评的观念》,第262页。

因为"考古学"必定是一项"再现"和"重现"工作,这是一项"断裂的认识论"(coupure epistemologique)事业。因此,考古学必须遵守一定的历史唯物论原则,在这里,考古学和哲学认识论具有内在一致性。福柯否认自己的考古学同传统认识论的联系,这种否认是虚假的。

福柯无法用"非理性手段"来再现"非理性事业"或者"他者的事业"。德里达对福柯的"考古学方法"的批判,虽然击中要害,但是恰恰批错了地方。福柯非常看重德里达的批判,实际上也正是导致了自己的"非理性事业"在方法论上的倒退。

德里达的批判导致福柯的"他者事业"走上了一条"德里达式的解构主义"道路,福柯的语言中增加了"感性的"和"游戏的"色彩。我认为,这是福柯从对"癫狂"、"理性他者"的考古学和社会学研究向"性"和"感性语言"的"人文科学"和"诗学"描写的倒退。因此,福柯在研究方法上的转向,表明福柯在思想上受到了当时解构主义的影响,这是一场从深刻的社会学向表面的"诗学"的转向。这样从《癫狂与文明》到《性史》,尽管体现了其主题的高度连贯性,即福柯要尽量地再现"他者的事业"。但是福柯在深刻性上是一个倒退。福柯的学术转向是一次倒退,但它受到了罗蒂的欢迎。我认为这是一次应该受到批评的转向。

尽管这是一次虚假转向,但是它仍然产生了一定理论后果。尽管福柯哲学的批判力量由于那个转向而大为下降,但是福柯从人类精神历史领域向纯粹文学和诗歌领域的转向,迎合了当代西方文学批评中浪漫主义的需要,尤其是福柯对于"性"、"原欲"等问题的刻意描述,更是把福柯哲学的意义引向了福柯在写作《癫狂与文明》时所指锋芒的反面。它多少偏离了福柯在本章开头提到的那个主题,即对"理性"、"知识"、"真理"和"权力"的首要关切和自觉批判。因此,我把福柯的哲学转向看做是从公共话语领域到诗人话语和私人话语的转向。这是一个绝望的转向。

第六节　认真地对待非理性遗产

福柯的工作引导哈贝马斯、罗蒂和查尔斯·泰勒等人去关注在现代社会里权力生产和再生产的途径。福柯保留了政治合法性的传统定义:只要得到弱者的承认,权力便是合法的,但是改变了它的内容,即由不合法来规定权力,权威是必须给予抗拒和颠覆的东西,权力不是可以被合法地实施或支配的东西。"在知识技术和权力战略之间是不分彼此的……"①福柯提出了在本质上是生产性的权力观念,福柯对传统司法对作为压制性或强制性事物的权力所下的定义的批判,把权力概念严重地以偏概全到了权力就是一切和权力无处不在的地步。② 福柯在《性史》第1卷写道:"权力是无处不在的;不是因为它喜欢每一事物,而是因为它产生于每一个地方。"③福柯消解了"理性"和"非理性"或"理性他者"的界限。"理性"就是取得胜利的"知识"和"真理";"理性他者"就是没有得到认可的"知识"和"真理"。

福柯的"权力—知识"结构注定把"理性他者"排挤到所有人反对所有人的社会边缘,从而妖魔化从整体上得到日益改善社会条件和逐个得到实现的政治目标:参政权的扩大,工作日的减少,全民卫生保健,以及基本公民自由权的保留。现代国家的政府都不得不认同这些政治目标。因此,福柯无法接受这些日益增长的成就的重要性,从根本上,是因为福柯否认在现代社会里"理性事业"和"非理性事业"存在着对话、商谈和竞争的可能性。福柯对整个现代性和人类科学都持一种批判和否定态度,他把"他者的事业"和现代性置于势不两立的对立地步。这使福柯的学术从根本上站在启蒙以来西方主流政治哲学的对立面上。正如罗蒂指出的那样,理性的他者在现代性意义上做出的牺牲毕竟获得了一定的补偿,而福柯从根本上否定那种补偿的可能性。

福柯几乎从来没有给予自由主义以肯定的评价。福柯小心翼翼地对待自由主义,"在政治民主所带来的新自由背后,察看民主社会所强加的新的束缚形式"。福柯"揭发民主社会的种种弊端,指出民主社会扼杀自我创造和个人规划的空间的种种方式"④。他不可能与自由主义者伯林站在同一政治立场上。但是这并不妨碍他与伯林在哲学上处于同一战线。

总而言之,法国的福柯成就了自己的"他者事业",表示了对非理性事业(实为"癫狂事业")衰弱的深深忧虑。伯林表示了相似的忧虑。所不同的是,伯林把福柯的"理性和非理性(癫狂)"的对立转换为"善与善"的对立。至于如何缓和这种对立

---

① Micheal Foucault,*The History of Sexuality*,*Vol*. 1. An Introduction. p. 98.

② 在《不受约束的实践》中,南希·弗拉泽曾对福柯做出了以下批评:"福柯写作时似乎全然不顾韦伯的一整套社会理论的存在,那套理论细心地区分了权威、武力、暴力、主导和合法性。"参阅 Micheal Foucault, *The History of Sexuality*,*Vol*. 1. An Introduction. p. 32. 转引自沃林:《文化批评的观念》,第345～346页。

③ Micheal Foucault,*The History of Sexuality*,*Vol*. 1. An Introduction. p. 93.

④ 罗蒂:《偶然、反讽和团结》,第91页。

仍然是摆在人类面前的基本难题。伯林和福柯虽然侧重点不同，但是都触及了那个根本难题。"他者事业"仍然是一项未竟事业，一项指向未来的事业，一项不及物事物，一项诗意事业，一项诗人事业，一项私人事业。由于现代科技的发展，这项事业正趋于衰弱。尼采、海德格尔、法兰克福学派、福柯、伯林、罗蒂等都有过这种担忧。因此，我们应当如何挽救他者事业？只要这个根本难题没有得到真正解决，我们仍然会一再地回到福柯和伯林的立场上来，他们的忧虑仍然会一再地俘获人类的想象力。

参考书目

福柯：《癫狂与文明》，刘北城、杨远婴译，生活·读书·新知出版社，1999年。

埃里蓬：《权力与反抗：米歇尔·福柯传》，谢强、马月译，北京大学出版社，1997年。

包亚明主编：《权力的眼睛：福柯访谈录》，严锋译，上海人民出版社，1997年。

沃林：《文化批评的观念》，张国清译，商务印书馆，2000年。

第十四章

不兼容的善和伯林的自由宪政思想

第一节　人是权利的动物

亚里士多德说，人天生是政治动物。更恰当的说法应当是，人是天生的权利动物。尤其在现代公民社会里，拥有权利，其权利受到他人、社会、政府尊重和维护的人，才是真正的人。

公民社会是陌生社会。或者说，公民社会是陌生人的社会，更是权利人的社会。人从事各种政治、社会、经济和文化活动，但是人不一定拥有从事那些活动的权利。如果一个人从事着某些社会活动，但不拥有与从事那些活动相对应的权利，那么他还不是一个享有完整权利的人。

人的王国也是权利的王国。权利涉及极其广泛的领域，甚至超出了人的想象力。如果采取枚举的方式来说一个人具有哪些权利，那么除了在法律上规定的作为一个公民拥有的权利以外，他还拥有在法律上没有言明的许多权利。

权利首先是做什么的权利。权利的主体既可以是个体或个人，也可以是国家、民族、少数派团体、组织、公司、工会等等。但是权利的首要主体是个人。一般而言，权利是公民的私权利。

生存权被当做是人的首要权利。除此以外，人的其他权利都存在着程度差异。虽然我们强调人与人之间基本权利、机会、福利等的平等，但是在不同的国家和地区，由于政治、经济、文化等因素的差异，人与人之间存在着比较大的平等权利获得的机会差异。谈论权利必定涉及法律。说"我有权做……"，其原来的含义是"按照法律，我有权做……"或者"按照法律，做……是对的"。

权利是个好东西，是人向人、社会、政府、国家索取的好东西。即使在对方不一定能够实际地满足人的实际需求的情形之下，人仍然在理论上拥有那个好东西，其至在对方通过明示、通告、法律等手段明确地否认或阻止人获得那些益品的情形下，人仍然应当拥有的好东西。

人生而拥有自己的权利，就像人生而拥有自己的身体一样。依洛克和卢梭的说法，权利是一种与生俱来的东西，是任何其他主体都不可剥夺的，不可侵犯的，也不可让与的东西。这样的权利不是由任何一个政治权威或政治实体赋予的，而是人来到世上或只要生活于世上就具有的。这种权利当然也不需要得到任何政治权威或政治实体的认可。这一点的重要性在于，公民权利曾经被看做是由国家或某些政治权威或政治实体赋予，是派生于国家等政治实体的。按照这种新的解释，公民的权利来自公民作为一个生命诞生于和生活于世界的这一情形，而不取决于它是不是某一个政治实体如国家的公民。

只有在承认公民独立地拥有自己的权利的情形之下，才能为公民反对政府、国家等政治实体、政治权威的合法性提供法理的正当辩护。同时，只有承认人拥有相同的基本权利，才能为公民在不同政治权威、政治实体、政府和国家获得相似权利的合法性提供法理的正当辩护。

在公民流动性日益增长的情形之下，在国际化程度日益加强的情形之下，对公民基本权利的尊重和保护，也必然地成为一个重要的议题。当我们讨论"全球正义"时，公民在不同政治权威和政治实体中寻求相似政治权利和其他公民权利的合理要求必须受到认真对待。

在权利起源问题上，除了自然权利学派，另一派强调历史的重要性，认为不同民族国家的历史传统，尤其是政治和法律传统造就了自己独特的权利思想。无疑地，现代权利思想是与现代西方资本主义经济、政治、法律等制度在全球范围产生的影响相伴而行的。

公民拥有权利，就会把权利以一定的形式实现和表现出来。他们的行动会影响到其他公民的权利、利益，也会影响社会的公共利益。比如，我国政府从法律上明确地规定反对和禁止人们从事色情和卖淫活动，但是一些公民仍然在私下从事与色情和卖淫有关的活动。虽然我们说公民有选择自己的生活方式的自由，公民有选择自己的价值观和生活目标的自由，但是当公民的某些行为对社会风气可能带来不良影响时，公民的那种自由选择的权利就会受到限制和约束。

在查禁还是允许色情卖淫方面，政府、社会和公民之间会形成不同的观点。政府和社会从维护社会良好秩序出发，主张给予严厉打击，但是一些公民从社会现实出发,会对色情和卖淫从业人员以一定的同情心,虽然他们不支持这些非法活动,但他们也不主张以简单的方式完全取缔这些非法活动,他们认为,政府和社会应当以务实态度对待色情卖淫现象。显然,这些抱有同情心的公民也可能抱着自己与他人不同的权利观念。

从哲学上思考权利问题,往往并不局限于法律或法规中对于公民权利的有限规定。确切地说,人们更多地会从道德上思考公民权利,思考权利的冲突。当发生权利冲突时,就存在一个谁的权利更应当受到维护的问题。有众多的因素决定着我们对权利的对错和权利的利弊作出选择或判断。显然,权利冲突的解决方案都是相对的,是相对于当时的具体情形和事件的构成要素的。也就是说,取决于事件发生时的时间、地点、当事双方、事件的演变、中间插曲、意外情节等等。里面既有客观的因素,也有主观的因素。但是,权利冲突的解决方案仍然应当朝着合理、合法、合乎人情的方向。

即使是一个人的权利无辜受到了其他人的侵害,从理论上讲,他应当得到全部的赔偿,但是在现实中,不一定能够得到赔偿。因为合理的赔偿不是取决于我们的理论要求、法理要求、道德要求,而是取决于侵害方的赔偿能力。

权利一般是私人权利或公民权利,而权力一般是公共权力或公共机关如政府、国家垄断的权力。正像权利与权利经常发生矛盾冲突一样,权利与权力也经常发生矛盾冲突。

在权利与权力之间,我们一直以来都提倡,权力对权利的绝对优势或主导,而不是相反。的确,当公民权利越过自身的界限,对他人权利、社会利益和国家利益构成威胁或危害时,权力必定会及时地做出反应,对那种损害作出必要的调整。

但是,我们也应当看到,公民的权利存在着不受任何其他势力、力量、因素损害的方面,即使当它面临强权或权力的压迫的时候,权利的这一属性仍然具有不可退缩性。对于公民权利的如此主张,是为了防止国家和社会打着"公共利益"或"国家利益"的旗号,无端地损害公民权利和利益。

也就是,权利和权力是一种对应关系,而不是主从或主仆关系。两者之间的界限是清楚的或明晰的。当一方越过界限,对另一方有所欲求时,双方只能通过协商或商谈的方式来解决争端。鉴于权力在双方对抗或对峙中往往处于有利地位,当权利和权力发生冲突时,作为中间者或审判者的法官,首先应当以维护权利作为主要目标。因为权力的存在目标就是为了更好地为权利服务,为公民的合法权利的获得和持续发展服务。当然,权利越过自身界限,进入非法领域,对他人权利和公共利益和社会构成侵害,那应当是另一回事。

那么,当权利和权力发生冲突时,为什么要优先维护公民权利而不是维护公共权力或公共权威呢?我们可以从权力存在的合法性中得到辩护或证明。权力存在的合法性在于维护公民的合法权利,无论那个权利是多么被社会或其他公民所忽视,但它是权力必须给予维护的对象。当权力与权利发生矛盾时,权力就要慎重地对待自己手中的力量,因为它作出的判断,它所犯下的罪过,并不是对于某一个公民权利的罪过,而可能是对所有公民的权利犯下的罪过。

尤其是,如果权力形成了一种可以逐个地侵害公民的权利而不受追究的惯性,那么公民将丧失对政府和国家的信任,也将丧失对所有法律制度的信任,他们就会为了维护自己的权利,而以一些更加私下的隐藏的方式来对抗权力,对抗政府,对抗国家。结果便是,虽然在表面上,权力、政府、国家仍然拥有着法律意义上的权威,但是它们已经在法理意义上丧失了合法性,也丧失了权威。

现在,像上一章我们讨论过的福柯一样,有一个人对于权利和权力、善与善之间的不兼容性进行了认真思考,他就是伯林。

第二节　伯林的个人生活经历

有些思想家的个人生活经历在其学术思想发展过程中的地位可以忽略不计,有些思想家的个人生活经历与其学术思想具有内在联系。康德属于前一类哲学家,以赛亚·伯林则属于后一类思想家。

1909 年,伯林(Isaiah Berlin,1909—1997)出生于当时为俄国城市后为立陶宛首府里加的一个犹太人家庭。父亲为木材商人。由于发生俄国革命,加上其家人对英国生活的向往,他在 1920 年前后随父母移居英国。[①] 伯林描述了俄国革命时自己的家庭:"我的父母属资产阶级自由派。"[②]"我不可避免地受苏联存在的影响……尽管我父母没有受过苏维埃政权的迫害,来英国也不是被驱逐的。"[③] 1928 年伯林进入牛津大学攻读文学和哲学,1932 年成为万灵学院研究员,并在新学院任哲学讲师,其间与艾耶尔、奥斯汀等一起参与了普通语言哲学运动。艾耶尔是伯林的同学和朋友。罗素、维特根斯坦等人对伯林产生过一定影响。但他认为"逻辑实证主义者在主要方面是错误的"[④]。伯林在 1928 年至 1940 年发表论著《卡尔·马克思》和讨论音乐和诗歌的许多文章,并对柏拉图、亚里士多德、休谟、巴古宁、柏格森、杜威等人思想有些评论。[⑤] 伯林与其牛津哲学同事具有不同学术兴趣。二战期间,伯林先后在纽约、华盛顿和莫斯科担任外交职务。伯林没有亲临一线,并且他直到 1944 年底才得知纳粹在二战期间屠杀犹太人的确切消息:"对我来说,至少在 1944 年底之前从未听说过这些屠杀……我得知这些惨绝人寰的大屠杀实在是太晚了。"[⑥]作为犹太人,伯林对自己虽非主观造成的这一重大过错深感愧疚。在 1941 年到 1946 年,他暂时离开学术界,没有公开发表著作。1946 年伯林重返牛津教授哲学,并转向政治和法律思想史,1957 年成为牛津大学社会与政治理论教授,并获封爵士。1966 年至 1975 年担任牛津大学沃尔夫森学院院长。1974 年至 1978

---

① 伯林一家移居英国的时间有三种说法。第一种说法为 1919 年,如马斯泰罗内说"伯林一家于 1919 年移居英国"(马斯泰罗内编:《当代欧洲政治思想》,第 90 页);第二种说法为 1920 年,如《反潮流》中文版关于伯林的介绍(伯林:《反潮流》,冯克利译,译林出版社,2002 年);第三种说法为 1921 年(莱斯诺夫:《二十世纪的政治哲学家》,冯克利译,商务印书馆,2001 年,第 270 页)。但有一点是明确的,当时的伯林一家是"移民"而非"难民"。因此莱斯诺夫的如下说法不确切:伯林"同他的家人一起,在 1917 年的革命后逃离圣彼得堡,于 1921 年来到了英国。因此,伯林是布尔什维克政权而非纳粹制度的难民"(莱斯诺夫:《二十世纪的政治哲学家》,第 270 页)。伯林一家在俄国革命期间并没有受到迫害。伯林对此有明确陈述:"我于 1915 年随父母离开里加前往彼得堡,我们是 1919 年离开彼得堡的……我们离开俄国到达立陶宛。我父亲是一个木材商,给俄国铁路供应枕木。他继续为新的苏维埃俄国政府工作了两年,最后显然是没法再做下去了。我们从未受过触动,不论是我父亲还是哪一个亲人都没有被捕或受到任何形式的骚扰"(贾汉贝格鲁:《伯林谈话录》,杨祯钦译,译林出版社,2002 年,第 3~5 页)。

② 贾汉贝格鲁:《伯林谈话录》,第 4~5 页。

③ 贾汉贝格鲁:《伯林谈话录》,第 8 页。

④ 贾汉贝格鲁:《伯林谈话录》,第 13 页。

⑤ 伯林:《反潮流》,第 424~428 页。

⑥ 贾汉贝格鲁:《伯林谈话录》,第 19 页。

年担任英国皇家科学院院长。①

从上述描述可知,伯林既亲历又回避的三个事件对其自由主义多元论思想的形成产生了重大影响。一是俄国革命,伯林既经历了那场革命,又躲避了那场革命;二是牛津逻辑实证主义哲学运动,伯林既参与了那个运动,又中途退出了那个运动;三是二战,伯林既经历了那场战争,但他远在后方,正像他躲避俄国革命一样,实际上躲避了那场战争。伯林对当时正在发生的重大历史事件和学院事件有所介入,有所耳闻目睹,但他看得不很真切。他多少回避着这些历史事件或学院事件。起初的认识失真导致他后来不断的回顾、追溯和反省,导致 1946 年的学术转向。这个转向的最重要理论成果便是《自由四论》,尤其是《自由的两种概念》,后者对当代西方政治和法律思想产生重大影响,被后人誉为一篇货真价实的"自由主义宣言"。②

第三节　伯林自由宪政思想的哲学前提

伯林曾经是逻辑实证主义哲学的主要发起人之一,但是他后来的哲学旨趣与之大相径庭。因为他发现以艾耶尔为代表的这一哲学流派处理知识和真理的方式具有简单化倾向。首先,伯林认为,哲学不是一种累积性学科。我们无法重现或复原古代哲学语境,但古人探讨的哲学问题对今天人们研究哲学仍然有启示意义。这表明伯林对待哲学史和思想史具有更宽容的态度。这一点表明了伯林与当时英国哲学主流的根本差异。其次,伯林认为,哲学产生于各种有争议观念的冲突。观念来自生活,生活变化了,观念也会变化,冲突随之变化。冲突滋生困惑。但是,当生活变化时,更多的困惑在没有获得解答之前就枯萎了。思想因营养不足而枯萎较之通过争论而被驳倒要快得多。因此,由于滋生新问题的社会是不断变化的,以为所有问题都能找到解决办法的观念即使在原则上也是荒谬的。③ 哲学解决的是观念之间、语词之间或表述方法之间的冲突产生出来的各种疑难。困难在于,用来

---

① 伯林的主要著作有《卡尔·马克思》(1939)、《概念与范畴》(1958)、《自由四论》(1969)、《维柯与赫尔德》(1976)、《俄国思想家》(1978)、《反潮流——观念史论文集》(1979)、《个人印象》(1980)、《扭曲的人性》(1990)、《现实感》(1997)等。

② 马斯泰罗内编:《当代欧洲政治思想》,黄光华译,社会科学文献出版社,1998 年,第 90 页。

③ 贾汉贝格鲁:《伯林谈话录》,第 25 页。

解决这些疑难的方法彼此是不可类比的。伯林主张,不同问题应当以不同方式来对待,他反对艾耶尔否证理论,即把不符合一定标准的知识通通斥之为"伪知识"而给予抛弃。第三,哲学问题不同于经验问题,也不同于数学问题。伯林强调哲学问题的独特性,哲学问题无法用经验手段或逻辑手段来解决或消解。生活目的、善与恶、自由和必然、客观性和相对性等问题,既不能靠查阅最高级辞典来解决,也不能用经验方法或数学推理方法来解决。这一点表明伯林与艾耶尔等逻辑实证主义者具有不同的哲学趣味。第四,伯林认为,哲学能大大增强人们的批判能力。哲学的用处之一在于让人透过政治上冠冕堂皇的词藻,识别各种谬论、欺骗、恶作剧、赘疣、感情上的讹诈,以及各种各样的诡辩和伪装。这一点表明,伯林继承了批判哲学的精神,承认哲学的批判性,强调哲学的治疗功能。第五,伯林主张哲学的主要目的在于自我理解。哲学的目标在于理解人、事物、语词三者之间的关系。哲学不仅探讨主体和客体、意识和物质、存在和思维的关系,而且在这里,伯林突出了语词在哲学研究中所具有的重要性。第六,伯林非常重视思想史,尤其重视对哲学家或思想家个案的研究。他的论著多以单篇论文的形式发表,只是到了晚期才编辑成论文集形式出版。注重个案和注重具体政治与社会问题是伯林研究政治思想史的一大特点。第七,伯林主张,极权的独裁的专制不是可怕的变态,而是所有西方政治思想核心思潮之主要假设的逻辑发展,即,宇宙有一个单一目的,缘此目的,一切现象底下皆有一个根本同一性。它一经发现,就能为解决人类社会根本问题提供最终解决方案。① 按照这个假设,"全部实在,我们关于它的所有知识的分支,构成了一个合理的、和谐的整体,人类各种目的存在着终极的统一性和和谐性。"②伯林称这种信念为形而上学的一元论教条。这种形而上学信念是一个谬误。它是人类所有重大社会灾难的思想根源。伯林的主张同胡塞尔、海德格尔、法兰克福学派、德里达、福柯、罗蒂等哲学家或哲学流派对于"启蒙"、"理性"和"现代性"的反省和批判相一致。第八,伯林哲学的逻辑结论便是多元论。伯林专注于探讨伦理、政治、审美价值和人类知识领域的多元论;无论在政治理论和历史哲学著作中,还是在认识论著作中,"这种专注都居于中心位置"③。多元论为伯林自由宪政思想确立了坚实的思想基础。

---

① 凯利:"导论:复杂的慧见",载于伯林:《俄国思想家》,彭维栋译,译林出版社,2001 年,第 3 页。
② 豪舍尔:"序言",载于伯林:《反潮流:观念史论文集》,冯克利译,译林出版社,2002 年,第 4 页。
③ 豪舍尔:"序言",第 4 页。

伯林提出了一种独特的价值多元论。这种多元论关注的焦点不是"善"与"恶"之间的不可兼容性和不可公度性,而是"善"与"善"之间的不可兼容性和不可公度性。伯林把它视为当代哲学的核心难题。这个难题表现为两个方面,一是在本体论上如何揭示善的多样性、不可兼容性和不可公度性;二是在方法论上如何应对善的多样性、不可兼容性和不可公度性。围绕上述难题,伯林提出了三个命题来给予回应,即"善与善之间存在着不可兼容性和不可公度性"、"无法逃避选择是人类的状况"、"不存在无缺憾的完备性世界"。这使得伯林的价值多元论在当代哲学中脱颖而出,成为当代英国哲学中极富悲剧和悲观色彩的一种哲学。

命题之一:善与善之间存在着不可兼容性和不可公度性 自从柏拉图以来,西方思想传统中占据主导地位的一个信念是,所有善不仅和谐共存,而且相互包容。在最美好的人类生活中,人类不断发展的优点或样式都彼此不相冲突或相互排斥。"宇宙有一个单一目的,缘此目的,一切现象底下皆有一个根本同一性。它一经发现,就能为解决人类社会根本问题提供最终解决方案。"[1]按照这个假设,"全部实在,我们关于它的所有知识的分支,构成了一个合理的、和谐的整体,各种人类目的存在着终极的统一性和和谐性。"[2]所有真正美好的事物、所有善的事物都"在一个单一、完美的整体中相互关联,或至少彼此相容"[3]。伯林称这种信念为形而上学的一元论教条。"该教义包含这样一种推论:实现由这些美好事物所构成的模式,乃是所有理性活动,包括公共的和私人的理性活动的真正目的。"[4]像亚里士多德、斯宾诺莎、莱布尼茨、黑格尔等都持着这种一元论思想。即使到了今天,它仍然支配着西方主流哲学和西方主流意识形态。

与这种一元论思想相对应的是各种怀疑论和主观主义。怀疑论和主观主义看到了伦理学观念和实践理性观念中的不可公度性。它们否定道德知识的客观性,拒斥任何类似于道德信念或道德判断的东西,把道德规范同化为对偏好的表述。比如,休谟明确地区分了实然世界(事实)和应然世界(价值),他认为,我们无法从前者推导出后者。人的道德是人的同情心的推广和放大,因此,人们从实然世界角度来演绎和思考应然世界是不可靠的。康德沿着休谟的思路,试图弥补在事实和

---

① 凯利:"导论:复杂的慧见",第3页。
② 豪舍尔:"序言",第4页。
③ 伯林:《自由论》,第4页。
④ 伯林:《自由论》,第4页。

价值之间的裂痕。当康德在脑海中浮现"浩瀚灿烂的星空"和"内心的道德法则"的时候,康德有一股强烈的要给宇宙万物立法的主观冲动。这种冲动导致他一直摇摆于承认客观实在即"物自体"的一元论和我们只能认识现象世界但无法认识"物自体"的不可知论和主观主义之间。休谟、康德等人关注的重心是如何把事实和价值给予一致起来。正如罗尔斯指出的那样,康德的道德哲学是一种"建构论"。实际上所有建构论都是"补救论"或"补偿论"。①

伯林的价值多元论既反对西方思想传统中的价值一元论,也反对怀疑论和主观主义。与康德一样,伯林显然受到了休谟的影响,"休谟通过他的怀疑论的论证贬低理性的主张,并不是要推出一种认识力的绝望,而是引导我们去发现和接受我们自身的局限。"②休谟怀疑论激起康德一种去克服道德和人类活动的消极性的冲动,即去开发或建构一个宏大的内在和谐和一致的价值世界的冲动。但在伯林那里,情形正好相反,"去发现和接受我们自身的局限"实际上导致伯林承认人的卑微和理性的卑微,看到在现实世界里不同的善之间的相互竞争和冲突。

伯林主张一种基于事实和人类生活(方式)多样性的客观价值多元论。伯林发现,不仅善与恶之间存在着明显的不可公度性,而且善与善之间存在着无法消解的不可公度性。伯林一再强调人类实际生活中面临的各种两难处境:"在某些特定情形中,是不是要以牺牲个人自由作为代价来促进民主? 或者牺牲平等以成就艺术、牺牲公正以促成仁慈、牺牲效率以促成自发性、牺牲真理与知识而促成幸福、忠诚与纯洁?"③伯林认为,人类对于这些两难境况的处理只能顾此失彼或非此即彼,而做不到两者兼顾。"我想提出的简单的观点是:在终极价值无法调和的情况下,从原则上说,是不可能发现快捷的解决方法的。"④

由此,伯林提出了第一个价值多元论命题:"善与善之间存在着不可兼容性和不可公度性",这是我们人类面临的首要难题,也是伯林终身关注的首要难题。

命题之二:无法逃避选择是人类的状况 由于在现实世界中确实存在着许多善是敌对的和冲突的,伯林进而否认当不同的善发生冲突时总能运用合理标准解决这些冲突。许多人类的善不仅难以和谐共存,而且不可公度和无法比较。因此,客

---

① 罗尔斯:《道德哲学史讲义》,张国清译,上海三联书店,2003 年。
② 泰勒:《自我的根源》,韩震译,译林出版社,2001 年,第 531 页。
③ 伯林:《自由论》,第 47 页。
④ 伯林:《自由论》,第 47 页。

观的价值多元论是人类的必然选择。这种多元论在西方哲学史上是独一无二的。

首先，人类拥有的异质而基本的"善"和"价值"在终极层面上存在着难以调和的冲突。伯林认为，在任何道德或行为准则的范围内，在终极道德价值之间总会产生一些冲突，对此，无论是理论理性还是实践理性都无法予以解决。比如自由与平等、公平与幸福都被认为是内在的善，但这些善在实践中经常发生冲突，在本质上存在着内在竞争，对这种冲突不可能依靠任何超然标准加以仲裁和解决。"在我看来，那些要求最终答案——不惜一切代价追求整齐划一的哲学一元论——以前和现代正在做的正是这些。"即他们强调应当"理性地做决定"①。应当"根据普遍的理想，即根据一个人、一个群体或一个社会所追求的整个生活模式来做决定"②。当他们如此思考或行动时，他们不是直面价值两难，而是无视价值两难，或者借助于一些技巧或知识从表面上消除这些价值两难，或者用价值两难的一方简单地取消或取代另一方。所有这些做法都"曲解"了价值两难。"既然有些价值可能本质上是相互冲突的，那么，原则上可以发现所有价值都能和谐相处的模式这样一种观念，便是建立在关于世界本质的一种错误的、先验的观念之上。"③

伯林由此提出第二个价值多元论命题，这是一个类似于萨特"存在先于本质"的存在主义哲学命题："无法逃避选择便是人类状况。"④人的"目的是相互冲撞的，人不可能拥有一切事物……于是，选择的需要，为着一些终极价值而牺牲另一些终极价值的需要，就成为人类困境的永久特征"⑤。因为选择，无论什么样的选择，都不会指向完美的无缺憾的世界，所以，当面临"疑难案件"时，无论在理论上还是在实践上，伯林都否定了当代美国政治哲学和法哲学家罗纳德·德沃金寻求"唯一正确答案"的可能性。⑥ 在伯林看来，"这种观念……不仅是无效的，而且曾经（并依旧）导致理论上的荒谬与实践上的野蛮后果。"⑦

其次，同一个"善"和"价值"自身存在着内在矛盾或不确定性。这些善或价值

---

① 伯林：《自由论》，第48页。

② 伯林：《自由论》，第47页。

③ 伯林：《自由论》，第49页。

④ 伯林：《自由论》，第49页。

⑤ 伯林：《自由论》，第49页。

⑥ 参阅德沃金："疑难案件真的没有正确答案吗?"收录于 Dworkin, R., *A Matter of Principle*, New York: Harvard University Press, 1985. p. 119~145)

⑦ 伯林：《自由论》，第53页。

在本质上是复杂的和内在多元的,包含着冲突因素,有些因素是基本的和不可公度的。比如,举报自由和保护隐私自由是相互竞争的,体现了各自独特的不可公度的价值。再比如,机会平等和结果平等也是相互竞争的。这些善自身在总体上不是和谐的,它们只是各种不可公度因素进行竞争和发生冲突的场所。

与伯林差不多同一个时间,罗尔斯提出了"差别原则"(difference principle)和"最大化最弱者利益策略"(maximin strategy),①德沃金提出了"根本的善"和"派生的善"的观念,"基于原则的权利"和"基于政策的权利"的观念,实际上都试图回答"善和价值的内在矛盾和不确定性"问题。② 但是伯林认为,无论采取何种"原则"或"办法",这些"内在矛盾"和"不确定性"都无法得到圆满解决或根本解决。"这种进退两难在逻辑上是不可解决的:我们既不能牺牲自由,又不能牺牲捍卫自由所需的组织,也不能牺牲最低限度的福利。"③伯林给罗尔斯和德沃金的忠告是:"所需要的是少一些一般原则的机械的、狂热的作用,不管这些原则多么合理或正确;将广为接受的、经过科学检验的普遍方案运用于未被检验的个案时,所需要的更多的谨慎、更少的傲慢自负。"④

第三,每一种价值与其所属文化的内在一致性,文化差异导致价值冲突。不同文化具有不同价值,不同价值依附于不同文化,由于文化的不可公度性,导致价值与价值的冲突。不同文化产生不同的道德和价值,这些文化包含重叠交叉特征,也为不同不可公度的优点、美德和善的概念提供了说明。有些善各自起源于不能结合的社会结构,假如这些社会结构是不可公度的,那么这些善也是根本无法结合的。伯林因此成为亨廷顿的"文明冲突论"的思想先驱,伯林哲学也成为社群主义和文化多元论思想的重要思想来源。

伯林的价值多元论很容易被混同于相对主义和主观主义,桑德尔曾经把它与相对主义相提并论,说伯林"差一点就陷入相对主义的困境"。桑德尔对伯林的价值多元论提出了这样的诘难:"伯林假定的道德宇宙具有悲剧性的构造,问题是,自由理想难道不也和其他相竞的理想一样,都要受到价值的终极不可共量性的约束?若是如此,为什么自由理想具有优越的地位? 而如果自由不具有道德上的优越地

---

① John Rawls: *A Theory of Justice*, Harvard University Press, 1971, p. 302; p. 152.

② Ronald Dworkin, *A Matter of Principle*, Harvard University Press, 1986.

③ 伯林:《自由论》,第 102 页。

④ 伯林:《自由论》,第 102 页。

位,如果它只是众多价值之一,什么可以支持自由主义?"①在《自由主义社会的偶然》一文中,罗蒂站在伯林一边,对这种指责做出了回应:伯林对价值相对性的承认是一种对于客观事实的承认,而不是一种主观好恶的承认。"我是站在伯林这一边发言的,想要为伯林打杂,替他芟除哲学树林下的一些丛薮。"②罗蒂明确把伯林自由理论表述为"自由是对偶然的承认",并坚决拒绝了"根深蒂固的形而上学需求"③。因此,面对人类的价值和"善"的多样性、不可兼容性和不可公度性,在本体论上拒绝一元论,坚持多元论是伯林哲学的逻辑结论。

更重要的是,伯林预见到了他的价值多元论可能产生的政治后果:"这将摧毁或动摇古今大量思想与行为的基础;并且至少将影响对个人自由和社会自由的理解,以及建立在这些自由之上的价值。"④

命题之三:不存在无缺憾的完备性世界。伯林专注于探讨伦理、政治、审美价值和人类知识领域的价值多样性;无论在政治理论和历史哲学著作中,还是在认识论著作中,"这种专注都居于中心位置"⑤。当伯林从他的价值多元论视角来评判社会现实尤其是政治现实的时候,"既然没有一种解决方案是保证不会错的,那么,也就没有一种部署是终定的。"⑥因此,承认和接受"有缺陷的不完备的世界"便是他的唯一选择。他由此提出了第三个价值论命题:"不存在无缺憾的完备性世界。"

伯林是一位"清醒而冷静"的哲学家,他基于对人性现实性的探讨来揭示人类基本社会和政治制度的理论基础,重视不同社会基本制度设置的思想观念根源或意识形态根源,但否定其超越人性的形而上学根据,把社会制度建构建立在对某种人性模型即多元论人性模型的确认之上。比如,伯林对两种自由概念的论证,对我们认清自由的本质,认清一些政治思想对自由的严重误认,重新认识和评价近代文明以来尤其是20世纪一些重大政治事件的发生、发展和演变具有重大借鉴意义。⑦

伯林主张有原则的宽容,主张少数派和异端的消极自由权利应当受到宪法和

---

① Michael Sandel,"Introduction" to *Liberalism and its Critics*,Michael Sandel,ed.,New York:New York University Press,1984. p. 8. 转引自罗蒂:《偶然、反讽和团结》,徐文瑞译,商务印书馆,2003 年,第 70 页。

② 罗蒂:《偶然、反讽和团结》,第 80～81 页。

③ 罗蒂:《偶然、反讽和团结》,第 69～70 页。

④ 伯林:《自由论》,第 4～5 页。

⑤ 豪舍尔:"序言",第 4 页。

⑥ 伯林:《自由论》,第 103 页。

⑦ 伯林:《自由论》,第 186 页及以后。

法律的保护。"步出困境之路存在于某种逻辑上混乱的、可变的甚至是含糊的妥协。"①伯林强调现代社会应当全面保护个人的消极自由,使其免于积极自由的过分侵害。伯林把消极自由和积极自由,公民权利和国家权力或公共理性置于同等重要的平行地位,积极地替消极自由和公民权利作辩护,他提醒我们,我们应当提防"开始时作为自由学说的东西结果成了权威的学说,常常成为压迫的学说,成为专制主义的有益武器"②。与此同时,同专制相比,在伯林看来,尽管正义的自由社会可能比任何其他社会都拥有更为广阔的空间,但是它绝不是没有代价的。"舆论一律的要求今天比昨天更加急切;忠诚受到更严厉的试炼;有其自己私生活品位和内在行为标准的怀疑论者、自由主义者、个人,如果他们自己不刻意认同有组织的运动,就将成为双方面恐惧与嘲笑的对象,成为迫害的目标,在我们这个时代的意识形态大战中,受到所有进入阵地的党派的诅咒与蔑视。"③不存在没有代价的社会世界(no social world without loss)。任何一个社会制度都不可能为所有的人类价值留下足够的空间。"它的实现导致了一种恶性循环:压制是为了生存,而生存主要是去压制。于是治疗变得比疾病更坏,并且采取教条的形式,而这些教条是建立在某些个体的简单的、清教徒式的信仰之上的,他们从不知道或早已忘记了生活的甘美、自由的自我表达、人与人的关系的无限多样性、自由选择的权利、忍受的艰难、屈服的无法容忍性等这些东西究竟是什么。"④伯林借此批判了现代完备性社会的虚假性和残暴性,提出了"无缺憾的完备性社会"的不可能性,为后人构建新社会制度提供了重要思想资源,为我们认清人自身、社会和制度的本质提供了新视角。

伯林承认"不存在无缺憾的完备性世界",实际上触及人类社会根本制度设置的合理性问题,但是他没有解决那个问题。他只是提出了一个折衷的建议:"少一些弥赛亚式的热诚,多一些开明的怀疑主义,多一些对特异性的宽容,在可预见的将来特别地多一些达到目标的方法,为那些其趣味与信念(对错姑且不论)在多数人中很难找到共鸣的个体或少数人实现他们的目的多留出一些空间。"⑤

---

① 伯林:《自由论》,第 102 页。
② 伯林:《自由论》,第 42 页。
③ 伯林:《自由论》,第 100 页。
④ 伯林:《自由论》,第 101~102 页。
⑤ 伯林:《自由论》,第 186 页。

第四节 对伯林价值多元论的批评

伯林的价值多元论难题不是单纯的理论虚构，而是我们人类面对的实际困境。比如，谁都论证不了应当是"平等高于自由"还是"自由高于平等"，自由和平等都是人类的根本价值。当这些根本价值发生冲突的时候，我们没有找到一条最佳的出路。诸如此类难题引起了众多当代思想家的关注和争论，纷纷对它们做出自己的回答。

伯林的价值多元论难题激起了罗尔斯的热烈回应。罗尔斯承认，作为公平的正义同伯林的自由主义传统"一脉相承"[①]。不过，罗尔斯认为，伯林规定的消极自由和积极自由之间的界限是模糊的。虽然伯林看到了不同公共善之间的冲突，但是伯林没有找到有效消除这些冲突的手段，"诚如伯林长期坚持认为的……那样，没有无缺陷的社会世界。这即是说，任何社会世界都会排斥某些以特殊方式来实现某些根本价值的生活方式。社会世界的文化和制度之本性被证明是太不适宜了。但是，这些社会必然性并不能作为任意偏袒或行不正义的理由。"[②]伯林的自由主义"没有具体规定某种可充分量化的东西"[③]。"在各种所珍视的价值之间不得不进行选择的时候，我们面临着这些价值孰先孰后的巨大困难，也面临着其他一些困难，而这些困难看起来并没有明确的答案。"[④]因此，在一个公共理性框架之内，通过制度设置，尽量消除各种价值和生活方式之间的冲突，完成对两种自由的保护，实现现实乌托邦，构成了罗尔斯一生的学术追求。

诺齐克的自我所有权观念既是对罗尔斯正义论的批判和修正，也是对伯林的消极自由观的某种呼应。当罗伯特·诺齐克提出以下核心见解的时候："个人拥有权利，有些事情是任何人和团体都做不得的（做了肯定侵害到个人权利）。这些权利如此强大而广泛，以至于提出了国家及其官员可以做什么（如果能够做什么的话）的问题。"[⑤]诺齐克实际上是把解答伯林难题的方式引向了罗尔斯的对立面上。

---

①　罗尔斯：《作为公平的正义：正义新论》，姚大志译，上海三联书店，2002 年，第 238 页。

②　罗尔斯：《政治自由主义》，万俊人译，译林出版社，2000 年，第 209～210 页。

③　罗尔斯：《政治自由主义》，第 351 页。

④　罗尔斯：《作为公平的正义》，第 342 页。

⑤　Robert Nozick：*Anarchy, State, and Utopia*, Basic Books, 1974, p. ix.

伯林的价值多元论思想也激起了德沃金的强烈反响。德沃金主张，政治道德理论"应当建立在对人类的伦理和道德价值、价值的地位和统一性、客观真理的性质和可能性较为全面的解释上。我们应当盼望一个包括所有核心政治价值——不仅是平等的价值，还有民主、自由、公民社会的价值——的言之成理的理论……平等不但与自由相容，而且是珍惜自由者都会予以珍惜的一个价值……这些目标与当代自由主义理论最强大的两股势力——约翰·罗尔斯的政治自由主义和以赛亚·伯林的价值多元论——在精神实质上正好相反。"①伯林强调重要的政治价值之间存在着剧烈冲突，他尤其强调自由与平等的冲突。德沃金则设法要化解这些冲突，把这些价值整合在一起。因此，伯林提出的价值多元论悖论是德沃金在《至上的美德》、《法律帝国》和《原则问题》等著作中试图给予解决的难题之一。② 比如在司法实践中，德沃金把伯林难题重新表述为"当遇到疑难案件时是不是存在着唯一的正确答案"的问题。这个问题已经在世界范围的法学和政治学引起了热烈的争论。像哈特、波斯纳、洛兹、芬尼斯等法哲学家、政治哲学家和道德哲学家所关注的问题，无疑都可以追溯到伯林的难题。

伯林的价值多元论与泰勒强调的社群主义思想形成某种呼应关系。伯林通过对西方形而上学传统诉求的否定来阐述自己的多元论见解，而泰勒则以对西方形而上学传统的重新解释，尤其是对黑格尔哲学的重新解释来阐述自己的社群主义思想。③ 在《消极自由何错之有？》一文中，泰勒提出了一种非常不同的对自由的解释。④ 此外，泰勒区分了"消极的自由"和"消极的自由观"，进而提出了自己的自由观与伯林自由观的差异："但是消极的自由观不像常常被人们确认的那样地等同于'消极的自由'。"⑤泰勒认为，在西方形而上学传统之中同样包容着多元论的思想。泰勒看到威胁现代自由的思想根源并不仅仅是形而上学的一元论信念，"现代的自由观因此受到了来自两方面的威胁。一方面，在人的非理性和本能面前，存在着对

---

① 德沃金：《至上的美德》，冯克利译，江苏人民出版社，2003年，第5～6页。

② 德沃金认为自己在《至上的美德》收入的《自由的地位》和《自由主义共同体》两文中解答了伯林的难题。参阅德沃金：《至上的美德》，第6页。

③ 泰勒在《黑格尔》一书"前言与致谢"中明确表达了以赛亚·伯林对自己思想的影响："我非常感谢以赛亚·伯林，他审阅了本书部分手稿，他的渊博学识，他对黑格尔得以产生出来的整个德意志思想和感伤情怀的理解，使我受益良多。"

④ 参阅 Charles Taylor, *Philosophy and the Human Science*: *Philosophical Papers*, Volume II, Cambridge University Press, 1985, p. 211～229.

⑤ 泰勒：《黑格尔》，张国清、朱进东译，译林出版社，2002年，第2页，第859页。

于自由的实现的绝望,甚至怀疑对自由的渴望有任何意义。另一方面,自我依赖的自由的终极空洞性似乎导致了虚无主义。"①泰勒同意伯林对消极自由和积极自由的划分,但相信人们不可避免地要使用一些积极自由形式。他认为消极自由通常是个"机会概念",而积极自由往往是个"操作概念",包括了控制人的生活的实际操作。

哈耶克发展了伯林的消极自由概念,认为自由在于摆脱强制,自由的政治秩序根本不应该对消极自由设置障碍。哈耶克反对把自由建立在获得物质资源基础上,反对以经济再分配手段来增进穷人的自由。诺契克等自由至上主义者从极端的意义上理解伯林的消极自由概念,认为只有消极形式的自由才是真实的,并主张把消极自由严格地解释成不存在国家或经济制度的直接强制,把国家视为强制的唯一主体,认为国家具有直接强制的权力,并会导致最坏的专制。

B. 帕雷克在《当代政治思想家》中对伯林观点的局限性作了分析。他认为伯林仅仅强调外在障碍对自由的影响,而没有讨论阻碍自由的内在障碍。伯林的多元论带有不确定性或随意性。由于伯林在定义消极自由时显得犹豫不决,前后矛盾,如他有时把它定义为一种"价值",有时又定义为一种"目的"。这导致后人批评他的消极自由不是一个概念,而是若干概念,"是虽有历史关系却没有历史必然性的一组概念。"②伯林的消极自由指的是政治自由,而这一概念含义过窄。因为政治自由包括多方面内容,如选择政府的自由,影响国家公共事物行为的自由,保持政府政策的自由,与市民讨论公共事物的自由等等。政治自由只能与他人共享或在伙伴中享受到。伯林强调以牺牲其他自由而获得消极自由,是对政治自由的一种不平衡的说明。

罗蒂对伯林的价值多元论难题也提出了自己的解决方案。罗蒂称自己的自由主义是一种"最低纲领的自由主义"。罗蒂对伯林难题采取的策略是:把所有问题都还原为政治问题,搁置哲学、道德和宗教层面的争论,"想办法使他们对民主共识的重视超过对任何其他事物的重视。"③从黑格尔历史主义和达尔文生物进化论角度来对待所有争端,对未来抱着一种乐观的希望:"政治将总是与道德纠缠在一起,

---

① 泰勒:《黑格尔》,第 864 页。
② 莱斯诺夫:《二十世纪的政治哲学家》,第 276 页。
③ 罗蒂:《后形而上学希望》,张国清译,上海译文出版社,2003 年,第 288 页。

不过,正如政治一样,道德和宗教也得屈服于历史的成熟".① 罗蒂认为,作为善与善冲突的典型形式,公正和忠诚的竞争相似于我们应当扩大还是缩小"忠诚"范围的问题。在这里,正义问题被还原为"忠诚的范围"或"忠诚的程度"的问题。② 忠诚主要不是对理性或合理性的追求,而是对同情心的追求:

> 这两个世纪最有可能被理解为不是一个深化理解合理性本质或道德本质的时期,而是一个发生了极其迅速的同情心进步的时期,是一个我们更容易为一些忧伤的富于情感的故事所打动的时期。③

罗蒂甚至把解决伯林价值多元论两难的任务交给诗人而不是哲学家或政治学家,他引用了杜威的一个观点来对待那个两难:

> 想象力乃是善的主要工具……人类的道德先知一直就是诗人,尽管诗人们都是透过自由诗篇或偶然来说话的。④

罗蒂为解决伯林难题的方案是独特而新奇的,但是仍然不失为一种极富创造性的方案。

第五节　狼的自由是羊的末日

自从接触以赛亚·伯林的思想以来,我一直在寻找一个最能够代表他思想的命题,像消极自由、积极自由、历史的不可避免性、价值多元论、反潮流、人性的曲木等等,尽管构成伯林思想的重要环节,但是,它们都不够形象生动,代表不了伯林思想的鲜明个性。当我读到《自由论》一段话时,我终于找到了最能代表伯林思想的命题,它就是"狼的自由往往是羊的末日"⑤。

---

① 罗蒂:《后形而上学希望》,第 297 页。
② 罗蒂:《后形而上学希望》,第 298～299 页。
③ 罗蒂:《后形而上学希望》,第 344 页。
④ 罗蒂:《偶然、反讽与团结》,第 98 页。
⑤ 伯林:《自由论》,第 43 页。

近代政治哲学的逻辑起点是有关狼的学说，霍布斯"人与人的关系就像狼与狼的关系"成为近代政治哲学的原初图画，各种契约论都以"狼与狼之间达成暂时契约"为意象。如果说法国的帕斯卡尔把人的生命比拟为会思考的芦苇，是那么脆弱，随时都有可能被折断的危险，那么伯林把人比作温顺的羊，随时都有可能被狼吃掉的危险。

"狼的自由往往是羊的末日。"这一命题的真正意思是，无论是狼的积极自由，还是狼的消极自由，都会是羊的末日。这是伯林的世纪隐忧的直接表达。伯林就是一只会思想的羊。从羊出发来思考生命的意义是伯林政治哲学的一大特点。他不仅思考自身的暂时处境，而且思考所有羊、所有生命的可能处境。他把自己的同类置于狼的各种条件下来思考。比如，他经常思考的一个重要问题是，在狼和羊之间是不是存在契约的可能性？这个问题的积极回答便是一种根本的价值多元论，其消极回答便是命题"狼的自由往往是羊的末日"。当我第一次读到这一命题的时候，它给我心灵的震撼无以言表。因为我已经习惯于"狼的自由"，已麻木了"羊的末日"。对"狼的自由"和"羊的末日"之间的真正联系或真相，我们大多采取"理所当然的态度"。伯林则要把人类自我麻痹的东西重新给予细致地描述出来，重新赤裸裸地呈现在世人面前。

伯林曾经是逻辑实证主义哲学的主要发起人，但是他后来的哲学旨趣与之大相径庭。因为他发现以艾耶尔为代表这一哲学流派处理知识和真理的方式具有简单化倾向。他主张，哲学问题不同于经验问题，也不同于数学问题。伯林强调哲学问题的独特性，哲学问题无法用经验手段或逻辑手段来解决或消解。比如，生活目的、善与恶、自由和必然、客观性和相对性等问题，既不能靠查阅最高级辞典来解决，也不能用经验方法或数学推理方法来解决。哲学的用处之一在于让人透过政治上冠冕堂皇的词藻，识别各种谬论、欺骗、恶作剧、赘疣、感情上的讹诈，以及各种各样的诡辩和伪装。哲学的主要目的在于自我理解。伯林非常重视思想史，尤其重视对哲学家或思想家个案的研究。他的论著多以单篇论文的形式发表，只是到了晚期才编辑成论文集形式出版。注重个案和注重具体政治与社会问题是伯林研究政治思想史的一大特点。

伯林主张，极权的独裁的专制不是可怕的变态，而是所有西方政治思想核心思潮之主要假设的逻辑发展，即宇宙有一个单一目的，缘此目的，一切现象底下皆有一个根本同一性。它一经发现，就能为解决人类社会根本问题提供最终解决方案。

按照这个假设，"全部实在，我们关于它的所有知识的分支，构成了一个合理的、和谐的整体，人类各种目的存在着终极的统一性和和谐性。"伯林称这种信念为形而上学的一元论教条。这种形而上学信念是一个谬误。它是人类所有重大社会灾难的思想根源。伯林哲学的逻辑结论便是多元论。

在《两种自由概念》一文中，伯林提出了以下根本性问题："我（或任何人）为什么要服从别人？""我为什么不能按照我喜欢的方式去生活？""我必须服从吗？""如果我不服从？我会不会受到强制？谁来强制？强制到什么程度？用什么名义强制？为什么？"这个问题也就是伯林所谓的"强制力的许可强度"。正是通过回答这个根本性问题，伯林提出了两个自由概念，即消极自由概念和积极自由概念，并进而提出了自己的自由宪政思想。伯林把消极自由和积极自由，把公民权利和国家权力或公共理性置于同等重要的平行地位，揭示了极权主义的思想根源，批判了完备性社会的虚假性和残暴性，提出了"无缺陷的完备性社会"的不可能性，为后人构建新社会制度提供了重要的思想资源。伯林自由宪政思想的最大特点是，基于对人性的广泛探讨来揭示宪政的理论基础，重视不同宪政设置的思想观念根源或意识形态根源，但否定宪政设置之超越人性的形而上学根据，把社会制度建构尤其是宪政建构建立在对某种理想人性模型即多元论人性模型的确认之上。

伯林在《自由论》中对两种自由概念的论证，对我们认清自由的本质，认清一些政治思想对自由的严重误认，重新认识和评价近代文明以来尤其是 20 世纪一些重大政治事件的发生、发展和演变无疑具有重大借鉴意义。伯林为我们认清人自身、社会和制度的本质提供了一个全新视角。伯林对人和人生需求的认识中包含着有一股强烈的悲剧感。正如豪舍尔评论的那样：

> 无可否认，在他[伯林]对人和人生需求的认识中，确实有一种强烈的悲剧因素：人类实现的大道，有可能彼此交汇和彼此阻碍，一个人或一个文明，为铺设一条完美人生之路而追求的最受珍爱的价值或美，有可能陷入致命的相互冲突；结果是对立的一方被消灭和绝对无法弥补的损失。[①]

---

① 豪舍尔："序言"，第 47 页。

第六节　伯林难题仍然是一个开放性的难题

显然,伯林难题并没有获得圆满解决。伯林难题仍然是一个开放性的难题。我在此不想简单地评论它的是与非,而只希望我们在解答一些比较具体的人类难题的时候,能够不时地想到伯林的忠告,即,要扭转根深蒂固的一元论思维定势,这是"伯林的最重要的发现,也可以说是建立在这个世纪的经验之上的对人类的最重要的劝告"①。

首先,伯林难题不是一个理论难题,而是一个实践难题,一个我们人类每天都在面临的难题。这是我们人类面临的最为根本的难题。在古希腊悲剧和哲学中,在古世纪神学思想中,在近代启蒙思想中,在近代宪政制度和自由市场的创制和发明中,一直到我们正在逐渐适应的"全球化"趋势中,这是一再拷问我们人类灵魂的问题。伯林显然不是首先关注这个难题的哲学家,但是他是以一种独特视角尖锐化了那个难题,引导我们不是回避它,而是勇敢面对它的当代哲学家。

其次,面对这个难题也就是面对我们人类自身的真实处境,体验这个处境让我们深切地感受到了其中充满的深厚悲剧性意味。正如豪舍尔评论伯林价值多元论时说的那样:

> 伯林著作的整体倾向就是扩大和加深我们对这种不可避免的冲突的损失以及由此引起的绝对选择之必然性的意识。他使给人带来和谐和安宁的所有人生观都产生了裂痕,它们虽能消除紧张和痛苦,同时也削弱了人的活力和热情,使人们忘记自己的真实的人性。他不断呼吁我们回到自己的本质自由和责任上来。②

当我们当代人由于"现代性"和"后现代性"而导致我们的神经变得日益麻木的时候,伯林的忠告仍然是一副很好的清醒剂。

第三,伯林没有预设那个难题的任何答案,实际上也不存在"最佳答案"。这让

① 胡传胜:《自由的幻像》,南京大学出版社,2001 年,第 244 页。
② 豪舍尔:"序言",第 47 页。

人想起法国哲学家福柯通过探讨"癫狂"史对人类实际处境的揭示。"癫狂"本来是人类自身的一部分，人类生活的一部分，也是人类历史的一部分。但是，当我们人类想要真正面对"癫狂"的时候，我们所提示所披露的"癫狂"是已经被"合理化"了的癫狂。这种"合理化"正是人类为自身真实处境谋求的"最佳答案"。然而，依福柯的见解：

> 那些可治愈的错乱永远难以回复到原来的样子了，尽管其自身的力量正在抗拒着那个巨大的道德束缚，我们习惯上把那个束缚称为比奈尔与图格对疯子的解放，无疑的这是一句反话。[①]

"理性事业"除了解放"理性"自身以外，还要去解放"非理性"，把"非理性事业"或者"理性他者事业"改造成为"理性事业"。这种"改造"就是对"疯子的解放"。然而，福柯对这项"解放事业"的可行性表示了怀疑。这种怀疑的态度同样深深地埋藏在伯林的心底。只是伯林不是把癫狂称为癫狂，而是称癫狂为人类的另一种善。伯林把理性与癫狂之间的张力还原为善与善之间的张力。

总而言之，从"善"和"价值"的多样性、"差异性"（"异质性"）和"不可公度性"（"不可兼容性"），到人类做出"理性"选择的"必要性"和"必然性"（"不可避免性"），再到在人类进行选择过程中产生某些"合理牺牲"的不可避免性（对这种"合理牺牲"的批判也构成了福柯的"理性的他者事业"），最终到人类社会现实的"不完备性"和"有缺陷性"，伯林的论证具有某种强有力的内在逻辑或内在一致性。这种一致性体现了伯林哲学的论证力量。伯林引导我们把"价值"与"价值"的关系或者"善"与"善"的关系问题提升为当代哲学的核心问题。伯林拒斥一元论和维护多元论的姿态一致于当代西方哲学对"启蒙"、"理性"和"现代性"的反省和批判精神，伯林的哲学思想引起了当代西方哲学家的热烈关注和回应，与德国法兰克福学派、法国结构主义和后结构主义、美国新实用主义形成了某种呼应关系，已经在西方学术界激起持久而广泛的争论，并仍将一再地触动一元论的顽固神经，是我们务必认真对待的一种哲学。

---

① 沃林：《文化批评的观念》，张国清译，商务印书馆，2000 年，第 254 页。

参考书目

伯林:《自由论》,胡传胜译,译林出版社,2003 年。

胡传胜:《自由的幻像》,南京大学出版社,2001 年。

罗蒂:《后形而上学希望》,张国清译,上海译文出版社,2003 年。

罗蒂:《偶然、反讽和团结》,徐文瑞译,商务印书馆,2003 年。

泰勒:《黑格尔》,张国清、朱进东译,译林出版社,2002 年。

德沃金:《至上的美德》,冯克利译,江苏人民出版社,2003 年。

罗尔斯:《政治自由主义》,万俊人译,译林出版社,2000 年。

第十五章

善、正当和利科的伦理诠释学

　　"善"(good)和"正当"(或"权利",right)的关系问题是当代伦理学和政治哲学争论的焦点。这个问题可以一直追溯到在古希腊哲学家苏格拉底和柏拉图堂弟格劳孔之间进行的一场有关"善"、"正义"(justice)和"不正义"(injustice)等话题的争论。从《理想国》第二卷一开始,格劳孔就提出有三种"善":第一种是自善(goods for their own sakes),第二种是自善与后果善兼容的善(goods not only in themselves,but also for their results),第三种是与自善不兼容的后果善(no one would choose them for their own sakes,but only for the sake of some reward or result which flows from them)。① 当苏格拉底表示赞同格劳孔对善的分类之后,格劳孔问,"正义属于哪一种善?"苏格拉底答道:"正义属于诸善中最高的那一种(in the highest class),那是人们愉快地想要得到的善,既因其自善,又因其善的后果(for their own sake and for the sake of their results)。"② 苏格拉底表面表示,"正义"是第二种"善",即"自善与后果善兼容的善"。格劳孔对此表示异议,认为"正义"是第三种"善",即"与自善不兼容的后果善":"然而很多人不这样看,他们认为,正义将被划入吃力不讨好的那一种善(to be reckoned in the troublesome class),是人们为了名利才追求的善,若就其自身而言人们是不会予以迎合的(but in themselves are disagreeable),反而是想要尽量躲开的(rather to be avoided)。"③

　　作为几乎整个 20 世纪悲喜剧的见证人,法国哲学家保罗·利科(Paul

---

　　① Plato,*The Republic of Plato*,*the Third Edition*,translated into English with *Introduction*,*Analysis*,*Marginal Analysis*,*and Index* by B. Jowett. Oxford at the Clarendon Press,1888,p. 36. 参阅柏拉图:《理想国》,郭斌和、张竹明译,商务印书馆,1986 年,第 44～45 页;以及包利民:《古典政治哲学史论》,人民出版社,2010 年,第 149～150 页。并参阅本书第一章第一节的讨论。

　　② Plato,*The Republic of Plato*,*the Third Edition*,p. 37.

　　③ Plato,*The Republic of Plato*,*the Third Edition*,p. 36～37.

Ricoeur,1913—2005)通过对源自古典希腊哲学的"善"、"自善"、"正当"、"正义"等语词的现象学—诠释学分析,考察了涉身的伦理目标和义务规范,探讨了目的论和义务论的内在联系,肯定目的论是义务论的最终评判标准,义务论是目的论的实践和外化,两者各有正当性,最终成就了一种伦理诠释学。

第一节 "善"、"正当"和"正义"

当英国哲学家以赛亚·伯林引用西人谚语"狼的自由就是羊的末日"来探讨人类面对的价值选择困境时,他深表忧虑地看到,"自由之所失也许会为公正、幸福或和平之所得所补偿,但是失去的仍旧失去了。"①由于善与善的不可兼容性,人类进行价值排序和价值选择的结果是,一些价值被淘汰、被边缘化或被简单地取代。"这个难题表现为两个方面,一是在本体论上如何揭示善的多样性、不可相容性和不可通约性;二是在方法论上如何应对善的多样性、不可相容性和不可通约性。"②无论我们怎样编排美好事物的前后次序,我们总会失去一些重要的东西。与伯林相比,美国哲学家约翰·罗尔斯表现得较为乐观和自信些,他的正义理论就是要给伯林难题实际上是人类面临的价值选择困境找出明确的答案。一方面,在对待善与正当的优先问题或排序问题上,罗尔斯明确提出"正当优先于善"或"权利优先于善"的主张:

> 在我所谓的"政治自由主义"中,正当的优先性(priority of right)理念是一个根本要素,……该理念在作为公平的正义中发挥着核心作用。③

另一方面,罗尔斯认为,善与正当具有互补性和兼容性:

> 正当与善是相互补充的,任何一种正义观都无法完全从正当或善中引导出来,而必须以一种明确的方式把两者结合起来。④

---

① 伯林:《自由论》,胡传胜译,译林出版社,2003年,第193页。
② 张国清:"在善与善之间:以赛亚·伯林的价值多元论及其批判",载《哲学研究》,2004年第7期。
③ John Rawls,*Political Liberalism*,Columbia University Press,2005,p.173.
④ John Rawls,*Political Liberalism*,Columbia University Press,2005,p.173.

利科既不赞成伯林认为处理那个问题只有暂时妥协、没有终极答案的悲观主张，也不赞成罗尔斯"权利的优先性"主张。利科试图超越伦理学领域的"个人主义—社群主义"、"目的论—义务论"范式，既主张善的优先性，又认识到善的脆弱性，正当或权利不是更高的善，而是普遍的善，提出了一个辩证的伦理诠释学体系。

利科看到，伦理学无外乎两种进路：义务论和目的论。目的论伦理学以亚里士多德为代表。亚里士多德追问人作为不同于动物和植物的理性种属，什么才是人的目的，以及怎样达到这种目的。亚里士多德认为，达到人类种属特点的完美活动就是善，人的生活应该以善为目的。康德是义务论的代表，其伦理学以普世义务为基础。康德也预设了"什么是善的生活"问题。康德承认，对普遍立法原则"直到现在我还说不清尊重的根据是什么，这可由哲学家去探讨，不过我至少可以懂得：这是对那种比爱好所中意更重要得多的东西的价值的敬仰。"[1]康德认为，善良意志是唯一不需要证实的善，是自为的善。在利科看来，这是一种包含在形式中的直觉，是西方文明根深蒂固的自我建构。

作为康德伦理学的继承者，罗尔斯的"无知之幕"试图通过最大化最小(max-min)的程序性中立选择，来摆脱对具有强烈主观和直觉性质的目的论论调。[2] 利科基于同样理由认为，在罗尔斯寓言式"原初状态"和"无知之幕"中，人不是价值中立的。那些订立契约的人也需要具有民主、自由、宪政等西方政治和伦理的背景视域。一个从来就只有奴役者与被奴役者的社会，无法推演出罗尔斯的两个正义原则。利科承认，善优先于正当，但是善必须经受普遍性的检验。正是在这种冲突中，一个辩证的伦理体系才得以建立起来。利科把"善"和"义务"同"自身"(soi)相联系，内化为两种自身筹划的结构："自善"(l'estime de soi)和"自尊"(le respect de soi)。"自善"对应于对善的生活的追求，对一种完善的人生的安排，成为类似目的论意义上的伦理主张；"自尊"对应于对规范的尊敬，对义务的肯定，成为类似义务论意义上的主张。利科把两种主张的张力和冲突纳入一个对立统一的辩证体系中，纳入更庞大复杂的循环运动中。

---

① 康德：《道德形而上学的原理》，苗力田译，上海人民出版社，1984年，第53页。
② 罗尔斯主要针对的是一度占据整个伦理学话语核心地位的功利主义。

第二节 "善"的优先性和脆弱性

"自善"(l'estime de soi)①是利科目的论的起点。但"自善"不是目的论的全部结构,必须经由他者扩展到第三人和社会制度层面,即在公正制度中同他者一道追求善的生活(visée de la vie bonne avec et pour autrui dans des institutions juste)。② 于是出现了三个相互联系的亚结构:①追求善的生活;②同他人并且为了他人;③在公正的制度当中。

首先,在追求善的生活过程中,"善"处于无限的诠释学循环中。利科认为,善的生活表现出以下几个维度。第一是沿着亚里士多德的路径,询问内在于实践本身的目的。这种善由于实践的不同,由于人的偏好和欲望的不同而形成了善的等级。第二是善的社会化评价标准,即利科提到的麦金太尔(Macintyre)的观点:评价标准是由社群的参与者所共享和内化的,这使得对善的评价能够摆脱唯我论的巢臼。第三是叙事化、整体化的善的生活。它涉及两个方面,其一是将人的生活整合成连续的实践故事,强调生活事件的非碎片化;其二是叙事整合到具体的伦理主体名下,强调人的身份。

诠释学视野下的"善"的生活,则是要在"对我们的整体生活来说什么是善的"以及"我们实践当中偏好的选择"两方面进行解释循环。③ 最终,在伦理上,自身的解释(l'interprétation de soi)就构成了"自善"。④ 即使是通过这样的限制,利科也认同关于善的生活的解答是异质的,是具有主体处境和历史背景的。因此利科认同纽斯鲍姆关于善的脆弱性的观点,那种脆弱性在悲剧安提戈涅中得到了充分表达。"悲剧表现了初始阶段的伦理生活或伦理思想。"⑤作为现代悲剧的主要来源,善的冲突集中体现在司法判决中,特别体现在疑难案件中。正如德沃金明确表示的那样,法律是一个解释性概念,"是从政治道德的观点才能得到最佳解释"的工

---

① "Estime de soi"一词,有译为"自尊",也有译为"自信"。参考 Kathleen 的英文译本,在这里将它翻译为自善,取洁身自善之意,同 bon/good 的意思更为接近。

② Paul Ricoeur: Soi-même Comme un Autre,Paris seuil,1990. p. 210.

③ Ibid. p. 210.

④ Ibid. p. 211.

⑤ Martha C. Nussbaum,*the Fragility of Goodness*,Cambridge University Press,2001,p. 51.

作。① 如何在强调善的异质性的同时消除冲突的悲剧性，正是利科通过其辩证体系试图解决的问题。我们将在后面详细探讨这个问题。

其次，在与他人的关系中，善的生活在于关爱他人（solicitude）。在这个层面，利科主要对"同样的你"（toi aussi）和"作为我自己"（comme moi-même）进行考察。利科再次引进亚里士多德。善的生活不是孤独的生活，因为孤独是一种匮乏，而正是这种匮乏把自身推向了他者。② 当主体面对他者时，应该把我与他人分别放在怎样的位置？这不仅是一个道德哲学问题，更是一个本体论和认识论问题。他者问题从胡塞尔以来，经由海德格尔，在萨特、列维纳斯那里被置于一个突出的地位。但是"他者"的面目在胡塞尔和萨特那里，与在列维纳斯那里却是截然不同的。胡塞尔和萨特由于坚持主体的某种自身透明性，始终把"他者"置于"我"的关照之下。主体先达到了自身的完备性之后，才通过移情发现了其他同自身一样完备的他者。这样的理论无法摆脱唯我论的批评。与胡塞尔和萨特相反，列维纳斯把他者放在绝对的外在和绝对的起源的地位。因此在主体间的关系中，他者与自身处在不平衡状态之下。

利科认为，在现实当中，他者的绝对他性是对他者和自身关系的解构。因为按照列维纳斯的神圣他性，自身必然成为自我憎恨的自身，必然成为消极的自身。这种没有自信的自身无法承担起道德责任。因此，在总结从胡塞尔到列维纳斯的思想谱系之后，利科在这个问题上投向了更具有中间姿态、更强调处境和主体间性的海德格尔和梅洛-庞蒂。

胡塞尔已经强调他者和对象在认识论上的重要性。不过在先验现象学的总体框架内，胡塞尔不可能摈弃抽象主体，一个摆脱处境而存在的笛卡尔式主体。在海德格尔和伽达默尔那里，人是被抛入处境当中的，人与其说是自我理解，不如说是在理解自己的历史结构。因为人本身就是"历史地存在，就是说，永远不能进行自我认识。一切自我认识都是从历史地在先给定的东西开始的"③。利科认同这个观点，主体只有在历史活动当中，在同他者的交往当中获得承认才得以存在。于是，笛卡尔式的强权我思弱化成被建构的破碎我思（le cogito brisé），主体弱化成一个第一人称的极，或者说弱化成一种潜力，这为他者登场创造了条件。

---

① Ronald Dworkin, *Law's Empire*, The Belknap Press of Harvard University Press, 1986, p. 411.
② Ibid. p. 216.
③ 伽达默尔：《真理与方法》，洪汉鼎译，商务印书馆，2010年，第427页。

区别于列维纳斯,利科认为,在他者和作为他者的自我之间需要一种平衡。只有这种平衡才能产生相互的积极性,成为现实中可能的伦理关系。这种关系在亚里士多德那里就是友谊。友谊不同于子女和父母间的亲情,不同于人类和神灵的不对等关系。友谊是一种地位相当的关系。这也是利科在主体和他者之间找到的一种平衡,即友谊式的相互关心。

第三,善的生活在于人们生活在正义的制度中。利科认为,由于社会充斥着未曾谋面的第三人和公共权力(le pouvoir-en-commun),社会和制度具有和关怀他人不同的内容。

人们应当如何在社会中追求善的生活? 利科给出的答案是正义,一种基于美德的正义感。利科区分了正义的两种含义:一种是与目的论挂钩的作为美德的道德正义,另一种是作为义务论的法律正义。阿伦特把人的积极生活分为劳动、工作和行动三类,并强调在政治生活当中行动被替换成劳动或者工作所造成的严重后果。一方面,当社会取代政治,并成为价值自足的实体,那么人的行动就变成了动物性劳动。这同为了生存和种群而社会性行动的动物没什么区别,这种共有方面因此本质上就不是人的特征。① 另一方面,当把政治考虑成制作,人就被物化成了对象,一种整齐划一的材料,忽视了人的异质性。利科赞成阿伦特的观点,认为无论是忽视人的政治能力,还是忽视人的差异和复数性的制度,都是压制性的。公权力变成了统治。这种源于作为人(而不是作为动物或其他)共同生活的意愿所形成的权力,只有当这种意愿得以实现的时候才存在,统治权本质上是虚幻的。

在利科看来,要避免这种情况就必须要把正义作为政治制度的标准。在柏拉图那里正义乃是各司其职,各安其事。所以正义就规定政治之事必须在政治行为的范围内,而不允许劳动和工作的僭越。正义在亚里士多德那里是总体上的德性,既包括对自身的德性,也是一种对他人的善,对每一个人的善。所以,共同生活的伦理必然要引入关于正义的伦理,用罗尔斯的话说就是:正义是社会制度的第一美德,正如真理是思想的第一美德。在利科看来,共同生活的正义就是分配正义。分配正义有两个向度:

第一,作为社会制度,这种掌控有别于个人之间的分配,也即其具有

---

① 阿伦特:《人的境况》,王寅丽译,上海人民出版社,2009 年,第 15 页。

社会性；

　　第二，作为分配正义，必须考虑每个人的具体情况，既不允许一概而论，也不允许恣意处置。

　　因此，利科认为，分配正义处于涂尔干式的整体主义和韦伯式的方法论的个人主义之间。分配正义保证了人的复数性，要求个人对政治的参与，避免人处于被统治的制度之下。

第三节　从"自善"到"自律"

　　义务论和目的论在三个层次上一一对应。在自身层次上，义务同"自善"(l'estime de soi)相对应。利科用"自尊"(le respect de soi)来概括义务同自身的关系。仅仅"自善"的伦理学是远远不够的。"自善"的伦理学缺乏外化的维度，必须要把主体的谓词从"善"落实到行动当中去。正如康德所说，亚里士多德的中间道路过于含糊，缺乏度量尺度，不具有可行性。利科认为，必须让"善的生活"通过形式化的测试，从而得到外化，具体形式就是"自律"。康德式的自律已经发生变化，在这里意味着通过普遍化标准测试的"自善"。利科认为，从自善到自律出于两个原因：第一是"善良意志"同"善的生活"的联系，第二是康德意义上的自律将会面临三个难题，解决办法在于为纯形式自律找到基石。

　　首先，利科认为，目的和义务从来就不是各自独立的两个部分。通过形式化，善的普遍性要求内在于目的论。义务论含有其背景从而具有价值好恶；作为"在正义的制度中同他人一起寻求善的生活"的目的论也含有普遍化的潜在结构和要求。前者之前已然谈到过，后者意味着在"自善"的意义上，善的生活不能摆脱对人自身的解释，而对人自身的解释同样不能摆脱社会的维度。这也解释了为什么利科认为"自善"必须通过，而且能够通过普遍化的检验。

　　其次，利科认为，如若不同善的生活相联系，康德的自律将会受到三重责难，即自由在法律中的可接受性，尊重作为动机在理性上的消极性，善良意志的空洞性所面临的对邪恶倾向的无力。比如罗蒂就对善良意志的空洞性提出了以下指责：

　　　　空洞到足以达成策略的、非原则的、政治的妥协表示的对人的信任，从反讽的意义上讲，往往足以使一个人宁可相信其最初的道德和宗教信念。①

这三个难题都源自于康德所谓的善良意志的自为性，绝对命令的形式化，以及对他者的潜在暴力。在康德那里，通过普遍化要求的义务，并不是从概念中推导出来的。相反，这些义务实际都来自日常生活。康德列举的符合普遍规则的义务本身已经是认同的原则，从而取消了对原则的实际社会承认过程，掩盖了从个人意志出发进行普遍化对他人的漠视。在动机方面，康德对道德的遵守动机只有一个，就是出于对道德法则的尊重。利科认为，尊重的动机是消极无力的，当代道德哲学要求扩展道德动机，包括羞愧、勇气、钦佩、热情、崇拜、义愤等。②

如果说在第一层次上形式的绝对命令使得从善的生活到义务的原则得以完成，那么在第二个层次上，认同从单一到复数再到全体响应。利科认为，绝对命令让人从关心他人到尊重他人成为可能，即"不论是谁在任何时候都不应把自己和他人仅仅当做工具，而应该永远看做自身就是目的"。关心他人在伦理目的上具有积极性。一方面，人与人之间避免了消极孤立，确保共同生活成为可能；另一方面，实践上的不对等性容易导致权力的滥用。正如福柯指出的那样，人总是有一种掌握他人行为的倾向，不论是在语言的还是交往的政治领域。这种积极性倾向形成主动者和被动者的区分，使主动者权力凌驾于被动者之上。这种凌驾不管在行为上是否符合道德原则，但是在主观上会造成对被动者的暴力。最终结果会导致被动者的自尊被抹杀，而这种对自尊的抹杀对人而言是一种严重的羞辱。③ 同时，人的易错性（faillibilité）造成这种压制不仅是在意识层面上，更体现在现实中。暴力和折磨随处可见。所以，从关心他人到尊重他人，必须通过义务的测试，引入利科的否定性禁令，即"不许……"，"禁止……"。换一个角度就康德的复数的绝对命令而言，利科认为如同形式的绝对命令一样，一方面声称形式的自足性，事实上却预设人不能如同物一样被使用、交换，所有的直觉，换句话说预设人作为自身目的的本体论。另一方面声称所谓的复数性，但实际上却把每个复数性的人通过"人类"、

---

① 罗蒂：《后形而上学希望》，张国清译，上海译文出版社，2009 年，第 268～269 页。

② Paul. Ricoeur，"Ethic and human capability：a response"，in *Paul. Ricoeur and contemporary Moral Thought*，2002，p. 287.

③ Paul Ricoeur，*Soi-même Comme un Autre*，Paris seuil，1990. p. 257.

"有理性的存在"的表达方式直接纳入绝对命令。

在第三个层次,利科认为,应该让对正义的直觉通过规范的检验从而达成正义的原则。但是很明显从正义的直觉——关乎什么是善的部分,到正义的原则——关于什么是正当(right)的问题,乃是利科政治哲学和伦理学的关键部分。利科主要探讨从善到正当的契约——形式主义路线,其主要的对话者就是这种路线的代表人物罗尔斯。罗尔斯完成了自治社会和契约社会的联系,而康德预设了这种联系,却没有证成它。[①] 就罗尔斯而言,他的抱负乃是在被功利主义统治的英语伦理世界当中辟出一条非目的论的路径。正如密尔在《论自由》当中谈到的,在一元的目的论因为理性光芒的退却而几近崩溃的时候,除了功利主义,他再也想不到有任何其他理论能够再次支撑起伦理学的大厦。然而,为了最大多数人的最大利益造成无辜的牺牲对罗尔斯、德沃金而言却是不能接受的。人成为了善的冲突和缺乏审慎造成的恶的替罪羊,这种遭遇在他们看来就是把人当做工具而不是目的,从而贬低人的人性。

利科对罗尔斯强调程序正义的批评主要来自三个方面。首先,对价值判断的拒斥。罗尔斯不否认无知之幕也需要前见,需要经验内容,但否认在这个程度上做出判断。利科认为,罗尔斯的前见已经预设正义制度选择,正义原则早在对做出选择的环境进行审视之前已经被确定甚至被发展了。[②] 因此,罗尔斯的整个论证无异于一种循环论证。

其次,利科认为,契约论本身也是有问题的。按照契约论的传统,战争状态、自然状态、前政治状态是冲突的没有裁判的状态,进入政治状态就能停止纷争。相反,在利科那里,战争是政治哲学无法摆脱的主题,和平则是法哲学难以规避的主题。[③] 即使在民主政治中,这样的纷争状态,这样的悲剧情节仍然存在。政治只不过是为如此悲剧上演提供一个具有约束性的舞台,即使做出有效力的判断之后也仍然不妨碍善的斗争在这个舞台上继续上演。用德沃金的经典表述,这个纷争就在于有没有"唯一正解"。在罗尔斯和德沃金这里,社会和法律基本的框架搭建起来之后,所有分歧都会在原则之下得到妥善解决。社会的不同声音不在于原则,而在于对原则的解释。

---

① 利科:《论公正》,第 42 页。
② 利科:《论公正》,第 58 页。
③ 利科:《论公正》,第 4 页。

一旦政治问题被提交到法院——至少在美国总是迟早会如此——那么人们便会恳求法院对其做出单独的、有原则的决定。在其充分的社会复杂性中，那些问题必须细致地得到裁定；但是对决定的辩护必须缘自连贯的、不妥协的公平正义观。因为归根结底，那样做是法治的真谛。[①]

善的问题被替换为技术问题。在利科那里，"正解"是存在的，但不是唯一的。

第三，利科认为，《正义论》的三个最重要论题，即无知之幕、正义原则和对正义原则的论证方法，都没有涉及在欧洲大陆哲学中占据重要位置的"统治"问题。在韦伯、哈贝马斯和当代共和主义者那里，它都是必须警惕的重要政治问题。对利科来说，这就是我们如何面对"他者"的重大问题。针对这个问题，罗尔斯在不更改其理论框架情况下所能做的，也仅仅是把正义制度模型建立在成熟的民主宪政体制上，限定在西欧和美国这样的狭窄范围之内。

第四节　"正当"是达成的"善"

利科从 1955 年开始涉足伦理学和政治学领域，后经过 30 多年思考，最终归结为一个命题，就是"正当是达成的善，而不是原来就完备的善"。

从目的论经由义务论，利科想要达到的目的无非是，一方面，在肯定善对正当的优先性之后，让"善"这样一个过于主观的判断收敛到历史伦理共同体能接纳的程度，满足共同体成员对正义作为一种善的诉求。另一方面，这个程度又不至于因为人对自己能力的过于自信和对现实情景复杂性的过分低估，而让人屈服于严格和死板的理性教条，以至于忽视现实善的脆弱。

通过把目的和义务假设在相联系的谱系的两极，对于选择两者中间道路的必要性和可能性，利科在前面两个部分当中已经有过详细论述。在目的论的善经过义务论的规范的收敛之后，利科承认这种对于善的分歧并不能从根本上消除，也不应该消除，但是善的分歧已经被局限在一个相对有限的范围之内。每一个处于历史的文化的结构当中的主体对于"善"应该是什么虽然根本上源自于自身的背景和前见形成的直觉。然而这种直觉却不单单是直觉而已，它们源自犹太教、基督教以

---

① 德沃金：《原则问题》，张国清译，译林出版社，2010 年，第 2 页。

及古希腊古罗马传统的长期演变过程的教化。① 也就是说,我们对于善的直觉,本身就是经过了长期的直觉和规范,也就是目的论和义务论的双向作用而形成的。同时,现实中的各种分歧往往并不是发生在理性与非理性之间,而是理性与理性之间,比如关于堕胎、同性等问题之间的争论。关于善的收敛性,最远也就只能到达这样一个程度。

面对这种困境,利科的答案来自亚里士多德的实践智慧。不过不是"天真"的实践智慧,而是经由义务论的实践智慧。需要明确的是,政治实践当中使用实践智慧并不能得出对分歧的定论,而只能得出相关决定。② 实践智慧允许分歧存在,允许其保持张力,但也需要对特定问题做出决定。实践智慧需要三重保障:

> 其一是在做出决定之时,必须确保决定是在充分审慎思考基础上做出的。利科借用罗尔斯的反思平衡来形容这种脆弱的和谐。③ 为了体现审慎性,利科建议这样的决定最好出自几个人组成的小团体,类似司法实践中的合议庭和陪审团。
> 其二,对修改决定的可能性是开放的。既然实践智慧并不主张自己的绝对权威,那么就必须对批判保持开放。
> 其三,必须建立在这样一种本体论当中,即我们不是原子式地生活在这个世界当中,相反,我们是在相互有机联系的世界当中共同存在的。这种本体论要求我们不能以绝对的主体身份来看待分歧,而应该以内在的视角来,以破碎的自身,在第三人称和第一人称之间往返运动的自身,作为他者的"他我"来对待善的多元性。这种解释的自身,如同在伽达默尔那里一样,需要保持对他者的开放。

利科对目的论和义务论两者可谓都是小心翼翼,以免使得自己一方面陷入一方对于另一方的暴力,另一方面避免善和义务的相对区分绝对化。后一种倾向来源于伽达默尔对于真理与方法的区分。在伽达默尔那里,要么是牺牲真理性达到普适性,要么是牺牲普适性追求真理性。在这一点上利科坚定地向前走出了决定

---

① 利科:《论公正》,第 65 页。

② Paul Ricoeur, *Soi-même Comme un Autre*, Paris seuil,1990. p. 300.

③ Paul Ricoeur, *Soi-même Comme un Autre*,Paris seuil,1990. p. 335.

性的一步,通过援引亚里士多德和黑格尔两位辩证法的大师,承认在真理和方法之间是能达到某种脆弱的平衡的。但是,这种中道的选择却让利科陷入了折衷主义的批评。虽然在亚里士多德和黑格尔之间,对于前者的侧重更加明显,因为利科更倾向于自己保持中道,不让两极合二为一,重新陷入非此即彼的选择。但这却不意味着利科就完全放弃黑格尔式的正反合的辩证法。只不过"合"在这里却是一个永远达不到的目标。这种目标潜在于善和正义的分歧之中,并会在未来实现。这也是利科对于安提戈涅的引用所要说明的一个问题。许多在过去无法弥合的分歧,通过在历史中的共同生活,通过对他者的开放,从而形成查尔斯·泰勒所谓的强势评价,最终在现在变成一种普遍共识。因而合题是分歧的潜在结构,将会在未来实现,但是却始终无法完全实现。利科的工作在这个意义上同哈贝马斯有很多相似之处。不过不同于后者在收敛性上求助于抽象的普遍规范,利科普遍规范的来源扎根于共同体历史以及成员之间共同生活的意愿当中。

利科对于伦理实体以及实体化的公共领域还是持有保留态度。一方面,对于在目的和义务之间添加一个黑格尔式伦理实体,超越于伦理目标和道德规范本身是不需要的,在目的和义务本身的结构之下已经可以解决问题。实体化的公共领域也不为利科所采纳。正如当面对沃尔泽的理论,利科认为这种对于民族国家的削弱以及对于公共领域自治的过度主张的结果是社会的离心化与碎片化。相比之下,利科更为接近汉娜·阿伦特的主张。在那里,公共领域的主要功能是参与。再有,关于利科搭建起的伦理学缺乏系统性的批评,想必他也是乐于接受的。因为利科本身就拒斥他的理论的过度形式化,从而丧失了更丰富的可能性。

第五节　利科伦理诠释学的评价

首先,我们质疑实践智慧和正义之间在时间上的张力。正如玛莎·纽斯鲍姆指出的:从亚里士多德实践智慧精神出发所得出的判断,实际上没有消除悲剧性冲突的问题,即使对于裁判而言知道实践智慧的局限性是有好处的。[①] 这就是说,虽然利科在实践智慧当中指出潜在的正义,但是这对于当下决定的正当性,其作用是

---

① Martha C. Nussbaum,"Ricoeur on tragedy,teleology,deontology,and phronesis",in *Paul. Ricoeur and Contemporary Moral Thought*,2002,p. 265.

有限的。有句法谚谈道：迟到的正义不是正义。对于合理范围之内的分歧，其产生的悲剧性维度仍然存在，对此，当下仿佛我们也无能为力。这一点使得利科在政治立场上向保守派靠近，尽管他的理论是从更加激进的目的论出发，但是其所处的落脚点却几乎可以被盖上温和、改良和守旧的标签。在法国这样一个既深受雅各宾政治影响，又酷爱追逐各种思潮的国度，这样略带保守的气质显然十分可贵，然而理论上的创新却没有带来实践上的发展，这不能不说是一种遗憾。

第二，关于适用性的问题。利科从不掩饰他对于亚里士多德的尊崇，"自善"作为他伦理学中一个预设，在这里可以说是隐德来希的当代版本。这是一个带有神学目的论的预设，于是，在利科整个伦理学中可以发现这样一种气质：即典型的欧洲信奉基督教的白人男性知识分子。出于同罗尔斯更改其正义原则的适用范围同样的原因，可以看到利科实践智慧的同样也仅能在欧盟、北美这样有着相同希腊—希伯来文化血统，并且具有发达政治传统的国家和地区才能适用。而不具有这样文化传统的国家和地区虽然也有可能移植这样一种具有公共领域的参与，良好的开放性立法特征的政治，然而论证过程和建构方式便会有所不同。而当下的历史进程要求我们不仅要面对文化异质性，更要面对我们正在加速流动与交融、断裂与重组的世界。

第三，关于政治能力导致的不正义。在自由主义者那里，程序上的正义优先与实质上的正义。社会的差异首先是因为每个人自然能力具有差异，尽管这种自然能力的差异并不是主要的原因。在利科这里，自然能力的地位有被政治能力取代之嫌，因为在我们看来政治能力的不平衡同样会造成社会资源的集中和垄断。具体而言，利科的伦理学基于人的能力（capability），从言说的能力、行为的能力、叙事的能力最后达到人的能力的最高点，即伦理能力或者是政治能力。但是这种讨论中的能力是抽象的，而人的具体能力则是千差万别的。从自我承认再到相互承认，这种政治能力的差异通过承认效力的差异，最终变成社会不正义。这种政治能力的弱者包括：疯人、儿童以及为数众多的政治漠视者等等。我们并不怀疑利科对此问题有所考虑，所怀疑的是对于这个问题在这套伦理学当中得以解决的可能性。这种潜在的可能性将会以这样一种现实情境表现：政治能力弱者将因为不愿、不能等原因长期服从于政治强者话语下的，对他们而言只是次好的善的生活状态之中。

总之，就承认善与正当的各自正当性来说，利科同以赛亚·伯林和理查德·罗蒂相近，的确有相对主义嫌疑；但就其寻求超越善与正义的路径来说，利科的伦理诠释学在方法论上与罗纳德·德沃金的法律诠释学相近,但在学术目标上与罗尔斯的正义理论相似,只是科利采用诠释学路径,而罗尔斯采用分析哲学路径。利科没有在相对主义面前停下来,而是继续前行,构建了一个打通目的论和义务论伦理学体系,与英美分析哲学主导下的规范伦理学形成了某种呼应关系。作为对康德的"德性就是主观的法"的超越,利科提出了"正当就是普遍的善"的主张。正如国内学者汪堂家教授评价的那样:利科既传承了欧洲大陆的人文传统,又广泛吸收了英美分析哲学的分析技巧。"他不仅继承了欧洲大陆的思辨传统,而且对英美分析哲学的成果有着广泛而深刻的理解,他甚至试图对这两种传统进行创造性的综合。"①利科没有像海德格尔和伽达默尔那样走向欧洲大陆哲学的神秘化老路,也没有像德里达那样滑入玩世不恭的文字游戏或思想游戏泥潭之中,而是认真地对待伦理学核心问题,寻求可能的出路,是与英美分析传统抗衡的欧洲大陆传统的真正继承者。

<h1 style="text-align:center">参考书目</h1>

利科:《论公正》,程春明译,法律出版社,2007年。

利科:《活的隐喻》,汪堂家译,上海译文出版社,2001年。

伽达默尔:《真理与方法》,洪汉鼎译,商务印书馆,2010年。

德沃金:《原则问题》,张国清译,译林出版社,2010年。

阿伦特:《人的境况》,王寅丽译,上海人民出版社,2009年。

---

① 汪堂家:"欧洲人文传统的杰出代言人——悼念法国思想家保罗·利科",载《文汇报》,2005年5月30日。

第十六章

贝尔和西方意识形态的终结

政治哲学总是带有时代烙印的，免不了同时代要求、主流意识形态发生关系。意识形态曾经是一个贬义词，至少在马克思那里是如此。意识形态总是与国家机器联系在一起。在整个 20 世纪，意识形态曾经发挥过重大的作用，甚至成为冷战时期的主要武器。政治哲学一直重视意识形态在社会政治生活中的作用。

第一节　二战的隐患和分裂的种子

意识形态还涉及公共话语权或公共舆论问题。一方面，每一位公民都有表达自己的意见和主张的权利，即使他们的意见和主张是错误的。在社会中，不同个体的思想观念通过在公共空间或媒体的发表和传播，形成一定的公共舆论，公共舆论最终会影响甚至左右公民的思想和言论。因此，意识形态领域也涉及公民的重要权利。它涉及，第一，每一位公民都有自由表达自己言论的权利。第二，每一位公民有表达自己的言论的权利，但不担保都得到其他社会成员的认同。也就是说，公民的意见和言论，对社会的影响力方面存在显著差异。第三，能够在公共舆论中发表自己的意见的公民只是极少数，与那些从来没有机会在公共媒体上发表自己意见的机会的公民相比，他们在公共舆论中占有明显的优势。第四，在公共舆论中，会形成主流公共舆论，它们对社会的影响超过了其他舆论的影响。

显然地，在现代社会，国家或政府直接或间接地控制着意识形态或公共舆论。公共舆论是不同社会力量的较量在思想观念层面的反映，力量的强弱不表示其观念的正确或错误，但总是涉及不同社会利益集团的要求。政府总是千方百计地控制公共舆论，以便使公共舆论更好地为政府服务。意识形态体现了国家意志。无论是专制国家，还是民主国家，都是如此。在战争年代，国家对意识形态的控制尤其严厉。

二战的结束,一方面导致了以纳粹德国为中心的法西斯同盟的失败和解体,另一方面导致了反法西斯同盟的瓦解和欧洲的分裂。以美国为代表的资本主义国家和以苏联为代表的社会主义国家全面对垒,世界进入冷战时代。而这种分裂和对立的种子在二战期间就已经埋下。

在"诚实的错误"一文中,哲学家罗蒂直接披露了在二战关键时刻,坚决反共的极右力量代表、美国《时代》周刊外事编辑钱伯斯对苏联关键新闻报道的篡改、控制和封锁。罗蒂写道:

> 钱伯斯曾经帮助说服美国舆论,一旦把希特勒安顿好了,希特勒必定会向斯大林开战。在一个关键的年份——1944 年年中到 1945 年年中,作为《时代》周刊外事新闻编辑,他无情地篡改甚至简单地丢弃外事新闻记者撰写的报道,因为那些报道矛盾于或削弱了他想要《时代》周刊传递的反共信息。
>
> 比他的编辑工作更重要的一件事情是,钱伯斯成功地说服亨利·卢希,推行强硬的反共路线,所有卢希出版物最终都采纳了这一路线。钱伯斯为雅尔塔会议拟写了一篇诋毁性报道,卢希根本不相信它会发表出来。到了 1945 年,他同样真诚地怀疑,像拒绝奥威尔《动物庄园》的各出版商野蛮地对待奥威尔那样,我们是否会野蛮地对待斯大林。像那些出版商一样,卢希仍然希望有机会,把苏联和民主国家之间战时合作扩大到战后。他们不想做将妨碍这个希望的任何事情。
>
> 最终,钱伯斯的文章仍然登了出来。替卢希工作的大多数其他记者向钱伯斯爆出了最猛烈的抵制怒火。亨利·华莱士在 1948 年总统竞选中表达了许多美国媒体成员在 1945 年持有的意见。华莱士在那一年赢得的百万张选票,见证了美国舆论就斯大林和战后世界性质存在的分歧。那个分歧在左翼知识分子中间表现得尤其明显。他们既为美国对待列宁时期的苏联感到羞耻,又合理地担忧,反共政策将被共和党利用,用作尽可能废除新政的借口。这些人实际上很勉强地支持杜鲁门主义,或接受乔治·凯南关于有必要包容苏联的意见。钱伯斯完全理解这些华莱士铁杆支持者的心理状态,他要尽量改变它,他取得了重大成功。三年以后,

卢希迫于同事抱怨的压力,把钱伯斯从外事新闻岗位上撤了下来。但《时代》周刊的观点已经成为如钱伯斯所愿的那个样子。在卢希组织内部,当时的媒体核心层,钱伯斯输掉了一次战斗,却赢得了战争的胜利。[①]

上面这个例子说明,在所谓新闻自由的美国,出于意识形态的偏见,利益集团操弄着新闻和公共舆论。美国政府及其利益集团对后来日益加剧的东西方不信任、猜忌和紧张,冷战的逐渐升级,负有很大责任。

第二节　作为政治哲学家的贝尔

从 20 世纪 50 年代开始,基于对当时日益加剧的东西方冷战的观察,一些西方学者率先发出了结束冷战,东西方认真地面对人类面对的共同问题的呼吁。其中一位就是丹尼尔·贝尔。

贝尔(Daniel Bell,1919—2011)是一位中国读者并不陌生的当代美国著名的学者和重要的思想家。从 20 世纪 50 年代以来,他就是一个具有广泛读者的著作家。我们一般称他为批判的社会学家,不过,在美国社会学家乔纳森·H.特纳所著的《现代西方社会学理论》[②]一书中,我们却见不到关于丹尼尔·贝尔的专门介绍。学术界反而更频繁地把他看做是一位未来学家、哲学家、政治学家、社群主义者、文化新保守主义者,等等。确实地,贝尔学术活动同时涉足经济、政治、文化、历史、社会等专门领域。由于其学术活动领域的广泛性,贝尔成了一位难以把握的思想人物。

贝尔的主要学术著作有:《美国的马克思派社会主义》(1951)、《意识形态的终结》(1960)、《极端右翼》(1964)、《今日资本主义》(1971)、《后工业社会的来临》(1973)、《资本主义文化矛盾》(1976)、《蜿蜒之路》(1980)等等。贝尔是一位综合性思想家,这使他在众多领域具有了发言权,且产生了广泛影响。

作为冷战的产物,丹尼尔·贝尔的《意识形态的终结》是 20 世纪 50 年代西方学者对冷战在观念上作出的直接反应。其核心主张是,发端于 19 世纪人道主义传

---

① 罗蒂:《文化政治哲学》,张国清译,北京大学出版社,2011 年,第 71~72 页。
② 乔纳森·H.特纳:《现代西方社会学理论》,天津人民出版社,1988 年。

统的普遍性意识形态已经走向衰落,新的地区性意识形态正在兴起。在资本主义
和社会主义之间存在的"左"、"右"论战已经丧失了意义。《意识形态的终结》还对
美国社会的阶级结构变化、职业结构变化、社会流动、劳工运动、政治意识等问题作
了新颖的社会学剖析。这是对 20 世纪后半个世纪的政治和思想论战产生重要影
响的一部著作,是对当今世界格局具有重大预见力的一部著作。由于其阶级立场
所致,对于书中的某些观点,请读者在阅读时注意鉴别。

1972 年,布热津斯基发表了《不战而胜》。1989 年,美国学者弗兰西斯·福山
(Francis Fucuyama)发表了论文"历史的终结?",并在不久出版了一部同名著作。①
进入 90 年代后,美国的又一位学者塞缪尔·亨廷顿发表了《文明的冲突》。② 这些
著作在当时都曾经引发了广泛争论。透过其争论的表面,我们可以清楚地看到贯
穿于其中的一条主线,即西方社会尤其是美国的冷战思维的轨迹。"意识形态终
结"论、"历史终结"论和"文明冲突"论既是以美国为代表的西方国家的冷战思维在
不同历史条件下的不同表现,也是其重要组成部分。

我们认为,在今天重提这些话题,重现这些话题的历史语境,将有利于我们更
加清楚地看到冷战时期发生在资本主义和共产主义两个阵营之间的激烈争论,更
加清楚地看到发生在当时西方学术界内部的激烈争论,并且更加清楚地看到在冷
战结束后,西方的冷战思维仍然延续的方式。并且,对于这段特定历史的重新了解
和评价,将进一步丰富和深化我国学术界在近几年关于后现代话题的讨论。③

在这里,通过对贝尔的《意识形态的终结》所作自我辩护作一番还原和重读工
作,我们试着阐明这样一个观点:像贝尔及后来的布热津尔斯基、福山和亨廷顿这
样的西方学者千方百计地替资本主义的政治、经济、文化等制度进行辩护。他们既
做了许多歪曲历史和事实的报道,但也道出了某些实情。在表面上看来,其各自的
观点似乎存在着矛盾,但是它们都充分地暴露出了其欧洲中心论或西方中心论的
思想倾向。一方面,他们宣告意识形态已经衰微,历史已经终结,乌托邦已经破灭;

① 弗兰西斯·福山:《历史的终结》,远方出版社,1998 年。
② 塞缪尔·亨廷顿:《文明的冲突》,新华出版社,1998 年。
③ 我在前不久出版的一本书中指出:"由于西方的后现代主义思潮同西方知识界的左倾思想和右倾思
想的争论具有密切的联系。并且,那股思潮同 20 世纪 60 年代在西方国家引发的学生运动和各种政治运动
具有密切的联系。因此,围绕'意识形态是否已经终结?'的问题而开展的争论既构成了后来的后现代主义思
潮的一个理论来源,又构成了它的一个重要组成部分。"张国清:《后现代情境》,台北,扬智文化事业股份有限
公司,2000 年,第 164 页。

另一方面,他们又拼命地为自己所推崇的意识形态进行辩护,把历史的终结点引向了资本主义,引向了西方式的自由民主制度。并且,其所谓的"终结"还隐藏着这样一层含义:西方社会已经或正在走向所有的其他人类社会和民族都迟早要走向的某个唯一的目标和终点。

第三节 《终结》的缘起和主题

丹尼尔·贝尔的《意识形态的终结》有一个有点哗众取宠的论题:20 世纪"50年代政治观念衰微之考察"。贝尔承认,这本著作是"因其书名而非内容才更加出名的"[①]。这本书一出版就遭到了来自左翼批评家们的批判。他们认为激进主义在 20 世纪 60 年代的高涨反驳了《意识形态的终结》的主题。其他批评家则把它看做是替"技术治国论"或美国资本主义"现状"所作的一次"意识形态"辩护。对于这些批判和指责,贝尔进行了自我辩护和反驳。那么,《意识形态的终结》究竟算一部什么样的著作呢?

首先,作为一部"警世录",《意识形态的终结》是当时正发生在知识分子中间的,尤其是正发生在欧洲知识分子中间的,关于苏联和斯大林主义的前景所展开的一场观念论战的一部分。那场论战的一方是萨特、梅洛-庞蒂、贝尔托特·布莱希特、恩斯特·布洛赫和卢卡奇。他们是共产主义苏联的同情者。另一方是伽缪、雷蒙·阿隆、亚瑟·柯斯特勒、伊尼佐埃·西罗尼、乔治·奥威尔、C. 米尔斯等人。他们是共产主义苏联的批判者。

在第二次世界大战之前,由于莫斯科审判对几乎是整个老布尔什维克领导班子,诸如日诺维也夫、戈米涅夫、布哈林以及数以百计的其他领导人的可怕处决,由于斯大林大肃反的披露,再加上纳粹和苏联签订的互不侵犯条约,所有这一切都打消了西方知识分子对苏联的迷恋。但是,在第二次世界大战期间,苏联人民所作出的顽强抵抗和巨大牺牲,对于由苏维埃政权所带来的新气象的种种希望,使人们重新萌发了对社会主义苏联的向往。于是,梅洛-庞蒂写了一部小册子《人道主义和恐怖》,论证了压迫是辩证的螺旋式进步的逻辑。布洛赫则发表了《希望原理》,提出了一种包含着对人类启示的乌托邦原理作出揭示的历史哲学。萨特则声称,历

---

① Bell,Daniel: *The End of Ideology*,Harvard University Press,p. 409. 1988.

史将选择苏联或者美国作为通向未来的继承人;并且,苏联比美国具有更多的优越性。因为前者是工人阶级这个普遍阶级的化身。而后者是粗俗的资产阶级世界的化身。于是,在意识形态领域里,一场围绕苏联和斯大林主义的未来,进而围绕整个人类的未来而展开的争论便在整个西方知识界轰轰烈烈地开展了起来。

其次,随着冷战的展开,有人提出了"意识形态是否应该终结?"的问题。第二次世界大战结束后,敏感的西方知识分子开始来探讨人类的未来问题,随着东西方越来越多的著名知识分子介入这场论战,一场规模浩大的冷战便在世界范围里开展了起来。于是,文化和思想领域便变成了它的一个主战场。在这场论战中,第一个使用"意识形态的终结"一语的人是伽缪。他在 1946 年就提出"意识形态已经走向了自我毁灭"。

在伽缪看来,意识形态是一种骗人的把戏。这个论题在西方右翼知识分子那里得到了重大发展。由克罗兹曼主编的《失败的上帝》(1949 年)一书收集了西方右翼学者对苏联社会中存在的虚假性的各种证明。在《被囚的心灵》(1953 年)一书中,米尔斯证明了苏联知识分子教条化马克思列宁主义所导致的一些消极后果。由于意识形态高度同一于无产阶级专政体系,导致了人们对权力的极度迷恋。于是,一些西方学者明确地把攻击的矛头指向了斯大林和苏联,他们把苏联的无产阶级专政和德国纳粹的法西斯主义相提并论。因此,我们可以清楚地看到,随着冷战时代的到来,西方一些右翼知识分子已经开始向当时的社会主义苏联全面发难。而恰恰在这时,赫鲁晓夫 1956 年对斯大林重大错误的披露,随之而来的波兰十月事件,1956—1957 年的匈牙利革命,进一步印证了西方右翼知识分子的预想,使得他们的反共势力更加嚣张。

第三,阿隆在《知识分子的邪片》的最后一章中提出了"意识形态时代的终结?"的问题。并且,那个问题变成了由当时的一个主要由西方右翼知识分子组成的国际文化自由协会发起的 1955 年在米兰召开的一次国际会议的主题。在递交那次大会的论文中,阿隆、米歇尔·波拉尼伊、爱德华·希尔斯、克罗斯兰、利普彻特和丹尼尔·贝尔的观点都是一致的,即都认为 19 世纪的传统意识形态行将过时,马克思主义也已经被新的历史事实和社会条件所否证。在接下来的几年中,虽然侧重点和论题各有不同,但是这个核心思想在各种研讨会和著作中得到了精心的探讨。

第四,也正是在这样的历史条件下,从 1950 年起,丹尼尔·贝尔开始了围绕

"意识形态的终结"的主题而开展的写作。经过十年之后,它终于以《意识形态的终结》的书名出版。

按照贝尔自己的说法,《意识形态的终结》不是一部前后连贯的研究专著,而是由一些共同线索连结起来的一个论文集。这些线索是:对从事观念论战的知识分子的角色作一番社会学的考察;考察在其历史背景中的意识形态观念,对它与宗教的早期角色,即作为一个信念体系,宗教在变更情感和信仰方面所起的作用进行比较。对美国社会作一些社会学的研究,以期证明来自马克思主义的许多分析范畴,尤其是关于"阶级"的概念,已经无力处理美国社会极其鲜明的复杂问题。对下一代知识分子提出"忠告"。①

因此,《意识形态的终结》是一部属于实证社会学性质的著作。不过,贝尔还是在书的最后部分作出了一些预测。在考查了青年左翼知识分子一再地表现出来的对意识形态的渴望之后,贝尔指出,新的启示、新的意识形态和新的证明将来自于第三世界。他写道:

> 一个非同寻常的事实是,正当旧的 19 世纪意识形态和思想争论已经走向穷途末路的时候,正在崛起的亚非国家却正在形成着新的意识形态以满足本国人民的不同需要。这些意识形态是工业化、现代化、泛阿拉伯主义、有色人种和民族主义的意识形态。在这两种意识形态之间的明显差异中存在着 20 世纪后 50 年所面临的一些重大的政治和社会问题。19世纪的意识形态是普世性的、人道主义的,并且由知识分子来倡导和推行的意识形态。亚洲和非洲的大众意识形态则是地区性的、工具主义的,并且由政治领袖创造出来的意识形态。旧意识形态的驱动力是为了达到社会平等和最广泛意义上的自由。新意识形态的驱动力则是为了发展经济和增强民族力量。②

在 1961 年增补的结语的最后几页中,贝尔以一种忧虑的语气写下了这样几段话:

---

① Bell,Daniel:*The End of Ideology*,p. 412. 1988.
② Bell,Daniel:*The End of Ideology*,p. 403. 1988.

意识形态的终结结束了本书。从政治思想上讲,这是一部讨论一个时代的著作,一部由于社会的变化而使其论断易于被推翻的著作。但是,结束本书不是想要人们对它置之不理。现在,鉴于对过去不甚了了的某个"新左派"正在出现,这一点就显得更加重要啦……

在对待古巴和非洲新兴国家的态度上,思想成熟的意义和意识形态的终结将受到检验。因为在"新左派"中间,有人时刻准备着以一颗纯洁的心灵,去把"革命"作为暴行的托辞来接受……简言之,以某种可怖的激情,去抹掉最近四十年的教训。[①]

从上述引文中我们可以清楚地看到,贝尔对于 20 世纪后半世纪世界格局的基本发展有一个正确的估价。他看到了一种新的民族主义运动将在亚洲、非洲各地兴起,预见到了地区性的意识形态的兴起。他预见到这些新式的意识形态将同本地区、本民族的经济发展密切地结合起来。或者说,发展经济和增强本民族或本国的实力成为新的意识形态的主题。"经济建设"成为发展中国家的主题,而"革命"、"阶级斗争"等等意识形态将成为过去。这是由意识形态终结之后所带来的话题。然而,在当时的情况之下,意识形态不仅没有终结,反而有日益激化的趋势。这种激化构成了冷战的另一个方面,即思想斗争、意识形态斗争、精神斗争的方面。

第四节　冷战在意识形态领域的全面开展

从贝尔的《意识形态的终结》的产生经过中我们可以清楚地看到,这部著作反映的并不是他个人的见解,而是一个时代的西方右翼知识分子对于一系列重大的理论问题和实践问题的根本看法。《意识形态的终结》既是那些冷战的实录,又非常自觉地充当了参与那场冷战的西方右翼知识分子的理论武器。它其至成了他们的一个招牌和一个口号。但是,作为一部个人的著作,贝尔在其中也鲜明地提出了自己的一系列理论见解,并且千方百计地从当时的现实中去寻求其可靠的依据。因而在今天看来,它成了一部冷战的实录,既具有较高的史料价值,也具有较高的理论价值。

---

① Bell,Daniel: *The End of Ideology*,p. 405. 1988.

第一,《意识形态的终结》明确地提出了一个新的社会构成要素互动模型。贝尔承认,《意识形态的终结》是冷战的产物,是一部"政治性"读物。不过,由于其所探讨的政治学问题也是一个社会学问题,它为摆脱大陆社会学范畴结构作了一些努力。贝尔对社会的思考是以假定文化和社会结构之间的分离为根据来进行的。贝尔认为,马克思主义者把这两者要么看作是合而为一的,具有调节行为的价值体系,要么看做是一个整体。在其中,物质世界的基础结构"决定着"政治的、法律的和文化的秩序。贝尔认为,这些观点混淆了不同社会历史水平上的不同变化节奏。在经济或技术方面的变化,由于它们是工具性的,是以"线性的"方式进行的。因为它随后存在着一个清晰的新陈代谢原理:假如某个新事物具有更强的效率或更强的生产能力,那么,从成本上考虑,它将被人们所使用。但是在文化领域,不存在这样的新陈代谢原理:文化的各门各派要么受到了传统的维护,要么因不同学术观点的融合而无规则地发生嬗变。但是审美的革新并不"淘汰"以前的形式;它们只是开拓了人类的文化种类。从历史上看,这几个领域有时会宽松地兼容在一起(如在18世纪,资产阶级的品格、文化和经济联成了一体),但是,在更多的时候,例如在今天,它们处于一种相互牵制的关系中。但是不存在一个必然的统一体。

第二,《意识形态的终结》强调美国社会的独特性,尤其是美国社会结构和阶级构成的独特性。贝尔在《意识形态的终结》的前面两个部分探讨了美国社会结构的变化。他认为,美国社会结构的变化主要体现在以下一些方面:作为一个经济仲裁者,出现了国家的角色;家庭资本主义瓦解了,资产阶级从统治集团中分离出去;从害怕个人债务的封建社会向推崇享乐的消费社会的转化;作为一股政治力量,显赫的上层社会集团的形成;以及职业样式的基本变化,产业工人阶级的萎靡不振,工会的停滞不前,以及社会阶级结构的变化。假如精确地给予认定的话,那么这些结构的变化经历了一个漫长的时间才得以明朗起来。因此,西方的社会学理论,尤其是马克思主义的社会发展理论,阶级斗争理论和无产阶级专政的理论,都不适用于美国社会。美国社会的独特性否证了马克思主义学说的普遍性。

第三,《意识形态的终结》表明西方右翼知识分子对20世纪的政治运动,尤其是无产阶级的暴力革命表现了极度的厌恶和恐惧。他们几乎出于本能地反对所有形式的革命运动。《意识形态的终结》探讨了各种信念,探讨了某种信念体系,即意识形态作为一种世俗宗教的具体表现。不过显然地,其中强烈地带上了个人的主观色彩。因为,这种分析、这种语气和这种情感把贝尔这一代人的经历同他们对人性和历史的判断连结在了一起。同很多人一样,贝尔在年轻时(1932 年,当时只有13 岁)曾经加入过青年社会主义运动。他担惊受怕地度过了 30 年代和 40 年代。贝尔认为,当时曾经有过纳粹的死亡集中营,一种超乎所有文明人想象的野蛮;还有过苏联的集中营,它们使所有的乌托邦景象都蒙上了一层死亡的阴影。因此贝尔指出,"我们这一代人是在悲观主义、罪恶、悲剧和绝望中找到了其智慧的一代人。"

贝尔由此产生了对集体运动的恐惧,对政治的恐惧,以及对煽动仇恨的政治学的恐惧。并且这种恐惧形成了贯穿于他的一生的观点。这种恐惧首先在其专著《美国的马克思派社会主义》(1952 年)中得到了明确的表达。那部著作探讨了伦理学和政治学之间的张力,一种"在不道德社会中的道德人"的状况。贝尔使用的一个支配性隐喻是某种"生存于这个世界但不归属于这个世界"①的政治运动的两难境况。他认为,由于布尔什维克运动既不生存于这个世界,也不归属于这个世界,它不为"常规"道德问题所困扰。所以,为了达到其目的,任何一个手段,所有的手段——包括谋杀和恐怖——在道义上都是可行的。与此相反,在现实中谋求生存的工会运动务必使自己同社会相适应。但是,反对资本主义社会的社会主义运动在现实中找不到自己生存的基础。由于社会主义运动势不两立于资本主义社会的政治意识形态,因此它很难获得成功,即使取得了一时的胜利,也很难长期维持下去。

第四,《意识形态的终结》到一些西方国家对某些重大政策的实施过程中去寻找和确证"意识形态的终结"的实践方面。贝尔认为,战后西方一些国家很快就走向了这条道路。例如在英国,克莱门特·艾德里(Clement Attlee)工党政府在短短七年时间里便确立了贝弗里奇社会保障和国家卫生体系,为建立一个公正的福利国家奠定了基础。贝尔还在《意识形态的终结》中多次提到了克罗斯兰。后者对社会主义学说进行了反思,把平等、机会和美德作为工党想要实现的目标的核心。他后来在其颇有影响的著作《社会主义的未来》(1964 年)中阐发了这些观点。在德国,在贝德·戈德斯贝格领导下的社会民主党在 1959 年采纳了一个新的纲领。那个纲领抛弃了正统的马克思主义。德国社会民主党声明自己不再是一个"阶级政

---

① 贝尔在《意识形态的终结》中,多次引用了这一短语。他认为,共产主义运动是"既不生存于这个世界又不归属于这个世界"的运动,社会主义运动是"虽然生存于这个世界但是不归属于这个世界的运动",而放弃了政治权力目标的劳工运动是"既生存于这个世界,又归属于这个世界"的运动。

党",认为民主是核心于任何社会主义的政治秩序的。它寻求改革而非革命。从这些国家的实践中,贝尔看到了改良主义的希望。为此,他推崇走一条有利有节的合法的工会主义道路,主张实实在在地改善民众的生活条件和福利待遇,在政治上采取温和的改良主义,建立一种工会主义性质的福利国家。即,如他后来在《资本主义社会的文化矛盾》中说的那样:"在经济领域是社会主义者,在政治上是自由主义者,而在文化方面是保守主义者。"①

第五,《意识形态的终结》还试图为"意识形态的终结"寻求到理论的支持。贝尔认为,上述政治发展得到了一些当时的社会学家所进行的理论探索的支持。在《工业社会的阶级和阶级冲突》一书中,德国社会学家拉尔夫·达伦多夫(Ralf Dahrendorf)认为,阶级不可能再像第二次世界大战以前那样是按照一个单一的尺度来对社会进行两极化划分的东西。曾经是法兰克福学派成员之一的奥托·基希海默(Otto Kircheimer)强调了"以意识形态为旨归的 19 世纪政党的衰微"的主题。贝尔指出,也许,在 20 世纪 30 年代,由两个人提出的思想反叛是最为引以注目的。他们在说服思想界接受资本主义必然灭亡和社会主义必然胜利方面产生过重大影响。一个是英国作家约翰·斯特雷奇(John Strachey)。他的著作《将来的权力斗争》在大萧条时期成为一本畅销书。另一个是路易斯·科莱(Lewis Corey)。他的《美国资本主义的衰落》(1932 年)认为,由于利润率的下降,一场无法避免的世界性经济危机、政治危机和社会危机已经来临。20 年之后,这两个人都变成了混合经济和经济计划的先驱。但是正如科莱说的那样,那是一种没有中央政府经济统制的混合经济和经济计划。②

贝尔还提到了莱纳(Lerner)的《控制经济学》(1944 年)。他认为,莱纳为混合经济的理论基础给出了最为精辟的公式。莱纳曾经是一位托洛斯基主义者。他从 20 世纪 30 年代开始为世人所关注。在当时,同奥斯卡·朗一起,他写了许多有关社会主义经济理论的著名文章。那些文章就在计划经济里确立合理价格问题对路德维希·冯·迈塞斯和弗里德利希·哈耶克的挑战作出了回应。在第二次世界大战之后,当他回到波兰,成为受苏联控制的新制度的一位官员的时候,朗不再提倡"市场社会主义"。莱纳后来移居美国,成为把凯恩斯原理应用于经济管理的最初

---

① 丹尼尔·贝尔:《资本主义文化矛盾》,中国社会科学出版社,赵一凡等译,1992 年,第 21 页。
② Bell, Daniel: *The End of Ideology*, p. 417~418.

作者之一。①

贝尔指出,竭力推崇"意识形态的终结"论断的还有一个人物是瑞典政治评论家赫尔伯特·廷格斯顿(Herbert Tingsten)。1955 年,廷格斯顿在总结斯堪地那维亚诸国经验之后写道:"重大的[意识形态的]争论到处泛滥……无论是在保守党中间,还是在自由党内部,古老意义上的自由主义已经死亡;社会民主思想几乎已经丧失了纯粹马克思主义的所有特点……'社会主义'或'自由主义'这些实在的词汇正在蜕变为仅仅是一个空洞的称谓而已。"

第六,贝尔提出了一个代替由"意识形态的终结"所留下的空缺的方案。他认为,

> 发端于法国大革命的 19 世纪意识形态的景象形成于社会的整体转变。在西方,出现在战后的常规见解是,市民政治学可能会取代意识形态政治学;按图索骥那样地组织社会的梦想将失败无疑;如不努力地澄清人类和社会的代价,就无法了解那些似乎必然发生的深刻的社会变化;假如生活方式的变化(如土地的集体化)是不得人心的,那么就不会有这些变化。总而言之,这是一个在过去——以及在现在——被人们错误地称作政治学上的实用主义的观点……在自由主义的价值框架之内,这种观点热衷的是把解决问题看作是弥补社会弊端和无能的工具。②

贝尔认为,建立一个常规的市民社会比建立一个反常的无产阶级专政的国家更加符合 20 世纪后半个世纪的世界状况。哪些国家实施了这一治国方略,哪些国家便获得了优先发展的机会。或者说,那些国家先放弃意识形态的争论,哪些国家便争取到了发展自己的时间和机会。这是一个典型的美国式的实用主义的社会改良主义的方案。它迎合了当时美国政治的需要。因此,当《意识形态的终结》出版后,这个主题在当时的美国总统肯尼迪的言论和信念中得到了共鸣。1962 年 6月,肯尼迪在耶鲁大学发表的一次毕业典礼的演讲中说道:

---

① Bell,Daniel:*The End of Ideology*,p. 418.
② Bell,Daniel:*The End of Ideology*,p. 419.

现在,我们国内的主要问题已经变得越来越微妙和复杂。这些问题虽然无关乎哲学和意识形态的基本冲突,但是却关系到去实现共同目标的途径和手段——关系到去探索解决各种复杂而辣手的难题的经过认真推敲的方案。在我们今天的经济决策中所面临的危险,不是来自将以激情扫荡整个国家的那些相互竞争的意识形态的重大论战,而是来自对某种现代经济的实际管理……各种政治标签和意识形态的途径都同解决这些难题的方案无关。①

第五节 《终结》之后的争论

《意识形态的终结》出版之后在学术界尤其是思想界引发了一场旷日持久的争论。右翼思想家们对它表示了热烈欢迎,而左翼思想家则对它提出了激烈批评。并且这场争论仍然在继续之中。批评家哈瓦德·布里克(Howard Brick)对这场争论作了这样的评论:"确实地,'意识形态的终结'逐渐地承载起了随后几年知识界热点问题的分量:什么是现代社会变革的前景和局限;激进运动在美国何以必败无疑;知识分子应该对其国家和文化担负起什么责任;知识分子应该对现存的社会关系采取什么样的姿态——究竟是敌对的姿态还是肯定的姿态,在何种程度上知识分子在得势精英的唆使下共同犯了滥用权力的错误。"经过28年之后,贝尔在"重读《意识形态的终结》"一文中对思想界对他的著作的各种批评进行了归类。他把它们归结为五个不同层面的批评:

    1.《意识形态的终结》是对现状的辩护。

    2.《意识形态的终结》寻求用由专家制定的技术治国方略代替社会上的政治争论。

    3.《意识形态的终结》寻求用舆论代替道德话语。

    4.《意识形态的终结》是冷战工具。

---

① 肯尼迪的这个演讲发表在《美国总统公报》第 234 号,美国政府印刷局,第 470～475 页,1963 年;另请参阅:Bell,Daniel:*The End of Ideology*,Harvard University Press,p. 419.

5.《意识形态的终结》已经被 20 世纪 60 年代和 70 年代的事件所证伪。那些事件证明,激进主义和意识形态在西方社会和第三世界获得了新的高涨。①

对于上述批评,贝尔一一作出了反驳。贝尔认为,这些批评都没有对其有关结构变化的基本分析提出挑战,那些变化危及到了经典马克思主义的核心:马克思主义关于西方社会的描绘和预言,关于在资本主义条件下日益加深的经济危机和两极化的阶级冲突的不可避免性的信念。这些批评都没有涉及这样一个论点:对外政策不是"国内阶级分裂的反映",也不是大国之间经济对抗的反映,而是民族与民族之间历史冲突的结果。这些批评都没有注意到在经济力量性质方面的结构变化。在这些变化中,私有财产作为反对技术技能的一股力量所起的作用已经越来越小,或者说,作为社会的职业基础,"工薪阶级"的兴起取代了"无产阶级"。如布里克指出的那样:"显然地,没有一个贝尔的批评家直接地对其核心论点提出了挑战:社会主义已经不再相关于西方工业社会的问题。"

首先,贝尔否认存在着一套放之四海而皆准的真理,否认某个单一的模式适用于解决一些极其复杂的社会问题。贝尔回避某个单一的概念术语(如"资本主义"),回避对相关的复杂问题作出分析性区分。这些分析性区分几乎贯穿于本书关于结构变化的每一次讨论中。因此,批评家们很容易把他的非整体性分析当做批判的对象。

其次,《意识形态的终结》之所以引起重大反响,还因为它触动了西方知识分子自身的状况。在对浪漫的激进主义感到悲观绝望因而抛弃它成为一种基本格调的情况下,许多批评家从那本书中愤怒地读出了自己的推测,便顺理成章地对它作出了自己的反应。他们推测道:假如承认了"意识形态的终结",那么知识分子"将无法扮演作为独立批评家和观察家的角色"。也就是说,它将剥夺知识分子的生存权。因此它同福柯关于普遍性知识分子的衰落具有异曲同工之妙。这个话题直接引申出了关于"人的死亡"、"理性的死亡"、"乌托邦的消解"等话题。

第三,贝尔认为,关于《意识形态的终结》是在为现状作辩护的论断是无的放矢的。贝尔认为,没有一个社会是整齐划一的,任何一个单一的术语,诸如"资本主

---

① Bell,Daniel:*The End of Ideology*,p. 420～421.

义",都无法包容社会的不同维度：由势均力敌的集团所组成的信奉着不同价值观念和推崇着不同权利主张的民主政体、复合经济、福利国家、社会团体的多元差异、不同因素融合而成的文化、法律体系，等等。其中没有一个维度直接地依赖于其他维度。民主政体虽然不是市场经济的产物，但是在司法体系和社会的自由和权利传统中具有其独立的根源。由于技术的发展，而不是社会关系的发展，职业的结构发生了变化。公民权利的扩张——在过去几十年里黑人进入政治舞台的过程就是证明——并不是依赖于经济上的阶级冲突。不过，《意识形态的终结》确实提倡过在社会民主方向上的"逐渐"变革，并且在这一点上呼应了或预示着后来的《历史的终结》的论题。

第四，贝尔认为，断定《意识形态的终结》鼓吹对社会实施技术治国的方略，即，从社会学角度杜撰出一个"资本主义的偶像"同样是无效的。贝尔在《意识形态的终结》中的一些章节（尤其是"工作及其不满"一章）对生活的理性化，对韦伯考虑问题的思路，感到了悲哀，其半数以上文章致力于对各种理论进行详尽的探讨。其目的不仅是为了揭露它们对经验事实的歪曲，而且是为了证明，在观察事实的过程中，在从事社会分析时阐述和解决问题的过程中，理论扮演着必不可少的推测性角色。贝尔既承认社会政策离不开经验依据，又坚持在形成政策的过程中原则、价值取向以及政治学必要作用的首要性。

第五，贝尔还反驳了由哲学家亨里·艾肯（Henry D. Aiken）提出来的关于意识形态的终结意味着"在政治生活领域道德话语的终结和融贯的'实用主义'话语的开始"的指责。艾肯把贝尔称作"修辞学的终结"[1]的意思曲解为"雄辩的终结"、"道德判断的终结"、"哲学陈述的终结"、"政治抽象的终结"、"诗歌的终结"（因为自从柏拉图以来，理性主义者一直害怕诗歌）、"形象语言的终结"，并因此指责贝尔提倡一种享乐主义的及时行乐的哲学。贝尔认为，艾肯之所以会有这种误解，是因为他把意识形态的终结等同于实用主义了，而实用主义是对立于政治话语和第一原理的。为此，贝尔辩护道，像艾肯之类的误解都缘于他们混淆了政治哲学和政治意识形态。

第六，贝尔承认，由米尔斯（Mills）作出的尖锐而严厉的攻击具有转折性意义。米尔斯称《意识形态的终结》是"对于冷战的庆贺"。1960 年，左翼激进分子米尔斯

---

① Bell, Daniel: *The End of Ideology*, p. 406.

写了一封著名的"写给新左派的信",发表在英文版的《新左派评论》上。他在信中声称,"意识形态的终结"是"历史的过时的";作为变革的代理人,工人阶级是"历史的过时的";并且,一种新的力量,"一个赞成变革的可能是直接地激进的代理人",正在崛起,它就是学生和知识分子。因此,激进主义在 60 年代中期和 70 年代的高涨似乎否证了《意识形态的终结》的主题。其强度、其愤怒、其言语、其对于激进变革的呼吁,所有这一切似乎都预示着意识形态的一个新局面。

对于米尔斯的这种批评,贝尔作了反驳。贝尔认为,这种激进主义没有涉及经济问题,它甚至形成不了某种前后一致的政治哲学。因此,它是道德的和道义上的激进主义,而并不预示新的意识形态。贝尔看到,60 年代和 70 年代的激进主义融合了四股不同的思潮:一种崇尚更加自由的生活方式的青年文化的出现,包括性和毒品;黑人权力运动的戏剧性崛起导致了在美国许多大城市漫延的烧杀和抢掠;"解放"运动的泛滥,以及自觉地声明对立于西方的某些第三世界国家的思想的传播;激起学生强烈不满的越南战争、大学生运动。

但是贝尔认为,所有这一切并不表明在以美国为代表的西方另有一个新的占主导地位意识形态即将崛起。贝尔认为,因为人们在西方看到的不是一种政治现象而是一种文化(和代际)现象。如果说有一个单一的象征性的文告可以来规定这一现象的话,那么它将是 1968 年 5 月贴在巴黎大学的紧锁着的房门上的那份著名的海报:"正在开始的这场革命不仅要对资本主义发难,而且要对工业社会发难。消费社会必须死亡。异化社会必须从历史上消失。我们正在创造一个全新的世界——一个难以想象的世界。"贝尔认为,在所有的这些骚乱中,不存在新的社会主义观念、新的意识形态和新的纲领。人们看到的只是一些强烈的罗曼蒂克的渴望,那些渴望只是对于前几代人向往的牧歌式田园生活的重温而已。它是对理性的反动,对权威和等级秩序的反动,甚至是对文化的反动。

贝尔承认存在着一些实实在在的问题:早在半个多世纪以前马克斯·韦伯探讨过的生活的理性化问题;已经不再拥有权威的过时的精英(包括大学教授)的特权问题;伪造的批量生产的文化的问题;当今的大众文化的泛滥问题,并且具有反讽意味的是,摇滚和重金属音乐本身是那种文化之不可缺少的部分。但是对于所有这些问题的解答不涉及意识形态。上述运动都是对于社会约束的反动。当个体进入新的官僚秩序世界时,这些约束是社会强加于他的东西。正如早在一个半世纪以前,卢德派机器破坏者对第一次工业革命的工厂原理作出了反应一样,贝尔把这些反动描述为后工业社会的第一次"阶级斗争。"[1]

　　总而言之,贝尔认为,在 1968 年的世界性大学生运动之后留下了试图去探索新的意识形态的一代人。但是,并不是马克思主义创造了激进分子;而是每一代新的激进分子创造了自己的马克思。在这种情况下,开始在大学里,在出版界,在传媒,寻找其位置的一代人在某种异端的马克思主义中发现了它的意识形态:在法兰克福学派的批判理论中,在重新被发现的卢卡奇的著作中,在安东尼奥·葛兰西被公开的札记中。但是所有这些作者都一致地采用了文化批判,而不是经济批判或计划性批判。贝尔在当时深刻地预见到了在世界范围里,革命的热情正在渐渐地冷却下来。一个全新的趋于保守的非意识形态的时代正在到来。这种观念上和思想上对革命的"祛魅"确实有一点如黑格尔说的"姗姗来迟",但它毕竟已经来到了。

参考书目

贝尔:《意识形态的终结》,张国清译,江苏人民出版社,2001 年。

贝尔:《资本主义文化矛盾》,赵一凡等译,中国社会科学出版社,1992 年。

福山:《历史的终结》,黄胜强、许铭原译,远方出版社,1998 年。

亨廷顿:《文明的冲突》,周琪等人译,新华出版社,1998 年。

---

[1]　Bell,Daniel: *The End of Ideology*,p. 430.

第十七章

哲学家、国王和仆人

哲学中存在着看似自明的概念,它们就像深藏不露的根基,支撑起整座哲学大厦。长期以来,哲学家为哲学大厦添砖加瓦,尽量把它粉饰得完美些,修建得牢固些,却很少有人挖掘隐藏大厦之下的根基。除非根基受到动摇,否则,一座大厦仍然是安全的。柏拉图"哲学王"就是这样一个概念。它是西方哲学史上最重要的隐喻概念,是支撑西方哲学大厦的根基之一。

作为近代哲学启蒙的代表,康德并不特别厌恶柏拉图的"哲学王",认为"哲学王"既不太可能也没那个必要,他更强调脱离王权约束的自由哲学家是"不可或缺"的。康德主张知识和权力的分离而不是结合,他担心那种结合会导致哲学的堕落和权力的腐败:

> 不能期待着国王哲学化或者是哲学家成为国王,而且也不能这样希望,因为掌握权力就不可避免地会败坏理性的自由判断。但是无论国王们还是(按照平等法律在统治他们自身的)国王般的人民,都不应该使这类哲学家消失或缄默,而是应让他们公开讲话;这对于照亮他们双方的事业都是不可或缺的。[1]

罗素对柏拉图哲学偏爱有加,认为柏拉图是有史以来最有影响的最值得重彩描述的哲学家。"柏拉图哲学中最重要的东西:第一,是他的乌托邦"[2],"他所达到的结论乃是,统治者必须是哲学家"[3]。在整段引用了柏拉图对"哲学王"的描述之

---

[1] 康德:《历史理性批判文集》,何兆武译,商务印书馆,1991年,第129页。
[2] 罗素:《西方哲学史》(上卷),何兆武、李约瑟译,商务印书馆,1982年,第143页。
[3] 罗素:《西方哲学史》(上卷),第147页。

后,罗素评论道:

> 如果真是这样,那么我们就必须决定,构成一个哲学家的是什么以及什么是我们所谓的"哲学"。继之而来的讨论便是《国家篇》中最有名的那部分,并且也许是最有影响的部分。其中有些部分有着非凡的词章之美;读者们可以像我这样不同意他所说的话,但却不能不被它感动。①

罗素表示不认同的主要是柏拉图的"理念论",而非"乌托邦"和"哲学王"思想。虽然罗素说:

> 后世都在赞美他的《国家篇》,却从未查觉到他的议论里面究竟包含的都是什么。颂扬柏拉图——但不是理解柏拉图——总归是正确的。这正是伟大人物们的共同命运。我的目的则恰好相反。我想要理解他,但对他却很少敬意,就好像他是一个现代的英国人或美国人而在宣传着极权主义那样。②

尽管提到了"哲学王"和"极权主义"的关系,然而罗素没有展开深入挖掘。从总体上讲,除了表达对柏拉图的赞美之外,我们没有看到罗素对柏拉图"哲学王"思想的任何苛责。

相比之下,与罗素同时代的波普尔对柏拉图大加讨伐,认为其提出"哲学王"概念是"别有用心的"。"哲学王"概念对 20 世纪极权主义崛起及其对人类造成的苦难负有责任。波普尔认为,柏拉图倡导的人的优越性与政治特权之间的因果关系是荒唐的。

> 人的优越性,无论是种族上的,或是智力上的,或是道德上的,或是教育上的优越性,都永远不能成为要求某种政治特权的理由,即使这样的优越性可能得到证实。③

---

① 罗素:《西方哲学史》(上卷),第 161 页。
② 罗素:《西方哲学史》(上卷),第 144 页。
③ 卡尔·波普尔:《开放社会及其敌人》,陆衡等译,中国社会科学出版社,第 101 页。

波普尔明确地区分了苏格拉底和柏拉图的政治哲学,指出柏拉图提倡哲学家和王权的联姻是极其危险的:

> 在哲学王统治背后隐藏的是对权力的追求,给最高统治者的画像就是一幅自画像。……柏拉图的哲学王理念到底是怎样一座关于人类渺小的丰碑!它跟苏格拉底的相互比较与人道形成了多大的反差!苏格拉底警告政治家防范因其权力、才能、智慧而忘乎所以的危险,并且力图教导我们,最为要紧的是——我们都是脆弱渺小的人类,从(苏格拉底)讽喻、理性、真实的世界到柏拉图因其具有魔幻般的权力而使他凌驾于普通人之上……的哲人王国,这是何等的退步![1]

福柯把波普尔对柏拉图的讨伐推向了极端。他对知识和权力的合谋保持着高度警惕,认为虽然王权已除,但是知识和权力的合谋从未消除,只是以新形式得到了强化。福柯表达了对"哲学王"的高度不信任。

> 在我们这样的社会和其他社会中,有多样的权力关系渗透到社会的机体中去,构成社会机体的特征,如果没有话语的生产、积累、流通和发挥功能的话,这些权力关系自身就不能建立起来和得到巩固。我们受权力对真理的生产的支配,如果不是通过对真理的生产,我们就不能实施权力。[2]

> 我们被迫生产我们社会所需要的权力的真理,我们必须说出真理;我们被命令和强迫了去承认或发现真理。权力从不停止它对真理的讯问、审理和登记:它把它的追求制度化、职业化,并加以奖励。[3]

在波普尔和福柯之后,理查德·罗蒂继续对"哲学王"大加讨伐,认为那是一个完全过时的概念,他提出了取代"哲学王"的"民主之仆人"和"自由之仆人"隐喻

---

[1] 卡尔·波普尔:《开放社会及其敌人》,第289~290页。
[2] 福柯:《权力的眼睛:福柯访谈录》,上海人民出版社,1996年,第228页。
[3] 福柯:《权力的眼睛:福柯访谈录》,第228页。

概念。

从柏拉图提出"哲学王"到现在,"哲学王"经历了漫长的观念接受史,但"哲学王"总会以新形式"起死回生"。虽然现实世界的"哲学王"只是凤毛麟角,但并不意味着世人放弃了对"哲学王"的渴望。本章是在前人基础上检讨"哲学王"的又一次尝试。

第一节 "哲学王"隐喻的要素和结构

哲学家是"眼睛盯着真理的人"①,国家的统治者必须是哲学家。"研究哲学和政治艺术的事情天然属于爱智者的哲学家兼政治家。"②"除非哲学家成为我们这些国家的国王……否则的话……对国家甚至我想对全人类都将祸害无穷,永无宁日。"③柏拉图借苏格拉底之口踌躇再三抛出的"哲学王"假说,在哲学和政治思想史上影响久远且深入人心。我称之为柏拉图的"哲学王"隐喻概念。

"哲学王"隐喻概念有五个要素组成:"哲学家"、"卫国者"、"真理"、"正义"和"幸福"。"哲学王"隐喻概念的结构可以表述如下:

首先,作为最强有力的隐喻概念之一,柏拉图的"哲学王"假说,是以设定存在着宇宙自然和人类社会的天然等级序列(无法逆转的不平等层系)为前提的。柏拉图一开始就认定公民应该分为三个阶级:普通人、兵士和卫国者。只有最后的一种公民才能拥有政治权力。后来所谓的"自然法和自然权利"可以在这里找到坚实的基础。这也是后来施特劳斯抵制波普尔在美国大学谋求教职的重要原因。

其次,"真理"是柏拉图理论哲学的主题。"正义与幸福"是柏拉图政治哲学的主题。④ 依柏拉图见解,人类不平等是哲学王存在的前提,对这种不平等的维护就是正义。从"真理"到"正义",再从"正义"到"幸福",形成了封闭而完整的逻辑链条。拥有真理是大前提,维护正义是小前提,获得幸福是结论。这一切都由"哲学王"完成。作为"真理"与"正义"的化身,"哲学王"在这个链条中居于核心位置,哲

---

① 柏拉图:《理想国》,郭斌和、张竹明译,商务印书馆,1986 年,第 218 页。《理想国》被后人视为"在联结生活和思辨、政治和哲学方面达到极致的古希腊哲学巅峰之作。"(B. Jowett, *Republic of Plato*〔Oxford, London: Oxford University Press, 1888〕, p. i)

② 柏拉图:《理想国》,第 215 页。

③ 柏拉图:《理想国》,第 214~215 页。

④ 包利民:《古典政治哲学史论》,人民出版社,2010 年,第 110 页。

学王的存在是维护人间正义和谋求人类幸福"没有言明的大前提"。正如罗素评论的那样：

> 哲学在其全部历史中一直是由两个不调和地混杂在一起的部分构成的：一方面是关于世界本性的理论，另一方面是关于最佳生活方式的伦理学说或政治学说。……从道德上讲，一个哲学家除了大公无私地探求真理而外若利用他的专业能力做其他任何事情，便算是犯了一种变节罪。[①]

第三，"哲学王"隐喻使基于天赋的知识、权力和特权的社会不平等不仅成为可能，而且成为必然。尽管格格不入于"平等关切是政治共同体的至上美德，缺乏这种美德的政府只能是专制政府"[②]的现代平等和民主政治理念，"哲学王"理念仍以不同形式存在于各个层面的社会实践和政治实践中。围绕科学、理性、正义、民主、自由等展开的诸多现代性讨论，时有柏拉图"哲学王"的影子。马克斯·韦伯的科层制理论，可以视作柏拉图哲学王假说的现代版本，"在当今社会，科层制已成为主导性的组织制度，并在事实上成了现代性的缩影。"[③]德沃金苦苦寻觅疑难案件之"正解"[④]，坚持"完备性法律"，他虚构的完美法官赫拉克勒斯[⑤]就是法律帝国的"哲学王"。在 2000 年 10 月的一个讲演中，德沃金给出的标题是："我们的法官必须成为哲学家吗？他们能成为哲学家吗？"他在那里明确提出：

> 法官的目标和方法包括了哲学家的目标和方法：这两种职业的目标是更为准确的表述并更好的理解此关键理念，而我们的政治统治道德和基本法律就是据此关键理念得以表达的。[⑥]

---

① 罗素：《西方哲学史》(下卷)，马元德译，商务印书馆，1976 年，第 396 页。

② Ronald Dworkin, *Sovereign Virtue: The Theory and Practice of Equality*(Cambridge: Harvard University Press, 2000), p. 1.

③ 彼得·布劳和马歇尔·梅耶：《现代社会中的科层制》，马戎、时宪明译，学林出版社，2001 年，第 8 页。

④ 参阅德沃金：《原则问题》，张国清译，江苏人民出版社，2008 年，第 145～180 页。

⑤ Ronald Dworkin, *Law's Empire*(Cambridge: The Belknap Press of Harvard University Press, 1986) p. 239～240.

⑥ 德沃金："我们的法官必须成为哲学家吗？他们能成为哲学家吗？"，傅蔚冈、周卓华译，载于《清华法学》第 5 辑，清华大学出版社，2005 年。

即使到了今天,"哲学王"仍以新的版本存在着。"哲学王"隐喻成为人们思考基本问题的起点,深深地影响着哲学,影响着整个人类的精神生活、社会生活和政治生活。自从近代启蒙以来,随着自由、民主、平等、宽容、博爱等世俗社会观念的普及,尤其是随着现代自由民主制度的建成,"国王"观念已经日益衰落,"哲学王"观念也开始变得不合时宜。在哲学领域,偶尔有哲学家开始自觉反省和批判"哲学王"隐喻概念。然而,其反省和批判还不足以达到动摇哲学根基的程度。"哲学王"隐喻概念总会以新的变体出现在人们的视野。

相比之下,罗蒂对"哲学王"假说深感不安,直接斥之为"糟糕的"理念。[1] 罗蒂认为,未来的统治者最好不是"哲学王","我们未来的统治者到底会像什么,并不取决于人性和人性与真理、正义的关系之伟大必然真理,而是取决于许许多多微不足道的偶然事实。"[2]与"哲学王"理念相反,罗蒂构想了一个谦逊的哲学家形象:

> 在一个完全时间化的知识性世界里,希求确定性和不变性的人肯定会感到绝望。我们哲学家应以自由的仆人、民主的仆人自许。[3]

哲学家是"自由的仆人"、"民主的仆人"、"人类的仆人",也就是我们一般所谓的"公仆"。哲学家从"国王"向"仆人"的角色转换,为我们构想未来哲学开启了新的可能性。

借用福柯的说法,正像"疯子"是无法改造的一样,"哲学王"是无法改造的,"哲学王"的出路只有两条,要么生存,要么死亡。终于,维特根斯坦、罗蒂等极少数哲学家勇敢地站了出来,前赴后继且义无反顾地杀死了"哲学王"。他们用"公仆哲学家"填补了"哲学王"死后留下的空缺。

第二节　当今哲学的困境

哲学乃是社会生活与政治生活的一个组织部分:它并不是卓越的个

---

[1] 罗蒂:《后形而上学希望》,张国清译,上海译文出版社,2003年,第375页。
[2] 罗蒂:《偶然、反讽与团结》,徐文瑞译,商务印书馆,2003年,第266页。
[3] 罗蒂:"哲学和未来",载于萨特康普编:《罗蒂和实用主义》,张国清译,商务印书馆,2003年,第272页。

人所作的孤立的思考,而是曾经有各种体系盛行过的各种社会性格的产物与成因。①

　　至少现代哲学……所关注的是科学、道德和法律的基础,并将理论要求与其陈述联系起来。由于哲学通过普遍主义的问题和强大的理论策略把自己展现出来,因此,它与科学保持着一种紧密的联系。虽然如此,哲学并不仅仅是专家文化的内在组成部分。它同样也和总体性的生活世界以及人的健康理智保持着紧密的联系。②

当罗素和哈贝马斯就哲学与社会生活和政治生活的关系作上述阐明时,这两位分别属于分析哲学和大陆哲学的哲学家表达了相似的意见:就像中世纪欧洲人无法想象没有神学的社会,没有僧侣的教会生活一样,今天的人们无法想象没有哲学的社会,没有哲学家的公共生活。作为个体,你可以不知道什么是哲学。哲学可以无关乎你作为个体的私人生活,但哲学必定关乎人类的公共生活。哲学成为从事公共生活的人们的必修课。正如德沃金指出的那样,

　　期待法官和律师至少应熟悉当代最主要的法律、道德和政治哲学学派,这应该是合理的要求,因为这对于他们正确评价任何他们需要思考的哲学争议来说都是必不可少的。③

哲学研究既是学院的和专家的,又是社会的和大众的。问题是,进入21世纪,哲学几乎是当代知识生活中深藏不露的部分。哲学系外的人大多不清楚哲学教授对文化应当有何贡献。很少有人认为值得下苦功去研究哲学。④

罗蒂明确提出了今天哲学面临的困境:

　　近几十年来,英语世界的哲学教授越来越难以向学界同仁和整个社

① 罗素:《西方哲学史》(上卷),何兆武、李约瑟译,商务印书馆,1982年,第5页。
② 哈贝马斯:《现代性的哲学话语》,曹卫东译,译林出版社,2004年,第244页。
③ 德沃金:"我们的法官必须成为哲学家吗? 他们能成为哲学家吗?",载于《清华法学》第5辑。
④ Richard Rorty, *Philosophy as Cultural Politics* (Cambridge: Cambridge University Press, 2006), p. 147.

会解释他们是靠什么谋生的。哲学越是专门化和专业化,学界同仁和大众越不尊重哲学。时至今日,哲学面临被世人彻底忽视的风险。①

无论是在哲学的学科定位方面,还是在哲学家的角色定位方面,哲学都面临着风险。

一方面,"分析哲学仍然吸引着一流的人才,但其中大部分人都致力于研究那些外界不认为是问题的问题。这些问题与学科外的世界毫无关系"。② 当代心智哲学和语言哲学中的自然主义路径使哲学遭遇介入社会生活和政治生活的实际困难,与整个文化失去了联系。哲学研究的自然主义路径,尤其是与认知科学、脑科学走到一起的彻底的自然主义科学哲学,不仅可能使哲学丧失方向和目标,而且有将哲学推向绝路的危险:

如果哲学以那种方式自清门户,它将难以生存。③

哲学越是专业化和科学化,哲学越追求专业的纯洁,哲学越向自然科学趋近,哲学便越趋向封闭,哲学日益丧失其服务社会和影响社会的教化功能。哲学问题想要成为科学问题那样的自然类,像乔姆斯基的生成语法研究④,约翰·塞尔⑤和杰雷·福多⑥的意向性研究,莱卡夫和约翰逊的隐喻概念研究⑦,丹尼特的心智哲

---

① Richard Rorty, *Philosophy as Cultural Politics*, p. 184.

② 罗蒂:《筑就我们的国家》,黄宗英译,生活·读书·新知三联书店,2006 年,第 95 页。

③ Richard Rorty, *Philosophy as Cultural Politics*, p. 159.

④ 乔姆斯基:《句法结构》,邢公畹等译,中国社会科学出版社,1979 年。

⑤ John Searle, *Intentionality: An Essay in the Philosophy of Mind* (Cambridge: Cambridge University Press, 1983).

⑥ Jerry Fodor, *A Theory of Content and Other Essays* (Cambridge: MIT Press, 1990).

⑦ John Lakoff & Mark Johnson, *Metaphors We Live by* (Chicago: the University of Chicago, 1980), 以及 John Lakoff & Mark Johnson, *Philosophy in the Flesh: The Embodied Mind and its Challenge to Western Thought* (New York: Basic Books, 1999).

学研究①,保罗·丘奇兰的神经哲学研究②,以及格林③和莫尔④等人的神经伦理学研究等等,都表现出了哲学研究的科学化或自然主义趋势。哲学问题寻求科学的解决路径,哲学以类似科学的面目出现,甚至成为科学的一个分支,哲学高度职业化和专业化,用派特西娅·史密斯·丘奇兰的话来说:

> 哲学在其最佳情形下可以被恰当地理解为经验科学的继续……这只是程度差异,而不是种类差异。⑤

莱卡夫和约翰逊则认为,认知科学的三大发现,即心智的涉身性、思维的无意识性和概念的隐喻性,"使得2000多年来针对上述问题的先验哲学思辨成为过去,哲学为之面貌一新。"⑥罗蒂担心,如果哲学像科学一样,"依靠集体协作而不依靠天才的奇思妙想和创作"⑦,那么作为"经验科学的继续"的哲学有可能消解了哲学本身。

另一方面,大陆哲学虽然保持着与社会的密切联系,但是以存在论为其支撑的话语体系的不合时宜性在很大程度上阻碍了那种联系的延续。按照自然等级秩序和知识等级序列构想出来的哲学体系,无法让知识界信服哲学自以为曾经占据的崇高地位。如果大陆哲学家"摈弃西方特有的那种将万事万物归结为第一原理或在人类活动中寻求一种自然等级秩序的诱惑"⑧,那么将导致形而上学传统的日益式微。作为人文科学的分支,哲学将难以分清自己与诗学、文学批评的界限。像尼采、海德格尔、萨特和伽达默尔等诗人哲学家或文学哲学家的实际存在,使人们难

---

① 丹尼特:《心灵种种——对意识的探索》,罗军译,上海科学技术出版社,2010年;以及丹尼特:《意识的解释》,苏德超、刘涤非、陈虎平译,北京理工大学出版社,2008年。

② Paul Churchland,*Neurophilosophy at Work*(Cambridge:Cambridge University Press,2007).

③ Joshua D. Greene,"The Cognitive Neuroscience of Moral Judgment",in *The Cognitive Neurosciences IV*,M. S. Gazzaniga, Ed. (Cambridge:MIT Press,2009) 以及 Joshua D. Greene et al,"The Neural Bases of Cognitive Conflict and Control in Moral Judgment",*Neuron* 44 (2004),p. 389 - 400.

④ Jorge Moll et al. "Functional Networks in Emotional Moral and Nonmoral Social Judgments",*Neuroimage* 16 (2002),p. 696 - 703.

⑤ Patricia Smith Churchland,*Neurophilosophy*,(Cambridge:MIT Press,1989) p. 2~3.

⑥ Lakoff & Mark Johnson, *Philosophy in the Flesh*:*The Embodied Mind and its Challenge to Western Thought*(New York:Basic Books,1999). p. 3.

⑦ 罗蒂:《筑就我们的国家》,第95页。

⑧ 罗蒂:《哲学和自然之镜》,"中文本作者再版序",李幼蒸译,商务印书馆,2001年,第5页。

以区分他们什么时候在从事哲学研究,什么时候在从事文学创作或文学批评。列维那斯、德里达、福柯、哈贝马斯、吉登斯等人则跨越哲学与人类学、社会学、政治学、法学等社会科学的界限,让人产生哲学正在向社会科学看齐的印象。

分析哲学和大陆哲学面临着两大相似的困境:

> 第一,就哲学与其他学科的关系来说,哲学如何保持与其他科学的界限? 哲学是否存在自身的问题领域? 哲学如何保持专业的纯洁性? 哲学与其他学科界限的消解,是否会导致哲学的终结?
>
> 第二,从哲学与社会的关系来说,哲学应如何保留人类的希望? 哲学家应当如何继续扮演引领世人从过去走向未来的先知和预言家角色?

虽然罗蒂多次表示没有哲学的社会的可能性,没有哲学家的公共生活的可能性,虽然哲学问题不同于科学问题,不是一个自然类,但哲学工作绝不是没有意义的。

> 某些特定哲学传统,不论多么古老(例如柏拉图主义、儒学或笛卡尔主义),其结束并不意味着“哲学的终结”;而只不过意味着人们抛弃了一套旧的语言和制度,以促使那些看起来会激发想象力和促进人类自由的替代性语言和制度得以出现。[1]

> 哲学不可能终结,除非社会文化变迁终结了……在自由社会里,将始终存在着对于他们(哲学家们)的服务的需求。[2]

罗蒂认为,解决今天哲学面临的困境的关键在于,要想办法扭转哲学日益与世隔绝的状况,继续发挥哲学的教化功能,“使人类的生活方式有所不同”[3]的功能。

哲学要找到一条切入社会生活和政治生活的路径,要警惕哲学过度专业化、过度政治化和过度民族化的趋势,即哲学成为科学的、先锋的和沙文主义的趋势,罗

---

[1] 罗蒂:《哲学和自然之镜》,“中译本作者序”,第 10 页。

[2] 罗蒂:“哲学和未来”,载于萨特康普编:《罗蒂和实用主义》,第 271～272 页。

[3] Richard Rorty, *Philosophy as Cultural Politics*, p. x.

蒂称之为"经院主义、先锋主义和沙文主义的危险"。① 哲学要从专家文化撤退到
大众文化,从关注"科学、道德和法律的基础"转向重新描述"总体性的生活世界"的
可能性,重新塑造哲学家和人类的自我形象,把客观性归结为协同性,使对客观真
理的追求让位于对人类团结的渴望,使对人间真诚的呼唤优先于对真理的关注。

"真理"(truth)和"诚实"(truthfulness)之间的断裂,是休谟式"事实"和"价值"
二分的又一个版本。用德沃金的话来说,"说出真相(Come Clean)和脚踏实地(Get
Real)。弄清楚哲学概念在我们法律构造中的宏大设计和精巧规定中扮演的角色,
脚踏实地干好这个辛苦的工作,去落实这些概念所许诺的一切。"②问题是,

> 真理是永恒的和持久的,但是很难保证你什么时候得到了它。诚实,
> 像自由一样,是暂时的、偶然的和零碎的。但是每当我们拥有它们的时
> 候,我们能够辨别出两者来。③

罗蒂说:

> 在最近,我们对"真理"(truth)谈得较少,对"诚实"(truthfulness)谈
> 得较多;对赋予"真理"以权力谈得较少,对保持权力的"诚实"谈得较多。
> 我认为这是一种健康的转变。④

一方面,未来的哲学应当从分析哲学主导话题——真理——中撤退出来,但保
留分析哲学的分析优势;另一方面,未来的哲学应当进入大陆哲学的核心领域——
对诚实的探讨,关注人性和人类自身的自我形象,关注人类的未来,但摒除大陆哲
学中的形而上学传统。这正是本章将重点讨论的罗蒂处理当前哲学困境的从"真

---

① 罗蒂:"哲学和未来",第272页。与罗蒂的三大哲学发展风险相对应,我认为,哲学要反对经院主义,
但要欢迎自然主义;哲学要反对先锋主义,但要欢迎改良主义;哲学要反对沙文主义,但要欢迎国际主义。因
此,哲学发展的出路可以表述为,学术上的经验科学化趋势,政治上的温和改良主义和全球化背景下跨越民
族国家的国际主义。

② 德沃金:"我们的法官必须成为哲学家吗? 他们能成为哲学家吗?",载于《清华法学》第5辑。

③ 罗蒂:"哲学和未来",第266页,第268页,第269页。

④ Richard Rorty,"Philosophy and Future",in *Rorty and Pragmatism: the Philosopher Responds to
his Critics*,edited by Herman J. Saatkamp. Jr. (Nashville: Vanderbilt University Press,1995). p.271.

理"向"诚实"转向的"后分析的"和"后形而上学的"实用主义策略。

第三节　哲学的改造

实在具有内在的本质。真理与实在相符合。追求真理是哲学家的首要美德。上述三个命题构成了一幅有关哲学和哲学家的经典图画。罗蒂试图丢弃这幅经典图画，全面地重新描绘有关哲学和哲学家的自我形象，完成其哲学思想的"实用主义转向"[①]。

　　最出色的思想家喜欢消解问题而不是解决问题。他们质疑目前哲学界研究的问题的预设。[②]

罗蒂认为，"形而上学不是一门学科，而是一个思想游乐场。"[③]他想要同时完成对分析哲学和大陆哲学的改造，提出了一套既是后形而上学的又是后分析的哲学见解。它集中体现在一组否定性哲学命题中，它们分别是："没有实体或本质的世界"，"没有与实在相符合的真理"，"没有永恒的时间"，"没有原则的伦理学"，[④]"没有心灵的自我"、"没有方法的科学"和"没有人性的人类"。[⑤]

[命题1]后形而上学和后分析哲学的本体论：没有实体或本质的世界。这是一种反本质主义和反形而上学的见解。罗蒂认为，近来在大陆哲学和分析哲学之间有一个共同的学术倾向，反本质主义和反形而上学的倾向。实用主义、存在主义、解构主义、整体论、过程哲学、后结构主义、后现代主义、维特根斯坦主义、反实在论和解释学都有这个倾向。这个倾向的著名口号是："每一事物都是社会建构"，"所有意识都是一项语言学事务"。[⑥]前者与福柯的工作有关，后者与塞拉斯的工

---

①　参阅 Jurgen Habermas,"Richard Rorty's Pragmatic Turn",in *Rorty and his Critics*,edited by Robert B. Brandom,Oxford：Blackwell Publishing,2001,p. 31.

②　罗蒂：《筑就我们的国家》，第95页注脚。

③　Richard Rorty,*Philosophy as Cultural Politics*,p. 106.

④　Richard Rorty,*Philosophy and the Social Hopes*(London：Penguin Books,1999),p. 23～90.

⑤　Richard Rorty,*Consequences of Pragmatism*,(Minneapolis：University of Minnesota Press,1982),p. 191.

⑥　Richard Rorty,*Philosophy and the Social Hopes*,p. 48.

作有关。罗蒂认为,虽然前者是典型大陆哲学,后者是典型分析哲学,但是其实质是一样的。两者表达的意思是一样的,即我们无法置身于语言之外,我们无法不用中介而直接把握语言之外的现实。所有事实都是语言事实。所有活动都是建构活动。所有知识都是与我们当下社会愿望相吻合的被描述的知识。

> 形而上学家关于实在本性的争吵,之所以看起来滑稽可笑,是因为他们中的每一个人都感到可以随意拾取他们最喜爱的某些事物,并宣称它们具有存在论上的特许地位。①

罗蒂主张放弃主观性和客观性的区分,放弃本质和现象的区分,主张以对日常事物的关注,取代对大写实在的关注。"常识以为被找到或被发现的许多事物其实是被制作或被发明出来的。"②真理与其说是发现的,不如说是发明的。民主社会便是一项人类的发明而不是发现。法律也是如此。民主与大写的知识真理无关,法律与事物的本质、人的本质无关。哲学是对人类自我创造的支持,而不是对人类新发现的支持。③

[命题 2] 后形而上学和后分析哲学的时间[时代]观:没有永恒的时间。

> 只有当哲学家们放弃去获得永恒知识的希望之后,他们才会关注未来的形象。哲学开始于躲进某个不变世界的企图。最初的哲学家们断定,过去和未来之间的差异可以忽略不计。只有当哲学家们开始严肃地对待时间之后,他们对于这个世界之未来的希望才逐渐地取代了他们对于另一个世界之知识的渴望。④

罗蒂强调一种黑格尔式的时间观和时代观:哲学是"在思想上得到了把握的时代"。"哲学家从来无法从永恒层面看清事物"⑤。哲学不是对时代的超越,而是对

---

① Richard Rorty, *Philosophy as Cultural Politics*, p. 106.
② 罗蒂:《后形而上学希望》,第 88 页。
③ Richard Rorty, *Philosophy and the Social Hopes*, p. 69.
④ 罗蒂:"哲学和未来",第 262 页。
⑤ Richard Rorty, *Philosophy as Cultural Politics*, p. ix.

时代的把握。"无限正在丧失其魅力"①。因此,哲学要改变自己的研究对象和研究策略:放弃对永恒事物的探讨,关注人类能力所及的事物,关注人类能够成就的事物。抑制哲学的好高骛远性,让哲学变得较为平庸、折衷而务实。

关切事物的终极性和本质性,是哲学家的通病。相比之下,罗蒂主张,哲学家应当少关注自然意义上的"时间",多关注人类历史意义上的"时代"。"我们已经逐渐地用为我们自己创造出一个更加美好的未来,建构出一个乌托邦民主社会,取代了站在时间和历史之外来观看我们自身的企图。"②罗蒂认为,放弃永恒的时间观,并不意味着放弃人类的理想。哲学并没有因此而丧失浪漫主义的情怀。

> 实用主义的要义是,拒绝真理符合理论,拒绝"真信念是实在的精确表象"观念。浪漫主义的要义是,断言"想象力先于理性",断言理性只能沿着想象力开辟的道路前进。这两个运动都反对如下观念:存在着人类必须与之打交道的某个非人类之物。③

在对时间和时代的理解上,诗人的工作优越于哲学家的工作。自然主义哲学家或科学家的理性理解应当让位于诗人浪漫主义的更富于想象力的理解。

[命题3]后形而上学和后分析哲学的认识论:没有与实在相符合的真理,或者,没有镜子的哲学。罗蒂最初在《哲学和自然之镜》中系统阐发了这一见解,并始终贯穿于其所有哲学讨论中。罗蒂主张一种不与"实在"符合的真理观。"没有与现实符合的真理"是一种典型的反基础主义真理观。这种真理观取消了在真理问题上的等级划分,取消了某一类"特许的"真理的神圣性、绝对性、终极性和最后性。

> 我们希望用18世纪人们处理上帝的态度来处理自然、理性和真理。④

罗蒂不仅主张各种知识见解、科学真理在纵向上的不可通约性,比如,亚里士多德和牛顿可能面对着极其不同的真理世界和知识世界,他们两人之间的知识见

---

① Richard Rorty, *Philosophy as Cultural Politics*, p. 88.
② 罗蒂:《后形而上学希望》,第50页。
③ Richard Rorty, *Philosophy as Cultural Politics*, p. 105.
④ 罗蒂:《后形而上学希望》,第105页。

解是不可比较的或不可通约的,而且主张各种知识见解、科学真理在横向上的不可比性和不可通约性,即在同一个时代不同学科之间的不可比性和不可通约性。罗蒂试图把这种见解普遍化,不仅哲学研究是一项无根据的约定俗成的研究活动,而且自然科学和社会科学都是如此的研究活动。

这种知识观和真理观的必然结果是相对主义。它导致人们以一种新眼光来看待人类的不同文化传统和社会习惯。因此,罗蒂赞成沃尔泽在《厚重与稀薄》一书中提出的见解:

> 我们不应该把特定社会的习惯和制度看做围绕某个普遍道德理性共同核心的事物,看做围绕跨文化道德法则的意外派生物。相反,我们应该把厚重的习惯和制度看做在先的事物,看做发出了道德忠诚命令的事物。能够从各种厚重的道德中被抽象出来的稀薄的道德并不是由称作"理性"的某个普遍分享的人类官能的戒律所构成。正如不同生物物种相应器官之间的相似性是偶然的那样,这些厚重的道德之间的这些稀薄的相似性是偶然的。[①]

这等于否定了康德普遍主义道德理论的形而上学基础,也否定了罗尔斯建构主义正义论的哲学基础。

[命题4]后形而上学和后分析哲学的主体论:没有核心自我的主体或没有内心的自我。在物理世界,罗蒂承认现实意义上的真,否认本质意义上的真。在人的世界,他承认人的存在性和当下性,否认人的内在性和本质性。罗蒂提出了"不知道他们有心的""对跖人"(the antipodeans)概念。[②] 罗蒂最近又进一步提出了哲学上的"傻瓜"或"僵尸"(zombie)概念。

> 我们都知道疼痛像什么,但是傻瓜【僵尸】不知道(尽管他们诚实地声称他们知道)。维特根斯坦将会说,如果哲学家不把"疼痛"当做一个事物的名称,它的在场或不在场无关于在环境和行为方面的所有可能差异,那

---

① 罗蒂:《后形而上学希望》,第103页。
② 罗蒂:《哲学和自然之镜》,第66页。

么"疼痛"一词不具有一个含义。①

人更像是生物进化意义上的或然后果,而不是社会历史意义上的目的结果。作为前者,人与其他生命形式只存在程度的差别,并且在生物进化意义上是连续的、渐进的。在后者意义上,虽然人已经在其特殊的文明史中渐渐摆脱了野蛮的本性,但是,并没有完全与野蛮一刀两断。在人类文明进步问题上,罗蒂特别推崇沃尔泽的观点:人类文明之初的道德既是厚重而完备的,也是具体而丰富的。反而到了晚近,人类的道德变得日益稀薄和抽象起来。

人不具有先天的内心,没有"核心自我"②,但有具象的与肉身紧密相连的心灵。人的自我感的丧失,查尔斯·泰勒称之为现代的"认同危机":

> 一种严重的无方向感的形式,人们常用不知他们是谁来表达它,但也可以被看做是对他们站在何处的极端的不确定性。③

这是人类生存根基的丧失,人类生活确定性和方向感的迷失,一种"痛苦的和可怕的经验"④。罗蒂却认为,那是人类获得解放的标志:"实践上没有差别的事物,哲学上也不应当有差别。"⑤摆脱柏拉图和康德,摆脱绝对真理和绝对命令,不是向内寻找人的本质、心灵的本质、自我的本质,而是从过去历史的反省中吸取人作为人、作为自我的教训。寻求一种新的自我形象的可能性,也就是想象一种新人类生活的可能性。

对人的先天内心的寻求,最终往往落实为康德意义上的理性。哈贝马斯和罗尔斯等人都没有摆脱康德的影响。相比之下,罗蒂认为,理性不仅可以社会化,而且可以自然化。所谓理性的自然化,就是不高看自我,不高看理性,承认人与人之间的人性差异,承认人的自我的相对性。这里的差异性和相对性,只是程度差异,

---

① Richard Rorty, *Philosophy as Cultural Politics*, Philosophical Papers, Volume 4, New York: Cambridge University Press, 2006. p. 12.

② 罗蒂:《偶然、反讽与团结》,第 269 页。

③ 泰勒:《自我的根源》,韩震、王成兵、乔春霞、李伟、彭立群译,译林出版社,2001 年,第 37 页。

④ 泰勒:《自我的根源》,第 37 页。

⑤ Richard Rorty, *Philosophy as Cultural Politics*, p. ix.

而非本质区分。^① 我们不能诉诸人性、理性、自我等理论来反驳我们的政治对手。罗蒂没有一味地排斥人性、理性、自我等问题的概念探索。他只是给那种探索一个评判标准：那些探索是否更有益于民主政治。如果是，就值得做，如果不是，就不值得做。^②

　　[命题5] 后形而上学和后分析哲学的方法论：没有方法的科学。罗蒂的这一命题最初发表在《方法、社会科学和社会希望》一文中，是其第一部分的标题，^③后在"没有方法的实用主义"一文中得到进一步论证。^④ 罗蒂主张，在后哲学文化中，人们将不关注必然事物，而关注各种可能性和偶然性，他们将不再去探问事物背后的真理。他们没有特别的问题需要解决，没有任何特别的方法可以运用，也没有特别的学科标准可以遵循。没有集体的自我形象可以作为专业。"哲学是对我们人类迄今发明的各种谈话方式的利弊的比较研究。"^⑤在后哲学文化中，人们的背后不存在任何永恒的东西，后哲学文化导向一种彻底的历史主义。以往大写哲学对最终词汇的追求是后哲学文化可以成功抑制的欲望。这样，

　　　　除了我们自己放在那里的东西以外，在我们内部没有更深刻的东西；除了我们在建立一个规范过程中建立的标准以外，没有任何别的标准；除了祈求这样的标准的合理性准则以外，没有任何其他准则；除了服从我们自己约定的证明以外，没有任何严格证明。^⑥

　　[命题6] 后形而上学和后分析哲学的价值论：没有原则的伦理学。在伦理学领域，罗蒂进一步提出了没有原则的伦理学见解，把所有人类活动都看做人类创新自我的努力。罗蒂认为，不存在至上的原则，不存在无条件的情景。一切都是有条件的，一切都是情景化和语境化的。所以，道德和禁忌，正常和反常，正确和错误，

　　① Richard Rorty, "Universality and Truth", in *Rorty and his Critics*, edited by Robert B. Brandom (Blackwell Publishing, 2001), p. 2.

　　② Richard Rorty, "Universality and Truth", p. 25.

　　③ Richard Rorty, *Consequences of Pragmatism*, p. 191。

　　④ Richard Rorty, *Objectivity, relativism and truth* (Cambridge：Cambridge University Press, 1991), p. 63～77.

　　⑤ 罗蒂：《后哲学文化》，黄勇译，上海译文出版社，1994年，第15页。

　　⑥ 罗蒂：《后哲学文化》，黄勇译，上海译文出版社，1994年，第21页。

诸如此类的区分都是相对的和暂时的。

纵使存在原则，那个原则也是动态的而不是不变的。法律和道德产生于人类争端久拖不决的地方。但法律和道德都不是绝对的。尼采、弗洛伊德和福柯对理性、权力、道德和禁忌的解构，对我们理解法律和道德的相对性、原则的相对性起着重要作用。在伦理学方面，我们只能用希望取代知识，我们获得的不是知识，而是希望。法律和道德所体现的都是人类的希望，而不是人类的知识。

在后形而上学和后分析哲学的文化中，人们感到自己是孤独的有限的与某种超越的东西失去了任何联系的。实用主义反对把科学作为代替上帝的榜样。一方面，从事自然科学和社会科学研究不一定需要哲学的论证和辅助。另一方面，自然科学不一定是哲学和社会科学的典范。哲学、自然科学、社会科学是一种平行关系。哲学起不到对其他学科的指导作用。自然科学也起不到对其他科学的模范作用。诸学科的平行关系只是表明了它们之间的一个共同点，各学科都存在着一种发展的不确定性、新的可能性和潜力。这种不确定性、可能性或潜力实际上表现为每一门学科发展的诗意之维。这种诗意之维也就是学术发展的创新之维。这是自然科学、社会科学和哲学发展的重要动力。

[命题7]后形而上学的和后分析的人性论：没有人性的人类。罗蒂认为，人类有两个基本的渴望。一个是追求客观性的渴望，一个是追求团结的渴望。第一个渴望使人不断地想要摆脱人在自然中的局限性，使人对人性的思考同人对某个非人类事物比如上帝、事物本质、真理等联结起来。这是一个人不断地融入世界的过程。于是，事物的客观性成为人性的基础。第二个渴望则使人不断地摆脱人在人类当中的局限性，使人对人性的思考同人对另一个人或其他人的关系联结起来。这是人不断地突破"小我"融入"大我"的过程，不断扩大"我们"的边界的过程，是人与人之间的"协同性"不断增强的过程。客观性的知识形式就是真理。历史上，客观性曾经是团结的基础。然而，人类对客观性的追求是永远不会穷尽的，人类不知道自己什么时候已经达到了对客观性的把握。随着黑格尔历史主义和达尔文进化论开始影响人们对客观性问题的思考，人类的团结问题从客观性那里再也找不到坚实的哲学基础。相应地，人类对人性问题的思考也开始陷入困境。罗蒂于是指出：

　　自黑格尔以降，历史主义的思想家……否认有所谓"人性"或"自我的最深处"这种东西。①

长期以来，人们在思考人性问题时，总是喜欢把它同某个先天秩序联系起来，从先天秩序假说推论出人性假说。神本主义和人本主义等都是如此。从柏拉图开始，哲学家把人的幸福同人对自然秩序的揭示联系起来。人和动物的最大区别在于，人能够把握事物的自然秩序，透过表象切入实在，如此努力能够给人自身带来幸福。这是动物无法获得的幸福。幸福在于认识到，宇宙的固有本质是与我们在一起的。客观性知识或真理的获得是幸福的前提。这个认识导致了尼采轻蔑地称作"形而上学安慰"的东西。法国革命和其他社会革命的最大后果是，人类社会的基本典章制度在一夜之间得到了根本变革，这种变革无法从人与自然秩序的特殊关系中得到解释。基于自然秩序或超自然秩序的人性理论在一夜之间分崩离析，新人类和新人性在与原有自然秩序的完全脱离中获得自我成长，客观性知识或真理不再是幸福的基础。进入 20 世纪，海德格尔、德里达、福柯等人否认存在着独立于人类语言和人类历史的某个秩序，反对从自然秩序中获得有关人性的解释依据，实际上否定从人类之外去获得有关人性的证明。不仅在自然领域，而且在社会领域，20 世纪哲学运动都否定了如此自然秩序的存在。一旦我们抛弃把真理当做自然秩序的精确表象，进而把这种非表象论的真理观同我们对人性的看法联系起来，那么我们便会得出一种否定以往人性理论的哲学，一种视人性为偶然的哲学。

我们的本质什么都不是……最近两个世纪以来，认为在整个文化层面下潜伏着人性的观念，认为人性知识将提供有价值的道德和政治指导的观念，已经陷入了应得的不名誉之中。②

追随于黑格尔、达尔文、尼采之后，罗蒂主张，在"何谓人类"的问题上，"我们正在满意地把我们自己看做存在多久便塑造自身多久的动物物种。"③罗蒂主张放弃人性问题的哲学探讨和自然科学探讨，他赞成奥特加的如下说法："自然科学理论

---

① 罗蒂：《偶然、反讽与团结》，第 3 页。
② 罗蒂："哲学嫉妒"，罗跃军译，载于《求是学刊》2005 年第 4 期。
③ Richard Rorty，*Philosophy as Cultural Politics*，p. 88.

在解释严格的人性要素方面却无能为力。"①他主张把注意力放到如何成就"新人类"的可能性上,而不是"人是什么?"、"人性是什么?"等问题上,希望用杜威的"人能够成为什么?"的问题取代康德的"人是什么?"的问题。"to be"和"to become"的区别,体现了其对人性的反本质主义哲学思考。②

没有人性的人类,仍然是人类。没有人性的人类,具有更多的可塑性或可变性。罗蒂否定先天人性,只承认经验论意义上的人性,"以经验为基础的人性论"③,在动物和人类之间建立了一个完整的演化链,实际上割断了人类与一个超人类事物如上帝、实在、真理等之间的联系。罗蒂只从人的自然、历史、社会、环境等因素来说明人类,而反对从超出人类自身之外的某个至高点,如"上帝之眼"来观察和评价人类。实用主义是一种协同性哲学,一种团结哲学,"而不是一种绝望哲学"。④ 实用主义的人类是没有人性的人类,却可以是更有希望的人类。这是一种彻底的人本主义和历史主义人性理论。

第四节　以医治柏拉图疾病为业

哈贝马斯说,罗蒂在日常生活方面的一些发现治愈了其思想的"柏拉图疾病"⑤。那种疾病的典型征状为:"个人生命的极致,就在于它突破了时间、现象、个人意见的世界,进入了另一个世界——永恒真理的世界。"⑥罗蒂先把这种自我治疗推广到哲学界和思想界,进而推广到人类的生活世界,认为"追求真理与追求人类较大幸福之间并无不同"⑦,引发了一场哲学上的新实用主义转向。

作为深受尼采和杜威影响的哲学家,罗蒂对形而上学具有天生的厌恶感。作

---

① 参阅罗蒂:"哲学嫉妒",罗跃军译,载于《求是学刊》,2005 年第 4 期。

② 参阅罗蒂:"介于黑格尔和达尔文之间的杜威",载于萨特康普编:《罗蒂和实用主义》,第 30 页。罗蒂在那里写道:"更为重要的或许是,在 20 世纪的诸多发展……已经使我们更易于用杜威的问题,诸如'我们应该拥有哪些共同体的目的?''我们乐于成为一种什么样的人?'去代替康德的问题:'我应该做些什么?''我能希望什么?''人是什么?'"

③ 罗蒂:"哲学嫉妒",罗跃军译,载于《求是学刊》,2005 年第 4 期。

④ 罗蒂:《哲学和自然之镜》,第 452 页。

⑤ Jurgen Habermas,"Richard Rorty's Pragmatic Turn",in *Rorty and his Critics*,edited by Robert B. Brandom,(London:Blackwell Publishing,2001),p. 31.

⑥ 罗蒂:《偶然、反讽与团结》,第 45 页。

⑦ 罗蒂:《哲学和自然之镜》,"中文本作者再版序",第 3 页。

为从分析哲学阵营中走出来的哲学家，罗蒂深知分析哲学的弱点。在维特根斯坦和海德格尔的共同影响下，罗蒂终于背叛了分析哲学。他同时把自己置于形而上学和分析哲学的对立面上，公开批评美国主流哲学的故弄玄虚做派，认为整个哲学界都有"弄虚作假"和"自欺欺人"的嫌疑。罗蒂对传统哲学尤其是分析哲学的解构工作，不仅在美国广受争议，而且在世界范围内得到了持久的响应。

虽然罗蒂一直以真诚的态度来讨论"哲学的未来"、"哲学家的不合时宜性"和"哲学家的自我形象"[①]等问题，然而表面看来，罗蒂留给学术界的是一份消极遗产。从哲学上讲，他要求我们在本体论上跨出现象和本质的区分，在认识论上跨出反映论的限制，在人类社会问题上跨出人性论的断言，以开放的、连带的、同情的、伤感的也是富于人情味的观点来思考和看待事物，来看待我们人类自身。他提出了以"想象力"取代"理性"，以"协同性"取代"客观性"，以"团结"取代"冷漠"，以"希望"取代"知识"，以"说服"取代"制服"，以尼采作为哲学家的榜样，而不是以柏拉图和康德作为哲学家的榜样，"让哲学向诗投降"[②]等具有文学的诗意的乌托邦色彩的观点。

> 团结乃是创造出来的，而不是被发现到的，乃是在历史的过程中产生出来的，而不是被当做一个非历史性的事实来承认的。[③]

罗蒂把思考人类之间的团结作为哲学的终极目的，而不是把追求人与世界之间的知识真理作为哲学的终极目的，给我们思考人类的现实和未来，提供了无限的想象力。

罗蒂把自己纳入"治疗性"哲学家行列，借助于文学家和诗人对偶然细节的偏好，来治疗哲学家对永恒真理的迷恋。

> 那些重要的和富于原创性的哲学家们的成就是治疗性的：他们思考事物的新方式在于对那些曾经困扰过前人的问题予以解消，而非予以

---

① Richard Rorty, *Philosophy as Cultural Politics*, p. 88.
② 罗蒂：《偶然、反讽与团结》，第 41 页。
③ 罗蒂：《偶然、反讽与团结》，第 276 页。

解决。①

罗蒂把杜威、维特根斯坦和海德格尔树立为"治疗性"哲学家的典范。在大陆哲学面对的柏拉图—笛卡尔—康德传统形而上学问题上，罗蒂采取分析哲学的自然主义策略，解构了那个传统，"它变成了一个容易揭穿的把戏"②。在分析哲学的语言、心智、真理等问题上，罗蒂采取大陆哲学的浪漫主义或人本主义策略，重构了分析哲学的内容。分析哲学为罗蒂提供工具和手段，来摧毁大陆的形而上学传统；大陆哲学为罗蒂提供方向和目标，来重构分析哲学的内涵。因此罗蒂超越了两个哲学传统，既克服了两个传统的弱点，又保留了两个传统的优点。

对分析哲学和大陆哲学来说，罗蒂哲学的实用主义转向是消极的。

> 对作为第一哲学的最近化身的分析哲学的没落的另一种反应就是理查德·罗蒂竭力鼓吹并使之名声远播的"实用主义"。……如果不是借助于他的伟大著作《哲学和自然之镜》，我很可能无法理解分析谋划之崩溃的重大意义。③

这是美国哲学家查尔斯·拉莫尔感受到的罗蒂哲学思想的强大冲击力。拉莫尔认为，罗蒂的影响虽然巨大而深远，但总体上是负面的。罗蒂本人也提到其治疗性哲学思想在哲学家同行中被看做是"对本应大受尊敬的一门学科所进行的轻浮而放肆的攻击"④。罗蒂哲学的实用主义转向，也是一场"反柏拉图转向"⑤。"由于柏拉图恰恰是为了逃避暂时的需求和超越（脱离）政治学而杜撰哲学的，黑格尔和达尔文对于时间的严肃处理经常被人描绘成'放弃了'或'终结了'哲学。但是放弃柏拉图和康德不等于放弃哲学。"⑥罗蒂认为，除非社会和文化变化终结了，哲学不可能终结。

---

① 罗蒂：《哲学和自然之镜》，"中文本作者再版序"，第 1 页。
② 罗蒂：《哲学和自然之镜》，第 452 页。
③ 拉莫尔：《现代性的教训》，刘擎、应奇译，东方出版社，2010 年，第 7 页。
④ 罗蒂：《哲学和自然之镜》，"中文本作者再版序"，第 2 页。
⑤ Jurgen Habermas, "Richard Rorty's Pragmatic Turn", p. 32.
⑥ 罗蒂："哲学和未来"，第 262 页。

　　"哲学"将永远会掩埋其从业者。这是因为"哲学"不仅是一门学科的名称,而且也是一种想象性努力的名称,后者以不断思考社会实践为方向,以用新实践取代旧实践来增进社会福祉为方向。①

　　哲学家想要有美好的未来,"必须知道他们的客户的需要"。②罗蒂哲学的实用主义转向,其社会政治目标是积极的、明确的,那就是改善人类的实际境况,重塑人类的自我形象,探索重新描述人类自身的可能性。"如果说实用主义是重要的,如果在实用主义和柏拉图主义之间存在着实质性的区别,那不是因为在柏拉图主义犯错误的地方,实用主义却搞对了,而是因为接受实用主义的观点,那么将改善文化氛围。"③具体来说,罗蒂哲学的实用主义转向,导致了以下后果。

　　第一,哲学家放弃诗人叶芝提出的"在单纯的一瞥中把握实在和正义"的渴望。哈贝马斯认为,哲学仍然是一项类似于科学的理性的事业,真理仍然是哲学的目标。

　　　　如果我们听从德里达的建议,剥夺掉哲学思想解决问题的义务,并把哲学思想转变为文学批评,那么,哲学思想所失去的就不仅仅是其第一性,而且是其创造性和积极性。④

　　与哈贝马斯相反,罗蒂以尼采和德里达为榜样,搁置了对大写"真理"的探讨,放弃了形而上学和知识论的元问题。

　　　　按照罗蒂的理解,科学与道德、经济与政治以及艺术和哲学等,都离不开一个语言创造出来的美妙过程。⑤

　　这个过程类似于尼采式激情创作过程,是不受"真理、""理性"、"科学"等规范

---

　① 罗蒂:《哲学和自然之镜》,"中文本作者再版序",第 5 页。
　② 罗蒂:"哲学和未来",第 262 页。
　③ Richard Rorty, *Philosophy as Cultural Politics*, p. 119.
　④ 哈贝马斯:《现代性的哲学话语》,曹卫东译,译林出版社,2004 年,第 245 页。
　⑤ 哈贝马斯:《现代性的哲学话语》,曹卫东译,译林出版社,2004 年,第 241 页。

约束的。罗蒂舍弃了哲学的"解决问题"功能,而只留下了哲学的"诗性功能"。罗蒂是"后哲学"和"后原则"的哲学家。罗蒂只承认一定语境下的"真理"和"实在"。"真理和实在是为了社会实践而存在的。我们之所以谈论它们是因为我们通过谈论它们而改善了我们的社会实践"。① "在罗蒂所提供的图景中,语言揭示的世界是一个不断更新的过程,它在内心世界的自我证明过程中找不到对应面。"②因此,罗蒂"摈弃认识论的假定,驳斥方法论的常规,抵制知识性的断言,模糊一切真理形式,消解任何政策建议"。③ 罗蒂的否定性哲学命题充分表现了罗蒂哲学中的消极因素,表现了后现代哲学的自我解构特性或"后现代相对主义"的特征。④

第二,在哲学和政治学之间不存在内在的必然的联系,寄希望于哲学来解决政治学难题是一种不幸。任何一种哲学观点都可能被不同政治立场的人所利用。哲学是一个工具,但不是一套政治原则。罗蒂希望人们放弃这样一种观念:

> 爱、权力和正义是深深地根植于万物本质之中的,是深深地根植于人类心灵之中的,也是深深地根植于语言结构或其他莫须有的东西之中的。⑤

在哲学层面上对真理、现实等问题的探讨无助于在政治学层面上对民主、自由、专政等问题的探讨。哲学和社会现实尤其是政治现实不具有内在的相关性。美国政治思想批评家理查德·沃林对罗蒂哲学作过如下评论:

> 除了杜威以外,罗蒂心目中的哲学英雄——尼采、海德格尔、福柯、德里达——都不信奉民主。相反,他们曾经向人鼓吹过违反、决裂和颠覆等离经叛道的激进主义风尚。那种风尚格格不入于罗蒂本人大力提倡的平庸的改良主义和井然有序的民主政治情调。相反,在他感到在政治上与之最为接近的许多哲学家——像康德、哈贝马斯和早期罗尔斯之类坚定

---

① 罗蒂:《后形而上学希望》,第189页。
② 哈贝马斯:《现代性的哲学话语》,第242页
③ 罗斯诺:《后现代主义与社会科学》,张国清译,上海译文出版社,1998年,第1页。
④ 罗蒂:《哲学和自然之镜》,"中文本作者再版序",第3页。
⑤ 罗蒂:《后形而上学希望》,第375页。

的共和主义者——未能通过罗蒂的反基础主义认识论的测试。[①]

沃林把政治学和哲学认识论之间的不一致性视为罗蒂哲学的悖论，认为"罗蒂对形而上学的恐惧已经变成了对理性和真理的恐惧"[②]。对此罗蒂的辩护是，"企图将一位哲学家的种种观念与他或她的政治生活或私人生活联系起来，这并非不合理。"[③]但是，正如本章证明的那样，这不是一个真正的悖论。因为罗蒂一再强调哲学理论和政治实践之间的非对应性。这种非对应性也就是哲学家的哲学思想和其政治实践的不一致性。因此，沃林的批评实际上证实而非证伪了罗蒂哲学。

第三，美国法学家理查德·波斯纳受罗蒂实用主义哲学的影响，提出了法学的"日常实用主义"（everyday pragmatism），以区别于"哲学实用主义"（philosophical pragmatism）。日常实用主义从哲学实用主义那里借鉴的重要见解是：从达尔文进化论的观点看，"人类仅仅是一些聪明的动物"[①]。心智和肉身不是二分的，而是相互依存的。人类的智能善于处理实践问题，但不善于把握形而上学实体及其他抽象事物。人类的智能"主要是工具性的而非思辨性的"[⑤]。人类知识是地方性的，无论科学知识，还是法律知识，都是如此。普遍知识只是地方性知识的抽象化或普遍化。当代有影响的法哲学家表面上在谈论抽象法，实际上谈论的是其生活所在国家的法律。"哈特实际谈论的是英国法律制度，德沃金谈论的是美国法律制度，哈贝马斯谈论的则是德国法律制度。"[⑥]波斯纳认为，

> 在操作层面上，正统的实用主义对法律没有什么贡献。正统的实用主义已经变成了技术哲学的一部分。很少有法官或实务法律工作者对它发生兴趣。很少有法官或实务法律工作者对维特根斯坦、奎因、戴维森、普特南、哈贝马斯以及其他后古典的哲学实用主义者发生兴趣，这些人的

---

① 沃林：《文化批评的观念》，张国清译，商务印书馆，2000年，第248～249页。

② 沃林："非真理和方法"，《新共和国》（2000年5月15日），第45页；转引自罗蒂：《实用主义哲学》，林南译，上海译文出版社，2009年，第345页。

③ 罗蒂：《实用主义哲学》，第345页。

④ Richard Posner, *Law, Pragmatism and Democracy* (Cambridge: Harvard University Press, 2003), p. 4.

⑤ Richard Posner, *Law, Pragmatism and Democracy*, p. 4.

⑥ Richard Posner, *Law, Pragmatism and Democracy*, p. 5.

著作都不太好读。而罗蒂是一个例外。①

虽然日常实用主义给人以犬儒主义印象，但波斯纳仍然希望法官们能够采取这种实用主义，因为这是一种唯一务实的态度。法律实用主义体现了务实、灵活、全面的态度，消解了法律的神圣性，但更有益于法官去处理疑难案件。正如格雷·明达评论的那样："波斯纳放弃了法律经济学运动的科学主义，投入了理查德·罗蒂这样新实用主义哲学家之实用宣言的怀抱。"②罗蒂消解了真理的神圣性，凸显了真理的平凡性。

> 不存在"诉诸理性"，"诉诸事实"，或"诉诸真理"这类事……思想进步不过相当于发展新的说话方式，这种新的说话方式将被新的社会实践所使用，并有助于发展将为更多的人民带来更大自由和幸福的新社会实践。③

渴望真理无关乎民主政治，也无关乎对正义的追求。它在政治和法律领域的平行后果是，它突出了正义、民主、自由的平凡性或平庸性。它让人们看到了法律的限度，正义的限度，进而看到了法律的无根基性，正义的无根基性。它使善、公正、正义等成为信念的对象，而不是理论论证的结果。"最近，我们对真理（truth）谈得较少，对诚实（truthfulness）谈得较多；对赋予真理以权力谈得较少，对保持权力的诚实谈得较多。我认为这是一种健康的转变。"④这是罗蒂哲学实用主义转向导致的法律和政治后果。这种后果从表面上看是消极的和悲观的，但是实质上是积极的和乐观的。

第四，在公共生活领域，在关注人类苦难的具体细节方面，哲学家远不如文学家。罗蒂认为，当罗尔斯如此谈论哲学的时候："哲学，作为对独立的形而上学和道德秩序的真理的追求，就决不能为一个民主社会中政治的正义概念提供有效的共

---

① Richard Posner, *Law, Pragmatism and Democracy*, p. 25.

② Gray Minda, *Postmodern Legal Movement: Law and Jurisprudence at Century's End* (Manhattan: New York University Press), 1995, p. 234.

③ 罗蒂：《哲学和自然之镜》，"中文本作者再版序"，第 4 页。

④ 罗蒂："哲学和未来"，第 271～272 页。

同基础"①，罗尔斯具有"杜威主义的观点"②，和杜威站在同一条哲学路线上。罗蒂看到了罗尔斯正义论中历史的和非普遍化的一面，对它做出了非康德的解读，认为桑德尔等人"高估了其中的康德成分而忽略了其中的黑格尔和杜威成分"③。哈贝马斯认为，罗蒂对罗尔斯正义论的语境主义解读，低估了罗尔斯的野心：

> 罗蒂的情境主义借题发挥并没有说服力，因为这种低调目标无法解释罗尔斯为什么要用那么大的力气来为其理论进行辩护。④

针对哈贝马斯的批评，罗蒂用命题"作为较大忠诚的正义"作为回应：

> 康德主义者典型的主张，正义产生于理性，忠诚产生于情感……哈贝马斯是坚持以这种康德方式看待事物的最杰出的当代哲学家；这位思想家最不愿意模糊理性和情感的界线，或者普遍有效性和历史共识的界线。⑤
> 不像哈贝马斯，我并不认为哲学、语言和发生心理学这样的学科能为民主政治做很多事情。⑥

通过把忠诚与正义之间的冲突描述为对小团体的忠诚与对大团体的忠诚之间的冲突，罗蒂否定了正义的哲学基础。通过否定柏拉图的以下看法："除非哲学家成为国王，或者除非国王成为哲学家，我们便无法拥有正义"，⑦罗蒂截断了哲学认识论和政治权力论之间的联系，真理和权力之间的联系。与哈贝马斯相反，罗蒂认为，社会民主政治的词汇，"无需哲学家们再作精雕细琢"⑧。虽然"哲学家可以同

---

① John Rawls, *Collected Papers*, edited by Samuel Freeman (Cambridge: Harvard University Press, 1999), p. 395.

② 罗蒂：《后哲学文化》，黄勇译，上海译文出版社，1992年，第172页。

③ 罗蒂：《后哲学文化》，黄勇译，上海译文出版社，1992年，第176页。

④ 哈贝马斯：《在事实与规范之间》，童世骏译，生活·读书·新知三联书店，2003年，第76页。

⑤ 罗蒂：《后形而上学希望》，第276页。

⑥ 罗蒂：《实用主义哲学》，林南译，上海译文出版社，2009年，第167～168页。

⑦ 罗蒂：《后形而上学希望》，第375页。

⑧ 罗蒂：《后哲学文化》，黄勇译，上海译文出版社，1992年，第47页。

诗人、剧作家、经济学家和工程师一样在政治上发挥作用"[1]，但就对人类苦难细节的注意而言，哲学家远不如诗人和剧作家。我们要从冥想宏大的必然事物而忽视微妙的偶然细节中解脱出来。政治的核心主题是人类的团结。人类的团结就是人类"自家人"意识的膨胀，就是吸纳"异邦人"和"边缘人"，使之成为我们中的一分子。要做好这项工作，"需要深入探讨边缘生命的具体细节"[2]。它与其说是哲学家的事，不如说是小说家的事。就探讨边缘生命的具体细节而言，我们与其求救于哲学家，不如求救于诗人和工程师，后者是"能为获得最大多数人的最大幸福提供崭新计划的人"[3]。

第五，让"诚实"先行，关注人类的团结，后哲学的公共生活不仅成为可能，而且成为必需。柏拉图的"哲学王"理念，"找出一群'有智慧'的人来而把政府交托给他们"，"统治者必须是哲学家"的理念，[4]与现代自由民主理念是格格不入的。

> 道德和政治的进步有待于艺术家、诗人和小说家，一如其有待于科学家和哲学家。[5]

哲学家从"哲学王"向"民主的仆人"和"自由的仆人"的角色转换，体现了人类文明的进步。它表明，人类正在从根本上摆脱对"哲学王"的思想依赖或心理依赖。在保留哲学和哲学家的相对独立性方面，虽然哈贝马斯的说法是中肯的："把激进的理性批判转移到修辞学领域，就会削弱理性批判自身的尖锐性。消除哲学和文学之间的文类差别，是一种错误的要求，并不能把我们带出困境"[6]，然而，杜威的见解更加可取：

> 将来的哲学的任务则在于阐明人们关于他们自己的时代的社会的和道德的斗争的诸见解。……哲学如能舍弃关于终极的绝对的实在的研究

---

① 罗蒂：《后哲学文化》，黄勇译，上海译文出版社，1992年，第46页。

② 罗蒂：《后形而上学希望》，第382~383页。罗蒂的原话是："我认为，要做好这项工作，主要的不在于提出关于整个人类具有什么共同点的理论，而在于深入探讨边缘生命的具体细节。"（第382页）

③ 罗蒂：《后哲学文化》，黄勇译，上海译文出版社，1992年，第48页。

④ 罗素：《西方哲学史》（上卷），第147页。

⑤ 罗蒂：《哲学和自然之镜》，"中译本作者序"，第11页。

⑥ 哈贝马斯：《现代性的哲学话语》，第245~246页。

的无聊的独占,将在推动人类的道德力的启发中,和人类想获得更为条理、更为明哲的幸福所抱热望的助成中,取得补偿。[①]

沿着杜威指明的方向,罗蒂为摆脱当前哲学困境所做的一项努力是值得称道的:试着完成哲学家形象从"两眼盯着真理的人"向"心灵呼唤真诚的人"的转变,从"追求客观性的人"向"追求团结或协同性的人"的转变,用"呼唤人间真诚,追求人类团结"的哲学家形象取代"一心只求客观,两眼盯着真理"的哲学家形象。因此他说,"自由民主需要一种哲学的说明,但无需任何哲学的基础。……自由民主离开了哲学前提仍可相安无事。"[②]当我们面临在"真理"(truth)和"诚实"(truthfulness)之间的抉择时,要让"诚实"先行。对"诚实"的追求,而不是对"真理"的探讨,是"人类团结"的另一个表述。"人类的团结感在于想象地认同他人生命的细微末节,而不在于承认某种原先共有的东西。"[③]人类的团结构成自由民主社会的核心议题。从苏格拉底开始一直到哈贝马斯,大多数哲学家认为,追求真理的生活是一种更值得过的生活。而罗蒂等极少数哲学家则认为,只要有了"诚实",纵使没有"真理",这样的人类生活仍然是值得过的生活,因为我们不知道什么时候遇到了"真理"并掌握了"真理"。但是我们知道什么时候我们遇到了并拥有了"诚实"。"真理"事关宇宙事物的判断,而"诚实"事关我们人类自身的判断。"诚实"先于"真理",让"诚实"先行,搁置人性争议,关注人类的团结,"以政治问题替代认识论问题"[④],"社会制度可以看做是合作的实验而不是想包含一种普遍的、非历史的秩序的企图"[⑤],是罗蒂提出"民主先于哲学"[⑥]命题的寓意所在。

第五节 简要的结论

哲学不是对确定性知识的寻求,而是对确定性知识的存疑。对确定性知识的寻求是科学的任务。哲学总是在科学之外。它有可能高于科学,那意味着哲学对

---

① 杜威:《哲学的改造》,许崇清译,商务印书馆,1997年,第14页。
② 罗蒂:《后哲学文化》,第168页。
③ 罗蒂:《偶然、反讽和团结》,第270页。
④ 罗蒂:《后哲学文化》,"作者序",第5页。
⑤ 罗蒂:《后哲学文化》,黄勇译,上海译文出版社,1992年,第193页。
⑥ 罗蒂:《后哲学文化》,黄勇译,上海译文出版社,1992年,第162页。

现有科学成就的不满;它有可能低于科学,那意味着一些哲学研究及其主张有待于发展成为科学。哲学必定站在确定性知识的对立面上。哲学不仅不必模仿科学,而且必须批评科学。哲学不是科学的组成部分或分支学科,但又是人类精神生活、社会生活和政治生活所必需的。就像罗素指出的那样:

> 事实上,哲学的价值大部分须在它的极其不确定性之中去追求。[1]
> 哲学之应当学习并不在于它能对于所提出的问题提供任何确定的答案,因为通常不可能知道有什么确定的答案是真确的,而是在于这些问题本身;原因是,这些问题可以扩充我们对于一切可能事物的概念,丰富我们心灵方面的想象力,并且减低教条式的自信,这些都可能禁锢心灵的思考作用。此外,尤其在于通过哲学冥想中的宇宙之大,心灵便会变得伟大起来,因而就能够和那成其为至善的宇宙结合在一起。[2]

哲学是一项不确定的事业。从哲学到科学,再从科学到哲学,这只是探讨人类根本问题的一条途径。另一些途径是,从哲学到其他的人类活动,或从其他人类活动到哲学,因为从哲学到科学,实际上是从不确定性到确定性的寻求,有些人类根本问题是永远没有确定答案的。它们无法获得科学的解答,但它们仍然是有意义的,甚至对人类的生存和发展是至关重要的。

> 哲学的价值必然不在于哲学研究者可以获得任何一套可明确肯定的知识的假设体系。[3]

客观性是协同性的基础。讨论认识论问题是讨论政治问题的前提。人性思考是人类合作的前提。正义是幸福的前提。所有这些假定曾经是哲学的通识,也被当做人类生活的常识。如戴维森指出的那样,在漫长的传统中,"真理概念是最重

---

① 罗素:《哲学问题》,何明译,商务印书馆,1980 年,第 109 页。
② 罗素:《哲学问题》,第 112 页。
③ 罗素:《哲学问题》,第 109 页。

要的哲学议题之一"①。

到了20世纪,真理概念受到了质疑。罗蒂是这支质疑队伍中的最杰出代表。戴维森认为,之所以如此,是因为罗蒂等人存在某些"迷惑人心的错谬和混淆"②。尽管苏珊·哈克承认"由于《哲学和自然之镜》的问世,罗蒂也许是在当代讲英语的哲学中对知识论事业产生最重大影响的批评家"③。但她把罗蒂斥之为持着"粗俗的实用主义,一种无益教化见解"的哲学家,认为罗蒂对詹姆斯的真理观做出了"尽可能拙劣的解释"④。罗蒂在芝加哥时的导师哈茨霍恩认为,罗蒂对形而上学的批判是错误的:"罗蒂对形而上学的反驳并不是根据对于实际发生在形而上学领域的从前苏格拉底到皮尔士、怀特海和本人的历史事实的仔细考虑去作出论证的。"⑤法莱尔也认为,罗蒂对现代哲学的攻击是"失败的":

> 罗蒂忽视的正是最近哲学工作的重要性以及它所吸取的惨痛教训。当我们全力以赴地去重新思考现代哲学的主体——世界结构的时候,我们最终得到的,不是世界的失落,而是世界的复元,不是陷入自我陶醉的游戏之中,而是处于增进我们对世界像什么和什么是对错的感受力的筹划之中。⑥

通过对罗蒂的后形而上学和后分析的实用主义策略的梳理,我们可以清楚地看到,哈贝马斯、戴维森、法莱尔、苏珊·哈克等人对罗蒂的批评,较多集中在罗蒂对客观世界和客观真理的否定上,较少关注罗蒂做出如此否定背后的哲学动机。罗蒂希望,"哲学作为一门学术性很强的学科,既需要有人赞赏怀特海又需要有人

---

① Donald Davidson: "Truth rehabilitated", in *Rorty and his Critics*, edited by Robert B. Brandom, (London: Blackwell Publishing, 2001), p. 65.

② Donald Davidson: "Truth rehabilitated", p. 65.

③ 苏珊·哈克:"粗俗的实用主义,一种无益教化见解",载于萨特康普编:《罗蒂和实用主义》,第169页。

④ 苏珊·哈克:"粗俗的实用主义,一种无益教化见解",载于萨特康普编:《罗蒂和实用主义》,第199页。

⑤ 查尔斯·哈茨霍恩:"罗蒂的实用主义及告别信念和启蒙时代",载于萨特康普编:《罗蒂和实用主义》,第32页。

⑥ 法莱尔:"罗蒂和反实在论",载于萨特康普编:《罗蒂和实用主义》,第252页。

赞赏艾耶尔，这样才能健康发展。"①未来的哲学要超越分析哲学和大陆哲学的各自局限，保持其在科学性和人文性之间，在理性和情感之间，在知识和想象力之间的必要张力。

我们看到，罗蒂之所以要质疑真理概念和整个哲学传统，不是因为他对真理概念存在"迷惑人心的错谬和混淆"，而是为了给人类的合作、团结和幸福寻求新的依据。"希望把客观性归结为协同性的人……既不需要形而上学，也不需要认识论。"②"真"只是表示一种赞美，真理只不过是一个人或团体的当时意见。"根本不存在什么真理，除了我们每一人将把那些我们认为适用于相信的信念赞为真的情况以外。"③渴望客观性乃是"渴望得到尽可能充分的主体间的协洽一致，渴望尽可能地扩大'我们'的范围"④。

> 人类团结乃是大家努力达到的目标，而且达到这个目标的方式，不是透过研究探讨，而是透过想象力，把陌生人（异邦人）想象为和我们处境相似、休戚与共的人。团结不是反省所发现到的，而是创造出来的。如果我们对其他不熟悉的人所承受的痛苦和耻辱的详细原委，能够提升感应相通的敏感度，那么，我们便可以创造出团结。⑤

想象力创造出人类的团结，想象力也创造出新的人类。"大胆的想象和基因变异具有同样的变革力量。"⑥人类同时进行着两种进化，生物进化和文化进化。生物进化使人类变得更加聪明，离客观真理越来越近。文化进化使人类变得更加文明，离自由民主越来越近。"文化进化与生物进化一样都能创造全新的和更好的事物。"⑦但是，人类的处境与世界的本来面目没有关系。人类面临的主要问题，不是客观性的问题、真理的问题，而是协同性的问题、团结的问题、自由的问题。这是：

---

① 罗蒂：《筑就我们的国家》，第 99 页。
② 罗蒂：《哲学和自然之镜》，第 439 页。
③ 罗蒂：《哲学和自然之镜》，第 441 页。
④ 罗蒂：《哲学和自然之镜》，第 440 页。
⑤ 罗蒂：《偶然、反讽与团结》，第 7 页。
⑥ 罗蒂："哲学嫉妒"，《求是学刊》，2005 年第 4 期。
⑦ 罗蒂："哲学嫉妒"，《求是学刊》，2005 年第 4 期。

一个永无止境的过程,永无止境地、日新又新地实现"自由",而不是与一个早已存在的"真理"趋于一致的过程。[①]

罗蒂深入地介入了当前的学院生活、政治生活和社会生活,遭致了左右政治阵营的共同不满。罗蒂不无自嘲地表示:"倘若有人以为最佳的思想处境是受到政治右派和政治左派两面同等交集的处境,那么我恰好处于这样一个处境当中。""如果说我的哲学观点在多大程度上冒犯了右派,那么我的政治学观点便在多大程度上冒犯了左派。"[②]尽管两面不讨好,罗蒂仍然一如既往地坚持自己的哲学发现:

"在一个单纯的一瞥中把握实在和正义"的整个理念原来是一个错误,对于这样一个"一瞥"的追求一直以来恰好是导致柏拉图误入歧途的东西。[③]

这个发现不仅对罗蒂本人意义非凡,而且对整个人类意义非凡。于是,

在进行道德选择或政治选择时,或者在选择科学理论或宗教信仰时,我们能够做得最好的是,就像我们把故事讲得连贯一样,我们尽量把事情做得圆满。但是那样做不能保证历史审判将站在我们一边。至于我们的故事所保留的东西,是否将使我们成为晚辈们敬仰或嫌恶的对象,这完全超出了我们的控制。[④]

我们虽尽了最大努力,但仍有可能站错了立场,做了不该做的事,从而铸成了人生的大错。它让我看到了一个善良而脆弱的富于同情心的罗蒂,一个富有人情味的哲学家。

莱斯诺夫声称以"思想的内在品质"而非"时尚"来筛选 20 世纪最好的政治哲学家。他把罗蒂、福柯和德里达等人归入"时尚"哲学家之列,就政治哲学而言,"他

---

① 罗蒂:《偶然、反讽与团结》,第 8 页。
② 罗蒂:《后形而上学希望》,第 357 页,第 359 页。
③ 罗蒂:《后形而上学希望》,第 368 页。
④ Richard Rorty, *Philosophy as Cultural Politics*, p. 69.

们中间谁也没有说过既有创见又很重要的话"①。然而,我们从上面的论述可以看到,罗蒂既是 20 世纪一般意义上的伟大哲学家,又是出色的政治哲学家。在罗蒂学术生涯的后期,政治哲学成为主要议题。虽然罗蒂没有像罗尔斯那样写出系统的政治哲学著作,但他提出了"民主先于哲学"、"说服优于征服"、"作为较大忠诚的正义"、"人类的团结"、"免于残酷即自由"②等颇具创见的政治哲学命题。罗蒂政治哲学以"人类团结"为核心主题,是黑格尔历史主义、达尔文生物进化论、马克思自由人共同体理想③、尼采未来哲学、杜威自由民主思想、福柯社会批判理论等政治哲学思想的混合体。罗蒂主张运气和偶然因素在政治中,在公共生活中,在人类历史中扮演着核心角色,倡导一种搁置人性争议的政治哲学,主张人类团结的基础,不是日益趋于一致的客观"真理",而是日益趋于丰富的个体"宽容"和"自由"。罗蒂思考政治哲学的路径显然不同于罗尔斯的路径。罗蒂提出的"作为较大忠诚的正义"的政治哲学思想也是对罗尔斯的"作为公平的正义"的政治哲学思想的一个补充。毕竟,后者也只是一个假说,而不是一个标准。前者更多地来自普通的生活经验,但同样是一个假说。在那些把罗尔斯正义论当做标准的政治哲学家看来,罗蒂的观点是古怪的,但正如罗蒂辩护的那样:"即使本人关于哲学和政治学关系的观点是奇特的,但是它们不是缘于无聊的理由而被采纳的。"④

哲学家的社会作用在于治疗。"一种方法、一门科学研究、一个学科和一种职业产生不了启迪价值。只有非职业的先知和占卜者的个人色彩才有启迪价值"⑤。哲学家要有启迪价值,就要向先知和占卜者学习,而不是向科学家学习,也不是向形而上学家学习。哲学家"并不处于提供原则、基础、深刻的理论方案或总体蓝图的位置上"⑥。罗蒂希望哲学家放弃讨论某些经久不变的永恒性问题,"把自己看

① 莱斯诺夫:《二十世纪的政治哲学家》,冯克利译,商务印书馆,2001 年,第 7 页。
② 罗蒂:《偶然、反讽和团结》,第 7 页。
③ 罗蒂对马克思主义作过如下评论:"马克思主义的动人之处在于对资本主义的完全合理的批判。"以及"虽然《共产党宣言》属于一个特定的时代,但是它仍然是我们从观察实际工业资本主义中吸取重要教训的一个伟大文献。推翻极权主义政府,施行立宪民主制度对于保证人类平等和人类体面仍然是不够的。现在的情况和在 1848 年一样,富人总是想尽办法使穷人变得更穷而让自己变得更富,劳动力的全盘商品化将导致工薪收入者的贫困化,现代的国家机构不过是管理整个资产阶级共同事务的委员会罢了。"(罗蒂:《后形而上学希望》,第 397 页,第 321~322 页。)作为一个自由主义哲学家,罗蒂对马克思主义政治哲学深表同情是极其难能可贵的。
④ 罗蒂:《后形而上学希望》,第 359~360 页。
⑤ 罗蒂:《筑就我们的国家》,第 98 页。
⑥ 罗蒂:《后形而上学希望》,第 376 页。

作文化的批评家,而非看做明确问题的解答者"[①]。正如哈贝马斯批评罗蒂时强调的那样,罗蒂是现代性哲学话语的"后现代批评者"[②]。毕竟,哲学家既可以是"文化的批评家",也可以是"明确问题的解答者",两者是兼容的。我们生活在现代性哲学话语应当给予发扬光大而非终结的时代。所以,罗蒂对哲学家在向科学家学习或模仿上所做努力的漠视和嘲讽,对诗人和文化批评家的过分赞美,片面而深刻。这是罗蒂思想中显而易见的偏见。但它不是致命的,不妨碍我们对罗蒂哲学做出基本肯定的评价。国内学者姚大志这样评价罗蒂:"在理论哲学方面(形而上学和认识论),罗蒂的观点在美国乃至整个西方都可以说是最激进的;但在政治哲学方面,罗蒂的思想则可以说是最保守的。"[③]相比之下,我的评价是,在理论哲学方面,罗蒂是一位后形而上学的和后分析的"治疗性"哲学家,在政治哲学方面,罗蒂是一位以"偶然"、"运气"、"同情"、"宽容"、"忠诚"、"团结"、"对话"、"说服"、"教化"为核心术语来建构其政治思想的"建设性"哲学家。[①]

在忠诚和正义之间,在忠于国家和忠于朋友之间,一个人往往无法做出正确的选择。这是没有标准答案的道德两难。面对道德困境,一个人怎样选择都是对的。[⑤] 罗蒂以反讽的态度对待理性、真理、人性等哲学和科学话题,以认真的态度对待自由、民主、团结、正义、忠诚等公共生活问题,我们没有读到"最保守的"政治哲学,但读到了"温和的"、"改良的"政治哲学。

哲学家之所以伟大,是因为他要么提出了前人从未提出的哲学问题,要么发现

[①] 罗蒂:《哲学和自然之镜》,"中文本作者再版序",第 2 页,第 5 页。

[②] Jurgen Habermas, *Truth and Justification* (Cambridge: the MIT Press, 2003), p. 284.

[③] 姚大志:"罗蒂:自由主义和社群主义——罗蒂政治哲学批判之一",《厦门大学学报》,2006 年第 6 期。

[①] 罗蒂的政治思想同美国政治学家詹姆斯·菲什金(James Fishkin)倡导的协商民主思想有许多共同点。参阅詹姆斯·菲什金和彼得·拉斯莱特编:《协商民主论争》,张晓敏译,中央编译出版社,2009 年。

[⑤] 罗蒂说道:"缺少这样一颗星辰的照耀,随之而来的必定是,人们完全可以做出令人嫌恶的事来。随之而来的还有一点是,历史审判完全可能是错误的,因为与我们相隔遥远的后代也缺少这样一颗星辰。但这并不意味着我们应当或者会停止做出道德判断。"(Richard Rorty, *Philosophy as Cultural Politics*, p. 69)神经科学家乔治·默尔等人有关爱因斯坦在二战期间面临是否建议美国开发原子弹来对付希特勒的道德困境的讨论,是对罗蒂思想的科学注解:"爱因斯坦致罗斯福总统的信促使美国研制出了第一颗原子弹。这些威力惊人的炸弹葬送了数十万人的性命,但拜这些炸弹所赐,第二次世界大战也结束了。爱因斯坦的理性认知压倒了情感因素,作出了实用主义的选择,这是一种冷血行为吗?我们并不这么认为。爱因斯坦的理智与情感似乎完美地共同发挥作用,充分反映了思维、情感、移情、远见、苦闷及矛盾彼此互相交织在一起,同时这些因素也是复杂的道德决策所必需的。"(乔治·默尔:"爱因斯坦的道德困境",《环球科学》,2008 年第 8 期)这种解释不是哲学的,而是经验科学的。

了思考哲学问题的新方式,要么终结了久拖未决的哲学争论,要么把哲学发展到了新境界,要么在浪漫的空想中构建了一个更美好的未来。罗蒂几乎在每个方面都有所贡献。罗蒂的最大贡献在于,他探讨了人类在告别永恒、告别来生、世界失落和真理失落之后去过一种真诚的充满希望的公共生活的可能性。罗蒂杀死了"哲学王",让"自由的仆人"和"民主的仆人"占据了"哲学王"曾经占据的位置。随着"哲学王"的死亡,耸立其上的整个哲学大厦也塌陷了。但是,这只是某一种类型的哲学的终结,而不是哲学本身的终结。当然,罗蒂无法阻止哲学和其他科学尤其是经验科学的联姻。以"经验科学的延续"面目出现的哲学,没有丧失独立性,也不必担心其会终结。从哲学与经验科学的日益密切的关系来看,那种联姻有日益加速的趋势。因此,我对罗蒂有关哲学与科学关系的见解持保留态度。但赞成罗蒂有关哲学与人类未来的富于想象力的论述,尤其赞赏罗蒂有关后形而上学和后分析人类公共生活的构想。

在现代民主自由社会里,柏拉图式"哲学王"已逝,罗蒂式"哲学公仆"当道。世上可以没有"哲学王",但不能没有一心一意为人类服务的"哲学公仆"。高高在上的哲学王业已终结,富有想象力而野心勃勃,为人民和社会服务的哲学家兼仆人正当其时。最后,我以鲍曼的评论结束本章的讨论:"罗蒂是伟大的,因为在他之后,人们不再以旧的方式对事物进行思考。"[①]

参 考 书 目

波普尔:《开放社会及其敌人》,陆衡等译,中国社会科学出版社,1999年。

拉莫尔:《现代性的教训》,刘擎、应奇译,东方出版社,2010年。

莱斯诺夫:《二十世纪的政治哲学家》,冯克利译,商务印书馆,2001年。

沃林:《文化批评的观念》,张国清译,商务印书馆,2000年。

哈贝马斯:《现代性的哲学话语》,曹卫东译,译林出版社,2004年。

罗蒂:《后哲学文化》,黄勇译,上海译文出版社,1994年。

---

① 鲍曼:《后现代性及其缺憾》,郇建立、李静韬译,学林出版社,2001年,第97～98页。

主要参考书目

（一）外文参考书目

1. Daniel Bell, *The End of Ideology*, Cambridge: Harvard University Press, 2000.

2. Isaiah Berlin, *Liberty*, edited by Henry Hardy, Oxford: Oxford University Press, 2002.

3. Joseph Cropsey, "Adam Smith", in *History of Political Philosophy*, Third Edition, edited by Leo Strauss and Joseph Cropsey, Chicago: The University Press of Chicago, 1987.

4. Jacques Derrida, *Of Grammatology*, trans. G. Spivak. Baltimore: Johns Hopkins University Press. 1976.

5. Samuel Freeman, *Rawls*, London and New York: Routedge, 2007.

6. Robert E. Goodin and Philip Pettit（Ed.）, *Contemporary Political Philosophy: an Anthology*, Second Edition, Malden: Blackwell Publishing, 2006.

7. Jeffrey Edward Green, *The Eyes of the People: Democracy in an Age of Spectorship*, New York: Oxford University Press, 2011.

8. Ihab Hassan, *The Postmodern Turn: Essays in Postmodern Theory and Culture*, Columbus: the Ohio State University Press. 1987.

9. Martin Heidegger, *the End of Philosophy*. trans. by Iaan Stambuch, New Youk: Harper & Row, 1973.

10. George Lakoff and Mark Johnson, *Philosophy in the Flesh: the Embodied Mind and its Challenge to Western Thought*, New York: Basic Books, 1999.

11. Iain Hampsher-Monk, *A History of Modern Political Thought, Major Political Thinkers from Hobbes to Marx*, Blackwell Publishers Ltd. ,1992.

12. Plato, *The Republic of Plato, the Third Edition*, translated into English with *Introduction, Analysis, Marginal Analysis, and Index*, by B. Jowett. Oxford at the Clarendon Press,1888.

13. John Rawls, *Lectures on the Histroy of Poltical Philosophy*, Samuel Freeman ed. ,Cambridge: Harvard University Press,2006.

14. John Rawls, *Lectures on the Histroy of Moral Philosophy*, Barbarra Herman ed. ,Cambridge: Harvard University Press,2000.

15. John Rawls, *A Theory of Justice, Revised Edition*, Cambridge: Harvard University Press,1999.

16. John Rawls, *Collected Pappers*, Samuel Freeman ed. , Cambridge: Harvard University Press,1999.

17. Richard Rorty, *Philosophy and the Mirror of Nature*, New Jesey: Princeton University Press,1979.

18. Pauline Marie Rosenau, *Post-Modernism and the Social Siences*, New Jesey: Princeton University Press,1992.

19. Herman J. Saatkamp Jr. (ed.), *Rorty and Pragmatism*, Nashville: Vanderbilt University Press,1995.

20. Charles Taylor: *Hegel*, New York: Cambridge University Press,1975.

21. Richard Wolin: *The Terms of Cultural Criticism*, New York: Columbia University Press. 1992.

（二）中文参考书目

1. 马克思、恩格斯:《马克思恩格斯选集》,人民出版社,1972。

2. 柏拉图:《理想国》,郭斌和、张竹明译,商务印书馆,1996。

3. 休谟:《人性论》,关文运译,商务印书馆,1991。

4. 休谟:《道德原则研究》,曾晓平译,商务印书馆,2001。

5. 斯密:《道德情操论》,蒋自强等译,商务印书馆,1997。

6. 斯密:《国富论》,唐日松等译,华夏出版社,2005。

7. 斯密:《国民财富的性质和原因的研究》,郭大力、王亚南译,商务印书馆,1974。

8. 康德:《未来形而上学导论》,庞景仁译,商务印书馆,1982。

9. 康德:《道德形而上学的原理》,苗力田译,上海人民出版社,1986。

10. 康德:《实践理性批判》,韩水法译,商务印书馆,2000。

11. 康德:《纯粹理性批判》,蓝公武译,商务印书馆,1960。

12. 黑格尔:《小逻辑》,贺麟译,商务印书馆,1986。

13. 黑格尔:《哲学史讲演录》,贺麟、王太庆译,商务印书馆,1983。

14. 黑格尔:《精神现象学》,贺麟、王玖兴译,商务印书馆,1983。

15. 黑格尔:《法哲学原理》,范扬、张企泰译,商务印书馆,1982。

16. 布罗迪编:《剑桥指南:苏格兰启蒙运动》,贾宁译,浙江大学出版社,2010。

17. 冯友兰:《中国哲学简史》,赵复三译,凤凰出版集团,2010。

18. 尼采:《权力意志》,张念东、凌素心译,商务印书馆,1993。

19. 维特根斯坦:《哲学研究》,汤潮、范光棣译,三联书店,1992。

20. 雅斯贝斯:《时代的精神状况》,王德峰译,上海译文出版社,1997。

21. 赫伊津哈:《游戏的人》,多人译,中国美术出版社,1997。

22. 吉登斯:《现代性与自我认同》,赵旭东、万方译,三联书店,1998。

23. 鲍曼:《后现代性及其缺憾》,郇建立、李静韬译,学林出版社,2001。

24. 福山:《历史的终结》,黄胜强、许铭原译,远方出版社,1998。

25. 亨廷顿:《文明的冲突与世界秩序的重建》,周琪等人译,新华出版社,1998。

26. 杜威:《哲学的改造》,许崇清译,商务印书馆,1997。

27. 罗素:《西方哲学史》(上卷),何兆武、李约瑟译,商务印书馆,1963。

28. 罗素:《西方哲学史》(下卷),马元德译,商务印书馆,1982。

29. 罗素:《罗素自传》,第一卷,胡作玄、赵慧琪译,商务印书馆,2002;第二卷,陈启伟译,商务印书馆,2003;第三卷,徐奕春译,商务印书馆,2003。

30. 波普尔:《开放社会及其敌人》,郑一民等译,中国社会科学出版社,1999。

31. 罗斯诺:《后现代主义与社会科学》,张国清译,上海译文出版社,1998。

32. 莱斯诺夫:《二十世纪的政治哲学家》,冯克利译,商务印书馆,2001。

33. 沃林:《文化批评的观念》,张国清译,商务印书馆,2000。

34. 哈贝马斯:《现代性的哲学话语》,曹卫东译,译林出版社,2004。

35. 贝尔:《意识形态的终结》,张国清译,江苏人民出版社,2001。

36. 贝尔:《资本主义的文化矛盾》,赵一凡等译,三联书店,1992。

37. 伯林:《自由论》,胡传胜译,译林出版社,2003。

38. 伯林:《反潮流:观念史论文集》,冯克利译,译林出版社,2002。

39. 波普尔:《猜想与反驳》,傅季重、纪树立等译,上海译文出版社,1986。

40. 科恩:《科学中的革命》,鲁旭东、赵培杰、宋振山译,商务印书馆,1999。

41. 贾撒诺夫等编:《科学技术论手册》,盛晓明等译,北京理工大学出版社,2004。

42. 齐曼:《真科学》,曾国屏、匡辉、张成岗译,上海科技教育出版社,2002。

43. 默顿:《科学社会学》,上册,鲁旭东、林聚任译,商务印书馆,2004。

44. 海德格尔:《存在与时间》,陈嘉映、王庆节译,三联书店,1987。

45. 德沃金:《至上的美德》,冯克利译,江苏人民出版社,2003。

46. 德沃金:《原则问题》,张国清译,译林出版社,2010。

47. 利科:《活的隐喻》,汪堂家译,上海译文出版社,2004。

48. 利科:《论公正》,程春明译,法律出版社,2007。

49. 伽达默尔:《真理与方法》,洪汉鼎译,商务印书馆,2010。

50. 阿伦特:《人的境况》,王寅丽译,上海人民出版社,2009。

51. 施特劳斯:《自然权利和历史》,彭刚译,生活·读书·新知出版社,2003。

52. 罗卫东:《情感、秩序、美德:亚当·斯密的伦理世界》,中国人民大学出版社,2006。

53. 罗尔斯:《政治自由主义》,万俊人译,凤凰出版集团,2000。

54. 罗尔斯:《正义论》,何怀宏、何包钢、廖申白译,中国社会科学出版社,1988。

55. 罗尔斯:《作为公平的正义:正义新论》,姚大志译,上海三联书店,2002。

56. 罗尔斯:《政治哲学史讲义》,杨通进、李丽丽、林航译,中国社会科学出版社,2011。

57. 罗尔斯:《道德哲学史讲义》,张国清译,上海三联书店,2003。

58. 诺奇克:《无政府、国家和乌托邦》,姚大志译,中国社会科学出版社,2008。

59. 麦金太尔:《德性之后》,龚群、戴扬毅译,中国社会科学出版社,1995。

60. 麦金太尔:《谁之正义?何种合理性?》,万俊人、吴海针、王今一译,当代中国出版社,1996。

61. 罗蒂:《哲学与自然之镜》,李幼蒸译,商务印书馆,2003。

62. 罗蒂:《后哲学文化》,黄勇译,上海译文出版社,1992。

63. 罗蒂:《文化政治哲学》,张国清译,北京大学出版社,2011。

64. 罗蒂:《后形而上学希望》,张国清译,上海译文出版社,2009。

65. 泰勒:《自我的根源》,韩震、王成兵、乔春霞、李伟、彭立译,译林出版社,2001。

66. 泰勒:《黑格尔》,张国清、朱进东译,译林出版社,2009。

后　记

感谢浙江大学"新星计划"的资助,感谢哈佛大学哲学系 Richard Moran 教授,使我有机会到哈佛进行为期两年(2006—2008)的访问研究。在哈佛访学期间,我参加了 Amartya Sen,T. M. Scanlon 和 Richard Tuck 三位教授合开的 Rights,Liberty and Social Choice 课程,芝加哥大学法律和伦理学教授 Martha Nussbaum 开设的 Virtue Ethics 课程,并参加了 Dan W. Brock,Norman Denials 和 Daniel Wikler 三位教授主持的 Program in Health and Ethics。感谢 Daniel Wikler 教授,为我提供了为期两年的研究办公室,使我不至于学无定所。感谢在哈佛访学期间 Frank Wensheng Fan、GangQiao Wang、王冠玺、魏长宝、龚群和卢风诸友给予的关照和友情,尤其感谢我在波士顿认识的友人 Lee Yih 和 Miltinnie Yih 夫妇、哈佛医学院教授 Frank May 和 Frank Winnie 夫妇给予的生活关照,使我在波士顿的两年不至于太孤单。感谢浙江省哲学社会科学重点研究基地"地方政府与社会治理研究中心"和浙江省政府"钱江人才计划"的支持,本书是浙江省哲学社会科学规划课题"社区治理理论研究"(项目号 09JDDF003YB)和浙江省政府"钱江人才计划"项目"集体意向性和群际冲突"(205000—F40801)的最终成果。

本书一些思想来自我与浙大同事的私下交流,也得益于与宾夕法尼亚大学政治学系 Jeffrey Edward Green 教授、斯坦福大学 Josiah Ober 教授、剑桥大学 John Dunn 教授等学者的学术交流。今年 5 月 17 日至 21 日,在浙江大学举行的"Ancient Greece-What Does It Mean to Us and Today?"国际研讨会上,John Dunn 教授提出的"民主是古希腊的发明,但不是西方的专利"见解,给人豁然开朗之感。Josiah Ober 有关 Democracy's Dignity(民主的尊严)的演讲刚好同我近来有关"专制的脸面"的思考形成呼应关系。Green 教授惠寄的新著《人民的眼睛:旁观时代的民主》[1],强调在民主程序中公民的旁观环节或"人民的眼睛"的重要性，为思考民主提供了新的视角和途径，给人耳目一新的印象。

本书写作也得益于我近年来从事的学术翻译工作。我要感谢已故的斯坦福大学 Rihard Rorty 教授,哈佛大学 Daniel Bell 教授 和 John Rawls 教授;我还要感谢纽约大学 Ronald Dworkin 教授、加拿大麦吉尔大学 Charles Taylor 教授、德克萨斯大学 Pauline Marie Rosenou 教授和纽约城市大学 Richard Wolin 教授,作为他们的著作的译者，我从他们的作品中受益良多。我现在正在做宾夕法尼亚大学法学院 Samuel Freeman 教授的《罗尔斯》一书的翻译工作(其中文版将由华夏出版社出版)[2]。Samuel Freeman 的工作为我了解罗尔斯正义理论尤其是他的研究方法提供了帮助。

本书部分章节已在国内学术刊物发表。其中,"亚当·斯密和文明社会的四个隐喻"(将发表在《浙江大学学报》)和"苏格兰启蒙与公民社会的渐进路径"(《江苏行政学院学报》,2012 年第 4 期)由浙江大学政治学理论博士生张翼飞与我合作完成,"善、正当和利科的伦理诠释学"由我的博士生高礼杰与我合作完成,我对上述文章做了重新修订。我的博士生刁小行、高礼杰、陆涅海、张林刚、曹晗蓉参与了部分书稿的讨论,在此一并致谢。本书部分内容是我开设的浙江大学通识课程和竺可桢学院必修课《智慧与正义》的讲义,我对听过我讲课的同学们深表感谢。

最后,感谢妻子饶月琳和女儿张含瑶的理解和支持,感谢她们允许我在相当长一段时间里自我放任,无所成就。本书面世时,张含瑶将在波士顿附近的塔夫斯大学(Tufts University)求学,我希望她有一个美好的前程,更希望她懂得父母的良苦用心。

张国清

2012 年 8 月 24 日写于杭州

---

[1]　Jeffrey Edward Green, *The Eyes of the People*: *Democracy in an Age of Spectatorship*, Oxford and New York: Oxford University Press, 2010.

[2]　Samuel Freeman, *Rawls*, London and New York: Routledge, Taylor & Francis Group, 2007.

图书在版编目(CIP)数据

智慧与正义/张国清著. —杭州：浙江大学出版
社,2012.8(2017.7 重印)
ISBN 978-7-308-10362-6

Ⅰ.①智… Ⅱ.①张… Ⅲ.①哲学－高等学校－教材
Ⅳ.①B

中国版本图书馆 CIP 数据核字(2012)第 185668 号

智慧与正义

张国清　著

责任编辑	李海燕	
封面设计	续设计	
出版发行	浙江大学出版社	
	（杭州市天目山路 148 号　邮政编码 310007）	
	（网址：http://www.zjupress.com）	
排　　版	杭州中大图文设计有限公司	
印　　刷	浙江新华数码印务有限公司	
开　　本	710mm×1000mm　1/16	
印　　张	22	
字　　数	370 千	
版 印 次	2012 年 8 月第 1 版　2017 年 7 月第 2 次印刷	
书　　号	ISBN 978-7-308-10362-6	
定　　价	39.00 元	